Alfred Delp

Allen Dingen gewachsen sein

Alfred Delp

Allen Dingen gewachsen sein

Jahres-Lesebuch

Herausgegeben von Franz B. Schulte
Alfred-Delp-Kolleg e.V., Brilon

Verlag Josef Knecht
Frankfurt am Main

© Verlag Josef Knecht, Frankfurt am Main 2005
Alle Rechte vorbehalten – Printed in Germany

Gedruckt auf umweltfreundlichem,
chlor- und säurefrei gebleichtem Papier

Originalausgabe

Satz: Dtp-Satzservice Peter Huber, Freiburg
Druck und Bindung: fgb · freiburger graphische betriebe 2005
www.fgb.de
Umschlaggestaltung: eberleundkaiser werbeagentur GmbH, Freiburg
Umschlagmotiv: Delp beim Segeln auf dem Simssee, 1943

ISBN 3-7820-0885-5

Inhalt

Geleitwort: Karl Kardinal Lehmann 13

Vorwort 15

Januar

Neujahr 20
Der Name Jesus 21
Epiphanie 22
Ein inneres Wort 23
Man muß die Segel 24
Adoro et suscipe 25
Wirkende Gnade 26
Dios solo basta 27
Ich bin nicht allein 28
Intensität des Hasses 29
Liebe Mutter 30
Urteilsbegründung 31
Feind des Reiches 32
Nach der Verurteilung 33
Der Schauprozeß 34
Liebe Greta 35
Dies ist kein Gericht 36
So ins Dunkel 37
Innerlich frei 38
Tröstungen 39
Dank für alle Treue 40
Glaubensprobe? 41
Der Sinn meines Lebens 42
Wünsche für Dein Leben 43
Ich weiß, wem ich glaube
  (2 Tim 1,12) 44
Fruchtbares Saatkorn 45
Unbestechlichkeit 46
Geopfert, nicht erschlagen 47
Liebe und Güte 48
Beten und glauben 49
So lebt denn wohl 50

Februar

Segnen 52
Martyrertod 53
Laßt euer Licht leuchten 54
Die Fähigkeit zur Freude 55
Bedingungen
  der wahren Freude 56
Frömmigkeit
  und Fröhlichkeit 57
Die große Täuschung 58
Alte Quellen entsiegeln 59
Gottes persönliche Nähe 60
In seiner innersten Mitte 61
Herunter von den
  hohen Rossen 62
Ehrliche Selbstbescheidung 63
Dienst und Verkündigung 64
Offenheit nach oben 65
Gefangenschaft 66
Gottes Anrufe 67
Atem des Lebens 68
Heilende Distanz 69
Urformen des Menschen 70

Die Freude stirbt	71	Das große Rufen nach Gott	75
Die Verheißungen Gottes	72	Zeit der großen Beter	76
Das Leben –		Der Weg in die Wüste	77
ein Geheimnis	73	Gottes ist der Tag	78
Schlüssel		Zeit der Besinnung	79
ohne Schlüsselloch	74	Die Macht Gottes	80

MÄRZ

Leidenschaft zum Herrgott	82	Vir justus –	
Ein Leben ohne Gott	83	ein gerechter Mann	100
Prometheus – Lucifer	84	Tröstung in der Angst	101
Ein Leben in Angst	85	Angst zwischen Himmel	
Losung ‚Alarm'	86	und Erde	102
Entwicklungen	87	Angst unseres Lebens	103
Alles geht in Scherben	88	Angst der Christen	104
Ein Fetzen dieser Erde	89	Masken der Angst	105
Vom Ritter zum Landsknecht	90	Quellen der Angst	106
Die heimliche Sehnsucht	91	Wertverschiebungen	107
Innere Wandlung	92	Überwundene Angst –	
Bekehrung	93	Sachlichkeit	108
In den Reihen der Ganzen	94	Überwundene Angst –	
Tu Deine Wahlpflicht gut	95	Minderung der Quellen	109
Greta herausbeten	96	Überwundene Angst –	
Kreuzgemeinschaft		Begegnung mit Gott (I)	110
mit Christus	97	Überwundene Angst –	
Mit Güte und Geduld	98	Begegnung mit Gott (II)	111
Stille Atempausen		Überwundene Angst –	
des Herzens	99	Begegnung mit Gott (III)	112

APRIL

Gottes unfähig	114	Der Tag, den Gott gemacht	123
Gefangen in dieser Welt	115	Geschichtliches Ereignis	124
Krankhaft lebensunkundig	116	Die drei Würgeengel	125
Religiös und weltkundig	117	Neugründung des Daseins	126
Gesichertes Existenz-		Menschen der Zuversicht	127
minimum	118	Ich heiße euch hoffen	128
Der Nächste	119	Christus,	
„Rein religiöse		Herr der neuen Zeit	129
Bemühungen"?	120	Daß Christus	
Ostern	121	über die Erde ging	130
Neuer Lebensmut	122		

Christus, Herr
  auch dieser Zeit 131
Keine christliche Selbst-
  verschließung 132
Weltamt der Christen 133
Ganzer ungebrochener
  Einsatz 134
Dem Ganzen
  die Treue halten 135
Was nützt es 136
In ein Wort zusammen-
  gefaßt 137

Es gehört der Ewige dazu . . 138
Es geht nicht
  ohne ein Minimum 139
Siebenfache Not –
  Siebenfache Erlösung . . 140
Die großen Zusammen-
  hänge 141
Tragische Spannung 142
Taufe 143

MAI

Getauft auf den
  lebendigen Gott 146
Das brennende Licht 147
Sichere Christen
  in der Welt 148
Übermacht 149
Firmung 150
Gefestigter und Gestärkter . 151
Die Frage nach dem schwei-
  genden Gewissen 152
Als einsame Fackel 153
Leben wir aus der Firmung . 154
Das Erlebnis des Versagens . 155
Schuld 156
Buß-Sakrament 157
O felix culpa 158
Misereor super turbam 159
Priesterweihe 160

Helfen Sie uns 161
Und sagen Sie! 162
Das Feuer, das in uns ist . . . 163
Im Sturm seiner
  Neuschöpfung 164
Die Enge 165
Die Einsamkeit 166
Dieses ewige Unterwegs . . . 167
Sakrament im Tabernakel . . 168
Kyrios 169
Christus, unser Bruder 170
Christus überwindet
  alle Enge 171
Kommunion 172
Brot der Starken 173
Es geht ein Lied 174
Ehe 175
Bis ins Herz Gottes 176

JUNI

Das Erlebnis des Todes 178
Krankensalbung 179
Gesätes Samenkorn 180
Schweigende Anbetung . . . 181
Christi Himmelfahrt 182
Pfingsten 183
Ein Gott der Weite 184

Veni Sancte Spiritus 185
Et emitte caelitus 186
Lucis tuae radium 187
Veni pater pauperum 188
Veni dator munerum (I) . . . 189
Veni dator munerum (II) . . 190
Veni lumen cordium (I) . . . 191

Veni lumen cordium (II) . . . 192	In aestu temperies (II) 200
Consolator optime 193	In fletu solatium (I) 201
Dulcis hospes animae 194	In fletu solatium (II) 202
Dulce refrigerium 195	O lux beatissima 203
In labore requies (I) 196	Reple cordis intima 204
In labore requies (II) 197	Tuorum fidelium 205
In labore requies (III) 198	Sine tuo numine 206
In aestu temperies (I) 199	Nihil est in homine 207

Juli

Nihil est innoxium (I) 210	Flecte quod est rigidum (V) 229
Nihil est innoxium (II) 211	Fove quod est frigidum (I) . 230
Lava quod est sordidum (I) . 212	Fove quod est frigidum (II) . 231
Lava quod est sordidum (II) 213	Flecte quod es rigidum -
Lava quod est sordidum (III) 214	Fove quod est
Lava quod est sordidum (IV) 215	frigidum (I) 232
Lava quod est sordidum (V) 216	Flecte quod es rigidum -
Riga quod est aridum (I) . . . 217	Fove quod est
Riga quod est aridum (II) . . 218	frigidum (II) 233
Riga quod est aridum (III) . . 219	Flecte quod es rigidum -
Riga quod est aridum (IV) . . 220	Fove quod est
Sana quod est saucium (I) . . 221	frigidum (III) 234
Sana quod est saucium (II) . 222	Rege quod est devium (I) . . 235
Sana quod est saucium (III) 223	Rege quod est devium (II) . 236
Sana quod est saucium (IV) . 224	Da tuis fidelibus (I) 237
Flecte quod est rigidum (I) . 225	Da tuis fidelibus (II) 238
Flecte quod est rigidum (II) 226	In te confidentibus (I) 239
Flecte quod est rigidum (III) 227	In te confidentibus (II) 240
Flecte quod est rigidum (IV) 228	

August

Jugend 242	Bukolisches Dasein
Gemeinschaft 243	am Simssee 252
Taten statt Worte 244	Berufung 253
Dein Herz ruft nach Gott . . 245	Von Mensch zu Mensch . . . 254
All die grauen Tage 246	Geheimer Dialog 255
Weltverantwortung 247	Maria 256
Sorge um die Jugend 248	Stunden wie Blitze 257
Heimat 249	Ausgebürgert 258
Die Fahrenden Gottes 250	Vertrauen 259
Gott ist gut 251	Mysterium 260

Missionsland 261	Feierst du neue Anfänge? . . 267
Die Quellen der Kirche 262	Schweigendes Gewissen . . . 268
Kirche – auf Menschen gestellt 263	Leben ist etwas Fließendes . 269
Der schwache Punkt 264	Bereit für Gott zu sterben . . 270
Wie ein Maulwurf 265	Kirche – Zeichen der Zeit . . 271
Unbändiger Missionswille . 266	Kirche – Kein heiliger Selbstzweck 272

SEPTEMBER

Ohne Selbstsicherheit 274	Bedroht 289
Ihr habt es gewußt 275	Land eines neuen Lebens . . 290
Nicht was Bomben zerschlagen 276	Mittelpunkte anerkennen . . 291
Vertrauen zur Kirche 277	Ende des Abstieges 292
Christliches Selbstbewußtsein 278	Teilnahme der Laien 293
Kollektivismus 279	Christus, der sichere Mensch 294
Pessimismus 280	Christus in seiner Kirche . . . 295
Tragizismus 281	Kraftquelle der Menschen . . 296
Ehrliche Aussprache 282	Erneuerungswillen 297
Echter Missionswille 283	Ihr alle seid gerufen 298
Christliche Bildung 284	Das Evangelium hinaustragen 299
Menschen der katholischen Weite 285	Bereitschaft 300
Die Ehre des Herrgotts 286	Bruder des Christus 301
Gott mehr ernst nehmen . . 287	Offenheit 302
Grenzbewohner 288	

OKTOBER

„Vater unser" – Alles ist zu eng 306	„Geheiligt werde Dein Name" – Unberührbares Gut in der Mitte des Daseins 312
„Vater" – Gott als Vater 307	
„Unser" – Gemeinschaft . . . 308	
„Der Du bist im Himmel" – Der Jenseitige 309	„Geheiligt werde Dein Name" – Ehrfurcht vor Gott 313
„Der Du bist im Himmel" – Dialog mit dem Absoluten 310	„Geheiligt werde Dein Name" – Anbetung – Weg zur Freiheit 314
„Der Du bist im Himmel" – Begegnung und Erfahrung Gottes 311	„Zu uns komme Dein Reich" – Des lebendigen Gottes teilhaftig werden . 315

„Zu uns komme Dein
Reich" – Sinnerfüllung
des Lebens 316
„Zu uns komme Dein Reich" –
Gottoffen leben 317
„Dein Wille geschehe" –
Transzendentale Beziehung des Menschen . . . 318
„Dein Wille geschehe" –
Bindung an Gott 319
„Dein Wille geschehe" –
Bejahung Gottes 320
„Unser tägliches Brot gib
uns heute" – Brotbitte
und Brotsorge 321
„Unser tägliches Brot gib
uns heute" – Vertrauen,
nicht Sicherheit 322
„Vergib uns unsere Schuld" –
Personale Haftung 323
„Wie auch wir vergeben ..." –
Verzicht auf jede
Bitterkeit 324
„Führe uns nicht in
Versuchung" – Stunde
der Anfechtung 325
„Führe uns nicht in
Versuchung" – Diese Bitte
ernst nehmen 326
Sondern erlöse uns von dem
Bösen" – Für oder
wider Gott 327
„Sondern erlöse uns von
dem Bösen" – Die Geister
unterscheiden 328
Das Schicksal der Kirchen . . 329
Ökumene 330
Rückkehr in die Diakonie . . 331
Nachgehen und
Nachwandern 332
Erfüllte Menschen 333
An einem toten Punkt 334
Ehrfurcht vor dem
anderen Menschen 335
Gedicht 336

November

Allerheiligen 338
Allerseelen 339
Über den Tod 340
Vom Sterben des Christen . . 341
Ein Gott des Lebens 342
Gottes neue Stadt 343
Selbsterlebnis 344
Unterwegs zu sich selbst . . . 345
Persönlichkeit
und Gewissen 346
Bruder und Gefährte 347
Eine letzte Einsamkeit 348
Mensch aus Gott 349
Was ist der Mensch? 350
Ehrfurcht vor sich selbst . . . 351
Der offene Wind 352

Dialog 353
Elisabeth 354
Macht und Recht 355
Dienst und Anbetung 356
Vom Sinn der Liebe 357
Die Verstoßenen 358
Das Antlitz des Herrgotts . . 359
Gebet 360
Tausendjährige Reiche 361
Irgendwie träumen wir alle . 362
Sein Wort gilt 363
Der ewige Advent 364
Die toten Soldaten 365
Ausschau halten
am Fenster 366
Daß Gott bei uns ist 367

DEZEMBER

Alles Leben ist Advent 370	Tiefer im Sein 386
Beten wir füreinander 371	Dreifacher Adventssegen . . 387
Warten 372	Uralte Sehnsucht 388
Vor dem Allerletzten 373	Härte des Lebens 389
Bewegtwerden 374	Was ist anders? 390
Aufstehen 375	Gesegnete Lasten 391
Prophet und König 376	Die Verbrüderung Gottes . . 392
Ein Segen des Herrn 377	Laßt uns dem Leben
Vincula amoris 378	trauen 393
Zuströmendes Leben 379	Der Gott der Verheißung . . 394
Eine Zeit der	Wehe dem, der anders ist! . . 395
Erschütterung 380	Johannes 396
Der Rufende in der Wüste . . 381	Josef 397
Der kündende Engel 382	Die Engel 398
Goldener Samen 383	Die Weisen 399
Die gesegnete Frau 384	Leidenschaft
Gottes Kraft 385	des Zeugnisses 400

2 Gesänge 401

Alfred Delp – Lebensdaten 403

Anmerkungen 406

Quellenhinweise 409

Bildhinweise 410

Literaturhinweise 411

Geleitwort

Die Familie von Pater Alfred Delp SJ stammt aus Lampertheim, aus der Diözese Mainz. Alfred besuchte das Bischöfliche Konvikt in Dieburg. Es gibt aber noch mehr Verbindungen, die uns heute, 60 Jahre nach seinem gewaltsamen Tod, mit Hochachtung auf das Leben und Werk des Mainzer Bistumskindes Alfred Delp blicken lassen. Die Auseinandersetzung mit der modernen Welt und zugleich die Synthese von Glaube und Kultur bei Pater Delp sind auch heute noch von bleibendem Vorbildcharakter. Die von ihm immer wieder behandelte Frage, wie denn unter den verschärften neuzeitlichen Bedingungen Glaubensvermittlung – nicht zuletzt auch in der Öffentlichkeit – möglich sei, beschäftigt nicht nur die Religionspädagogen. Gerade im zu Ende gegangenen so genannten „Bonifatius-Jahr", 1250 Jahre nach dem Tod des Missionars und Glaubenszeugen, haben wir uns immer wieder mit dieser Frage beschäftigt. Das Wort vom „Missionsland Deutschland" stammt nicht zuletzt von Pater Delp.

Es ist aber vor allem das mutige Zeugnis von Pater Delp bis in den Tod, das uns heute auf ihn blicken lässt. Christliches Zeugnis im 20. Jahrhundert lässt sich nicht nur durch Festhalten am Bekenntnis oder im Dienst der Kirche ablegen. Wenn Menschen, die um das Recht kämpften oder sich Gewaltherrschaft entgegenstellten, um eine neue politische Ordnung vorzubereiten, dabei dem Christentum die entscheidende Kraft bei Umsturz und Neugestaltung zuerkannten, sind sie nicht weniger glaubwürdige Zeugen der Wahrheit. Neben denjenigen, die bewusst und willensstark den Weg in die äußerste Konfrontation gingen, stehen die, die durch „unglückliche" Umstände auf den Weg des Blutzeugen geraten sind oder Zeiten elementarer Anfechtung, Angst und Verzweiflung durchlitten haben.

Unter den Märtyrern des vergangenen Jahrhunderts gibt es Opfer von Gewaltherrschaft, bei denen der Tod als unmittelbare Folge unerschütterlichen Bekennens greifbar wird. Dazu gehört Pater Alfred Delp. Dabei kam es im 20. Jahrhundert vor allem auch in der Zeit des Nationalsozialismus zu vielen Formen von Verfolgung und Widerstand. Wir wissen heute um die ganze Bandbreite der Formen des Widerstands. Die Entscheidungen, die in ihrer Konsequenz in den Tod führten, sind unter sehr verschiedenen

Voraussetzungen getroffen worden; sie waren nicht davon abhängig, ob jemand Amtsträger der Kirche, Theologe, Ordensangehöriger oder Laie war, und lassen sich auch nicht nur auf bestimmte theologische Grundpositionen zurückführen. Bei Pater Alfred Delp ist die christliche Überzeugung aber bis in den Tod hinein prägend und tragend. Seine Spiritualität hat ihm den schweren Gang zum Schafott erleichtert. Eindrucksvolle Zeugnisse seines Werkes belegen dies. In diesem Buch sind einige dieser Gedanken aufgegriffen.

Wenige Tage vor seiner Hinrichtung schrieb Alfred Delp jenes wunderbare Wort: „Gott ist mit uns: So war es verheißen, so haben wir geweint und gefleht. Und so ist es seinsmäßig und lebensmäßig wirklich geworden: ganz anders, viel erfüllter und zugleich viel einfacher als wir meinten. Gott wird Mensch. Der Mensch nicht Gott. Die Menschenordnung bleibt und bleibt verpflichtend. Aber sie ist geweiht. Und der Mensch ist mehr und mächtiger geworden.

Lasst uns dem Leben trauen, weil diese Nacht das Licht bringen musste. Lasst uns dem Leben trauen, weil wir es nicht allein zu leben haben, sondern Gott es mit uns lebt."

Die Erinnerung an die Glaubenszeugen des 20. Jahrhunderts ist kein Selbstzweck oder lediglich historische Nostalgie. Wir sehen darin eine Perspektive der Hoffnung für das 21. Jahrhundert. Wenn wir nicht wissen, woher wir kommen, sind wir für die Zukunft nicht vorbereitet. Die Erinnerung an die „Zeugen einer besseren Welt" kann zu der Zuversicht beitragen, dass wir den kommenden Herausforderungen gewachsen sind, weil uns so viele Bewährte zur Seite stehen. In diesem Sinn ist das vorliegende Lesebuch anlässlich des 60. Todestages von Pater Alfred Delp nicht nur ein eindrucksvolles Zeugnis seiner christlichen Überzeugung, sondern kann auch uns heute wichtige Gedanken für unseren Weg mitgeben. So wünsche ich dem Buch geneigte Leser, die daraus Gewinn für ihr spirituelles Leben ziehen können. In der Vielzahl der manchmal verführerischen Sinnangebote brauchen wir mehr denn je solche überzeugenden Lebenszeugnisse wie das von Pater Alfred Delp.

+ *Karl Kard. Lehmann*

Karl Kardinal Lehmann
Bischof von Mainz

Vorwort

P. Alfred Delp S.J. ist aufgenommen in das Martyrologium des 20. Jahrhunderts „Zeugen für Christus", das auf Anregung des Papstes von der Deutschen Bischofskonferenz herausgegeben wurde.* Am 11. Januar 1945 schreibt er nach seiner Verurteilung zum Tode: „Um das eine will ich mich mühen: wenigstens als fruchtbares und gesundes Saatkorn in die Erde zu fallen. Und in des Herrgotts Hand. ... Es sollen einmal andere besser und glücklicher leben dürfen, weil wir gestorben sind." (GS IV/110)** Wir leben heute besser und glücklicher, wir sind die ‚anderen'. Es stellt sich die Frage: Haben wir das Erdreich so bereitet, daß das gesunde Saatkorn heute bei uns, in unseren Gemeinden, in unserer Kirche fruchtbar werden kann?

Bislang stand der Widerstandskämpfer im Kreisauer Kreis, der von den Nazis Hingerichtete im Blickpunkt. Die Erinnerung an ihn und das ehrende Gedenken durch Namensgebungen, Gedenktafeln und Denkmäler sind wichtig für eine lebendige Beziehung zu unserer Geschichte.

Doch es geht um mehr. Im Lukasevangelium sagt Jesus: „Weh euch! Ihr errichtet Denkmäler für die Propheten, die von euren Vätern umgebracht wurden. Damit bestätigt und billigt ihr, was eure Väter getan haben. Sie haben die Propheten umgebracht, ihr errichtet ihnen Bauten." (Lk 11,47f.)

Es gilt, aus dem Gedenken Dankbarkeit wachsen zu lassen, ganz persönlich dem Märtyrer dankbar zu sein und das ernst zu nehmen, wofür er unseretwegen gestorben ist. Es gilt, die Herausforderung, die ein solcher ‚Tod für uns' darstellt, anzunehmen. Es gilt, die Wirkungsgeschichte der Märtyrer für das Leben unserer Kirche, für uns Christen heute neu zu erkennen.

Das meinten wir, als wir in die Satzung des Alfred-Delp-Kollegs u. a. als Aufgabe schrieben: „Das Erbe und Vermächtnis Alfred Delps zu *aktualisieren*".

Es ist Zeit, Delps prophetischer Weisung für die Kirchenstunde unserer Zeit einen fruchtbaren Boden zu bereiten, den Zeugen für Christus, den Prediger und Bekenner, den Beter und Mystiker Alfred Delp, seine spirituelle und pastoraltheologische Bedeutung für uns Christen und unser Christsein *heute* zu entdecken.

◆ Wortgewaltig und überzeugend hat Delp sich in seinen Predigten zu Christus und Kirche bekannt: „Kirche wird leben, wenn wir unseren Herrgott wieder einmal gern haben, so persönlich gern haben, daß wir bereit sind, für ihn zu sterben", so predigt er am 28. 6.1941. (GS III/243)

◆ Er trat ein für eine diakonische und missionarische Kirche der Offenheit und Weite; ganz im Sinne des späteren konziliaren „Aggiornamentos" von Papst Johannes XXIII.: „Ut vitam habeant (Damit sie das Leben haben!) ... Der Christ muß der Mensch der katholischen Weite sein." (GS I/282)

◆ Mutig ist am Fest der hl. Elisabeth seine Predigt für das Leben; eine äußerst politische Predigt gegen die Praxis der Nationalsozialisten, obwohl ihm bekannt war, daß die Gestapo immer in der Kirche mithörte: „... daß wir noch im allerletzten und allerverkommensten Menschen etwas finden, was man anbeten muß und was man fördern muß und was man hüten muß und hegen muß: das Antlitz des Herrgotts, der gesagt hat, der Mensch ist geschaffen nach meinem Bild und Gleichnis. Und wer möchte es auf sich nehmen, ein Bild und Gleichnis, einen Gedanken, einen Willen, eine Liebe des Herrgotts zu vernichten! Das ist eine ernste Botschaft dieser stillen Frau an unser Volk und unser Land, eine Botschaft an jeden von uns: überall, wo wir stehen und wo wir vernommen werden, das Leben zu schützen, die Kreatur zu schützen vor allem, was sie zertreten könnte. Wehe dem, an dem die Kreatur gelitten hat! Und wehe dem, an dem ein Mensch vernichtet wurde, an dem ein Bild Gottes geschändet wurde ..." (GS III/292)

◆ Die Weltoffenheit und das soziale Engagement Delps gründen in seiner tiefen, ja geradezu mystischen Gottverbundenheit: „... daß man da hineingerissen wird in diese Dimensionen, in denen Gott lebt." (GS III/375) „Und schließlich, daß die kühnsten Worte Augustins, Eckharts und der andern Wissenden und Ahnenden ernst zu nehmen sind und echte Wirklichkeit meinen: im Menschen selbst, in seiner innersten Mitte geschieht das Leben Gottes. Genau da wird der Mensch er selbst, wo er sich als Ort des höchsten und lichtesten Seins weiß." (GS IV/166f.)

◆ Delps Worte geben Kraft und Mut, besonders in schweren und dunklen Stunden; seine Überzeugung ist: Mit Gott sind wir allen Dingen gewachsen. „Gott als Vater: als Ursprung, als Führung, als Erbarmen, das sind die inneren Gewalten, die den Menschen diesen Stürmen und Überfällen gewachsen machen." (GS IV/226)

Diese Sammlung von Delp-Worten ist nicht am Schreibtisch entstanden. Sie ist gewachsen in vielen Jahren, in denen Delps Worte uns in der Arbeit und im Leben des Alfred-Delp-Kollegs begleitet und geprägt und wie ein Leuchtturm Orientierung gegeben haben.

Zum 60. Todestag von P. Delp geben wir sie als Jahres-Lesebuch heraus – für jeden Kalendertag ein Text als Impuls für den einzelnen oder für Gruppen zur Meditation und zum Gespräch und zum Gebet. Sie dienen uns, im Alfred-Delp-Kolleg, als Art Mantras bei der täglichen Kontemplation und begleiten uns bei den Exerzitien im Alltag; Delps Worte sind glaubwürdig und überzeugen, weil sie im Gebet geläutert sind, durchlebt und durchlitten – bis in den Tod.

Sie sollen in der Weise der „Ruminatio", der Tradition geistlicher Schriftlesung der alten Mönche, gelesen und so zu einem Bestandteil des eigenen Lebens werden – ein Wort so lange wiederzukauen wie man trockenes Brot kaut, bis man spürt, daß es schmeckt und nährt – so lange, bis das Wort aus dem bloßen Wissen zu einer neuen habituellen Wirklichkeit aufblühen kann.

Delps Worte sind kostbar wie Goldkörner angesichts der Berge von Sand unnütz gedruckter Redereien. – Sie sind lebendige, spirituelle Wegbegleiter – und nicht gedacht für die Enge zwischen zwei Buchdeckeln im Bücherregal. Es sind kurze Texte, die viele motivieren sollen, in den „Gesammelten Schriften" Alfred Delps, die Roman Bleistein herausgegeben hat, weiterzulesen.

Anbetung und soziales Engagement – unmittelbar miteinander verbunden in einer Gemeinschaft mit konkret erfahrbaren persönlichen Beziehungen, in der sich Glaube ereignen kann und die Offenheit für die anderen gilt –, das sind die beiden Ruder im Boot der Kirche. Heute meinen manche, sich an einem Ruder zu betätigen, sei bereits genug an Arbeit, und sie werfen daher das andere über Bord, so daß das Boot sich auf der Stelle und im Kreis dreht – und die Arbeit immer härter und aussichtsloser wird.

Wir laden mit Alfred Delp dazu ein, ein Boot zu bauen mit zwei Rudern: „Adoro et suscipe – Anbetung und Hingabe" – für Delp zwei Urworte des Lebens, in denen sich sein Leben zusammenfasste. (GS IV/219)

Was wir an Delp schätzen: seine Unbestechlichkeit und Klarheit in der Diagnose der Verhältnisse, seine Entschlossenheit und Konsequenz, seine Eigenständigkeit im Denken und Handeln gegen alle Vermassung, sein unbeugsames Vertrauen auf Gott.

Um was es letztlich geht? Im Gefängnis schreibt Alfred Delp: „Der gegenwärtige Mensch ist in eine Verfassung des Lebens geraten, in der er Gottes unfähig ist." (GS IV/312)

Aber Delp kennt angesichts dieser düsteren Diagnose keine Resignation! Vier Wochen vor dem Galgentod schreibt er von der „Leidenschaft der Sendung zum Menschen" und von der „Leidenschaft des Zeugnisses für den lebendigen Gott; denn den habe ich kennen gelernt und gespürt. Dios solo basta, das stimmt." (GS IV/83) Am 14. 3. 1943 predigt er: „Wir sind ein Leben ohne Gott geworden: und führen ein Leben in Angst und Bedrängnis ... Wenn es gelingt, daß unsere Herzen noch einmal höher schlagen um des Gottes willen, dann werden sie auch noch einmal höher schlagen um des echten Lebens willen. Und es wird in einem neuen, beglückenden Sinn wahr sein: Gott, der allmächtige Schöpfer des Himmels und der Erde" (GS III/181,187)

Für ihn ist Christus der Mittelpunkt; er macht sich in Gott fest, ist in Gott verwurzelt. „Ich kann doch unseren Herrgott nicht verraten", sagte er zu seiner Schwester Greta, als sie ihn am 16. Januar 1945 zum letzten Male im Gefängnis besuchen konnte.

Dieser Alfred Delp ist eine außerordentliche Ermutigung zum Glauben; das haben wir erfahren, und dafür stehen wir in unserer kleinen Gemeinschaft des Alfred-Delp-Kollegs:

„... daß unsere Herzen noch einmal höher schlagen um des Gottes willen."

Franz B. Schulte
Alfred-Delp-Kolleg, Brilon

---

* Zeugen für Christus. Das Deutsche Martyrologium des 20. Jahrhunderts, hrsg. von Helmut Moll im Auftrag der Deutschen Bischofskonferenz, Band I und II, Paderborn: Verlag Ferdinand Schöningh ³2001.
** Alfred Delp wird hier und im folgenden zitiert nach: Alfred Delp, Gesammelte Schriften, Band I-V, hrsg. v. Roman Bleistein, Frankfurt/M.: Verlag Josef Knecht 1982ff.

Januar

Alfred Delp vor dem Volksgerichtshof.
Im Hintergrund Helmuth James von Moltke und
Eugen Gerstenmaier
(Abb. 1)

1. Januar

NEUJAHR

Wenn wir diesem Jahr den Namen des Herrn geben, dann heißt das schließlich, daß wir da hineingehen unter die Menschen des Jahres und in die Nöte des Jahres und in seine Finsternisse und Dunkelheiten als Erlösende. Das, was mit Jesus in die Welt kam, war die große Liebe und das große Erbarmen und die große Treue zum Menschen und zum Menschen in Not und Verlassenheit. Und es wird vielleicht nötiger sein denn je, daß wir Christen offenbaren und es nicht nur wissen: wir kommen von einem Erlöser her. Wir sind nicht nur Erlöste, die froh sind und sich freuen und irgendwie sich geborgen wissen, wir sind Erlösende, die Menschen mit den tausend Händen und den tausend Augen, die die Not aufspüren und den geschlagenen Menschen suchen und ihm treu sind, und die Menschen mit dem großen Herzen, weil es schlägt nach dem Rhythmus eines göttlichen Herzens.

Der erste Tag des Jahres ist der erste von vielen und er soll den Rhythmus und das Gesetz und das Tempo bestimmen, in dem wir das Jahr beginnen, und das Jahr wird so bleiben, wie wir es beginnen. Der erste Tag des Jahres soll eigentlich der gelungenste sein, der, an den man am nüchternsten und entschlossensten das bedenkt, was dieses Jahr in unseren Händen und Herzen werden soll.

Nehmen wir das Ganze hinein, was dunkel und undurchschaubar vor uns steht, aber nehmen wir es mit herein, nicht um uns am ersten Morgen erdrücken zu lassen, sondern so, daß wir den Namen des Herrn darüber schreiben, um allem gewachsen zu sein, um zu wissen, alles, was da an Geheimnis, an Undurchschaubarem ist, das ist nur Schatten von dem großen Geheimnis, das der Herr selber ist. Wenn wir uns da hineinbegeben, werden wir all das andere tragen und bestehen und es meistern und treu sein.

Aus der Predigt zu Neujahr; 1.1.1942: GS III/141f.

2. Januar

DER NAME JESU

> Im Namen Jesu soll sich jedes Knie beugen
> (Phil 2,10)

Was heißt das nun, zu diesem Namen sich bekennen, im Namen Jesu existieren?

... (D)aß wir uns im Namen Jesu *bekennen zur Existenz Gottes in der Welt* selbst, zur Gottesunmittelbarkeit des Menschen in diesem Menschen Jesus Christus und durch ihn in uns. Und daß der Mensch von da her wirklich absolute Sicherheiten in sich trägt und von da her innerlich gefügt ist und innerlich all dem anderen überlegen ist.

Und darum heißt allerletztlich – auf den Menschen hin gesehen – der Sinn des Bekenntnisses zum Namen des Herrn *Bekenntnis zu einer ganz großen Zuversicht des Daseins.* Daß in diesem Namen diese Menschen so sicher durch die Welt gehen, wie sie so oft gingen durch die Geschichte, unerschütterlich und unerschlagen, weil sie wissen, von diesem Namen aus, in diesem Namen ist in all das Geschehen ein Sinn gelegt und ist in all diesem Geschehen die eine Tür offen und die eine Gelegenheit offen, eben zu bekennen und sich zu bewähren.

Man kann diesen Jesus Christus nur anrühren und nur innerlich erschließen als liebender Mensch, als Mensch, der ihn liebt und ihm von daher glaubt. Von da her verstehen Sie es, daß die Alten stundenlang diesen Namen beten konnten, immer wieder, immer wieder einen neuen Inhalt ihm gaben. Aus dem eigenen Leben wissen Sie, da, wo man liebt, da ist der Name selbst kostbar und da liegt selbst im Aussprechen des Namens ein Glück und eine Freude und eine Sicherheit und ein Gewinn. Und nur da, wo wir lieben, wird unser Bekenntnis echt und ernst und fruchtbar und wirklich mächtig sein, und nur da, wo wir lieben, wird der Herr sich uns aufschließen und wir werden ihn begreifen.

Aus der Predigt zum Namen-Jesu-Fest: GS III/156, 157, 159.

3. Januar

EPIPHANIE

Der besinnlichen Stunde, die vielleicht möglich ist, bietet sich an diesem Tag eine Fülle von Gegenständen zur Beachtung und Betrachtung. Da ist das Fest mit seinem reichen Gehalt: der Vorstoß Gottes aus dem Winkel von Bethlehem in die große Öffentlichkeit. Der rufende und wirkende Stern: die Männer, die die Wüste bestanden; die Freude und Fülle der Begegnung; die Anbetung und das Opfer; der erschrockene König; die ahnungslose Hierarchie und Klerisei; die wunderbare Führung und Fürsorge Gottes. Dann noch die anderen Heilstaten, deren das Fest gedenkt: die Taufe im Jordan, die bezeugende Stimme des Vaters, das erste Wunder zu Kana. Wirklich eine Fülle.

Dazu die persönliche Note des Festes: die ganzen Jahre der Vorbereitung, der Tag der Gelübde-Erneuerung.

Und dann: dieses Fest in diesem Jahre, in diesen Zeiten, in denen die Menschen hungern nach dem Stern und ihnen doch keiner erscheint, weil ihre Augen gehalten sind. Gerade jetzt ist es so wichtig, den Leuten die Botschaft dieses Tages zu sagen und zu deuten und ihrem Verständnis zu eröffnen.

Dazu meine persönliche Lage. Zwei Tage vor Beginn des Prozesses, in dem ich mich nur auf Gott stellen kann, auf keine andre Zuversicht. Was habe ich gebetet um einen Weihnachtsstern, ein Licht in der Sache. Der Herrgott ließ alles offen und verlangt von mir das franchir le pas: den absoluten Sprung von mir weg in ihn hinein. Da ist auch eine Wüste zu bestehen und ein erschrockener König, der mit dem Schwert rasch bei der Hand ist.

Aus den Meditationen über das Fest der Erscheinung des Herrn; 1945: GS IV/215.

4. Januar

EIN INNERES WORT

Wird sich das alles in ein Wort, ein Bild, eine innere Erkenntnis zusammenfinden? Ich möchte in dieser Lage mir selbst und den Freunden ein Wort sagen, von dem ich behaupten darf, daß es ehrlich und echt ist und von dem ich überzeugt sein darf, daß ich es dem Herrgott abgefragt und abgebettelt habe. Noch weiß ich dieses Wort nicht. Ob die Stunde es mir gibt?

In dieser Stunde meines Lebens wird mir eines klarer als es sonst manchmal war: ein Leben ist verloren, wenn es nicht in ein inneres Wort, in eine Haltung, eine Leidenschaft sich zusammenfaßt. Der Mensch muß unter einem geheimen Imperativ stehen, der jede seiner Stunden verpflichtet und jede seiner Handlungen bestimmt. Nur der so geprägte Mensch wird Mensch sein können, jeder andere wird Dutzendware, über den andere verfügen. Der geprägten Menschen sind heute so wenige; das macht ja das Leben so spannungslos und beziehungsarm. Es gibt keine echten Dialoge mehr, weil es keine echten Partner mehr gibt. Die Menschen wagen es nicht mehr, die Grenzen ihrer Wirklichkeit ernsthaft und ehrlich abzuschreiten, weil sie die Entdeckungen fürchten, die ihrer an den Grenzen warten. Der Mensch muß sich immer schon als unheimliches Wesen wissen, das sich ins Grenzenlose erstrecken muß, wenn es seinen eigenen Grenzen und Gesetzen treu sein und zu sich selbst kommen will. Gerade das fürchten wir aber: die Entdeckung des Ungeheuren und des Unendlichen, dessen wir fähig sind. Fähig und bedürftig. Hier wird über des Menschen Wert und Würde entschieden.

Dem Menschen, der er selbst bis in seine äußersten Möglichkeiten werden will, kündet der Tag heute verschiedene Gesetze seines Lebens, die Vorbedingungen sind bzw. Kräfte und Ermöglichungen der geprägten, werthaltigen Individualität Mensch, um die es geht.

Aus den Meditationen über das Fest der Erscheinung des Herrn; 1945: GS IV/215f.

5. Januar

MAN MUSS DIE SEGEL

Das ist eine der Botschaften dieses Tages: das Gesetz der Freiheit. Da die Männer in dem Stalle knieten und anbeteten, da alles hinter ihnen lag: die Heimat, die Wüste, der lockende Stern und die Qual des schweigenden Sterns, der verführerische Palast des Königs und die Herrlichkeit der Stadt – da alles seinen Wert und seine Eindrucksfähigkeit verlor: der arme Stall und die kärgliche Umgebung und die fehlende Macht und der abwesende Glanz der Welt, und das ganze Wesen gesammelt war in diesen einen Akt: Adoro – in diese eine symbolische Gebärde der Gaben: da wurden und waren Menschen frei.

Der Mensch muß sich selbst hinter sich gelassen haben, wenn er eine Ahnung von sich selbst bekommen will. Das ist es, was uns so selten gelingt und so schwer fällt. Und was den Menschen heute so unsinnig erscheint, weil sie die unendlichen Gluten und die schimmernde Bläue und die grenzenlose Weite des göttlichen Wesens nicht mehr kennen, denen man sich überantworten muß. Man muß die Segel in den unendlichen Wind stellen, dann erst werden wir spüren, welcher Fahrt wir fähig sind.

Die freie und vorbehaltlose Begegnung mit dem Herrgott erst gibt dem Menschen seinen eigenen Raum. Alles andere sind Hütten, auf erbärmlichen Sumpfböden gebaut und eines Tages doch nur Trümmer und Schutt. Lieber im Stalle anbeten als auf dem Thron erschrecken.

Aus den Meditationen über das Fest der Erscheinung des Herrn; 1945: GS IV/217f.

6. Januar

ADORO ET SUSCIPE

Die Lehre der Alten von der „Abgeschiedenheit der Seele" ist große Weisheit, weil sie Lehre von der Selbstwerdung des Menschen ist, der nur jenseits seiner er selbst werden kann. Adoro et Suscipe (1) sind die beiden Urworte der menschlichen Freiheit. Das gebeugte Knie und die hingehaltenen leeren Hände sind die beiden Urgebärden des freien Menschen.

Wir haben es anders versucht, wir alle. Das Leben aber will den echten Menschen und zwingt ihn immer wieder in die Möglichkeit zu sich selbst. Was nun am schwersten fiel: das Loslassen der herrlichen Dinge: das ist geschehen. Wir sind im Stalle angekommen, es war ein mühseliger und erschrecklicher und blutiger Weg bis in diese unsere sichtbare Erbärmlichkeit. Und unsere Hände sind leer. Sie sind mehr als leer. Sie zeigen Risse und bluten aus Wunden, weil man uns die Dinge entreißen mußte. Daß wir doch die große Berufung spüren und anerkennen, diesem grausigen Geschehen seinen inneren Sinn zu geben und in all diesen Schrecken anzubeten und hinzugehen. Dann wäre aus diesen Höllenfeuern ein neuer Mensch gekommen, losgelöst und frei zu sich selbst und der Erde würde eine Stunde des Segens schlagen mitten in der Nacht – wie schon so oft.

Das allgemeine Schicksal, meine persönliche Lage, die Entscheidung der nächsten Tage, die Botschaft des Festes: alles sammelt sich in das Eine: Mensch, laß dich los zu deinem Gott hin und du wirst dich selbst wieder haben. Jetzt haben dich andere, sie quälen dich und erschrekken dich und jagen dich von einer Not in die andere. Das ist dann die Freiheit, die singt: – uns kann kein Tod nicht töten. Das ist dann das Leben, das da ausfährt in die grenzenlose Weite. Adoro und Suscipe: ihr Urworte des Lebens, ihr geraden und steilen Wege zu Gott, ihr Tore in die Fülle, ihr Wege des Menschen zu sich.

Aus den Meditationen über das Fest der Erscheinung des Herrn; 1945: GS IV/218f.

7. Januar

WIRKENDE GNADE

Aber sie ist nicht das Erste und nicht das Letzte, die Wüste. Und der Mensch ist in den Fährlichkeiten der Fahrt zum Gipfel doch nicht nur sich selbst ausgeliefert. Denn je weiter und höher der Mensch, um er selbst zu werden, über sich hinausgreifen, je mehr noch, über sich hinauswandern muß, um so weniger langt dazu des Menschen eigenes Vermögen. Wie weit wir selbst kommen aus Eigenem, das haben wir als Geschlecht und als einzelne erlebt und bewiesen. Möge dies für lange Zeit der letzte Erweis des Ergebnisses menschlicher Überschätzung sein.

Die Stunde der Freiheit ist die Stunde der Begegnung. Und es ist nicht so, daß ein suchender Gott auf einen wegmüden Menschenwanderer warte. Sie sind beide unterwegs aufeinander zu.

Vielerlei sind die Aufbrüche Gottes zum Menschen; vielerlei sind die Hilfestellungen, die Gott dem Menschen leistet, daß er dem Wege nicht erliegt. Wobei dies noch gar nicht die Substanz der göttlichen Hilfe ist. Diese besteht in der Befähigung des Menschen, dem Ruf und der Pflicht über sich selbst hinaus gewachsen zu sein.

Dreifach kündet das Fest heute von der Wanderschaft, die Gott zum Menschen hin unternimmt, von Zeichen der Gnade, unter die er das suchende Leben stellt. Diese Zeichen sind: der führende Stern, der heilende Strom, das verwandelte Wasser.

Aus den Meditationen über das Fest der Erscheinung des Herrn; 1945: GS IV/222.

8. Januar

DIOS SOLO BASTA

Und es sind dies nur und erst die Zeichen und Wirkungen, noch nicht die Wirklichkeit.

Denn der Stern meint das Kind, der Jordan meint den Herrn und gottgewirkte Befreiung von der Schuld, das Hochzeitswunder meint den mächtigen Herrn, der auf unser Heil aus und unterwegs ist.

So wird dem Leben klar, daß es nicht nur unter dem Gesetz der Bedürftigkeit nach Gnade und Hilfe steht, sondern unter dem Gesetz der wirklichen und wirkenden Gnade. Das Leben ist gerade da, wo es selbst über sich hinaus will, nicht allein gelassen, weil sich Gott als Mensch zu uns gesellt hat. Wir sind nicht allein. Wir sind den Dingen gewachsen.

Ja, mehr als das: wir sind auch dann noch lebensfähig und lebenstüchtig, wenn alles feindselig zu werden scheint. „Meine Gnade genügt" wurde dem Paulus (2 Kor 12,9) gesagt und sie hat genügt bis zu einer Fülle des Menschentums und der Bewährung, die heute noch die Welt trägt.

Dios solo basta (2) hat ein anderer großer Mensch gesagt und es hat genügt für ein Leben, von dem die Welt heute noch Früchte erntet.

Aus den Meditationen über das Fest der Erscheinung des Herrn; 1945: GS IV/223.

9. Januar

ICH BIN NICHT ALLEIN

Unsere Stunde ist die Stunde der Wüste noch. Noch fleht unser Herz die Urbitten der Kreatur. Das gilt für uns alle und gilt für mich persönlich. Es ist eine Situation, in der die Wüste ihre tröstliche Vertraulichkeit weglegt und uns mit dem Gesicht der gefährlichen Bedrängnis anschaut. Das sind keine Bilder, das sind Zustände und Tatsachen. Wir alle wissen das: die große Gemeinschaft der Menschen dieser Welt.

Und wir neun wissen das, die übermorgen als „verlorener Haufen" die Fahrt ins Schicksal antreten.

Aber diese Wüste ist Bewährung zur großen Freiheit, nicht endgültiges Schicksal. Die Wüsten müssen bestanden werden.

Und ich weiß dies: ich bin nicht allein. Das Gesetz der Gnade gilt. Und ich weiß dies: ich bin nicht allein. Das Gesetz der Treue und der Liebe und des betenden Opfers gilt.

Und ich weiß dies: der Stern wird über der Wüste stehen.

Und ich muß den Strom des Heiles einströmen lassen.

Und die Wasser unserer Bitternis werden gewandelt sein in den Wein der göttlichen Segnung und Weihung:

Adoro und Suscipe.

Aus den Meditationen über das Fest der Erscheinung des Herrn; 1945: GS IV/223f.

10. Januar

INTENSITÄT DES HASSES

An P. Franz von Tattenbach

Lieber Tatt,

nun muß ich Ihnen doch den Abschiedsbrief schreiben. Ich sehe keine andere Möglichkeit mehr. Der Herr will das Opfer. Die ganzen harten Wochen hatten den Sinn der Erziehung zur inneren Freiheit. Er hat mich bisher vor allen Zusammenbrüchen und Erschütterungen bewahrt. Er wird mir auch über die letzten Stunden hinweghelfen. Wie ein träumendes Kind trägt er mich oft. Ihnen Dank und Vergelt's Gott für alles. Wir bleiben ja zusammen. ... Gerade habe ich noch zelebriert. Wer kann sich heute so auf diese Möglichkeit rüsten? – Der Prozeß war eine große Farce. Sachlich wurden die Hauptanklagen: Beziehung zum 20.7. und Stauffenberg gar nicht erhoben. Sperr hat seine Aussage sehr gut korrigiert. Es war eine große Beschimpfung der Kirche und des Ordens. Ein Jesuit ist und bleibt eben ein Schuft. Das alles war Rache für den abwesenden Rösch und den Nicht-Austritt (3). Beim Strafantrag wurde eigens die Intelligenz und Tatkraft eines *Jesuiten* als erschwerend hervorgehoben. Die Verhandlung strotzte von Beschimpfungen der Kirche. ... *Sachlich* konnte ich sagen, was ich wollte: einem Jesuiten glaubt man nicht, da er grundsätzlich ein Reichsfeind und vor allem ein Feind der NSDAP ist. So sind dann auch die Strafanträge von Leuten, die um Goerdeler gewußt und mit ihm gesprochen hatten, milder als der meine.

Auch Moltke wurde fürchterlich beschimpft wegen seiner Beziehung zu Kirche und Jesuiten. Ein Moltke neben einem Jesuiten ist eine Schande und Entartung. Was ich bei der Gestapo schon erfahren habe, war hier wieder spürbar: diese dichte Intensität des Hasses gegen Kirche und Orden. So hat die Sache wenigstens noch ein echtes Thema bekommen.

Ihnen alles Gute und Liebe. Sorgen Sie bitte etwas für meine Leute. Behüt Sie Gott. Auf Wiedersehen.

Ihr dankbarer Alfred Delp.

Aus dem Abschiedsbrief an P. Franz von Tattenbach; 10.1.1945: GS IV/97 f.

11. Januar

LIEBE MUTTER

An Maria Delp

Liebe Mutter, nun muß ich Dir den schwersten Brief schreiben, den ein Kind seiner Mutter schreiben kann. Es ist alles so aussichtslos geworden, daß ich mit dem Todesurteil und seiner darauffolgenden Vollstreckung rechnen muß. Liebe Mutter, bleibe tapfer und aufrecht. Es ist der Herrgott, der die Schicksale fügt. Wir wollen uns ihm geben und nicht böse sein. Es ist hart für Dich, liebe Mutter, aber es muß getragen sein.

Herzlich danke ich Dir für alle Liebe und Güte. Du warst uns so viel in liebevoller Sorge und hast so viel getan und gelitten für uns. Herzlichen Dank für alles und jedes, das Du mir gabst und warst.

Grüß Vater recht herzlich. Ich glaub, ich schreibe ihm nicht eigens. Müßt ihn allmählich vorbereiten. Sag auch ihm herzlichen Dank für alles.

Bleib tapfer, liebe Mutter. Bete für mich. Wenn ich bei Gott bin, werde ich immer für Dich beten und bitten und viel versäumte Liebe nachholen.

Wir sehen uns ja wieder. Eine kleine Weile nur und wir sind wieder beisammen. Dann für immer und ewig und in der Freude Gottes.

Behüt Dich Gott, Mutterl. Schau gut auf Marianne, daß sie gerade und recht aufwächst. Ich werde schon ein Auge auf sie haben. Herzlich grüße ich Dich,

Dein dankbarer
Alfred

Brief an die Mutter; 11.1.1945: GS IV/100f.

12. Januar

URTEILSBEGRÜNDUNG

An Marianne Hapig / Marianne Pünder

Ihr guten Leute, nun geht es also doch den andern Weg. Wie der Herrgott will. In seine Freiheit und Güte sei alles gestellt und übergeben. Vergelt's Gott für alle Güte und Liebe. Das war kein Gericht, sondern eine Orgie des Hasses.

Die Anklagepunkte, die die ursprüngliche Belastung ausmachten, ließen sich nicht aufrechterhalten.

Durch die Art des Prozesses hat das Leben ja ein gutes Thema bekommen, für das sich sterben und leben läßt. Die Urteilsbegründung bzw. die Verhandlung stellte folgende 4 Belastungen auf (alles andere ist Unsinn; wichtig keine Beziehung zum 20. Juli etc.):

1. Gedanken an eine deutsche Zukunft nach einer möglichen Niederlage („Mit uns stirbt der letzte Deutsche, NSDAP und deutsches Reich und deutsches Volk zusammen", Freisler).

Unvereinbarkeit von NS und Christentum. Deswegen waren meine Gedanken falsch und gefährlich, weil sie von dem ausgingen (das Moltke vorgeworfene „Rechristianisierungsdenken" ist ein „Anschlag gegen Deutschland").

Der Orden ist eine Gefahr und der Jesuit ein Schuft, wir sind grundsätzlich Feinde Deutschlands.

Die katholische Lehre von der iustitia socialis als Grundlage für einen kommenden Sozialismus.

Die Verhandlung ist auf Schallplatten aufgenommen. Man wird sie im geeigneten Moment vielleicht nützen können. Wenn ich sterben muß, ich weiß wenigstens warum. Wer weiß das heute von den vielen. Wir fallen als Zeugen für diese 4 Wahrheiten und Wirklichkeiten, und wenn ich leben darf, weiß ich auch, wozu ich ausschließlich da bin in Zukunft. Grüßen Sie alle Bekannten. ... Bis jetzt habe ich noch keine Angst. Gott ist gut. Bitte beten. Von dort aus werde ich antworten.

Auf Wiedersehen
Max

Brief an Marianne Hapig / Marianne Pünder; 11. 1. 1945: GS IV/101 f.

13. Januar

FEIND DES REICHES

An die Mitbrüder

Liebe Mitbrüder, nun muß ich doch den andern Weg nehmen. Das Todesurteil ist beantragt, die Atmosphäre ist so voll Haß und Feindseligkeit, daß heute mit seiner Verkündigung und Vollstreckung zu rechnen ist.

Ich danke der Gesellschaft und den Mitbrüdern für alle Güte und Treue und Hilfe, auch und gerade in diesen schweren Wochen. Ich bitte um Verzeihung für vieles, was falsch und unrecht war, und ich bitte um etwas Hilfe und Sorge für meine alten, kranken Eltern.

Der eigentliche Grund der Verurteilung ist der, daß ich Jesuit bin und geblieben bin. Eine Beziehung zum 20.7. war nicht nachzuweisen. Auch die Stauffenberg-Belastung ist nicht aufrecht erhalten worden. Andere Strafanträge, die wirklich Kenntnis des 20.7. betrafen, waren viel milder und sachlicher. Die Atmosphäre war so voll Haß und Feindseligkeit. Grundthese: ein Jesuit ist a priori der Feind und Widersacher des Reiches. Auch Moltke wurde sehr häßlich behandelt, weil er uns, bes. Rösch, kannte. So ist das ganze von der einen Seite eine Komödie gewesen, auf der anderen aber doch ein Thema geworden. Das war kein Gericht, sondern eine Funktion des Vernichtungswillens.

Behüt Sie alle der Herrgott. Ich bitte um Ihr Gebet. Und ich werde mir Mühe geben, von drüben aus das nachzuholen, was ich hier schuldig geblieben bin.

Gegen Mittag werde ich noch zelebrieren und dann in Gottes Namen den Weg seiner Fügung und Führung gehen.

Ihnen Gottes Segen und Schutz

Ihr dankbarer
Alfred Delp S.J.

Brief an die Mitbrüder; 11.1.1945: GS IV/102f.

14. Januar

NACH DER VERURTEILUNG

Das ist ein eigenartiges Leben jetzt. Man gewöhnt sich so schnell wieder an das Dasein und muß sich das Todesurteil ab und zu gewaltsam in das Bewußtsein zurückrufen. Das ist ja das Besondere bei diesem Tod, daß der Lebenswille ungebrochen und jeder Nerv lebendig ist, bis die feindliche Gewalt alles überwältigt. So daß die gewöhnlichen Vorzeichen und Mahnboten des Todes hier ausbleiben. Eines Tages wird eben die Tür aufgehen und der gute Wachtmeister wird sagen: einpacken, in einer halben Stunde kommt das Auto. Wie wir es so oft gehört und erlebt haben.

Eigentlich hatten wir damit gerechnet, gleich am Donnerstag abend nach Plötzensee gefahren zu werden. Wir sind anscheinend die ersten, bei denen wieder Fristen eingehalten werden. Oder ob es die Gnadengesuche schon waren? Ich glaube nicht: Frank kam gestern auch zurück, obwohl für ihn noch kein Gesuch lief. Daß Frank auch verurteilt würde, hätte niemand gedacht.

Aber dort ist alles Subjektivität, nicht einmal amtliche, sondern ganz personale Subjektivität. Der Mann (Freisler) (4) ist gescheit, nervös, eitel und anmaßend. Er spielt Theater und der Gegenspieler muß unterlegen sein. Wo dies schon im Dialog geschieht, kommt die Überlegenheit des Gnädigen zu Geltung und Wirkung.

Aus den Reflexionen nach der Verurteilung; 11.1.1945: GS IV/104f.

15. Januar

DER SCHAUPROZESS

Ich kam mir bei der ganzen Sache eigentlich recht unbeteiligt vor. Es war wie eine schlechte Pullacher Disputation, nur daß der Defendens dauernd wechselte und der Dauerobjicient auch zugleich entschied, wer Recht hat. Die Mitrichter, das „Volk" am Volksgericht waren gewöhnliche, dienstbeflissene Durchschnittsgesichter, die sich in ihrem blauen Anzug sehr feierlich vorkamen und sehr wichtig neben der roten Robe des Herrn Vorsitzenden. Gute, biedere SA-Männer, die die Funktion des Volkes: Ja zu sagen, ausüben.

Es ist alles da, es fehlt nichts: feierlicher Einzug, großes Aufgebot von Polizei, jeder hat zwei Mann neben sich; hinter uns das „Publikum"; meist Gestapo usw. Die Gesichter der Schupos gutmütig-gewohnt-gewöhnlich. Das Publikum hat durchschnittlich den Typ des „einen" Deutschland. Das „andere" Deutschland ist nicht vertreten oder wird zum Tode verurteilt. Eigentlich fehlte noch eine Ouvertüre zu Beginn und ein Finale zu Ende oder zumindest Fanfaren.

Die Verhandlung selbst war geschickt und raffiniert gestellt. So raffiniert, daß keiner mit dem zu Wort kommen konnte, was den anderen entlastete oder ihm selbst von Vorteil war. Es wurde genau das und nur das gefragt und zur Aussage zugelassen, was nach der gerade gültigen These langt zum Verurteilen.

Unsere Verhandlung war gestellt auf Moltkes und meine Vernichtung. Alles andere waren Kulissen und Statisten. ...

Als die Verhandlung mit mir eröffnet wurde, spürte ich bei der ersten Frage die Vernichtungsabsicht. Die Fragen waren schön geordnet, auf einem Zettel präpariert. Wehe, wenn die Antworten anders ausfielen als erwartet. Das war dann Scholastik und Jesuitismus. Überhaupt ist das so, daß ein Jesuit mit jedem Atemzug ein Verbrechen tut. Und er kann sagen und beweisen und tun, was er will: er ist eben ein Schuft und es wird ihm nichts, gar nichts geglaubt.

Aus den Reflexionen nach der Verurteilung; 11.1.1945: GS IV/105f.

16. Januar

LIEBE GRETA

Liebe Greta, (5)

Dank daß Du da warst. Sei mir nicht böse, daß ich es kurz gemacht habe. Ich freue mich, daß Du so mutig bist. Und daß Du noch hoffst. Auch ich hoffe noch.

Entweder will Gott mein Leben oder er will mich zu etwas Richtigem erziehen. In beiden Fällen dürfen wir nicht *nein* sagen.

Und wer nicht sterben kann, hat nicht richtig gelebt.

Der Tod ist nicht ein Überfall, eine fremde Gewalt, sondern das letzte Stück dieses Lebens. Die beiden gehören zusammen.

Beten und hoffen wir weiter, wie der Herrgott es fügt, gelt. ...

Behüt Dich Gott auf Wiedersehen
Alfred

Brief an Greta Kern; 16. Januar 1945: GS IV/127.

17. Januar

DIES IST KEIN GERICHT

Die Beschimpfungen von Kirche, Orden, kirchengeschichtlichen Überlieferungen etc. waren schlimm. Ich mußte eigentlich an mich halten, um nicht loszuplatzen. Aber dann wäre die Atmosphäre für alle verdorben gewesen. Diese herrliche Gelegenheit für den großen Schauspieler, den Gegenspieler für einen gescheiten, überragenden, verschlagenen Menschen zu erklären und sich dann so unendlich überlegen zu zeigen. Es war alles fertig, als er anfing. Ich rate allen meinen Mitbrüdern dringend ab, sich dahin zu begeben. Man ist dort kein Mensch, sondern „Objekt". Und dabei alles unter einem inflationistischen Verschleiß juristischer Formen und Phrasen. ...

Unser eigentliches Vergehen und Verbrechen ist unsere Ketzerei gegen das Dogma: NSDAP – Drittes Reich – Deutsches Volk: leben gleich lang. Die drei sterben miteinander. Man wird Herrn Freisler einmal daran erinnern müssen, wie gut es wäre, wenn jetzt jemand Moltkes Nachkriegspläne und Abwehrpläne durchführen würde. Und wie viele von den Männern, die er gerichtet hat, jetzt fehlen.

Wer es wagt, diese NS-Dreifaltigkeit oder besser Drei-Einigkeit anzuzweifeln, ist ein Ketzer und die früheren Ketzergerichte sind Spielereien gegen die Raffinesse und tödliche Akribie dieser jetzigen.

Bei Moltke wäre auch alles besser gegangen, wenn er nicht „kirchlich gebunden" wäre, ihm nicht „Rechristianisierungsabsichten" nachgewiesen wären, er nicht mit Bischöfen und Jesuiten verkehrt hätte. Ach, was waren wir Toren, als wir uns sachlich auf die Verhandlung vorbereiteten. Darum ging es ja gar nicht. Dies ist kein Gericht, sondern eine Funktion. Ein ganz eindeutiges Echo und sonst nichts. Wie ein Mann das jeden Tag tun mag, verstehe ich nicht.

Aus den Reflexionen nach der Verurteilung; 11.1.1945: GS IV/106f.

18. Januar

SO INS DUNKEL

An Luise Oestreicher (6)

L. L., noch einen guten Gruß. Und ich wollte Dir noch sagen, tu Dich mit Greta zusammen. Ihr werdet Euch gut verstehen und einander gut helfen. –

Mir geht es gut. So ins Dunkel hat mich der Herrgott noch nie gestellt. Aber ich will stehen bleiben. Entweder er will das Opfer oder er will das Vertrauen bis zur Zerreißprobe. Ich wills versuchen. Entweder er sät mich als Samen oder er richtet mich zu einem großen Werk. Die gewöhnlichen Maßstäbe gelten seit dem 11. nicht mehr. Du aber hilfst mir beten und stehen bleiben, gelt. Ich habe trotz allem ein gutes Gefühl, das nicht aus mir stammt. Wenn ich bedenke, wie er mich die drei Tage vom 9.–11. getragen hat. Und wie ich vor einigen Wochen, als mir zum ersten Mal einfiel, das könnte mein Schicksal sein, verurteilt zu werden und warten zu müssen, wie ich damals Angst hatte vor dieser Möglichkeit und wie er mich jetzt hält und führt. Dir Dank für alles ... Ich habe viel Sorge in Dein Leben gebracht, möge es segnende und weihende Sorge sein. Grüße alle.

Dir einen guten Segen und einen herzlichen Gruß.
Georg
18.1.

Brief an Luise Oestreicher; 18.1.1945: GS IV/128.

19. Januar

INNERLICH FREI

Am Donnerstag abend war also Schlußsitzung. Wieder alles im gleichen Stil. Wie Preisverleihung in einer kleinen Schule, die nicht einmal den richtigen Raum dafür hat. Und anschließend dachten Moltke und ich, wir führen nach Plötzensee. Wir sind aber immer noch in Tegel.

Auch bei der Verurteilung war ich innerlich so unbeteiligt wie an den ganzen zwei Tagen. Ich habe die zwei Tage das Sanctissimum bei mir gehabt und vor der Fahrt zum Urteil zelebriert und als letzte Speise *die* Speise genossen. So wollte ich bereit sein, aber ich bin immer noch am Warten.

Bis jetzt hat mir der Herrgott sehr herrlich und herzlich geholfen. Ich bin noch nicht erschrocken und noch nicht zusammengebrochen. Die Stunde der Kreatur wird schon auch noch schlagen. Manchmal kommt eine Wehmut über mich, wenn ich an das denke, was ich noch tun wollte. Denn jetzt bin ich ja erst Mensch geworden, innerlich frei und viel echter und wahrhaftiger, wirklicher als früher. Jetzt erst hat das Auge den plastischen Blick für alle Dimensionen und die Gesundheit für alle Perspektiven. Die Verkürzungen und Verkümmerungen beheben sich. – Ja, und dann die Menschen, die eben zurückbleiben.

Ja, und ganz ehrlich gesagt, ich glaube noch nicht an den Galgen. Ich weiß nicht, was das ist. Vielleicht eine große Gnade und Hilfe des väterlichen Gottes, der mich so die Wüste bestehen läßt, ohne in ihr verdursten zu müssen. Während der ganzen Verhandlung, auch als ich merkte, das „Wunder" bleibt aus, war ich weit oben drüber und unberührbar durch all die Vorgänge und Aussichten. Ist das das Wunder oder was ist das? Ich bin Gott gegenüber wirklich in einiger Verlegenheit und muß mir darüber klar werden.

Aus den Reflexionen nach der Verurteilung; 11.1.1945: GS IV/107f.

20. Januar

TRÖSTUNGEN

Diese ganzen bitteren Monate der Reife und des Unglücks stehen unter einem ganz eigenartigen Gesetz.

Von der ersten Minute an war ich innerlich sicher, es würde alles gut gehen. Gott hat mich in dieser Sicherheit immer wieder bestärkt. Ich habe in diesen letzten Tagen gezweifelt und überlegt, ob ich Selbsttäuschungen zum Opfer gefallen bin, ob sich mein Lebenswille in religiöse Einbildungen sublimiert hat oder was das war. Aber diese vielen spürbaren Erhebungen mitten im Unglück;

diese Sicherheit und Unberührtheit in allen Schlägen;

dieser gewisse „Trotz", der mich immer wissen ließ, es wird ihnen die Vernichtung nicht gelingen;

diese Tröstungen beim Gebet und beim Opfer;

diese Gnadenstunden vor dem Tabernakel;

diese erbetenen und immer wieder gegebenen und gewährten Zeichen:

ich weiß nicht, ob ich das alles jetzt wegtun darf. Soll ich weiter hoffen?

Will der Herrgott das Opfer, das ich ihm nicht versagen will oder will er die Bewährung des Glaubens und Vertrauens bis zum äußersten Punkt der Möglichkeit?

Aus den Reflexionen nach der Verurteilung; 11.1.1945: GS IV/108.

21. Januar

Dank für alle Treue

An Familie Kreuser

Liebe Freunde, die halbe Nacht habe ich dauernd das angestrengte und übermüdete Gesicht des treuen Tatt(enbach) vor mir gesehen. Immer wieder mußte ich an alle denken, die in diesen harten Zeiten der Prüfung und Bedrängnis ihre Kraft und Mühe aufwenden, um mir zu helfen.

Da der Mann heute mit dem Eisen etwas sparsamer umgeht, will ich die gegebene Gelegenheit ausnützen, einen heute Nacht gefaßten Vorsatz gleich auszuführen: allen, die sich mühen, gemeinsam zu danken, wie ich jeden Tag allen gemeinsam meinen gefesselten Segen schicke, der doch nicht angebunden ist, und wenn ich immer wieder aller gedenke bei der nächtlichen Messe und bei den täglichen Stunden des Wartens.

Wenn Gott mich wirklich heimruft, wird das eine meiner ersten Bitten an ihn sein, die Freunde, die sich so in seinem göttlichen Anliegen, der erwiesenen Liebe, bewährt haben, auch in der Liebe zu erhalten gegen alle Gefahr, die dieser innersten Überwindung der Welt in der Welt droht. Ich weiß es aus Erfahrung, Freunde, das Dasein ist heute mehr anstrengend und wir sind angerührt und abgespannt und doch bleibt der zwingende Ruf der Liebe.

Ach, laßt uns eher überall versagen, nur in dem nicht, was den Menschen zum Menschen macht: in der Anbetung nicht und in der Liebe nicht. Der Anbetende und Liebende: das erst ist der Mensch. Dank für alle Treue und Güte und Mühe.

Es gibt da einen inneren Raum, in dem es keinen Abend gibt und keinen Abschied.

Vergelts Gott und auf Wiedersehen
Georg

Brief an Familie Kreuser; 21. Januar 1945: GS IV/137f.

22. Januar

GLAUBENSPROBE?

Und dies ist das zweite Gesetz, unter dem diese Wochen stehen: es ging alles schief, was ich unternahm, um mir zu helfen. Ja, nicht nur schief, es war eigentlich immer zum Unheil. So auch jetzt bei der Verhandlung. Der Anwaltswechsel, der zunächst so gut schien, war nicht gut. Als der Mann den Anti-Jesuiten-Komplex spürte, sagte er mir noch während der Verhandlung: gegen den Jesuitismus sei er allerdings auch. Daß man dem Freisler das Büchlein (Der Mensch und die Geschichte) geschickt hat, hat nur bewirkt, daß er mich für gescheit hielt und für umso gefährlicher. Die Dinge, die wir für unsere Verteidigung vorbereitet hatten, wurden uns in neue Belastungen umgedeutet. Der ganze äußere Verlauf war Scheitern und Schiffbruch und Ohmacht über Ohnmacht. Und dazwischen wieder die ganz eigenartige Art unseres Unglücks: daß wir in Tegel blieben; daß wir heute noch leben, obwohl wir uns auf Donnerstag eingestellt hatten usw.

Was will der Herrgott mit alledem? Ist es Erziehung zur ganzen Freiheit und vollen Hingabe? Will er den ganzen Kelch bis zum letzten Tropfen und gehören dazu diese Stunden des Wartens und eigenartigen Advents? Oder will er die Glaubensprobe?

Was soll ich jetzt tun, ohne untreu zu werden? Soll ich weiter hoffen, trotz der Aussichtslosigkeit? Ist es Untreue, wenn ich davon ablasse? Soll ich mich ganz loslassen und die Abschiede vollziehen und mich ganz auf den Galgen einstellen? Ist es Feigheit oder Trägheit, dies nicht zu tun und noch zu hoffen? Soll ich einfach in der Freiheit zur Verfügung bleiben und in der Bereitschaft? Ich kenne mich noch nicht recht aus und bete dauernd um Erleuchtung und Führung. ... Daß man auch da immer im eigenen Herzen noch Prozesse führen muß! Aber sie sollen ehrlich geführt werden, unter dem Vorsitz des Heiligen Geistes.

Aus den Reflexionen nach der Verurteilung; 11.1.1945: GS IV/109f.

23. Januar

Der Sinn meines Lebens

Lieber Alfred Sebastian, (7)

aus großer Freude und Ermunterung erhielt ich heute die Nachricht von Deiner Geburt. Ich habe Dir gleich mit meinen gebundenen Händen einen kräftigen Segen geschickt, und da ich nicht weiß, ob ich Dich im Leben je sehen werde, will ich Dir diesen Brief schreiben, von dem ich aber auch nicht weiß, ob er je zu Dir kommen wird.

Du hast Dir für den Anfang Deines Lebens eine harte Zeit ausgesucht. Aber das macht nichts. Ein guter Kerl wird mit allem fertig. Du hast gute Eltern, die werden Dich schon lehren, wie man die Dinge anpackt und meistert. ...

Ja, mein Lieber, ich möchte Deinem Namen auch noch eine Last, ein Erbe zufügen. Du trägst ja auch meinen Namen. Und ich möchte, daß Du das verstehst, was ich gewollt habe, wenn wir uns nicht richtig kennenlernen sollten in diesem Leben; das war der Sinn, den ich meinem Leben setzte, besser, der ihm gesetzt wurde:

die Rühmung und Anbetung Gottes vermehren; helfen, daß die Menschen nach Gottes Ordnung und in Gottes Freiheit leben und Menschen sein können. Ich wollte und will helfen, einen Ausweg zu finden aus der großen Not, in die wir Menschen geraten sind und in der wir das Recht verloren, Menschen zu sein.

Nur der Anbetende, der Liebende ist frei und lebensfähig. Damit habe ich dir etwas gesagt, was ich Dir an Einsicht und Aufgabe und Auftrag wünsche.

Aus dem Brief an Alfred S. Keßler; 23.1.1945: GS IV/139–141.

24. Januar

WÜNSCHE FÜR DEIN LEBEN

Lieber Alfred Sebastian, es ist viel, was ein Mensch in seinem Leben leisten muß. Fleisch und Blut allein schaffen es nicht. Wenn ich jetzt in München wäre, würde ich Dich in diesen Tagen taufen, das heißt: ich würde Dich teilhaft machen der göttlichen Würde, zu der wir berufen sind. Die Liebe Gottes, einmal in uns, adelt und wandelt uns. Wir sind von da an mehr als Menschen, die Kraft Gottes steht uns zur Verfügung. Gott selbst lebt unser Leben mit, das soll so bleiben und immer mehr werden, Kind. Daran hängt es auch, ob ein Mensch einen endgültigen Wert hat oder nicht. Und er wird ein wertvoller Mensch werden.

Ich lebe hier auf einem sehr hohen Berg, lieber Alfred Sebastian. Was man so Leben nennt, das ist weit unten, in verschwommener und verworrener Schwärze. Hier oben treffen sich die menschliche und göttliche Einsamkeit zu ernster Zwiesprache. Man muß gute Lungen haben, sonst bekommt man keinen Atem mehr. Man muß schwindelfrei sein, der einsamen, schmalen Höhe fähig, sonst stürzt man ab und wird ein Opfer der Kleinheit und Tücke.

Das sind meine Wünsche für Dein Leben, Alfred Sebastian: helle Augen, gute Lungen und die Fähigkeit, die freie Höhe zu gewinnen und auszuhalten. Das wünsche ich nicht nur Deinem Körper und Deinen äußeren Entwicklungen und Schicksalen, das wünsche ich viel mehr Deinem innersten Selbst, daß Du Dein Leben mit Gott lebst als Mensch in der Anbetung, in der Liebe, im freien Dienst.

Es segne und führe Dich der allmächtige Gott, der Vater, der Sohn und der Heilige Geist.

Dein Patenonkel Alfred Delp

Aus dem Brief an Alfred S. Keßler; 23.1.1945: GS IV/141.

25. Januar

„ICH WEISS, WEM ICH GLAUBE"
(2 Tim 1,12)

Warum sind wir ein zerrissenes Geschlecht? Warum ist unser Leben dauernd voll von Klüften und Abgründen? Warum kennen wir uns mit keinem Menschen mehr aus? Heute Treue, morgen Intrige, heute Zuverlässigkeit, morgen Habgier und Rachsucht. Was ist Anlaß, daß unser Leben so zerfasert ist? Eigentlich fehlt es uns an den bekehrten Menschen. Es fehlt einmal wirklich die ehrliche Umkehr aus dem großen Irrweg. Wir haben heute für alles eine Entschuldigung: psychologische, historische, umweltbedingte Gründe. Für eines haben wir kein Verständnis: für das Geradehinstehen, für das sich Zusammenblitzenlassen von der Erkenntnis. Wir haben keine großen Erschütterungen mehr von den letzten Werten her. Was erlebt der Mensch noch mit seinem Herrgott? Er treibt sich dauernd herum an den äußeren Peripherien. Erst muß das Schicksal grausam werden und zuschlagen, bis der Mensch wieder erschüttert wird und merkt, daß noch andere Dinge da sind als seine Träume und seine Ordnung. Wir haben keine großen Erschütterungen mehr und keine Menschen mehr mit dem großen Hunger, Menschen, die in die inneren Welten hineinwachsen wollen. Im Grund leben in unseren Herzen und Seelen noch die kleinen bürgerlichen Idole oder proletarischen Ideen von gestern. Wir raffen ein Stück Welt an uns und wollen darüber herrschen. Aber wandern und immer wieder wandern und suchen und weitergehen – oh nein! Wo sind die unbekümmerten Menschen? Die wirklich sagen und wissen: Ich weiß, wem ich mich überlassen habe. ... Die vielleicht hundert und hundert andere nach sich ziehen und ihnen Weg und Spur zeigen? ... Wenn die Bekehrung als Ereignis und als Haltung wieder eine Ordnung unserer Welt geworden ist, dann sind wir gesegnet und geheilt.

Aus der Predigt „Bekehrung des hl. Paulus"; 25.1.1942: GSIII/169f.

26. Januar

FRUCHTBARES SAATKORN

Wenn ich vergleiche die Ruhe und Unbefangenheit während der Tage des Prozesses und bei der Verurteilung mit der der Angst, die ich manchmal bei den Angriffen in München hatte: da ist doch vieles so ganz anders. Aber wieder die Frage: war dieses Anders-Werden der Zweck, das Ziel dieser Erziehung oder ist diese innere Erhebung und Hilfe eben das Wunder?

Ich weiß nicht. Normalerweise ist ja gar keine Aussicht mehr. Die Atmosphäre hier ist so verdorben für mich, daß auch ein Gnadengesuch überhaupt keine Aussicht hat. Ist es nun Torheit, noch zu hoffen, oder Einbildung oder Feigheit oder Gnade? Ich sitze oft da vor dem Herrn und schaue ihn nur fragend an.

Auf jeden Fall muß ich mich innerlich gehörig loslassen und mich hergeben. Es ist Zeit der Aussaat, nicht der Ernte. Gott sät; einmal wird er auch wieder ernten.

Um das eine will ich mich mühen: wenigstens als fruchtbares und gesundes Saatkorn in die Erde fallen. Und in des Herrgotts Hand. Und mich gegen den Schmerz und die Wehmut wehren, die mich manchmal anfallen wollen. Wenn der Herrgott diesen Weg will, – und alles Sichtbare deutet darauf hin – dann muß ich ihn freiwillig und ohne Erbitterung gehen.

Es sollen andere einmal besser und glücklicher leben dürfen, weil wir gestorben sind.

Aus den Reflexionen nach der Verurteilung; 11.1.1945: GS IV/110.

27. Januar

UNBESTECHLICHKEIT

An A.

... So schwankend und unsicher der Boden ist, auf den wir jetzt gestellt sind, so hell und unbestechlich ist bei dieser Wanderung über die äußerste menschliche Ungeborgenheit das Auge und der Geschmack geworden. Wir rühren nichts mehr an, was nicht wert ist, angerührt zu werden. [...] Wenn ich unseren Gesprächen von dieser absoluten Höhe aus noch ein Thema hinzufügen dürfte, so möchte ich die Unbestechlichkeit nennen. Unsere eigentlichen Torheiten stammen aus der Bestechlichkeit. Wir sind bestochen von uns selbst. Glauben Sie mir, ich habe in diesen harten Wochen viele Demaskierungen meiner selbst erlebt. Wenn Gott mich jetzt heimruft, es ist wenig genug, was ich mitbringe, aber es ist jetzt ehrlich und vorbehaltlos und geläutert von den schönen Lügen, mit denen wir uns das Leben erleichterten und verschönten. Das Fasten und Wachestehen unter dem Befehl des Letzten und Christi ist das einzige, was am Ende bleibt. Was hat mir all mein Lebenswille und alle Sucht nach einem eigenen „Lebensraum" gegolten und geholfen in den Kellerstunden der Schmerzen und Qual, in den Anrufen der traurigsten Einsamkeit, in der Weihestunde meines Lebens, da es hieß: zum Tode verurteilt und für immer ehrlos? Freund, es war nicht viel, was ich da noch hatte, und das meiste von dem, was noch galt, hatte ich mir mühsam abgerungen und abgebettelt, die Stunden, in denen ich Nein zu mir selbst gesagt habe – es waren zu wenige leider –, haben die Kraft gerufen, die in der Stunde, da die Macht und Gewalt Nein zu mir sagten und mir die Existenz absprachen, mich trug und mich durch ein heiliges Ja von innen her bestätigte. ...

Sie alle zusammen behüte der Herrgott diese letzten Sturmwochen hindurch. Dank und Auf Wiedersehen.

„Lotterer"

Aus dem Brief nach dem 11. Januar 1945 an einen Freund: GS IV/116f.

28. Januar

GEOPFERT, NICHT ERSCHLAGEN

Ich bitte auch die Freunde, nicht zu trauern, sondern für mich zu beten und mir zu helfen, solange ich der Hilfe bedarf. Und sich nachher darauf zu verlassen, daß ich geopfert wurde, nicht erschlagen.

Ich hatte nicht daran gedacht, daß dies mein Weg sein könnte. Alle meine Segel wollten steif vor dem Wind stehen; mein Schiff wollte auf große Ausfahrt, die Fahnen und Wimpel sollten stolz und hoch in allen Stürmen gehißt bleiben. Aber vielleicht wären es die falschen Fahnen geworden oder die falsche Richtung oder für das Schiff die falsche Fracht und unechte Beute. Ich weiß es nicht.

Ich will mich auch nicht trösten mit einer billigen Herabminderung des Irdischen und des Lebens. Ehrlich und gerade: ich würde gerne noch weiterleben und gern und jetzt erst recht weiter schaffen und viele neue Worte und Werte verkünden, die ich jetzt erst entdeckt habe. Es ist anders gekommen.

Gott halte mich in der Kraft, ihm und seiner Fügung und Zulassung gewachsen zu sein.

Aus den Reflexionen nach der Verurteilung; 11.1.1945: GS IV/110f.

29. Januar

LIEBE UND GÜTE

Es bleibt mir noch, vielen Menschen für ihre Treue und Güte und Liebe zu danken. Dem Orden und den Mitbrüdern, die mir einen schönen und echten geistigen Lebensraum schenkten. Und den vielen Menschen, denen ich begegnen durfte. Wer gemeint ist, weiß es schon. Ach, Freunde, daß die Stunde nicht mehr schlug und der Tag nicht mehr aufging, da wir uns offen und frei gesellen durften zu dem Wort und Werk, dem wir innerlich entgegenwuchsen.

Bleibt dem stillen Befehl treu, der uns innerlich immer wieder rief. Behaltet dieses Volk lieb, das in seiner Seele so verlassen und so verraten und so hilflos geworden ist. Und im Grunde so einsam und ratlos, trotz all der marschierenden und deklamierenden Sicherheit.

Wenn durch einen Menschen ein wenig mehr Liebe und Güte, ein wenig mehr Licht und Wahrheit in der Welt war, hat sein Leben einen Sinn gehabt.

Und auch die will ich nicht vergessen, denen ich Schuldner bleiben muß. Ich bin vielen vieles schuldig geblieben. Denen ich wehe getan, sie mögen mir verzeihen. Ich habe gebüßt. Zu denen ich unwahr und unecht war, sie mögen mir verzeihen. Ich habe gebüßt. Zu denen ich anmaßend und stolz und lieblos war, sie mögen mir verzeihen. Ich habe gebüßt. O ja, in den Kellerstunden, in den Stunden der gefesselten Hände des Körpers und des Geistes, da ist vieles zerbrochen. Da ist vieles ausgebrannt, was nicht würdig und wertig genug war.

Aus den Reflexionen nach der Verurteilung; 11.1.1945: GS IV/111f.

30. Januar

BETEN UND GLAUBEN

An Marianne Hapig / Marianne Pünder

Beten und glauben.
Danke.
                                            Dp.

Letzte schriftliche Aufzeichnung Delps; 30. Januar 1945: GS IV/147.

31. Januar

SO LEBT DENN WOHL

So lebt denn wohl. Mein Verbrechen ist, daß ich an Deutschland glaubte auch über eine mögliche Not- und Nachtstunde hinaus.

Daß ich an jene simple und anmaßende Drei-Einigkeit des Stolzes und der Gewalt nicht glaubte. Und daß ich dies tat als katholischer Christ und als Jesuit. Das sind die Werte, für die ich hier stehe am äußersten Rande und auf den warten muß, der mich hinunterstößt:

Deutschland über das Heute hinaus als immer neu sich gestaltende Wirklichkeit –

Christentum und Kirche als die geheime Sehnsucht und die stärkende und heilende Kraft dieses Landes und Volkes –

der Orden als die Heimat geprägter Männer, die man haßt, weil man sie nicht versteht und kennt in ihrer freien Gebundenheit oder weil man sie fürchtet als Vorwurf und Frage in der eigenen anmaßenden, pathetischen Unfreiheit.

Aus den Reflexionen nach der Verurteilung; 11.1.1945: GS IV/112.

Februar

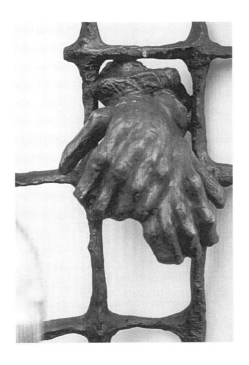

„Denk daran, daß Jesus Christus, der Nachkomme Davids,
von den Toten auferstanden ist; so lautet mein Evangelium,
für das ich zu leiden habe und sogar wie ein Verbrecher
gefesselt bin; aber das Wort Gottes ist nicht gefesselt."
Tim 2,8f.

◆

Gefesselte Hände
Ausschnitt aus dem Alfred-Delp-Denkmal
auf der Briloner Stadtmauer
Bildhauer Jürgen Suberg, 1987
(Abb. 2)

1. Februar

SEGNEN

Und so will ich zum Schluß tun, was ich so oft tat mit meinen gefesselten Händen und was ich tun werde, immer lieber und mehr, solange ich noch atmen darf: segnen.

Segnen Land und Volk, segnen dieses liebe deutsche Reich in seiner Not und inneren Qual;

segnen die Kirche, daß die Quellen in ihr reiner und heller fließen;

segnen den Orden, daß er echt und geprägt und frei sich selbst treu bleibt durch die selbstlose Treue an alles Echte und an alle Sendung;

segnen die Menschen, denen ich Unrecht tat;

segnen alle, die mir gut waren, oft zu gut.

Behüt Euch Gott. Helft meinen alten Eltern über die schweren Tage hinweg und behaltet sie auch sonst etwas in Eurer Sorge. Allen des Herrgotts gnädigen Schutz.

Ich aber will hier ehrlich warten auf des Herrgotts Fügung und Führung. Ich werde auf ihn vertrauen, bis ich abgeholt werde. Und ich werde mich bemühen, daß mich auch diese Lösung und Losung nicht klein und verzagt findet.

Aus den Reflexionen nach der Verurteilung; 11.1.1945: GS IV/112.

2. Februar

MARTYRERTOD

Obgleich die Nachrichten dürftig sind, kann man annehmen, daß Delp am 2. Februar 1945 etwa kurz vor 15 Uhr aus der Zelle abgeholt wurde, die Hände auf den Rücken gebunden. Er wurde den kurzen Weg in den Hinrichtungsschuppen geführt. Dort war ein häßlicher Raum von etwa acht Meter Länge und vier Meter Breite. ... Eine Holztür, geweißte Backsteinwände, unter der niedrigen Decke eine Eisenschiene, an der eiserne Haken befestigt waren. Eine Trennwand aus schwarzem Papier zwischen den einzelnen Haken. Eine Hanfschlinge ... Im Vorraum las formgerecht der Staatsanwalt das Todesurteil vor und schloß: „Angeklagter, Sie sind vom Volksgerichtshof zum Tode durch den Strang verurteilt worden. Scharfrichter walten Sie Ihres Amtes." Delp wird aufrecht und unerschrocken den Hinrichtungsraum betreten haben. Nach wenigen Sekunden kam die Antwort: „... das Urteil ist vollstreckt."

Aus R. Bleistein: Alfred Delp – Geschichte eines Zeugen, S. 408f.

Es ist erstaunlich und erschütternd zugleich, mit welcher Fassung und Ruhe er sein Todesurteil hingenommen und wie er sich bemüht hat, daß ihn „auch diese Lösung und Losung nicht klein und verzagt findet". Es gehört mit zu meinen ergreifendsten Erlebnissen, daß ich Zeuge sein durfte einer letzten Hingabe an Gott und einer frohen Bereitschaft zu sterben, die an das Sterben der ersten Christen aus den Frühlingstagen der Kirche erinnert. „In einer halben Stunde weiß ich mehr als Sie!" Wer so vom Sterben spricht, für den hat der Tod seine Schrecken verloren, für den ist der Tod ein Heimgang zu Gott. Ist es wohl verwunderlich, wenn ich darum am liebsten nicht für ihn, sondern zu ihm beten möchte.

Aus Alfred Delp – Kämpfer, Beter, Zeuge – Bericht von Gefängnisseelsorger Prälat Peter Buchholz, S. 117.

3. Februar

Lasst euer Licht leuchten

Begreifen Sie, daß damit immer etwas gesagt ist über die öffentliche Verantwortlichkeit des christlichen Menschen. Ein Licht stellt man nicht unter den Scheffel, sagt Christus (Mt 5,15). Laßt euer Licht leuchten. Daß Christsein wesentlich eine Berufung ist zum Bekenntnis, hinaus in den öffentlichen Raum, auf die Straße auf den Markt, in den Beruf, in den Verkehr, in die Geselligkeit. Das Gesetz unseres Lichtes, das wir tragen, ist nicht das Gesetz der Verborgenheit und nicht der Geborgenheit. ...

Man kann nicht Christ sein und das verschweigen und davon nur Glück haben wollen und nur Segen. Der Weg des Herrn in diese Welt ist ein Weg der Sendung, der missio, des Weggebens, der Verschwendung. ...

Die Symbolik des geweihten Lichts: Das geweihte Licht, die Kerzen in ihrem ruhigen, stetigen Leuchten. Das sind keine Revolutionsfackeln, nicht Brände, die Städte zerstören. Dieses ruhige, verhaltene, aber stetige Leuchten und dieses Leuchten auf Kosten der eigenen Substanz, daß man sich selbst verzehrt. Wer die Lichtbotschaft Christi begreifen will, ... muß das eine begreifen: das Geschicktsein, das Verpflichtetsein, zu leuchten, zu werben, zu suchen, zu heilen, Gutes zu tun auf Kosten der eigenen Substanz; daß man nicht gleichsam fett werden will an seinem Christentum, daß man wirklich diesen Dienst und diese Verantwortung begreift.

Ich glaube, es wird uns gelingen, das Volk nochmals zu erleuchten, wenn wir genug Menschen haben, ... die fähig sind, diesen Samenkorn-Beruf, diesen Verschwendungs- und Opfergangberuf zu ergreifen, und zu vollziehen, sich hineingeben auch in den Untergang, aus der eigenen Substanz leuchten, um die anderen zu gewinnen. Lumen ad revelationem gentium. Licht zur Erleuchtung der Völker.

Aus der Predigt zum Fest Mariä Lichtmess; 2.2.1941: GS III/174–176.

4. Februar

DIE FÄHIGKEIT ZUR FREUDE

Nur in Gott ist der Mensch voll lebensfähig. Ohne ihn ist er auf die Dauer krank. Diese Krankheit ergreift auch die Freude und die Fähigkeit zur Freude. Deswegen hat der Mensch, als er noch Zeit hatte, so viel Lärm gemacht um seine Freude. Und schließlich durfte er auch das nicht mehr. Die Gefängniswelt nahm ihn so völlig auf, daß auch Freude nur noch als Mittel zu neuem Einsatz gewertet und gestaltet wurde.

Der Mensch muß, um des wahren Lebens fähig zu sein, in bestimmten Ordnungen und Beziehungen zu Gott stehen. Auch die Fähigkeit zur echten Freude und die freudvolle Lebendigkeit selbst hängen von bestimmten Bedingungen des menschlichen Lebens ab, von bestimmten Haltungen gegenüber Gott. Wo das Leben sich nicht als in Gemeinschaft mit Gott stehend und geschehend begreift, da wird es grau und grämlich und nüchtern und rechenhaft.

Wie müssen wir leben, um der wahren Freude fähig zu sein oder zu werden? Die Frage muß uns heute mehr als sonst noch beschäftigen. Der Mensch soll seine Freude so ernst nehmen, wie er sich selbst nimmt. Und er soll es sich und seinem Herzen und seinem Herrgott glauben, auch in der Nacht und in der Not, daß er für die Freude geschaffen ist. Das heißt aber: für ein erfülltes Leben, das um seinen Sinn weiß, das seiner Fähigkeiten sicher ist, das sich auf dem rechten Weg weiß zu seiner Vollendung und im Bündnis mit allen guten Geistern und Kräften Gottes, das sich gesegnet weiß und gesendet und zu innerst angerührt von Gott selbst.

Aus den Meditationen „Von Bedingungen der wahren Freude"; Dezember 1944: GS IV/162.

5. Februar

BEDINGUNGEN DER WAHREN FREUDE

Wie soll der Mensch leben, damit ihm dieses Glückhafte im Herzen aufgeht und einen strahlenden Schein in seine Augen und sein Antlitz kommen läßt und seinen Händen ein glückhaftes Können und Vollbringen gibt? ...

Die besinnliche Erwägung dieser Bedingungen der wahren Freude ist zugleich eine persönliche Gewissenserforschung und eine geschichtliche Überlegung über die Entstehung der Freudlosigkeit des modernen Lebens, und wie es kam, daß der Ersatz sich so breit machen konnte und die Menschen schließlich Freude nennen, was sie als gesunde Wesen nicht angeschaut und angerührt hätten.

Vielleicht kommt uns auch wieder eine Ahnung, wie es in den großen Menschen, die der Freude fähig waren, aussah: wie ihr Auge beschaffen war, das überall die Freudenquellen entdeckte. Der Sonnengesang des hl. Franz ist keine lyrische Verstiegenheit, sondern der schöpferische Ausdruck einer großen inneren Freiheit, die ihn fähig machte, allem den letzten Gehalt abzufragen und in allem den erfüllenden Auftrag zu entdecken.

Die Bedingungen der wahren Freude sind gar nicht Bedingungen des äußeren Lebens, sondern meinen eine innere Verfassung und Zuständigkeit des Menschen, die es ihm möglich machen wird, auch in widrigen äußeren Verhältnissen immer wieder einmal wenigstens zu ahnen, was es eigentlich um das Leben ist.

Aus den Meditationen „Von Bedingungen der wahren Freude"; Dezember 1944: GS IV/162f.

6. Februar

FRÖMMIGKEIT UND FRÖHLICHKEIT

Die Frömmigkeit und die Fröhlichkeit hängen innerlich zusammen. Die Frage der Religiosität und die Frage der freudigen Erfülltheit oder freudlosen Leere und Wüste sowohl einer Zeit und Kultur wie eines persönlichen Lebens stellen sich dem das Ganze fordernden geistigen Blick miteinander.

Und zwar in einem doppelten Sinne. Einmal im Sinne des ersten Gebotes. Das Leben steht unter Herrschaft und Ordnungen des Ewigen. Es geht ihm um ewige Werte und Gehalte. „Der Herr ist nahe" (Phil 4,5), das muß dann heißen: die Menschen haben dies in ihr Bewußtsein eingelassen, nicht nur in ihr Gedächtnis und in das Repertorium der Wahrheiten, an die sie von Predigern regelmäßig erinnert werden wollen. So behält der Mensch Spannung, in der er als sittlich-ewiges Wesen allein leben kann. So ist die Fülle der Wirklichkeiten nicht ein kunterbuntes Vielerlei, das den Menschen durch die Vielfalt seiner Wertanrufe erreicht, sondern eine hierarchisch gefügte Ordnung. So entgeht der Mensch dem habgierigen Sichvordrängen eines Wertes, der den Menschen für sich beschlagnahmt. Oder der Mensch findet wenigstens einen festen Standpunkt, von dem aus er Abwehr und Gegenwehr leisten kann.

Damit sind aber zugleich die großen Freudentöter genannt, denen das gottlose Leben sich selbst ausgeliefert hat. Der Mensch wird erwürgt von der alles durchdringenden Sinnlosigkeit, die sich als Ergebnis seines Lebens ihm aufdrängt, wenn er aus der zeitlich-ewigen Spannung ausscheidet. Der Mensch gerät in die Verwirrung des unaufgeklärten Daseins, in dessen Dämmerdunkel für ihn dann keine erhellende Sonne einbricht. Der Mensch gerät in die Zerrissenheit der Vielfalt und das Gegeneinander der verschiedenen Werte, wenn keine Ordnung ihm den hierarchischen Geschmack auf die Zunge und in die Hand und ins Herz gibt.

Aus den Meditationen „Von Bedingungen der wahren Freude"; Dezember 1944: GS IV/163 f.

7. Februar

Die grosse Täuschung

Und der Mensch erliegt schließlich der Barbarei des jeweils lautesten Wertes und geringsten Gutes. Er wird besessen und gejagt und getrieben, er ist kein Freier und kein Herr mehr. Durch dies alles wird der Mensch bestimmten Grunderlebnissen des Daseins, die jeder bestehen muß, nicht nur gestellt, sondern ausgeliefert. Da ist der Mensch in das Grenzerlebnis geraten. Er erlebt sich als Grenze und die Welt und die Dinge, obwohl die bunten Schwingen des Geistes und der Sehnsucht über alle Grenzen hinausdrängen.

Allein gelassen mit den Dingen kommt er über die Grenze nicht hinaus und verfällt dem Eindruck einer mißlungenen Welt und vor allem eines mißlungenen Menschen. Und schon ist der Mensch in Gefahr in dem Schwermutserlebnis, durch das uns das Schicksal immer wieder schickt, stecken zu bleiben, weil er die innere Botschaft der Dinge und das innere Lied der Geschehnisse nicht mehr hört. Die Welt wird ihm leicht ein Raum der Trostlosigkeit, den zu bewohnen sich eigentlich nicht recht lohnt, obwohl man keinen Ausweg weiß. Oder aber es werden alle diese Erlebnisse, die immer wieder Gelegenheiten zu einem Blick auf das Ganze sind, kurzschlüssig überfahren und ein billiges carpe diem als buntes Fähnchen aufgestellt.

Die große Täuschung beginnt, die Zeit des Lärms und der Menge und der organisierten Abfütterungen und massenhaften Feste. Bis dann plötzlich die Erde bebt und die unterirdischen Donner, die man wegschreien wollte, weil man keinen Sinn für sie fand, voll und wuchtig hervorbrechen und den Tag erfüllen mit ihren Gerichtsrufen.

Aus den Meditationen „Von Bedingungen der wahren Freude"; Dezember 1944: GS IV/164f.

8. Februar

Alte Quellen entsiegeln

Das ist der Weg eines Volkes, eines Geschlechtes, eines Menschen in die Öde und Leere, in das Leben ohne Freude. Und es wird, wenn Mensch und Ding in dieser Verfassung belassen werden, nur noch schlimmer. Eine Unlust zueinander ergreift die Schöpfung, der harmonische Sphärengesang zersplittert in eine Orgie der Grausamkeit und des Vernichtungswillens, den die Kreatur gegen die Kreatur zu hegen beginnt.

Es hilft da nur eines: den Johannesruf hören. Die große Bekehrung wird dem Menschen die Wüste weihen und wandeln. Sie wird ihm neue Perspektiven öffnen und ihm die alten Quellen entsiegeln. Erheben soll der Mensch sich zu Gott und nicht nur zur Sinnhaftigkeit seines Lebens.

Aber sowie das Leben sich der Mitte wieder öffnet und ergibt, zugleich und ebenso eindringlich gewinnt es seine Freiheit und seine Herrschaft zurück, wird ihm der Blick für Zusammenhänge und Inhalte wieder geöffnet und seine Erde ist wieder fruchtbar durchflutet von den Strömen des Auftrags, der Bewährung, der Meisterschaft, Ströme, die das Schiff des Lebens immer noch tragen und weiter führen.

Dies ist der eine Sinn des „Gaudete in Domino". Fern vom Herrn verkümmert das Ganze!

Wir müssen dies den Leuten immer wieder sagen, das ist die wichtigste Verkündigung heute. Und wir müssen es wissen und vorleben.

Aus den Meditationen „Von Bedingungen der wahren Freude"; Dezember 1944: GS IV/165f.

9. Februar

GOTTES PERSÖNLICHE NÄHE

Und damit ist der zweite Sinn, den das Wort hat und meint, angerührt. In Domino: nicht nur als Ordnung und anerkanntes Gesetz wird und muß der Herr uns das Licht immer neu entzünden. Dominus prope est: Der Gott der persönlichen Nähe.

Die theologischen Wahrheiten über Vorsehung und Führung, über die Allgegenwart Gottes und über die gnadenhafte Einwohnung in uns müssen konkret gelebter Besitz werden. So wird es uns gelingen, die Erlebnisse und Begebenheiten des Werktags und des Feiertags, der hellen und der finsteren Stunden bis zu dem Mittelpunkt durchzuleben, an dem sich Gott als ihr innerster Sinn enthüllt.

Seine Frage, seine Führung, seine Leitung, seine Strafe, sein Gericht, seine Tröstung und Hilfe: das ist die heimliche, heilige Fracht, die den Ereignissen, in die wir hineingeraten, anvertraut ist.

Daß Tempel Gottes nicht nur da sind, wo noch Kirchen stehen blieben, sondern daß die Tempelbogen überall da sich wölben und wachsen, wo das Menschenherz anbetet, die Knie beugt, der Geist sich öffnet und wo der Mensch als Anbetender und Liebender in seiner höchsten Form sich erfüllt.

Aus den Meditationen „Von Bedingungen der wahren Freude"; Dezember 1944: GS IV/166.

10. Februar

In seiner innersten Mitte

Und schließlich, daß die kühnsten Worte Augustins, Eckharts und der andern Wissenden und Ahnenden ernst zu nehmen sind und echte Wirklichkeit meinen: im Menschen selbst, in seiner innersten Mitte geschieht das Leben Gottes. Genau da wird der Mensch er selbst, wo er sich als Ort des höchsten und lichtesten Seins weiß.

Und soviel wird er sich selbst und sein eigenes Gesicht wieder finden und den Glauben an die eigene Würde und Sendung und Lebensmöglichkeit, als er sein Leben begreift als hervorströmend aus dem Geheimnis Gottes. Da ist das Negative und Bedrohliche dann überboten und von innen her in seiner Nichtigkeit entlarvt und zugleich entmachtet.

Dieser Mensch erst wird des großen Atems fähig sein und ihm wird die Welt und das Leben nichts schuldig bleiben. Sie werden alles hergeben, was sie an Rechtem zu geben haben, weil es ihnen abverlangt wird mit der herrscherlichen Güte göttlicher Zuständigkeit, über die dieser Mensch verfügen darf.

Er wird den ewigen Glanz der Dinge wieder spüren und vor ihnen in Ehrfurcht und Behutsamkeit stehen. Er wird den Dingen diesen inneren Glanz wieder verleihen, weil sein Geist und Herz, seine Hände und Werke die Gabe und Kraft der schöpferischen Bewährung haben.

Und dieser Mensch wird der Mensch der großen Freude sein. Der großen Freude, die er lebt und erlebt. Und die er gibt und entzündet. Gaudete!

Aus den Meditationen „Von Bedingungen der wahren Freude"; Dezember 1944: GS IV/166f.

11. Februar

HERUNTER VON DEN HOHEN ROSSEN

Damit der Mensch in diese Dichtigkeit des Lebens gelange und zu dieser Fähigkeit des großen Atems und der tiefen Freude aufsteige, bedarf es der großen Bekehrung, der großen Wandlung des Daseins. Diese wird ein Ergebnis eigener Anstrengung sein und ebenso ein Ergebnis der großen Befreiung, die Gott an ihm wirken wird, so der Mensch sich nicht versperrt und verschließt in die Autarkie und Isolierung und Anmaßung. Wie der Mensch in diese schöpferische und ihn als Menschen erst ermöglichende und schaffende Nähe Gottes gelangt, das ist die Frage.

Und hier die erste Antwort. Wieder die Gestalt des Johannes, dieses adventlichen Menschen: confessus est et non negavit, quia non sum ego ... Ich bin es nicht (Joh 1,20). (8)

Der Mensch muß zu einer absoluten Klarheit über sich selbst und Ehrlichkeit vor sich selbst und den andern gebracht werden. Er muß herunter von allen Postamenten der Anmaßung, auf die er immer wieder steigt.

Er muß herunter von den hohen Rossen der Eitelkeit und Selbsttäuschung, auf denen sich eine Zeitlang so hoch und stolz dahintraben läßt, bis die Pferde doch scheu werden oder eigenwillig davonrennen und den „Herrn" in der Wüste abwerfen. Oder die nun sich als elende Schindmähren erweisen, die man künstlich auf Glanz und glattes Fell und gutes tüchtiges Aussehen poliert hat.

Aus den Meditationen „Von Bedingungen der wahren Freude"; Dezember 1944; GS IV/167f.

12. Februar

EHRLICHE SELBSTBESCHEIDUNG

Die ehrliche Selbstbescheidung, das Wissen um Grenze und Zuständigkeit ebenso wie die nüchterne Einsicht in Fähigkeit und Möglichkeit, die mit dem Menschen gegeben sind, sind die ersten Schritte zur Wahrheit des Lebens. „Die Wahrheit wird euch frei machen." (Joh 8,32). Und um die Freiheit zum ganzen Leben geht es ja.

Der Mensch fängt immer wieder einmal an zu träumen. Es gibt den echten, schöpferischen Traum, das Gesicht, das den Menschen aufruft aus dem müden Sklavenschritt der Gewährung und des Gewöhnlichen.

Wehe, wenn die Jugend keine Gesichte mehr hat und der Geist nicht mehr ins Leben kommt unter dem Wehen des Heiligen Geistes.

Aber es gibt auch die falschen und törichten Träume immer wieder, die die Grenzen der menschlichen Möglichkeiten und Wirklichkeiten vernebeln und vor dem Bewußtsein verdecken. So daß der Mensch seine Grenzen nicht in ehrlichem Aufschauen und echter Auseinandersetzung ausweitet, sondern sie übertritt. Grenzüberschreitungen auf der Ebene des letzten Seins aber sind tödlich.

Aus den Meditationen „Von Bedingungen der wahren Freude"; Dezember 1944: GS IV/168.

13. Februar

Dienst und Verkündigung

Zwei Kriterien werden dem Menschen zur Verfügung stehen, um zu erkennen, ob er einem echten Impuls oder einem törichten und anmaßenden Irrlicht folgt, beide wieder abzulesen an der Gestalt des Johannes: Dienst und Verkündigung.

Stimme des Rufenden: Das ist es eben, daß der Mensch in der Ehrlichkeit seines Wesens bleibe und sich nicht aufblähe zu eigener letzter Zuständigkeit. Es gehört zur Ehrlichkeit des Menschen, daß er sich selbst als Beauftragten wisse und seine Wirklichkeit als Auftrag und Aufgabe begreife. Die Idee des echten Dienstes und der echten Verpflichtung gehören zum Wesensverständnis des Menschen. Wer dies aushöhlt, hat sein eigenes Bild verpfuscht und sein Wissen von sich selbst verdorben.

Vielerlei ist die konkrete Form, in der der Mensch Pflicht und Dienst übernehmen muß. Auch hier kann er wieder heimliche oder offene Schwerpunktverlagerungen vornehmen und diese saubere Idee verderben.

Das zweite Kriterium richtet und hilft: Ipse est ... dieser ist es (Joh 1,27): die Verkündigung, das Zeugnis, die Rühmung des Herrn. Hier löst sich der Mensch aus allen Krämpfen in eine letzte Ehrlichkeit und Hellsichtigkeit. Und es bedarf einer dauernden persönlichen Anstrengung, sich diesen Anstoß über sich selbst hinaus, von sich selbst weg immer wieder zu geben. Aber so gelingt dem Menschen zugleich die Offenheit, in der er bleiben muß, wenn er ehrlich den großen Wirklichkeiten zustreben will, die mit ihm gemeint sind.

Aus den Meditationen „Von Bedingungen der wahren Freude"; Dezember 1944: GS IV/168f.

14. Februar

OFFENHEIT NACH OBEN

Die Ehrlichkeit, mit der der Mensch zu seinem Wesen stehen soll, bedeutet eine innere Selbstlosigkeit, durch die der Mensch nicht ein uninteressierter und uninteressanter Nirwanist werden darf, sondern durch die er über sich selbst hinauskommen soll, indem er seine wesensmäßige Offenheit nach oben als Bereitschaft, Dienst und Rühmung vollzieht. Aus dieser Offenheit wird er in eine große Freiheit gelangen, eine Freiheit von ... Verblendung und Verkümmerung in sich selbst. Der weite Weg, den der Mensch zurücklegen muß, bis er in der echten Gottesbegegnung auch echt und ganz zu sich selbst findet – dies alles sind innere Vorgänge und Ereignisse, nicht zunächst äußerlich meßbare Weiten und Strecken, obwohl es meist vieler äußerer Schicksale bedarf, bis die Augen geöffnet sind für die wirklichen Zusammenhänge – führt den Menschen über sich hinaus. Es gehört zum Wesen des Menschen, über sich hinaus zu müssen, sonst wird er ein geistiger Bourgeois, dickblütig und stickig und schwerfällig und behäbig.

Also doch die große Geste über sich hinaus? Ja, aber anders. Nicht als entartete und entartende Anmaßung, sondern als ehrlicher Selbstvollzug des Wesens. Das Menschenwesen ist so fest gegründet, daß es die Spuren seiner echten Kraft und Struktur auch noch den menschlichen Entartungen einprägt. Gerade wo der Mensch am gefährlichsten irrt, in der verblendeten und autarken Anmaßung, in der Hybris und der stolzen Dummheit, wenn er vom Übermenschen usw. träumt, offenbart er zugleich seine wesensmäßige Bestimmung, mehr als Mensch sein zu müssen, wenn er Mensch werden und bleiben will. Wer nur Mensch und sonst nichts sein möchte und nicht mehr von sich weiß, als die menschlichen Alltäglichkeiten und alltäglichen Menschlichkeiten, der vegetiert bald nur noch als Untermensch. Das ist aber der metaphysische Grund für die gegenwärtige menschliche Not auf unserem Kontinent.

Aus den Meditationen „Von Bedingungen der wahren Freude"; Dezember 1944: GS IV/169 f.

15. Februar

GEFANGENSCHAFT

Der Mensch wird der letzten Verwirklichungen seiner selbst nur fähig durch einen besonderen Einsatz Gottes, der die Gefangenschaft sprengt, die Schuld tilgt und einen Segen bringt. Es ist hier ganz uninteressant, wie der Mensch in diesen Zustand geriet. Es ist nur interessant, beunruhigend und aufregend interessant, daß das ohnmächtige Achselzucken des modernen Menschen diesen letzten Fragen ... gegenüber hier von der Kirche bestätigt wird. Aber die Konsequenzen sind andere und heilsame, während das faktische Verweilen bei der Ohnmacht das Unheil nur noch schlimmer und ausweglöser macht. Der Mensch hat oft das Gefühl, daß sein Fuß sich bei jedem Schritt neu verfängt in irgendeinem Dickicht, aus dem er nie herauskommt. Dem näheren Zuschauer eröffnet sich die deprimierende Tatsache, daß dem Menschenwesen Grenzen gesetzt sind, die härter und enger ... sind als die Grenzen der Natur. Gefangenschaft nennt die Liturgie diesen Zustand, bedingt durch iniquitas: Schuld. Man nennt dieses Wort oft, aber man muß selbst einmal Gefangenschaft ausgehalten haben, um zu wissen, was für unser inneres Wesen da gesagt wird. Man muß einmal im engen Raum und in Eisen gesessen sein, in der Ecke die zerfetzte Fahne der Freiheit haben stehen sehen in tausend Bildern der Schwermut. Immer wieder fliegt das Herz davon und versucht der Geist sich in der freien Erhebung, aber nur, um beim nächsten Schritt der Runde und beim nächsten Klirren der Schlüssel um so endgültiger zur Wirklichkeit zu erwachen. Und dabei wissen: du bist ohnmächtig. Du hast keinen Schlüssel und deine Tür hat innen kein Schloß und dein Fenster ist vergittert und liegt so hoch, daß du nicht einmal hinausschauen kannst. Wenn nicht einer kommt und aufmacht, bleibst du gebunden und arm im Elend. Es helfen alle geistigen Überwindungen nichts, dies ist eine Tatsache und ein Zustand, der gilt und anerkannt sein will.

Aus den Meditationen „Von Bedingungen der wahren Freude"; Dezember 1944: GS IV/171f.

16. Februar

GOTTES ANRUFE

Ja, und in diesem Zustand steht unser Menschenwesen. Das heißt, der Mensch ist deswegen so arm und lebensuntüchtig und brüchig geworden, weil Gottes Befreiung an ihm nicht geschehen ist. Genau so, wie ich weiß, daß nur der Herrgott meine Fessel lösen und meine Tür öffnen kann und wird und daß nur sein schöpferischer Sturm meine Fahne noch einmal wehen läßt, genau so geht es dem Menschen.

Es bedarf aber für ihn der rechten Einsicht in diesen Sachverhalt des harrenden Rufens nach dem erlösenden Gott und der wartenden Offenheit. Gott vergewaltigt den Menschen nicht zu seinem Heil. Das muß man den Menschen heute immer wieder sagen, daß der Herr bereit und wartend vor den Toren steht, daß die ganzen bitteren Geschehnisse nicht nur Gericht sind, sondern ebenso ernst zu nehmen sind als das Hämmern Gottes an die Tore unseres Geistes und unserer Freiheit, sich ihm zu ergeben.

Von uns aus und mit eigener Kraft allein schaffen wir es nicht. Der Satz der Theologie, daß der Mensch aus eigener Kraft sich auf die Dauer nicht einmal auf der Sollhöhe des Naturrechts halten kann, ist die rationale Fassung des Elends, das wir leben und erleben.

Wieder steht vor dem Menschen die Forderung, sich zu stellen und sich geben. Nur tauscht er nicht Fessel gegen Fessel. Gottes Anrufe sind immer schöpferisch. Sie steigern die angerufene Wirklichkeit gerade in ihren Wirklichkeiten und Echtheiten.

Aus den Meditationen „Von Bedingungen der wahren Freude"; Dezember 1944: GS IV/172f.

17. Februar

ATEM DES LEBENS

Es bedarf also unser eigenes Leben, unbedingt und dringend und sofort, der dauernd wiederholten Umkehr zu und Übergabe an Gott, damit sein Heilswille an uns wirksam, erlösend und schöpferisch wirksam werden kann. Man muß das sofort und immer wieder tun. Der abendländische Mensch hat keinen Atem mehr. Und es geht nicht nur um die persönliche Existenz, das persönliche irdische und himmlische Heil des einzelnen. Für die ganze kommende Geschichte und die Rühmung Gottes, die sie leisten soll, ist es entscheidend, daß der Abendländer noch einmal den freien Raum gewinnt und das offene Meer.

Brauche ich noch zu sagen, daß es sich hier auch um die Existenz und Entfaltung der Fähigkeit zur Freude handelt? Brauche ich noch zu sagen, daß nur dieser Mensch die innersten Wirklichkeiten ahnen und spüren und schauen wird?

Die Freiheit ist der Atem des Lebens. Wir sitzen in dumpfen Kellern und engen Kerkern und stöhnen unter den berstenden und vernichtenden Einschlägen des Schicksals. Wir sollen endlich beginnen, den Dingen keinen falschen Glanz und keine falsche Würde mehr zu geben, sondern sie tragen als das, was sie sind: unerlöstes Leben.

Und schon wandelt sich das Klirren der Ketten und das Zittern der Nerven und Zagen der Herzen von selbst zum Stoßgebet: Rorate coeli ... Tauet, ihr Himmel. Wir sollen viel endgültiger unser konkretes Geschick in diese Zusammenhänge hineinnehmen und nach Gottes erlösender Freiheit rufen. Dann weitet sich die Enge und die Lunge bekommt wieder frische Luft und der Horizont hat wieder Verheißungen. Das Dasein weint und klagt noch, aber es klingt schon eine leise Freudenmelodie der Sehnsucht und des Wissens in den gebrochenen Stimmen der Klagenden.

Aus den Meditationen „Von Bedingungen der wahren Freude"; Dezember 1944: GS IV/173f.

18. Februar

HEILENDE DISTANZ

Der Mensch dieses Wissens und dieser Haltung löst sich aus der Unmittelbarkeit der Dinge und Gegebenheiten. Er gerät in eine heilsame und heilende Distanz.

Nicht in die verzweckte und kühle Distanz des Kalküls, der Organisation, der Mechanisierung, sondern in die überlegene Freiheit, die der Mensch aus der Höhe den Dingen der Niederung gegenüber empfindet. Diesem Menschen verschlägt es so bald die Stimme nicht.

Nihil solliciti sitis (Phil 4,6) (9): so nennt die Epistel diese Freiheit, die den Menschen herausläßt aus der Hetzjagd des getriebenen Tages und der berechneten Stunden oder der viebrierenden Angst. Der Blick sieht durch, die größeren Zusammenhänge sind gewußt und vor allem: der Ort ist erkannt, an dem allein die gültigen Wertungen geschehen und die endgültigen Entscheidungen fallen. Dieser Ort ist der Punkt, an dem sich die schöpferische und heilende Freiheit Gottes und die suchende und rufende Freiheit des Menschen treffen.

Dort stirbt nicht die Not, aber der Kummer.

Dort verschwindet nicht die Last, aber der Kleinmut.

Dort gilt auch die Aufgabe und Bewährung des Daseins, aber nicht als quälende Sorge.

Aus den Meditationen „Von Bedingungen der wahren Freude"; Dezember 1944: GS IV/174.

19. Februar

URFORMEN DES MENSCHEN

Innotescant apud Deum (Phil 4,6) (10): der Mensch weiß seines Daseins Mitte in Gott hinein verlagert. Paulus erinnert uns hier an einige Grundhaltungen, die zu denen gehören, in denen der Mensch er selbst wird. Der Liebende z.B. ist eine der Urformen und Grundformen des Menschen, der Ehrfürchtige ebenso. Paulus nimmt hier dazu den Dankbaren, den Anbetenden, den Bittenden.

Der Mensch, der mit seiner Lebensmitte in die seinsgerechte Beziehung getreten ist, mit Gott das personale Ich-Du-Verhältnis vollzieht. Dieser Mensch erst kommt zu sich, weil er erst richtig ist. Und im Vollzug dieses Lebens wachsen ihm längst verlorene oder verkümmerte Fähigkeiten neu zu oder wachen wieder auf.

Die Substanz weitet sich, die Augen werden heller und klarsichtiger, er bleibt trotz allem gespürten Beben und Schwanken sicherer und zuversichtiger.

Immer noch Mensch unterwegs,

immer noch Mensch in der Schwebe und Bedrängnis,

immer noch Mensch in Bewährung und Prüfung; aber er ist doch über das Gröbste hinaus.

Die Seele kennt wieder Lieder und hört die heimlichen Brunnen wieder rauschen. Sie vollzieht den Durchbruch zur Verwirklichung des „in Domino". Und einmal wird sie singen, das alte jubelnde Preislied der gesegneten Begegnung: Alleluja.

Aus den Meditationen „Von Bedingungen der wahren Freude"; Dezember 1944; GS IV/174f.

20. Februar

DIE FREUDE STIRBT

Dies alles gilt und wird, so der Mensch sich in die willige Offenheit und Ansprechbarkeit entscheidet. Aber es geschieht und gilt immer noch als kreatürliches Ereignis: in der Verhaltenheit, in der der Mensch allein Gottes Wirklichkeit und Glück ertragen kann. Diese Verhaltenheit ist Glück und Glanz genug für den, der spürt und weiß und glaubt.

Und doch ist sie erst Anfang, Unterpfand, Ahnung und erstes Atemholen. Das Je-größer und Immer-noch-mehr der Endgültigkeit schimmert durch alle Ritzen der Kreatur und hält das Leben in drängender Lebendigkeit.

So gewinnt das Leben seinen äußersten Horizont und die Stunde ihren vollsten Klang: immer rufen uns die Verheißungen.

Dieses wunderbare Isaiaswort im Kommunionvers „Verkündet: Ihr Kleinmütigen" (Jes 35,4) redet alle Kreatur an und berührt heilend und tröstlich die tiefste Wunde ihrer Wirklichkeit.

Wehe, wenn ein Leben, eine Welt, ein Volk keine Verheißungen mehr hat!

Das heißt zugleich: sie haben keine Lebendigkeit mehr, keinen Glanz und keine Zuversicht und keinen Mut und kein Glück. Die Freude stirbt.

Aus den Meditationen „Von Bedingungen der wahren Freude"; Dezember 1944: GS IV/175f.

21. Februar

DIE VERHEISSUNGEN GOTTES

Die Verheißungen Gottes stehen über uns, gültiger als die Sterne und wirksamer als die Sonne. An ihnen wollen wir gesund werden und frei von innen her. Sie haben uns umstellt und den Raum des Lebens zugleich ins Unendliche ausgeweitet. Selbst die Klage behält noch ihr Lied und die Not ihren Klang und die Einsamkeit ihre Zuversicht.

Ja, und die Freude, auf deren Botschaft wir warten, zu der wir angeleitet und befähigt werden wollen? Habe ich etwas gesagt von der vielfachen und erregenden Freude, die einen Menschen überkommen kann im Schein der Sonne, in der Bewegung des Wassers, im Aufblühen der Blumen, bei der Begegnung mit einem echten Menschen? Habe ich etwas gesagt von der freudvollen Regung, die für einen Menschen echte Liebe und echtes Leid bedeuten können? Wie Himmel und Erde die Anlässe großer und tiefer Freude werden können?

Ich habe nichts davon gesagt. Ich weiß sonst sehr gut, aus wieviel Quellen den Menschen Freude zufließen kann – und daß alle diese Quellen auch verstummen können. Es ging nicht darum.

Es ging um das alte Thema meines Lebens: der Mensch wird gesund durch die Ordnung Gottes und in der Nähe Gottes. Hier wird er auch freudefähig und froh. Die Ordnung Gottes herstellen und Gottes Nähe verkünden und lehren und anderen bringen: das ist es, was mein Leben meint und will und dem es zugeschworen ist und bleibt.

Aus den Meditationen „Von Bedingungen der wahren Freude"; Dezember 1944: GS IV/176.

22. Februar

DAS LEBEN – EIN GEHEIMNIS

Gerade der Weg ins Endliche nach allen Seiten, der universelle Griff ... bringt dem Menschen zum Bewußtsein, daß er in Geheimnissen wandert und von ihnen rings umstellt und innerlich erfüllt ist. Letztlich bleiben die Fragen und fehlen die Antworten, bleiben die Zeichen und fehlen die Deutungen, bleiben die Ereignisse und fehlen die Sinngebungen dafür.

Der Mensch unternimmt vielerlei, um diesen Stachel aus dem Leib des Wohlbehagens und des gerundeten Daseins herauszuziehen. Er übersieht diese äußersten Zeichen des Wirklichen und stumpft sich ab in alltäglicher Gewöhnlichkeit. Bis ihn die Lawinenstürze des Lebens aus den trauten Stuben und gepflegten Gärten hinaustreiben auf die Straße der Not und der Wanderschaft. Oder er ersinnt immer neue Kategorien, die er der Wirklichkeit aufzwingen möchte, Kategorien der Logik oder des Herzens, des Sinnes oder des Unsinnes. Er versucht es mit der Skepsis oder mit heroischem Pessimismus. ... Letztlich muß er immer wieder resignieren oder ein Neues ersinnen, mit dem er sich eine Lebensstunde lang über den Ernst der Lage und die Unerbittlichkeit der ungelösten Frage hinwegzuspielen versucht.

Das Leben geschieht in größeren Zusammenhängen, als sie der Mensch fügen und verstehen kann. Das Leben trägt größere Lasten und reichere Frachten, als sie der Mensch allein verkraften und begreifen und wirken kann. Alles, was der Mensch als Letztes ansehen und anrühren möchte, enthüllt sich als Vorletztes, als neues Zeichen der Botschaft, als neues Wort der Botschaft, als neue Frage, als neuer Auftrag.

So bleibt dem irdischen Blick und der irdischen Kraft, trotz aller Wachheit und alle Willigkeit vorausgesetzt, das Leben letztlich doch ein Verhülltes, ein Schweigendes und Verschwiegenes: ein Mysterium, geheim und geheimnisvoll und in all dem sehr unheimlich.

Aus „Das dreifache Gesetz der Fessel"; im Gefängnis geschrieben: GS IV/180f.

23. Februar

Schlüssel ohne Schlüsselloch

Nur über sich hinaus wird der Mensch er selbst. Nur jenseits seiner existieren die Kräfte und Mächte, deren er bedarf, um er selbst zu sein und in die Freiheit zu gelangen, die er als Luft und Licht seiner Verwirklichung braucht. Und doch ist es so, daß diese Mächte und Kräfte nur zum Einsatz und zur Wirksamkeit kommen durch Entscheidungen, die vom Menschen und im Menschen vollzogen werden. ...

Das Gesetz der Schuld findet seine befreiende Überwindung nicht im Herzen des Menschen, der sie rief. Die Einsicht und Wandlung des Herzens ist die Vorbedingung, die der Mensch erfüllen muß, um die jenseitige, jenseits des Menschen liegende lösende Macht zu rufen und ihr zu begegnen. ...

Mit der Schuld ist es wie mit einer Fessel: sie kann nur lösen, wer den Schlüssel hat. Und den hat auch die stärkste Sehnsucht meines Herzens nicht.

Mit der Schuld ist es wie mit meiner Zellentür. Da hilft mir selbst der Schlüssel nichts, den ich hätte. Sie hat innen kein Schlüsselloch. Sie kann nur von außen geöffnet werden.

Aus „Das dreifache Gesetz der Freiheit"; im Gefängnis geschrieben: GS IV/181f.

24. Februar

DAS GROSSE RUFEN NACH GOTT

Gegen die Schuld steht Gott: als Kläger und Richter, so der Mensch auf ihr beharrt. Als Befreier und Retter, so der Mensch sich zu Gott wendet, sich mit ihm gegen sein Unheil verbündet.

Das heißt aber: es ist die Zeit der großen Beter gekommen, die unsere Not und unsere Nacht vor Gott hintragen und zugleich durch die Verfassung und Lebendigkeit ihrer Herzen dafür sorgen, daß die Zeit von innen her Gott verbündet wird.

Das große Rufen nach Gott muß anheben und darf nicht mehr nachlassen. Man muß ihn beim Wort nehmen. Die Gesetze des Gebetes hat er selbst geschrieben. Vgl. Matth. 21,18 ff.; Luk. 17,5; Luk. 11,5 ff. und viele andere Worte, die gelten über den Bestand der Welt hinaus. Es gibt ein Vertrauen, das ihn ruft und von dem er sich willig rufen läßt. Die Verwirklichung vieler großer Dinge, das Geschehen mancher echten Wunder hängt nur von der Großmut ab, die man Gott zutraut. Er wird nicht immer das Paradewunder tun; auch dieses, der Erweis in Macht, wird immer wieder da sein. Aber er kann und wird mit göttlicher Souveränität die tausend Kleinigkeiten der innerweltlichen Kausalität und Logik so fügen, daß am Ende sein Ergebnis steht.

Wer das Vertrauen hatte, war des Ergebnisses sicher; den Weg überließ er dem Herrgott. Und wen der Herr so in seiner eigenen Sicherheit überwindet, der steht sprachlos und erstaunt.

Aus „Das dreifache Gesetz der Freiheit"; im Gefängnis geschrieben:
GS IV/182.

25. Februar

ZEIT DER GROSSEN BETER

Die Zeit der großen Beter ist gekommen. Das bedeutet keine quietistische Botschaft der Dispens von der Tat und Verantwortung.

Im Gegenteil: es gibt ein viel härteres Gesetz der Taten: die Zeit der reinen und von innen her geweihten Tat ist damit zugleich gekommen. Die Regel des Ignatius: interiora sunt ... das Innere ist es, von dem die äußeren Leistungen erfüllt und getragen sein müssen und von dem her sie ihre Fruchtbarkeit haben: ist die Regel der Stunde.

Mehr als je gilt heute die Verpflichtung, daß Tat und Einsatz und Leistung entfaltete Devotion sein müssen.

Es ist kein Grund zu Verzagen und Verzicht und Betrübnis, sondern Zeit der Zuversicht und des unermüdlichen Rufens. Wir müssen uns mit Gott gegen unsere Not verbünden. Dieses Wort ernst nehmen.

Fiat misericordia tua super nos, quemadmodum speravimus in te. (11) Da ist das Maß gesetzt, an das Gott sich bindet. Seine Nähe ist so dicht, als unser Glaube an ihn und sein Kommen unerschüttert und unerschütterlich. Das gilt!

Aus „Das dreifache Gesetz der Freiheit"; im Gefängnis geschrieben: GS IV/183.

26. Februar

Der Weg in die Wüste

Nur einer ist jenseits der Geschichte wirklich und allen Lebens fähig, der reine Geist, der allmächtige Gott, der Herr aller Geschichte. So gilt nicht die Auswanderung aus der Geschichte als die große Befreiung, sondern das Bündnis mit Gott in der Geschichte für die Erfüllung der Geschichte. ...

Die Bewährung in der Geschichte durch beides: die Abscheidung, den Gang in die Wüste zur Einsamkeit und Geschiedenheit und die Rückkehr auf die Gassen des Lebens. Aber die Wüste nicht als Fluchtort und Selbstwert, sondern als Ort der Rüstung, des Wartens, der Bereitschaft, des Lauschens nach dem sendenden Wort.

Das sind die Gesetze der Bewährung in der Geschichte:

Rüstung zur Sendung,

Lauschen und Wachsein auf das Wort,

Zuversicht und mutiges Bekenntnis.

Und dies alles in dieser geschichtlichen Stunde, nicht in einer, die man sich wünschte oder träumte. Hier galt das Gesetz von der ins Sichtbare und Hörbare, in das Geschichtliche entfaltete Devotion. Um diese geht es.

Aus „Das dreifache Gesetz der Freiheit"; im Gefängnis geschrieben; GS IV/183f.

27. Februar

GOTTES IST DER TAG

Es ist alles Warten und Ausschauen und Kommen des Herrn. ... Um die Gottinnigkeit und Gottsicherheit des Lebens wissen. Diese große Tugend der Unermüdlichkeit wird hier gerufen. Die Unermüdlichkeit, die vom Herrn angerührt ist und kraft dieser Berührung sich immer wieder den Schlaf aus den Augen reibt und wach bleibt. Quoadusque: unterwegs bleiben und wach bleiben, Gesetz des gelungenen und befreiten Lebens.

Gottes ist der Tag und die Nacht, die Fessel und die Freiheit, der Kerker und die weite Welt. In all dem soll der große Sinn der Gottesbegegnung sich erfüllen.

Nur muß man allem den letzten Sinn abverlangen, jeder Frage sich stellen bis zuletzt. Sie enthüllt sich als Frage nach Gott und als Frage Gottes zugleich.

Jede Antwort aussagen bis zuletzt. Sie enthüllt sich als Botschaft und als Verkündigung Gottes.

Jede Nacht aushalten bis zu ihrer Mitte. Sie enthüllt sich als Weihe-Nacht der Gotteskunft.

Die Wissenden, die Wachenden und die Rufenden – die um Gott und seine Ordnung wissen, die zu ihm hin wach sind und die ihn unermüdet rufen: sie werden die Fessel wandeln zum Sakrament der Freiheit.

Aus „Das dreifache Gesetz der Freiheit"; im Gefängnis geschrieben:
GS IV/185.

28. Februar

Zeit der Besinnung

Wir haben die stille Zeit begonnen, die uns die Kirche durchwandern heißt, bevor wir das Hochfest unseres Glaubens und Lebens begehen. Wir sollen von jenen Geheimnissen her leben, in denen unser Leben neu gegründet ist und deswegen sollen wir in dieses Fest der heiligen Ostern nicht hineingehen, wie es der Werktag und die Gewohnheit gerade fügen mag.

Deshalb soll zuvor eine Zeit der Besinnung liegen auf die großen Zusammenhänge, auf die Wirklichkeiten, wie sie zusammengehören. Der Atem der Seele soll des Ewigen fähig sein und so wieder fähig sein, ein Jahr weiterzugehen in der echten Bewährung und Meisterung des Daseins.

Das ist ja der Sinn, der dahintersteckt, wenn die Kirche aus alter Gewöhnung und Überlieferung diese Fastenpredigten halten läßt: Der Mensch soll vor die Gesamtheit der Dinge gestellt werden, er soll seine Möglichkeiten und seine Verantwortung bedenken, er soll in persönlicher Offenheit an die Geheimnisse rühren.

Und deshalb kann es sich auch nicht nur darum handeln, in diesen Predigten das historische Geschehen aus jenen Tagen des Herrn wieder aufzufrischen in Gedächtnis und Erinnerung. Auch davon wird zu sprechen sein. Aber zunächst und zuerst geht es um die Erhellung des eigenen Daseins von diesen Ereignissen her und durch sie. Es geht zuerst nicht um historische Ereignisse, sondern um die großen Zusammenhänge und Hintergründe des Daseins. Dieses Leben, das uns aufgegeben ist, diese Stunden, die wir zu tragen haben, diese Lasten, die uns aufgegeben sind: sie sollen zu ihrer echten Frage kommen und ihre echte Antwort finden.

Aus der Predigt zum 1. Fastensonntag; 14.3.1943: GS III/177f.

29. Februar

Die Macht Gottes

Als Thema der diesjährigen Fastenpredigten habe ich das Thema vom mächtigen Gott gewählt. Vom mächtigen Gott wollen wir sprechen und ihn wieder suchen und wieder finden. Ich glaube und bin der Meinung, daß gerade von diesem Thema her unser Leben getroffen und vor die letzten Wirklichkeiten geschickt werden kann.

Die Frage nach der Macht und ihrem Sinn und Wert ist allmählich die Frage unseres Daseins geworden. Wir leben in einer Zeit, die jede Stunde im Zeichen und unter der Wirkung der Macht verbringt. Da springt den Menschen immer wieder die Frage an: was steckt denn hinter der echten und unechten Macht?

Und wir leben in einer Zeit und gehören zu einem Geschlecht, das seit langem unterwegs ist, Macht zu suchen, zu erproben und zu begründen, die fähig ist, das Leben zu tragen. Seit Generationen wandert das Volk des Abendlandes diesem Ziel zu, wir werden von einem Umbruch und Aufbruch in den andern gejagt, von einer Not in die andere.

Vom mächtigen Gott wollen wir sprechen, weil nur die Wiederanerkennung der Herrschaft Gottes das leisten und erfüllen kann, was wir suchen und fragen in den wachen Nächten unseres Herzens. Weil nur die Macht Gottes all das lösen kann, das vielleicht zu hart auf unseren Geistern und Gewissen lastet und weil nur die wirksam gemachte Macht Gottes uns das Tor aufstoßen kann zu dem freien Raum, den wir brauchen, um nicht zu ersticken.

Aus der Predigt zum 1. Fastensonntag; 14. 3. 1943: GS III/178.

MÄRZ

Alfred Delp im Garten, um 1943
(Abb. 3)

1. März

LEIDENSCHAFT ZUM HERRGOTT

Und wir sind schließlich ein Geschlecht, das bei all dem Großen, das es plante und träumte, in die äußersten Bedrängnisse geraten ist. Bedrängnisse des Geistes, des Gewissens und der dauernden Gefahr an Leib und Leben. Auch hier wird und kann das Wort vom mächtigen Gott in uns die Wiedergeburt der großen Zuversicht auslösen, ohne die das Leben sich selbst nicht gewachsen ist.

Der heutige Abend soll nur eine Einleitung zu dem großen Thema geben, er soll zeigen, was gefragt und was gesucht ist. Und zugleich wird diese Einführung eine erste Antwort sein, eine erste Botschaft von der Macht Gottes, die Botschaft von der Macht des abwesenden Gottes. Selbst die Abwesenheit Gottes wirkt als lautes und zwingendes Zeugnis für die eine Notwendigkeit: Gott muß da sein und muß gelten, wenn das Leben leben will.

So wollen wir sprechen von diesem geistigen Leben, in dem Gott fehlt: wir wollen sprechen von der geistigen Lage des gegenwärtigen Menschen, vom Weg des gegenwärtigen Menschen in diese Lebenshaltung und Lebensordnung, von der heimlichen Sehnsucht des gegenwärtigen Menschen nach einem gefügten und geborgenen Leben.

Wir wollen sprechen von uns selbst, von dem, was wir sind und leben und leiden. Und von dem, was sein und werden muß: daß eine große Leidenschaft zum Herrgott noch einmal die Herzen ergreifen und das Leben noch einmal segnen und wandeln soll.

Aus der Predigt zum 1. Fastensonntag; 14.3.1943: GS III/178f.

2. März

EIN LEBEN OHNE GOTT

Was ist aus uns geworden, was sind wir noch? Was ist das persönliche Leben, was ist das deutsche Leben, das europäische Leben, was ist der Mensch noch? Zwei Aussagen umreißen und bestimmen unser Dasein und legen zugleich seine wunden Stellen bloß: Wir führen ein Leben ohne Gott. Wir führen ein Leben in Kampf und Angst ums nackte Dasein.

Ein Leben ohne Gott: In all den vielen Jahrhunderten, in denen die Weltkugel ihren Gesetzen untertan war und ihrem geheimen Imperativ folgend sich um sich selber drehte, gab es immer wieder religiös schwache Zeiten, die die Last und den Schatten der Kugel nicht aushielten und aus ihr einen dämonisierten Götzen machten. Es gab Zeiten, da die Nerven müde wurden, Zeiten, da die Geister stumpf wurden und die lange Straße bis an den Rand der Welt nicht mehr aushielten. Zeiten, da die Hände der Menschen nach dem unrechten Gut griffen und den fremden Raum erbrachen, all dies geschah immer wieder.

Aber irgendwo stand immer noch ein ungelästerter Tempel, irgendwo brannte noch eine unentweihte Fackel als Mahnmal und Botschaft und Aufruf. Die Stunden, die wir durchleben, sind wohl die ersten und einzigen, in denen Menschen so bewußt und entschlossen auf den Marsch des Lebens sich begeben, ohne Gott oder gar gegen Gott.

Dies ist wohl die einzige Stunde, da der Sturm gegen die Götter, da die militante Auflehnung gegen den Herrn als Programm und Befehl die Erde erschüttert. Und das ist nicht nur irgendwo so, auch im Raum des deutschen Lebens ist diese Idee vom großen Titanen, die Idee vom götterstürzenden Rebellen keine fremde Idee.

Aus der Predigt zum 1. Fastensonntag; 14.3.1943: GS III/179f.

3. März

PROMETHEUS – LUCIFER

Hören sie nur (Nonnenbruch: Politik, Technik und Geist; S. 304/305): „Ein nordisches Volk, die Griechen, hat den Mythos vom Geist geschaffen: die Prometheussage. Prometheus ist der schöpferische Geist des Menschen, oder konkreter: der nordischen Rasse. Er ist die ewige Bedrohung der jeweils herrschenden Wirklichkeit, des Zeus und seiner Welt.

Prometheus und Lucifer! Was ist Lucifer anders als die Verwandlung des jüdischen Teufels in den nordischen Prometheus! Oder der nordische Prometheus in jüdischer Auffassung! Lucifer ist der Lichtbringer. Er kämpft gegen die Götter und bringt das Licht, damit der Mensch selber Gott werde.

Wir sind von einer Rasse, die nicht sogleich am Beginn ihrer Laufbahn von dieser Aussicht niedergeschmettert worden ist und beim ersten Versuch dieser Erhebung aus dem Paradies vertrieben wurde. Sogar im Mittelalter haben wir heimlich die Fahne Prometheus bewahrt, um sie zu entfalten, wenn die Stunde gekommen wäre. Wir sind von der Rasse, die die Rebellen des Geistes erzeugt. Immer sind die Titanen unter uns, die den Sturm auf den Olymp vorbereiten und sich zum Sturm sammeln. Er findet jetzt statt. Die Fahne des Prometheus wird entrollt: die neue Geistigkeit. Die Stunde ist da."

Und wo man den Gott der Theorie, den Gott der Überlieferung und Gewohnheit auf dem morsch gewordenen Sockel noch stehen läßt: praktisch sind wir ganz und restlos ein Leben ohne Gott geworden.

Aus der Predigt zum 1. Fastensonntag; 14.3.1943: GS III/180 f.

4. März

Ein Leben in Angst

Was spielt denn, verzeihen Sie den Ausdruck, Gott heute noch für eine Rolle im Leben? Man verbrämt seine Erfolge mit dem Namen Gottes, man deckt seine Pläne und Einfälle mit ihm und gibt so vieles als seine Ordnung aus, was nur Menschenwunsch und Menschenwillkür ist. Es gilt die Überlegung der Nützlichkeit, es gilt der größere und raschere Erfolg und diese Perspektiven allein bestimmen Auswahl der Wege und Mittel. Wir sind ein Leben ohne Gott geworden. Wo weiß denn das Leben noch vom Herrgott, dessen Gebot und Ordnung einfach sind und gelten und zum innersten Willen des freien Menschen werden?

Wir sind ein Leben ohne Gott geworden: und führen ein Leben in Angst und Bedrängnis. Es bestehen da innere Zusammenhänge. Wir alle, der Einzelne und die Gesamtheit, wir leben im Kampf und in der Angst ums nackte Dasein. Wir brauchen nur unser Leben sprechen zu lassen. Nichts ist uns mehr freundlich, nichts mehr zuverlässig. Wir fürchten jede Nacht. Stunden der Ruhe sollte sie uns schenken, neue Kraft und neuen Mut. Wir fürchten jede Nacht, ob nicht der Tod am Horizont erscheint und seine schreckliche Botschaft vom Himmel wirft. Wir fürchten jede Post und haben Angst, sie könnte uns die schreckliche Nachricht über das Schicksal des geliebten Menschen bringen. Wir fürchten jede Zeitung, die sonst Befriedigung der Neugier und Unterhaltung war, ob nicht eine neue Ordnung unser Leben weiter in Dienst nimmt und den Raum noch mehr verengt.

Wer hat noch etwas, von dem er sagen könnte, es ist mir sicher? Um das er sich nicht wehren müßte? Das gilt auch vom inneren Besitz des geistigen Menschen. Die Worte sind schal geworden. Die Wissenschaft hat sich ihre Grundlagen wegrebelliert und ist eine hörige Magd geworden. Die geistigen Zusammenhänge sind unterbrochen, das Leben ist dürftig und heimatlos geworden.

Aus der Predigt zum 1. Fastensonntag; 14. 3. 1943: GS III/181f.

5. März

LOSUNG ‚ALARM'

Hören Sie, was ein Soldat aus dem Erlebnis zweier Weltkriege über dies Leben zu sagen hat (Freudenthal: Vermächtnis der Front. Ein Nachtgespräch vom Krieg. S. 43/44):

„Ja, Hartmann, warum ich Ihnen das alles so genau erzähle? Weil wir nur auf diesem Hintergrunde das Dasein des Landsknechts recht begreifen können. Sein Los ist es, von heute auf morgen allen diesen selbstgeschaffenen bürgerlichen Zierat über Bord zu werfen und nackt und bloß zu gehen, wie er kam. Auch wenn ihm nicht ein Feuerorkan des Feindes die ganze aufgebaute Welt zerschlägt, muß er fähig sein, selbst ohne große Abschiedsgeste auf Befehl alles im Stich zu lassen und wie ein Dieb des Nachts von seinem Eigentum fortzuschleichen. Die ewige Losung seines Lebens ist der Alarm. Er streicht alle Berechnungen aus und schlägt ein neues Blatt auf, ein Blatt der uneingeschränkten Ungewißheit, der tausend Möglichkeiten zwischen Ja und Nein. Er macht die Nacht zum Tag, den Sonntag zum Werktag, den Frühling zum Winter."

Das sind wir geworden: der Mensch, dessen Losung der Alarm ist, das dauernde Aufgejagtwerden, das keine bleibende Stätte hat. Die meisten von uns unterliegen diesen Verhältnissen, werden innerlich haltlos und hilflos und stehen als resignierte Masse jedem neuen Alarm und jedem neuen Imperativ zur Verfügung. Eine kleine Anzahl versucht, das Ganze bewußt zu leben. Das letzte aber ist immer wieder und immer noch der Sehnsuchtsschrei des Geistes, der sich wundgestoßen hat. Das sind wir heute. Wenn Sie ehrlich sind, werden Sie mir zugeben, ich mache da keine billige Effekthascherei, ich versuche sichtbar zu machen, was ist und in welche Zusammenhänge und Bescheidenheiten des Lebens wir geraten sind.

Aus der Predigt zum 1. Fastensonntag; 14.3.1943: GS III/182f.

6. März

ENTWICKLUNGEN

Wie stolz und zuversichtlich schritt doch der deutsche, der europäische Mensch einmal über die Erde! Wie stolz und zuversichtlich wurde dieser Weg doch begonnen, der nun als Weg in Tiefe und Frage und Düsternis zu enden droht! Ich erinnere Sie an ein Bild, das Sie alle kennen: den Ritter zwischen Tod und Teufel, von Dürer. Auch da gähnen die abgründigen Möglichkeiten. Dieser Mensch weiß die Abstürze um sich, aber er verfällt ihnen nicht. Er hält sie aus und reitet, reitet weiter, hochgemut und zuversichtlich. Was ist geschehen, bis aus diesem Ritter der totale Landsknecht wurde, als dessen Losung der Alarm durch die Tage und Nächte heult?

Wir könnten mancherlei versuchen, um hinter das Geheimnis dieser Entwicklung zu kommen. Wir wollen uns auf die Sicht beschränken, die immer eine sehr aufschluß- und ergebnisreiche Sicht ist. Wer die Menschen einer Zeit, eines Geschlechtes verstehen will, der braucht nur die großen Leidenschaften zu sehen, von denen sie bewegt werden.

Die Geschichte der Menschen ist in einem guten und aufschlußreichen Sinn die Geschichte ihrer Leidenschaften, weil sie zugleich die Geschichte der großen Zentralwerte ist und die Geschichte der großen Liebe und des großen Hasses und damit auch die Geschichte der inneren bewegenden Kräfte des Menschenlebens überhaupt. Was waren die Leidenschaften des Menschen, der heute ein Fahrender und Reisiger geworden ist?

Aus der Predigt zum 1. Fastensonntag; 14.3.1943: GS III/183.

7. März

ALLES GEHT IN SCHERBEN

Wir stammen aus dem Mittelalter. Sie brauchen nicht zu erschrecken, ich will nicht vergangene Zeiten zurückrufen. Diese Zeiten sind versunken, wir werden sie in ihrer Eigenart nie wieder erleben. Aber es steht eben vor den Toren unserer letzten Zeiten diese Zeit, die einen festen Kosmos hatte. In der der Einzelne und das Geschlecht und die Nation wußten: hier ist mein Raum und mein Recht und meine Zuständigkeit. Die große Idee des echten Ordo war keine mechanische und kerkerhafte Härte und Konstruktion. Dahinter steckte etwas anderes.

Dahinter steckte die Leidenschaft zu Gott, dem Herrn aller Werte und dem ewigen Quell aller echten Hierarchien.

Vieles, was uns Heutigen an jener universalen Zeit unverständlich ist, kam aus dieser Leidenschaft und aus der Erkenntnis, die der Instinkt des gesunden Blutes und der Instinkt des Heiligen Geistes zugleich gaben: es muß alles geschehen, um diesen Raum und seine Ordnung zu erhalten. Sie wußten seherisch sicher, wenn dieser von Gott getragene Raum zerbricht, geht alles in Scherben.

Aus der Predigt zum 1. Fastensonntag; 14.3.1943: GS III/184.

8. März

Ein Fetzen dieser Erde

Ja, und dann begannen wir, aus diesem Raum auszuwandern. Da zog zunächst der Mensch der Renaissance über unsere Straßen. Er war noch ein kosmischer Mensch, er brachte noch reiches Erbe mit, sein Geist war noch intakt, der Geist eines hochgemuten Ritters. Aber er war zugleich der erste Mensch, der diesen Raum des Ordo zerbrach. Seine große Leidenschaft war die Leidenschaft zum Menschen, zur Welt und ihrer Köstlichkeit.

Dann die Zeit der Reformation. Die Zeit der vom Menschen gefügten Kirche. Die Leidenschaften zur subjektiven Religiosität. Der Mensch fängt an, seine Zuständigkeit bis in die Gegenwart Gottes vorzutreiben. Und diese Entwicklung geht weiter.

Die Leidenschaft der Aufklärungszeit ist nur noch ein Bekenntnis zu einem Teil der Wirklichkeit, Leidenschaft zur Vernunft, zum absoluten Menschen. Und wie vordem Gott, so wird jetzt der Mensch selbst zweitrangig und gleichsam nebensächlich unter den Zielen und Werten, nach denen die Leidenschaft des Menschen greift.

Es beginnt die Zeit der politischen Neuformungen und vor allem das ungeheure Erwachen der Naturwissenschaften und der Technik. Es beginnt die ungeheure Leidenschaft des Menschen zu den Dingen, zum technischen Können, zur Eroberung, zum Erwerb.

Der Raum, die Erde, ehedem der große Kosmos, ist wirklich zum kleinen Streitobjekt geworden. Jeder versucht mit letzter Leidenschaft einen Fetzen dieser Erde an sich zu bringen und für sich zu sichern.

Aus der Predigt zum 1. Fastensonntag; 14. 3. 1943: GS III/184f.

9. März

VOM RITTER ZUM LANDSKNECHT

So wurde der Mensch in eine letzte Leidenschaft getrieben, unter der er nun generationenlang schon stöhnt und schreit. Es ist eine Leidenschaft eigentlich ohne Ziel, ohne großen Aufbruch.

Die Menschheit zerfiel in Klassen und Kasten. Der Raum wurde eng und enger. Die immer dichtere Enge des sozialen und wirtschaftlichen Raumes, die Inhaltlosigkeit des geistigen Raumes, die schwindende Kraft der sittlichen Substanz, die Verkümmerung der religiösen Organe; das alles zusammen zwingt uns in diese letzte Leidenschaft, in diesen großen Schrei der Sehnsucht, endlich aus der Not herauszukommen und herauszusuchen.

Was wir seit Beginn dieses Jahrhunderts erlebten an tastenden oder tosenden und tobenden Versuchen, was wir selbst sind und tun und leiden, dies alles stammt aus dieser letzten Leidenschaft, die die Not in uns weckt und die uns jagt und treibt und zum Menschen unterwegs macht.

Das ist der Mensch, der vom Ritter zum totalen Landsknecht wurde, das ist unser Weg.

Aus der Predigt zum 1. Fastensonntag; 14. 3. 1943: GS III/185.

10. März

DIE HEIMLICHE SEHNSUCHT

Das ist unser Weg und das sind wir. So viel spüren wir schon, daß es so nicht bleiben kann und wir weiter müssen, wenn wir leben wollen. In einer großen Tageszeitung steht heute ein Artikel „Das Abendland" (F. Z. 14.3.1943). Auch diese Überlegung geht von der Tatsache aus, daß hinter uns das gefügte Mittelalter liegt, geordnet unter der Herrschaft Gottes.

Und von der anderen Tatsache, daß seitdem das Leben zersplittert ist und ab und zu zusammengetrieben wird von der Sehnsucht und der Not, neue Einheiten zu finden. Was die europäische Menschheit sucht seit Jahren und Jahrzehnten, ist die Findung eines neuen Abendlandes.

Das heißt gar nicht zunächst und zuerst einer neuen politischen Größe und Ordnung oder Konstruktion. Sondern das heißt zu allererst die Findung von neuen Mittelpunkten, von neuen Zentralwerten, aus denen das Leben bestehen kann.

Und diese Stunde, da die Menschheit unterwegs ist wie auf einer blutigen Wall- und Bußfahrt und ihr die Not in hundert schrecklichen Gestalten im Nacken sitzt, diese Stunde ist nun unsere Stunde und in dieser Stunde beginnt das Thema vom mächtigen Gott.

Aus der Predigt zum 1. Fastensonntag; 14.3.1943: GS III/185f.

11. März

INNERE WANDLUNG

Zweifach beginnt dieses Thema: Der Weg vom Ritter zum Landsknecht war ein Weg von Gott weg und gegen Gott und zugleich ein Weg in die äußerste Bedrängnis.

Ich glaube, es gab seit Christus kein Geschlecht, das mit größerer Leidenschaft aus der Not herausverlangte und mit größerer Bereitschaft nach neuen Grundlagen rief, die das Dasein wieder tragen könnten. Es ist eine Not auf Leben und Tod geworden, in die die Abwanderung von Gott die Menschheit geführt hat. Was wir in den letzten Jahrzehnten an krampfhaften und hastigen Versuchen, das Leben neu zu gründen, erlebt haben, bedarf eigentlich trotz vielem und allem einer milden Beurteilung. Es stammt aus dem Imperativ, den die Angst und der Kampf ums nackte Dasein auferlegen.

Wir sind christliche Menschen. Wir wissen, daß Er das Leben gefügt hat und daß es nur gedeihen kann in dieser Partnerschaft mit dem herrscherlichen Gott. Gott kann es sich leisten zu schweigen; denn die Welt fällt immer in seine Hand. Es ist nur die Frage, ob sie in die Hände des segnenden Vaters oder des Richters gerät.

Wenn der Mensch noch einmal gerettet werden soll, dann muß die Herrschaft des Herrgotts noch einmal herbeigeholt werden in den Raum unseres Daseins.

Der abwesende Gott spricht schweigend aber gültig eine harte und unüberhörbare Sprache. Wir sind zu einer inneren Wandlung aufgerufen, die jeder persönlich vollziehen muß.

Aus der Predigt zum 1. Fastensonntag; 14. 3. 1943: GS III/186 f.

12. März

BEKEHRUNG

Wir müssen diese ganzen irrigen Leidenschaften des abendländischen Menschen überholen in diese einzige Leidenschaft zu Gott. Wir werden von den Ängsten erwürgt werden, wenn wir nicht wieder persönlich wissen, daß vom Herrgott her alles auszuhalten ist. Wir werden auch davon sprechen, wie eine echte Anerkennung Gottes persönlich das bunte Mancherlei der Dinge und Schicksale ordnet und brauchbar macht. Und ebenso, daß von dieser leidenschaftlichen Bindung an den Herrn des Lebens her die Wege zum Heil uns zugänglich werden.

Eines sollen wir heute schon wissen: es kann nicht darum gehen, irgendwelche Übungen, irgendwelche „frommen Dinge", zu vervielfachen oder in eine andere Form zu bringen.

Es geht um die große innere Metanoia, die große Bekehrung. Wir müssen Gott noch einmal zur Leidenschaft unseres Lebens werden lassen. Es ist dies eine Frage an den einzelnen und über das Herz und den Geist des einzelnen an das Ganze. Gott muß unsere Treue, unsere Anbetung, unsere Liebe werden, die Leidenschaft der Welt und ihre innere Bewegung.

Das ist dann zugleich die erste Entbindung der Macht Gottes in unsere Not hinein. Das ist dann die Wandlung unserer Not in eine schöpferische Not. Das ist dann die Weihung des vergossenen Blutes zum echten Opferblut.

Wenn es gelingt, daß unsere Herzen noch einmal höher schlagen um des Gottes willen, dann werden sie auch noch einmal höher schlagen um des echten Lebens willen. Und es wird in einem neuen Sinn wahr sein: Gott, der allmächtige Schöpfer des Himmels und der Erde.

Aus der Predigt zum 1. Fastensonntag; 14.3.1943: GS III/187.

13. März

IN DEN REIHEN DER GANZEN

Lieber Ewald, (12)

Zu Deinem morgigen Geburtstag recht herzliche Grüße. Mein Brief wird wahrscheinlich erst post festum ankommen. Nicht aber mein Gebet für Dich zum Heiland, daß er Dir gibt, was Dir frommt für jetzt und einst. Ich werde morgen die hl. Messe und die hl. Kommunion für dich aufopfern. Sage Du selbst dem Heiland, was du dafür willst.

Du hast mir lange keine Nachricht mehr von Dir gegeben. Wie geht es Dir? Hast Du eine Stelle gefunden oder wenigstens Aussicht auf eine. Ich bete jeden Tag darum. In diesen traurigen Notzeiten ist schwer etwas zu finden. Was tust Du in der Wartezeit? Ich bitte Dich wiederum, sorge, daß Du immer etwas Ernstes zu tun hast. Bilde dich in den Sprachen, in Stenografie und im Maschinenschreiben weiter aus. Auch mit ernsten geistigen und religiös-sittlichen Fragen beschäftige Dich. Damit Du nicht ein geistiger Taglöhner bleibst, der nur das weiß und versteht, was andere ihm vorsagen.

Du weißt ja, einem tüchtigen, ganzen Manne sind heute viele Möglichkeiten offen. Ein Halber, der noch wenig zufrieden ist, kommt zu nichts. Halbheit wird zertreten. Ich möchte Dich in den Reihen der Ganzen sehen. Die Ganzen sind die, die auf allen Gebieten ernst machen. Auch interessiert mich der praktische Bereich wie Gebete; weil Du doch viel Zeit hast, könntest du gewiß gut das eine oder andere Buch über die Kirche und über Christus lesen. Damit Du auch vor anderen die Kirche verteidigen kannst. Und vor allem damit Du ihn innerlich mehr verstehen und lieben lernst.

Du siehst, ich erwarte viel von Dir. Aber nur, weil ich Dir gut will. Das alles verlangt aber eiserne Selbstzucht und Selbstbeherrschung. Doch Du bist ja alt genug. Da kann ich von Dir schon solches erwarten.

Aus dem Brief an den Bruder Ewald; 4. 9. 1930: GS V/36f.

14. März

TU DEINE WAHLPFLICHT GUT

In diesen Tagen wird ja wieder klar, wie verhängnisvoll für ein Volk halbe Führer und überhaupt halbe Menschen sind. – Noch einmal: ich möchte Dich bei den Ganzen, den Entschiedenen sehen. Nur solche nützen der Kirche und dem Volk. Nur solche sind Nachahmer und echte Diener Christus des Königs. Ganz und entschieden kann man überall sein. Auch ohne Abitur und ohne Universität. ...

Schreibe mir einmal, was Du von alldem denkst, überhaupt wünsche ich mir einen viel regeren Briefverkehr mit Dir. Nicht immer nur zu Neujahr und Geburtstag usw. eine kurze Karte. Du hast doch auch deine Gedanken über bestimmte Dinge, Verhältnisse, Fragen. Darüber können wir dann artig miteinander reden. Auch für alles, was in Lampertheim vor sich geht, habe ich großes Interesse. Schreibe mir einmal, welche Zeitungen und Zeitschriften Du liest. Du solltest schon dauernd Deine bestimmte Lektüre haben. Auf Deinen nächsten Brief bin ich sehr gespannt.

Jetzt muß ich allmählich ans Ende denken. Halte Dich wacker. Am 14. September tu Deine Wahlpflicht gut. Wenn die christlichen Parteien in diesen Jahren nicht wachsen, kannst Du Deinen Bruder in ein paar Jahren in der Verbannung besuchen. Wenn bestimmte Richtungen die Mehrheit bekommen, sind wir die ersten, die ans Messer kommen. – Wenn Du kannst, hilf bei der Wahlpropaganda für Brüning und das Zentrum. – Sobald Du eine Stelle hast, schreibe mir sofort, wo, wann, als was. Du siehst, ich habe großes Interesse für Dich und große Sorgen um Dich. ... Jetzt behüte Dich Gott. Grüße Vater und Mutter, Gerda, Greta, Fritz. Auf den kleinen Fritz gib gut acht. Er ist der einzige von uns, der von Jugend auf kath. ist. Soviel an Dir ist, sorge, daß er ein unverdorbener Junge bleibt. Ich hoffe, daß Ihr ihn zu Ostern ans Gymnasium schickt. Wenn alle zusammenhelfen, geht es schon.

Herzlichen Gruß in Christus
Dein Alfred

Aus dem Brief an den Bruder Ewald; 4. 9. 1930; GS V/37f.

15. März

Greta herausbeten

Liebe Mutter,

ja, da müssen wir viel Vertrauen auf den guten Gott haben. Er schickt uns immer wieder die schweren Prüfungen und wir müssen dann stark sein und beweisen, daß wir ihn gern haben.

Gern würde ich kommen, aber ich kann im Augenblick unmöglich hier weg. Schreib mir oft, wie es Greta geht. Ich werde gleich heute Abend eine Novene zur Mutter Gottes beginnen. Viele meiner Mitbrüder, die schon geweiht sind, haben mir versprochen, bei ihren heiligen Messen für Greta zu beten. Ich habe das feste Vertrauen, daß alles gut gehen wird.

Wenn ein Spezialarzt notwendig ist, dann laßt doch bitte einen von Worms kommen. Das ist ja nicht weit und lieber eine Sorge zu viel als eine zu wenig. – Wie ist denn das Ganze gekommen? Diese Krankheit in diesem Alter, das ist doch eine ganz ungewöhnliche Sache.

Schreibt mir gleich wieder, wie es geht. Meine Adresse ist: Frankfurt-Main-Süd, St. Georgen, Offenbacher Landstraße 224. Für jetzt nur rasch diese kurzen Grüße, damit der Brief noch weg geht und Ihr ihn morgen gleich bekommt.

Nun, liebe Mutter, mußt Du wieder einmal ein starkes Herz haben und viel Gottvertrauen. Er wird uns schon helfen. Viele, herzliche Grüße an Vater und an Dich. Ich bete für Greta und für Euch alle.

Wir müssen Greta zusammen herausbeten.

In aller Liebe
Alfred

Aus dem Brief an die Mutter Maria Delp; 16.10.1936; GS V/78f.

16. März

KREUZGEMEINSCHAFT MIT CHRISTUS

Liebe Greta,

gerade komme ich vom Gottesdienst eines jungen gefallenen Soldaten aus der Pfarrei hier zurück und da hat mich dieser Schleier der Wehmut und Schwermut, der über das Land gebreitet liegt, wieder so erschüttert, daß ich dir gleich ein paar Zeilen des Mutes und der Tröstung schreiben möchte. Ob es mir gelingt, weiß ich nicht. Ich schreib Dir halt, was mir einfällt und was ich Dir gern sagen möchte.

Über die zwei Tage bei Dir bin ich sehr froh. Ich bin mit viel Zuversicht weggefahren, daß Du auch das schwere Leben der Zweisamkeit mit Marianne und allen Problemen, die damit verbunden sind, meistern wirst. (13) Gott ist gut und hilft uns Menschen immer wieder weiter. Wir müssen nur verstehen, alle Not und alle Sorge als eine Anfrage von ihm her zu verstehen, als die einzige Frage, die Gott an den Menschen richtet: liebst du mich, hast Du mich so gern, daß ich Dir auch dieses noch zumuten darf? Was uns als Verlust trifft, darf nicht nur Verlust bleiben, wir müssen es wandeln zum Opfer, das wir Gott darbringen und das wir hineinschenken in das große Opfer Christi, damit es Gott verherrliche und den Menschen helfe, heimzufinden.

Liebe Greta, das muss jetzt das innere Gesetz Deines Lebens sein: wissen, daß Du von Gott in die Kreuzgemeinschaft mit Christus, dem Herrn gerufen bist und so immer wieder versuchen, in all dem den Herrgott zu lieben und immer wieder Ja zu sagen zu dem, was er gefügt hat.

Liebe Greta, ich will dir keine Predigt halten, das weißt Du. Aber ihr alle, denen der Herrgott solches zumutet und anvertraut, ihr müßt die Menschen mit den starken Herzen werden, die alles ertragen und bei denen die anderen dann Hilfe finden, wenn sie nicht mehr weiter wissen, weil ihr in die härteste Schule gegangen seid und doch härter ward als alle Schicksale.

Aus dem Brief an die Schwester Greta Kern; 4. 5. 1942; GS V/134f.

17. März

MIT GÜTE UND GEDULD

Und so wünsche ich Dir eine große Entschlossenheit für das neue Leben, das Du nun beginnst. Das neue Leben mit Marianne zusammen. Das muß Deine große Sorge sein und Deine große Liebe, dieses Kind, in dem Du und Fritz vereint bleibt und das Du als sein großes, heiliges Erbe bilden und formen willst. Alles, was an großen Plänen und Entschlüssen noch vor Euch lag, soll in Marianne aufgeweckt und lebendige Wirklichkeit werden. ...

Wenn Du die Kleine jetzt wieder mehr zu dir nimmst, mußt Du zunächst mit viel Güte und Geduld ihr Herz fest an Dich binden. Erst allmählich und mit ruhiger Sicherheit ändern, was notwendig ist. Möglichst wenig in der Erregung tun oder sagen, sondern ruhig, gütig, geduldig und fest. Mit den beiden Müttern geht es wohl am besten, wenn Du Tadel und Ermahnungen und sonstige Strengheiten in ihrer Gegenwart möglichst vermeidest. Aber das weiß eine Mutter ja alles viel besser. Heut ist der Tag der heiligen Monika, einer heiligen Mutter, die das Leben ihres Kindes erbetet, erlitten und erweint hat und dieses Kind wurde der hl. Augustinus, einer der größten Menschen, die gelebt haben. Mit viel Güte und Geduld und ruhiger Festigkeit kommst Du schon weiter. Wenn das Kind den ersten Platz in Deiner Liebe behält, wird es auch den ersten Platz in Deinem Leben haben und dann ist alles gut und wird richtig. – Mit den beiden Müttern mußt Du auch viel Geduld haben. Fritzens Mutter ist vom Leid eben auch ganz erschlagen, da hilft nur Güte und Geduld. ... Auch mit unserer Mutter braucht es eine eigene Sorge und Güte. Die Frau ist müde von den vielen Sorgen, die sie im Leben getragen hat. Überhaupt, Greta, probier einmal, möglichst auf die Not und Sorge der anderen einzugehen und zu helfen, Du wirst sehen, der Herrgott hilft Dir dann auch auf eine besondere Weise. Wer sich seiner Menschen annimmt, den segnet der Herr mit einer eigenen Gnade. – Beten wir für einander und miteinander, Gott ist gut.

Immer Dein Alfred

Aus dem Brief an die Schwester Greta Kern; 4. 5. 1942: GS V/135f.

18. März

STILLE ATEMPAUSEN DES HERZENS

Lieber Herr Dr. Kreuser, (14)
... es handelt sich um die äußere Form der monatlichen Männermesse. So, wie es die letzten beiden Männersonntage war, geht es nicht mehr. Ich auf jeden Fall möchte innerhalb eines so ungefügten Rahmens nicht mehr zelebrieren.

Die Negativa sind kurz folgende: Mit dem einfachen Hersagen der liturgischen Gebete kommen wir nicht weiter. Das ist allgemach so ein amorphes Gebrumm geworden, daß ich mir nicht vorstellen kann, wie jemand dabei beten kann. Für die teilnehmenden Gläubigen kommt dabei, glaube ich, sehr wenig religiöse Ermunterung und Anregung heraus. – Ähnlich ist es mit dem Singen. Da es nun einmal so ist, daß über fast keine deutschen Lieder verfügt werden kann, müßte jede Messe einzeln vorbereitet werden. ... Ich glaube, diese ungestalteten Messen sind keine Mehrung des liturgischen Rufes der hiesigen Gemeinde.

Unverbindlich vorschlagen würde ich eine Mischung von liturgischem Beten und Gesang. Vor allen Dingen Abwechslung in den gemeinsam gebeteten Teilen der Messe. Dazwischen stille Atempausen des Herzens, in denen der Mensch persönlich vor seinen Gott kommt. Spärlich, aber gekonnt, Lieder dazwischen.

Da kein Organist da zu sein scheint, der für alle Gottesdienste zu haben ist, müssen sich die Männer wohl für ihre Monatsmessen um jemand umschauen, der die Orgel spielt. Bei dem minimalen Bestand an gekonnten Liedern ist ein Singen ohne Orgel nicht zu vertreten und der Effekt nicht zu ertragen. Verzeihen Sie, daß ich Sie auch noch mit diesen Dingen belaste. Aber Sie sind ja eigentlich der Hauptleidtragende bei der Sache, da Sie immer wieder den aussichtslosen Versuch machen müssen das Ganze irgendwie zu tragen. ... Bei meiner Rückkehr auf ein gutes Wiedersehen. Bis dahin alles Gute

Ihr erg. A. Delp

Aus dem Brief an Dr. Karl Kreuser; 5.12.1943; GS V/167f.

19. März

VIR JUSTUS – EIN GERECHTER MANN

Irgendwie gerät dieser Mann, diese aufrechte Gestalt in der Heiligengeschichte an die Peripherie unseres christlichen Bewußtseins, wie er auf vielen Bildern gerade noch am Rand dabei ist. Und doch hat gerade unserer bewegten, hart bedrängten Zeit diese schweigende und schweigsame und doch so beredte Gestalt dieses Mannes mancherlei Botschaft und manches Wort zu sagen. ... Er hat auswandern müssen um des Reiches Gottes willen, um einer höheren Rolle willen. – Im Lobgesang sind drei Worte gesagt, die Botschaft in unser Leben heute sein können. Da wird gesprochen vom „vir justus", vom gerechten Menschen ... Der Mensch des geraden Maßes, des absoluten Standpunktes, der in die Welt Gottes geraten und gerufen ist ... Dieser stille Zimmermann, der auch da, wo die Gewalt drohend aufstieg, noch wußte, wo Zuständigkeit ist, wo Treue zu halten ist ...

Und ein zweites Wort steht da: ... der Knecht, treu und klug. Schon dieses Eine, der dienende Mensch, der weiß: ein Leben ist verpfuscht und hohl, wenn sein innerster Raum nicht ein Tempel ist, in dem Gott, dem Herrn, gedient wird, der weiß, daß der Gottesdienst allein einem Leben innere Weihe und Würde gibt. ... Das Innerste, was den Menschen zum Menschen macht, ist, daß wir das Innere beugen und uns dann bemühen, alle Stunden unseres Daseins und alle Werke unserer Pflicht in die große Anbetung einzubeziehen. ...

... ein Drittes, das wie eine ungeheure Verantwortung über uns kommt: daß er nach Vater-Art, in väterlicher Verantwortung die Wache bezieht. Wie diesem Mann Josef die Verantwortung über das Schicksal des Herrn überantwortet war, so soll der Mensch sich wirklich fühlen als in Dienst genommen in Verantwortung für das Heiligste, was die Menschheit hat, für das Wort Gottes.

Predigt zum Fest des hl. Josef; 19.3.1943; GS III/199–201.

20. März

TRÖSTUNG IN DER ANGST

Menschen aus Ihnen haben mir gesagt: was Sie uns predigen, ist nicht Tröstung, das ist Belastung und Erschütterung, weil die Härte auch im Namen Gottes stehen bleibt. Das ist etwas Richtiges und etwas Unrichtiges gesagt. Jeder Weg zum Leben, zu einer echten Gottesbegegnung muß durch eine echte Erschütterung gehen. Das ist ja gerade eine unserer Nöte, daß wir zu aller echten Erschütterung unfähig geworden sind. Daß wir uns an so vieles gewöhnt haben, durch das ein Mensch im Lichte Gottes in Bewegung und Empörung gebracht würde. Unser Auge ist so geblendet, daß wir nur noch den einzelnen Fall sehen und nicht mehr die Zusammenhänge; daß wir erst anfangen, erschüttert zu werden, wenn unser persönlicher Kreis, unsere persönlichen Interessen berührt werden. Die Gnadenlosigkeit unserer Zeit tragen wir doch in einer erschreckenden Gewöhnung und Unempfindlichkeit und offenbaren so eine Verhärtung unserer Seelen, die wirklich eine Erkrankung unseres inneren Lebens anzeigt. Es gibt eben die echte und die unechte Erschütterung. Die echten Erschütterungen gehören zum Leben. Sie sollen und wollen uns aufwecken und auf den Weg bringen, auf dem die Macht Gottes wirksam werden kann. Das war die Absicht dessen, was Sie in den bisherigen Predigten als Erschütterung empfanden: Die Sicht auf die Macht des abwesenden Gottes, die dem Leben Gewißheit gibt, daß es ohne den Herrn in seine untermenschlichen Formen gerät, aus denen der Mensch nur durch die große Leidenschaft zum Herrgott sich retten kann. Die Sicht auf das Leben, das in allen seinen Schicksalen sich lohnt, weil hinter allem eine Begegnung mit dem Herrgott wartet.

Aus der Predigt zum 4. Fastensonntag; 4. 4. 1943: GS III/188.

21. März

Angst zwischen Himmel und Erde

Wer all diesen Wirklichkeiten sich stellt, wird zwar nicht eine Verharmlosung seines Daseins erfahren. Aber wer je in eine echte Wirrnis geraten war, der weiß, wie allein schon die sachliche Betrachtung der Dinge einen Menschen trösten und ihm den ersten Blick auf den Ausweg zu geben vermag. So steckt in diesen Erschütterungen wirklich eine Tröstung. Wenn wir nur das Leben groß genug meinen und groß genug wollen.

Aber es gibt auch diese andere, die unechte Erschütterung, die uns heute immer wieder überfällt, in der der Mensch nur eines lernt und erfährt, eben die Gefährdung dessen, was ihm lieb war, dessen, was er sich selbst als Sinn seines Daseins geschaffen hat. Billig und oberflächlich wird diese unechte Erschütterung empfunden als Störung der Ruhe, als Beunruhigung unseres Eigensinns, als aufgescheuchte Trägheit unseres inneren Schwergewichtes.

Zu allertiefst aber trägt diese unechte Erschütterung nur einen Namen: Angst. Das ist eine unserer tiefsten Wunden, daß wir in die Angst geraten sind. Das ist eine der tiefsten Tröstungen, deren wir bedürfen, daß Gott unsere Angst heilt. So ist dies die Frage, die wir heute stellen:

Ist der Herrgott auch noch mächtiger als unsere Angst, oder hängen wir hilflos zwischen Himmel und Erde?

Aus der Predigt zum 4. Fastensonntag; 4.4.1943: GS III/188f.

22. März

ANGST UNSERES LEBENS

Wir leben heute alle in der Angst. Man braucht, bevor wir das Leben selber anschauen, nur unsere Literaten zu fragen:

Ich erinnere an Rilke, der in betörender Sprache den Dingen der Welt den Mantel der Herrlichkeit Gottes verlieh. Lesen sie die Briefe und Tagebücher dieses Mannes. Wie war sein Leben geplagt von der Angst, von Jugend auf, wie erschrak er vor jeder Krankheit, wie ergriff er die Flucht vor den vielen echten Dingen des Daseins, denen er sich nicht gewachsen fühlte. Erschütternd ist in der neuesten Veröffentlichung von Rilkebriefen zu lesen, wie er vor der einen, echten großen Liebe seines Lebens floh, weil er nicht mehr stark genug war, sein Dasein zu teilen und dadurch zu verdoppeln. Wie werden am Ende seines Lebens alle diese schönen Melodien zu Disharmonien und zu häßlichen Schreien, als der Mensch Rilke zu der Erkenntnis kam: ich sterbe auch nur den Tod eines Menschen.

Oder wir sprachen schon von der modernen Existenzphilosophie, die den Menschen hinauswirft in ein Chaos der Angst und ihn von daher jedem Befehl und jedem Anruf ausliefert, weil man ihn innerlich in die Ohnmacht gestürzt und der eigenen Kraft beraubt hat.

Oder lesen Sie in Sprangers Büchlein von der Weltfrömmigkeit, wie der moderne Mensch sich in seiner Welt endgültig ansiedeln möchte und wie ihn immer wieder das dreifache Gespenst der erlebten Heimatlosigkeit, des erfahrenen Todes und der wirkenden Verzweiflung aus aller Geborgenheit hinausjagt.

Aus der Predigt zum 4. Fastensonntag; 4.4.1943: GS III/189f.

23. März

ANGST DER CHRISTEN

Wir haben alle Angst: Wir brauchen nur unser tägliches Leben zu fragen. Was ist das: unsere Angst? Nicht die Sorge um anvertrautes Leben, die Sorge der Mutter etwa am Krankenbett des Kindes, nicht die Unruhe des Vaters um den Sohn an der Front, nicht das Gefühl der Vergänglichkeit der irdischen Dinge und der Übermacht feindlicher Lebensmächte. Dies alles ist nicht die Angst, die uns plagt, aber dies alles kann mit der Angst zusammenhängen, von der wir hier sprechen. Dies alles kann ein Eingangstor sein, durch das jene innere Entmächtigung des Lebens in uns eindringt. Angst ist die Kapitulation des Menschen vor der Gefahr, vor den Dingen, wie sie sind, die Lähmung des Menschen vor Wirklichkeiten, die anders sind, als wir sie erwarten. ... Wie ist die Menschheit heute gelähmt durch die Macht. Wie hat sie vergessen, daß es größere Dinge gibt als die Macht. So hängt sie an den paar Lebensstunden und so steht sie da, erschreckt und erschüttert und innerlich zerquält von der Not und von dem Schicksal und von der Unsicherheit des Bodens, auf den wir geraten sind. Auch wir Christen sind in die Angst geraten. Unser Schweigen, unsere Tarnung, unsere Flucht in die Einsamkeit oder die Vermassung sind nur Ergebnisse der Angst, in der wir uns fürchten, so zu sein, wie wir sind. Wir haben den Öffentlichkeitscharakter des Herrenanspruches ernst zu nehmen und verniedlichen unsere Religion in die kleine Privatandacht. Wir haben Angst voreinander. Wir sprechen nicht mehr miteinander über die Dinge unseres Glaubens und unseres gläubigen Friedens. Und wir haben Angst, vor dem Herrgott auf eigene Rechnung zu leben. Wir sind froh, jede Tat auf einen fremden Befehl hin tun zu dürfen. Wir sind darauf aus, für jede Entscheidung einen anderen zu suchen, der sie übernimmt. Auch wir Christen sind in die Angst geraten. Wer uns gesund machen will, muß uns innerlich eine echte Zuversicht geben.

Aus der Predigt zum 4. Fastensonntag; 4. 4. 1943; GS III/190f.

24. März

MASKEN DER ANGST

Die Angst macht das Leben zur Lüge. Schauen Sie die Masken an, hinter denen das geängstigte Leben sich versteckt. Die Maske der Geschäftigkeit des Menschen, der die einsamen Minuten, die einsamen Stunden nicht mehr verträgt. Oder die andere Maske des energischen, des harten Menschen, des Menschen des großen Pathos. Man muß nur die Gesichter schauen können, oder mit diesen Menschen allein sein, um plötzlich zu entdecken, wie ihnen alles fehlt, was Geborgenheit und Sicherheit heißen mag, wie gerade dieses gestraffte Dasein oft leer und hohl ist.

Oder diese andere Maske der Brüderlichkeit und Gemeinschaft, die deshalb oft eine Maske ist, weil sie die Flucht ins Kollektiv bedeutet, wo der Einzelne nicht mehr gefragt wird, weil er zuerst nicht mehr gefragt werden wollte. Noch eine Maske, die diese Angst sich umtut, die Rigorosität, die alles in Paragraphen einfängt, weil sie sich und dem anderen Menschen kein wagendes Leben mehr zutraut. Man gängelt und man will gegängelt sein. Man verordnet und man will Verordnungen haben, als ob niemals das Wort des Herrn vom brausenden Geist diese Welt innerlich erregt hätte. Draußen und drinnen wird dieses Netz der Feinmaschigkeit geworfen, weil man Angst hat vor dem Menschen, der es unternehmen könnte, auf eigene Rechnung zu leben und aus eigener Sicht den Dingen zu begegnen.

Solange wir diese Angst nicht ausräumen, ist unser Dasein nicht neu zu gründen, weil sein innerster Atem nicht die Sehnsucht nach dem großen und gelungenen Leben ist, sondern der kleine Hunger nach ein wenig bürgerlicher Sicherheit.

Aus der Predigt zum 4. Fastensonntag; 4.4.1943: GS III/191f.

25. März

QUELLEN DER ANGST

Wie konnte das Leben so geängstigt werden, im Grunde so uninteressiert an sich selbst? Es sind hundert Tore, durch die das Verderben eindringt und die zu schließen sind. Da ist gleich die erste Erschütterung, die die Zuversicht des Lebens zerstört: Der Mensch wird nicht fertig mit sich und erliegt den Erfahrungen des Lebens, in denen er sich als brüchiges und vergängliches Wesen entdeckt. ... Der Mensch wird nicht mehr fertig mit den Erlebnissen seiner selbst, mit dem Erlebnis von Irrtum und Täuschung, der eigenen und fremden Schwäche, mit dem Erlebnis der zerbrochenen Liebe und Treue. Er läßt sich so in ein Leben der Unsicherheit hineintreiben, hinter dem er keinen Sinn mehr sieht, in dem er keine Schönheit mehr findet und für das er keine Kraft mehr einzusetzen hat.

Dieser Mensch wird oft auch nicht mehr fertig mit dem Erlebnis der größeren Sicherheit. Wenn ihnen einmal ein Wort gesagt wird von der Größe und Majestät des Herrgotts, dann genügen ihnen auch diese letzten Tatsachen nicht mehr zur Begründung einer echten Zuversicht. Es haben gelebt und leben doch unter uns die Menschen, die an der Größe Gottes sich nicht aufrichten, sondern durch diese hohe Wirklichkeit erschlagen und erdrückt werden und nur noch aus dieser primitiven Angst leben, diesem Herrgott begegnen zu müssen. ... eine letzte Quelle ergießt die Bitterwasser der Angst und der Untröstlichkeit und Haltlosigkeit in die schmal gewordenen Ströme unseres Lebens: Wir sind müde Menschen und müde Zeit geworden. ... Müde Menschen stecken zutiefst in der Insuffizienz verbrauchter Herzen und verbrauchter Nerven. Unser Leben ist eine billige Beute der Not und der Unsicherheit geworden.

Aus der Predigt zum 4. Fastensonntag; 4.4.1943: GS III/192–194.

26. März

WERTVERSCHIEBUNGEN

Das sind die Wege des Menschen in die Angst, die uns allen offenstehen und die wir alle stückweise gegangen sind. Die innere Überwindung der Verängstigung des Daseins ist ein Stück der Verantwortung für das Ganze, in die wir gestellt sind. Wenn es nicht gelingt, das Leben zuversichtlich zu machen, dann wird das Leben auch nicht mehr hereinzuholen sein in die große Ehrung Gottes. Es wird den Marsch nicht aushalten und das Ziel nicht finden, wenn die Kraft des Willens innerlich gelähmt ist, die es braucht, um die ungeheure Metanoia zu vollziehen. Es scheint so, als ob die übermächtigen Dinge, die übermächtigen Schicksale, der übermächtige Gott das Leben erschreckten und erwürgten. Die Ehrlichkeit und Unbestechlichkeit, die bei allen Krankheiten die Voraussetzung zur Heilung ist, verlangt, daß wir auch von dem Beitrag sprechen, durch den der Mensch selbst seine Auslieferung an die Angst ermöglicht, eingeleitet und vollendet hat.

Das Leben ist dem Menschen deswegen so feindlich geworden und schlägt ihn deswegen so oft mit harter Rücksichtslosigkeit, weil wir Menschen das Leben verdorben haben. Wir haben ungeheure Wertverschiebungen vorgenommen und durch diese willkürliche Unsachlichkeit dem Dasein die Ordnung, die Gesetze, den inneren Stil und den gesunden Rhythmus genommen. Die alten Werte drängen an ihren Platz zurück, die neuen Werte stehen in falschen und unechten Zusammenhängen. Von daher stammt der chaotische Eindruck, den das Leben heute oft bietet und so hat der Mensch diese würgende Lähmung der Angst, die alle seine lebenswichtigen Kräfte und Organe bedroht, selbst gerufen. Er selbst ist die bitterste Quelle seiner Angst.

Aus der Predigt zum 4. Fastensonntag; 4.4.1943: GS III/194.

27. März

ÜBERWUNDENE ANGST
– Sachlichkeit und Nüchternheit –

Tröstet Gott unsere Angst? Wie sollen wir wieder zuversichtlich werden? Von drei Wegen aus der Angst will ich Ihnen kurz sprechen.

Wir wollen das Leben wieder nehmen, wie es liegt, und wollen stehen lassen, was steht. Man darf das Dasein nicht träumen, nicht verharmlosen und nicht vergöttern. Sonst ist man an dem Tage erschlagen, an dem man entdeckt, daß es nur ein Leben der Not und des Todes ist; sonst gerät man an dem Tag in die tödlichste Angst, an dem einem die Augen aufgehen für die Wirklichkeit selbst. Der Sinn dessen, was über die Menschen hinwegbraust, stammt aus einem Ratschluß des Herrn, stammt aber oft auch aus dem Übersehen einer Bindung, die über der Welt stehen und gelten soll. So wird die echte Bewährung, die uns aufgegeben ist, zu einer ersten Begegnung mit unserem Gott. Sehen sie, die Angst als Spiel der Nerven, die werden wir nicht abschaffen. Wir werden immer wieder vor Dingen, die undurchsichtig sind, ins Beben geraten. Aber die Frage geht ja gar nicht darum, ob solches geschieht. Die Frage ist doch die, was ein Mensch damit anfängt. Hören Sie das Wort eines Offiziers, der die Dinge klar sah und der zu einem protzenden Kameraden sagte: Hätten Sie nur ein Bruchteil von der Angst, die ich habe, dann wären Sie nicht hier vorne an der Front. Was dem Menschen in der Angst geschieht, ist ein mühseliger Marsch an die eigene Grenze und zugleich der Erhalt des Befehles, über die eigene Physis hinauszukommen. Der Mensch soll wissen, vom Geist und vom Heiligen Geist her ist mit all dem fertig zu werden

Aus der Predigt zum 4. Fastensonntag; 4. 4. 1943: GS III/195.

28. März

ÜBERWUNDENE ANGST
– Minderung der Quellen –

Es liegt nicht in der Macht eines Volkes oder einer Zeit oder eines Menschen, die eigene Müdigkeit und Dekadenz hinwegzuverordnen. Es gibt Quellen der Angst, die dem mächtigen Willen sich nicht beugen und die deswegen einfach auszuhalten sind.

Aber wo immer die Angst aus der Schuld des Menschen stammt, aus den Wertverschiebungen, die wir vorgenommen haben, da bleibt nur eines übrig, diese Schuld zu widerrufen, diese Wertverschiebung aufzuheben, in die echte Sachlichkeit zurückzukehren.

Wir müssen ihn wieder ernst nehmen, diesen Satz von der Kreatürlichkeit der Kreatur. Wir müssen aufhören mit dem Weihrauch und der Anbetung von Wirklichkeiten, die selbst gehalten sind, anzubeten und zu dienen.

So ist auch diese Bemühung um die Meisterung der Angst eine Begegnung mit dem Herrgott.

Da steht er auf, der Verantwortung heischende Gott, der eine persönliche Entscheidung will und absolut nicht willens ist, den Entscheidungscharakter des Daseins aufzuheben.

Aus der Predigt zum 4. Fastensonntag; 4.4.1943: GS III/195f.

29. März

ÜBERWUNDENE ANGST
– Begegnung mit Gott (I) –

Die letzte Überwindung der Angst muß in der Gründung und Wiedergewinnung einer großen Zuversicht bestehen, die den Menschen in der Begegnung mit dem Herrgott widerfährt. In diese Gottesbegegnung, in der auch die früheren Versuche zur Meisterung der Angst immer wieder münden, müssen wir uns hineinbeten und hineinringen. In ihr kommt uns die echte Einsicht, was dem Leben für Aussichten gegeben sind. Vier Sätze wollen die Zuversicht sichtbar machen, die von Gott her die Angst des Menschen überwindet.

Und dies ist der erste Satz, ein altes Wort des Glaubens und Gebetes: Facienti, quod est in se, Deus non denegat gratiam. Das heißt, der Mensch soll vor die ganze Größe und Wirklichkeit Gottes geraten und soll sich von dieser ganzen Größe her ernst nehmen und wichtig nehmen. Der Mensch soll wissen: wir stammen aus der schöpferischen Liebe Gottes.

Die ganze Liebe Gottes ist eingefangen in die Bereitschaft, uns heimzuholen. Der Mensch, der von sich aus tut, was er vermag, der seinen Geist ausgreifen läßt nach der Wirklichkeit Gottes, dem wird irgendwann die Herrlichkeit und Sicherheit Gottes aufgehen. Von Gott her gibt es keinen Verzicht auf den Menschen. Wenn ein Mensch sich aufreckt und Gott entgegenfiebert, dann mag dies in der verlorensten Ecke des Kosmos geschehen, dann mag dies in der erbärmlichsten Angst geschehen: die Ozeane Gottes werden in ein solches Leben einbrausen und ihm Dämme und Wälle menschlicher Enge und Dürftigkeit wegreißen und wegschwemmen. Gott verzichtet auf kein Leben, das nicht von sich aus auf den Herrn verzichtet und von ihm sich scheidet.

Aus der Predigt zum 4. Fastensonntag; 4. 4. 1943: GS III/196f.

30. März

ÜBERWUNDENE ANGST
– Begegnung mit Gott (II) –

Dies war der erste Satz, ein Satz voll Ernst und Gehalt. Und der zweite Satz ist nur eine neue Betonung und eine dichtere Verbindlichkeit des ersten. Wir wollen die Namen und Worte Gottes ernst nehmen. Gott macht keine Sprüche. Und Gott hat sich nicht nur den Herrn genannt, er nennt sich und ist der Vatergott. Wenn Gott sagt, in ihm ist die Vaterschaft der Menschen, dann kann der Mensch sich darauf verlassen und dann muß er von daher eine große Zuversicht haben. Tun wir endlich das langbärtige Onkelgesicht weg und lassen wir diesen glanzvoll majestätischen Gott als Vater in unser Bewußtsein kommen und in unserem Herzen siegen. Wie soll der Mensch noch erbeben vor irgend einer Macht, der weiß, daß der Herr der Herren sich bewähren will und muß als sorgender Vater. Lassen wir Gott seine Geheimnisse; wenn wir an dem festhalten, daß er der Vater ist, dann wird uns kein schwerer Weg schrecken.

Als dritter Satz soll hier stehen ein Bild und ein Wort aus dem Leben des Herrn. Vor dem Auge des Herrn steht Jerusalem, in dem der Galgen auf ihn wartet. Um ihn herum zagen und zaudern die Jünger und wollen sich zwischen den Herrn und Jerusalem stellen. Er aber zog gen Jerusalem. Und was er hier tat, faßt er in der Ölbergnacht in das Wort: „Lasset uns gehen" (Mk 14,42). ... Was hier geschah und gesagt wurde, ist das Bekenntnis des Herrgotts in die Nachbarschaft aller Schicksale des Menschen. Auch vor dem Herrn stand das übermächtige Leben und die übermächtige Gewalt; auch der Herr ging durch die Schluchten der Angst. Und der Herr, der sich so unserem Schicksal verbündet hat, kommt auf dem siebenfachen Weg der Sakramente in unser Leben und wandelt es innerlich um in seine Bereitschaft und in seine Berufung zum Opfergang. Kann ein Mensch erschrecken, der sich hineingerufen weiß in die opferkundige Gemeinschaft mit Gott?

Aus der Predigt zum 4. Fastensonntag; 4.4.1943: GS III/197f.

31. März

ÜBERWUNDENE ANGST
– Begegnung mit Gott (III) –

Als vierte Tröstung, die von Gott, dem Herrn, uns zukommt, erinnere ich an die Tatsache, daß das Wort vom Paraklet gesprochen wurde (Joh 16,7-15) und daß diesem Wort eine Erfüllung folgte.

Wir sollen daran glauben, daß die brausende Kraft Gottes unser innerster Besitz wurde. Wir brauchen nur unser Innerstes dem Herrgott aufzuschließen und er wird unser Leben durchdringen und durchbluten und vergöttlichen. Dies sind keine Sprüche. Gottes Wort muß man ernst nehmen.

Kann ein Mensch trostlos sein und innerlich Wunden tragen, die nicht heilen, der sich durchströmt weiß von der Glut des Herrn? In dieser persönlichen Beziehung muß der Mensch in der Leidenschaft zu Gott stehen; dann wird die Menschheit haben, was sie braucht: den zuversichtlichen Menschen, der um einen Sinn weiß, den man nicht streichen, und um eine Kraft, die man nicht brechen kann.

Wir müssen nur ernst nehmen, was gesagt ist. Die Verwirrung geht heute bis ins Theologische und Metaphysische hinein. Die Gesundung muß von der Wiederherstellung des Menschen in diesen Räumen ausgehen.

Wir werden dann den Menschen haben, der das österliche Wort wahr macht: Tod, wo ist dein Stachel? Hölle, wo ist dein Sieg? (1 Kor 15,64-55). Wir werden die Menschen sein, die unerschrocken sind, weil sie gerüstet und getröstet sind vom Herrn des Himmels und der Erden.

Aus der Predigt zum 4. Fastensonntag; 4.4.1943: GS III/198.

April

Nicht vor dem Kreuze – aus sicherer Distanz betrachtend –
befinden wir uns.
Nein, im Kreuze stehen wir – die Alten und die Jungen.
Es umfängt uns. Mitbetroffene sind wir.
Der Rufer unter dem Galgen in unserer Mitte:

„ES SOLLEN EINMAL ANDERE
BESSER UND GLÜCKLICHER LEBEN DÜRFEN,
WEIL WIR GESTORBEN SIND."

◆

Alfred-Delp-Denkmal auf der Briloner Stadtmauer.
Bildhauer Jürgen Suberg. 1987
(Abb. 4)

1. April

GOTTES UNFÄHIG

Ich bleibe bei meiner alten These: der gegenwärtige Mensch ist weithin nicht nur gott-los, rein tatsächlich oder auch entscheidungsmäßig, es geht die Gottlosigkeit viel tiefer.

Der gegenwärtige Mensch ist in eine Verfassung des Lebens geraten, in der Gottes unfähig ist. Alle Bemühungen um den gegenwärtigen und kommenden Menschen müssen dahin gehen, ihn wieder gottesfähig und somit religionsfähig zu machen.

Worin diese Gottesunfähigkeit besteht? Sie besteht in einer Verkümmerung bestimmter menschlicher Organe, die ihre normale Funktion nicht mehr leisten. Ebenso in einer Struktur und Verfassung des menschlichen Lebens, die den Menschen überbeanspruchen, ihm nicht mehr erlauben, er selbst zu sein. Dies gilt rein technisch-soziologisch ebenso wie moralisch-ordnungsmäßig. Durch all das hat sich dem Menschen ein Bild seiner selbst gebildet, auf dem er sich nur noch als ens vegetativum et sensitivum sieht. Verstand, Vernunft, Gemüt sind eigentlich nur noch Larven zur Intensivierung des Faktischen.

Man muß die Frage sehr ernsthaft stellen, wie das alles so gekommen ist. Man darf auch z.B. nicht vorschnell die letzten paar Jahre oder Jahrzehnte beschuldigen. Die waren Ernte, nicht Aussaat. Wenn man z.B. Goethes „Dichtung und Wahrheit" liest oder die „Wanderjahre", so spürt man trotz allem diesen Menschen schon am Kommen. Hier sieht man die Schwerpunktverlagerungen schon geschehen und schon in der Auswirkung.

Aus „Die Erziehung des Menschen zu Gott"; im Gefängnis geschrieben: GS IV/312.

2. April

GEFANGEN IN DIESER WELT

Es sind zwei Entwicklungen eingeleitet worden, deren Ergebnis wir heute sind: die innere Entwicklung der menschlichen Schwerpunktverlagerungen, die, einmal begonnen, ihre eigene Logik und Konsequenz hat, und die äußere Entwicklung der technischen, sozialen, wissenschaftlichen und wirtschaftlichen Welt. Diese Entwicklungen haben sich gegenseitig bedingt und gefördert. Der Mensch ist heute weithin der Gefangene und das Ergebnis der Welt, in der er lebt. Diese Welt ist aber zum großen Teil so geworden, weil diese äußeren Entwicklungsreihen den Menschen der inneren Schwerpunktverlagerung und Strukturauflösung antrafen und seiner Entscheidung und Meisterung anvertraut waren.

Was ist zu tun? Drei Möglichkeiten: Die Ordnungen Gottes verkünden und von ihrer Wiederanerkennung alles erwarten, den Menschen in Ordnung bringen und von seiner Gesundheit die Gesundung erwarten, den Lebensraum in Ordnung bringen und von da einen Erfolg des Menschen erwarten. – Man muß alle drei tun.

Ich kann predigen, so viel ich will und Menschen geschickt oder ungeschickt behandeln und wieder aufrichten, solange ich will: solange der Mensch menschenunwürdig und unmenschlich leben muß, solange wird der Durchschnitt den Verhältnissen erliegen und weder beten noch denken. Es braucht die gründliche Änderung der Zustände des Lebens. Die Revolution des 20. Jahrhunderts braucht endlich ihr endgültiges Thema und die Möglichkeit der Schaffung erneuter beständiger Räume des Menschen.

Aus „Die Erziehung des Menschen zu Gott"; im Gefängnis geschrieben: GS IV/312 f.

3. April

KRANKHAFT LEBENSUNKUNDIG

Ich mag aber – die derzeitige Verfassung der Mehrzahl der Menschen vorausgesetzt – die Dinge ändern wie immer und sie diesem Menschen überlassen, so werden sie über kurz oder lang aufs neue vermurkst sein. Dieser Mensch ist krankhaft lebensunkundig geworden. Es muß ein eigenes, intensives Bemühen aufgewendet werden, den Menschen wieder seelisch und geistig bodenständig zu machen. Dazu gehören: Erziehung zur Selbständigkeit, Verantwortung, Urteilsfähigkeit, Gewissensfähigkeit; Erziehung zur Gesellung und echter Geselligkeit; Überwindung der unzähligen Vermassungserscheinungen; Erziehung zur Transzendenz genauso wie zur Immanenz; Bildung zur Sache, zum Menschen, zu Gott hin. Dies alles hängt nämlich ineinander, und das eine geht ohne das andere nicht. Nur der Mensch eines Minimum an geistiger Wachheit, persönlicher Lebendigkeit und sachhafter Lebenskundigkeit wird überhaupt fähig sein, den Namen und das Wort Gottes noch einmal zu vernehmen und die Ordnung Gottes noch einmal anzuerkennen und zu vollziehen. Beides geht nicht ohne Ausrichtung nach dem Gesetz Gottes. Die neue Ordnung der Welt muß die geschichtlichfällige Form der Ordnung Gottes sein, sonst gibt es einen neuen Turmbau und einen neuen Einsturz. Die Bemühung um den Menschen muß innerlich geführt sein vom Leitbild dessen, der vom Menschen gesagt hat: ad imaginem suam. Sonst gibt es noch einmal Hybris und Verirrung und einen neuen Wahn.

Was aber geht? Daß alle drei zusammengehören, ist wichtig und richtig. Aber wo anfangen? Und was zuerst tun und grundlegend tun?

Aus „Die Erziehung des Menschen zu Gott"; im Gefängnis geschrieben: GS IV/313f.

4. April

RELIGIÖS UND WELTKUNDIG

Es muß eine Schicht Menschen geben, die das Ganze übersehen, um die Zusammenhänge wissen, die Verflechtungen kennen und die Wirklichkeitsfülle in all ihren Erscheinungen bis in den Grund verfolgt haben, in dem alles mit Gott zusammenhängt und von ihm getragen wird.

Diese Menschen müssen sich in zwei Ordnungen des Daseins vertiefen: der Erkennung und Anerkennung Gottes, also der eigentlichen Religiosität – und der Erkennung und Anerkennung der sachhaften Ordnungen des menschlichen Lebens und des Menschen selbst.

An und für sich könnten die beiden auseinanderfallen, und es bräuchte der Heilige nicht der Weltkundige zu sein. Auch heute darf dies sein. Wenn uns einige Heilige geschenkt würden, würden die Dinge auch in Bewegung zu ihrer Gesundung kommen. Denn die Leistung des Heiligen, eminente Rühmung Gottes, ist sachlich übereinstimmend mit der echten Ordnung der Dinge.

Trotzdem ist heute eine Vertiefung beider Tüchtigkeiten, der eigentlichen Religiosität und der eigentlichen, sachlichen Weltkundigkeit erwünscht, ja notwendig. Die Religion hat so oft in dieses moderne Leben nur grundsätzlich und praktisch ahnungslos gesprochen, daß sie allmählich den Kredit verloren hat, und die Weltkundigkeit hat sich so übernommen, daß sie das Zutrauen zu sich selbst verloren hat.

Die Anregung und Ausbildung dieser Menschen ist auch um der Wiederherstellung der Religiosität willen eine Notwendigkeit.

Es ist alles zu fördern, was in Richtung auf eine Gesundung des Menschen oder der Verfassung des Lebens geschieht, auch wenn es noch nicht das Ganze ist.

Aus „Die Erziehung des Menschen zu Gott"; im Gefängnis geschrieben: GS IV/314 f.

5. April

GESICHERTES EXISTENZMINIMUM

Es ist der Mensch anzuleiten, sich selbst als Ordnungsentwurf ernst zu nehmen und zu deuten und zu befolgen (existentieller Humanismus). Dieser Humanismus ist dann vorsichtig und behutsam und verantwortungsbewußt auszuweiten zum theonomen Humanismus.

Es ist auf eine Ordnung des äußeren, sozialen, wirtschaftlichen, technischen etc. Lebens hinzuarbeiten, die dem Menschen ein relativ gesichertes Existenzminimum jeglicher Art (auch geistig zeitlich, räumlich etc.) verbürgt. Das Maß des Zielbildes ist vom Menschen zu nehmen, das Ausmaß der jeweiligen Verwirklichung nach den sachlichen Möglichkeiten zu bemessen, die Durchführung ist bis zur Verwirklichung des personalen Sozialismus zu erzwingen.

Ob das nun eine Erziehung des Menschen zu Gott ist? Erst die unterste Voraussetzung. Erst die Bemühung um eine Ordnung und Verfassung des Lebens, in der ein Blick auf Gott für den Menschen nicht mehr eine übermenschliche Anstrengung bedeutet. Die Mühe um eine Verfassung des Daseins, in der das Menschenherz auch in seinen Sehnsüchten wieder gesund wird und so unruhig in jener heiligen Unruhe, die erst in Gott zu sich kommt und deshalb auch Gott wieder meint. Dann allerdings bedarf es erst der Hauptsache, des von Gott erfüllten und Gottes mächtigen gleichartigen Menschen, der den andern anspricht und anruft.

Aus „Die Erziehung des Menschen zu Gott"; im Gefängnis geschrieben: GS IV/315f.

6. April

DER NÄCHSTE

Alle die direkten religiösen Bemühungen halte ich in der gegenwärtigen geschichtlichen Stunde für ohne dauerhafte Fruchtbarkeit.

Solange der Mensch an der Straße liegt, blutig geschlagen und ausgeplündert, wird ihm der der Nächste und damit der Zuständigste sein, der sich seiner annimmt und ihn beherbergt, nicht aber einer, der zum „heiligen Dienst" vorbeigeht, weil er hier nicht zuständig ist.

Also: Religiöse Vertiefung und Fülle bei denen, die noch religiös existent sind. Ausrichtung dieser auf die Verantwortung der Rettung und Gesundung aller. Aufzeigen der beiden sachlichen Voraussetzungen und somit Leistungen seiner Gesundung:

Mensch wieder Mensch, in einer menschentümlichen und menschenwürdigen Ordnung. Intensive Darstellung der Religion durch religiöse Menschen. Das Amt ist in Verruf und muß sich neu legitimieren.

Nur religiös existente Menschen sollen die nächsten Jahre verkünden. Mitarbeit an allen Bemühungen an Mensch und Ordnung. Autoritäres Drängen auf diese Bemühungen. Kein voreiliges Zufriedensein.

Aus „Die Erziehung des Menschen zu Gott"; im Gefängnis geschrieben: GS IV/316.

7. April

„REIN RELIGIÖSE BEMÜHUNGEN"?

Damit ist gesagt, daß ich die sogenannten „rein religiösen" Bemühungen um den Menschen heute für unfruchtbar halte, da sie den Menschen nicht in der Fülle seiner Not treffen, sondern, obwohl sie von der Mitte reden, doch an der Peripherie bleiben. Als Bestätigung mag dienen, daß doch fast keine unserer gegenwärtigen religiösen Strömungen die Lage des Menschen als Menschen und als gesamte zum Ausgangspunkt nimmt, sondern eigentlich die Schwierigkeiten des religiösen Menschen, der noch religiös ist, aber die überkommene Form oder Gestalt mit der flüssig gewordenen Existenz nicht mehr zusammenbringt.

Andererseits sollen die Bemühungen auch um die geistige und physische Existenz nicht in der Absicht auf neue Machtpositionen geschehen. Der europäische Mensch verträgt die nächsten hundert Jahre keine Bündnisse zwischen Thronen irgendwelcher Art und den Altären.

Es muß um den Menschen gehen, der an der Straße liegt, um seine Wiederherstellung und um die Entbindung des innersten Wertes seines Herzens und seines Gemütes.

Es muß um den Menschen der Ehrfurcht, der Anbetung und der Liebe gehen. Nur dieser ist Mensch. All das andere ist Weg. Weiter, weiter und notwendiger Weg. Wir müssen ihn gehen, bis die wenigen Lichter der anbetenden und liebenden Herzen wieder angezündet sind. Dann ist die Menschheit wieder einmal für eine Stunde zu Hause, aber ihrem unruhigen Geist entspringen dann schon die Pläne zu einer neuen Fahrt.

Aus „Die Erziehung des Menschen zu Gott"; im Gefängnis geschrieben: GS IV/316f.

8. April

OSTERN

Wenn wir ehrlich sind und das, was in uns lebt, wirklich zu Wort kommen lassen, dann werden wir dieses Jahr Ostern wacher und verantwortungsbewußter feiern als sonst, irgendwie werden die Dinge zum mindesten intensiver erlebt und gespürt. Das, was den Menschen sonst an Ostern innerlich erfreute und erhob, wird ihn dieses Jahr mehr ergreifen aus der Not der Tage und der Not der Zeit heraus. Aber das genügt eigentlich nicht. Wenn wir ehrlich sind und wach, werden wir das, was in uns lebt und heute fragt, wirklich zu Wort kommen lassen und aussprechen. Die Frage ist doch die: Wie könnt ihr es wagen, in dieser Zeit und mitten in diesem Raum ein Alleluja anzustimmen?

Wie könnt ihr es wagen, in einer Zeit, da der Tod durch die Lande reitet und reiche Ernte hält, etwas zu sagen von diesem wunderbaren Zweikampf, den Tod und Leben miteinander austrugen und in dem das Leben gewonnen hat? Wie können wir es wagen, in einer Zeit, die den Menschen in Ohnmacht und Bedrängnis bringt, zu sprechen von dieser ungeheuren Befreiung, dieser ungeheuren inneren Sicherung und Festigung, die der Mensch erfahren haben soll durch diese österlichen Geheimnisse?

Das ist die Frage, die wir uns selber stellen müssen. Verfallen wir da irgendeiner frommen Spekulation, hält der alte Frühlingsmythos in irgendeiner Form neue Auferstehung, verfallen wir diesem alten Frühlingstraum des Lebens, das immer ab und zu neu sich gründen und sich neu vertrauen will und neu nach endgültigen Dingen ausgreifen will? Ist das alles Wunsch und Traum und Sehnsucht des Menschenherzens? Wir stehen doch mit Worten und Gesten, Gebärden und Haltungen und Botschaften vor den Menschen heute und vor uns selber, die dem, was wir leben und erleben, eigentlich widersprechen. Geht es um fromme Meinung und Tröstung, daß den Menschen über schwere Stunden hinweggeholfen werden soll, oder um was geht es?

Aus der Osterpredigt am 25. 4. 1943 (?): GS III/202.

9. April

Neuer Lebensmut

Wir müssen heute mehr als sonst die Wucht dieser Frage, auch der Frage nach dem Gehalt unserer Feste, nach dem, was mit Ostertag eigentlich gemeint und geschehen ist, an uns selber wach werden lassen, Frage und Antwort werden lassen, damit unsere Osterfreude frei wird und damit wir nicht zu erröten brauchen vor der Not, der purpurroten Not einer Zeit und eines Volkes, das unter harten Lasten und Bedrohungen geht.

Wie ist denn das? Wir feiern nicht Projektionen irgendwelcher psychologischen Kurzschlüsse, nicht den Hunger eines Menschen nach endgültigen Dingen, der eines Tages sich selber die Erfüllung vorzaubert. Bevor unser österliches Geheimnis in uns Haltung, psychologisches Ereignis werden kann, lange vorher muß es vor uns stehen als ganz nüchterne Tatsache, als Tatsache, die geschehen ist, und noch einmal als Ordnung, die gestiftet wurde, und dann erst wird unser Herz und unsere Seele und unser Gemüt das Recht haben und bekommen, daran wach zu werden, sich daran zu entzünden, von daher neuen Lebensmut zu haben und neue Kraft und Zuversicht. Denn das ist das erste:

Wir besingen heute keinen Traum, im Gegenteil, wir wollen und sollen die Sprache immerhin verhalten, damit die Tatsache in ihrer ganzen nüchternen Realität vor uns stehe. Das ist das erste, was wir uns heute selber sichern müssen. Auch unser Jubel, auch unsere Siegeszuversicht, auch da, wo wir über alle Not hinausjubeln und tanzen, auch da sind wir nüchterne Tatsachenmenschen.

Aus der Osterpredigt am 25. 4. 1943 (?); GS III/203.

10. April

DER TAG, DEN GOTT GEMACHT

Über diesem Tag, den wir heute feiern, steht ein Wort, das sonst selten über einem Tag steht, dieses Wort: Das ist der Tag, den der Herr gemacht hat (Ps. 117,24) – für den der Herrgott selbst die Garantie und innere Verantwortung übernommen hat. Es standen schon viele leuchtende Tage im Lauf der Geschichte, es stehen viele leuchtende Tage und Stunden im Lauf eines Lebens.

Manchmal glaubte der Mensch, Endgültiges gebaut zu haben und geborgen weitergehen zu können, bis er merkte, es war nur ein Erdrutsch. Alle diese Sonnen sind verblaßt, es kamen doch wieder die Dämmerung und die Nacht und das Grauen; es wurde immer wieder notwendig, von vorne zu beginnen. Dieser alte Tantalus-Gang, dieser alte Drang nach endgültigen und festen und bleibenden Dingen! Es waren Tage, die Menschen gemacht haben, oft aus ganz großer Sauberkeit, aus ganz großer Ehrlichkeit und ganz großem Können und Wollen; aber es waren Menschentage. Es war selten gesagt worden:

Dies ist ein Tag, den Gott gemacht hat. Es hat sich der Herrgott am Anfang der Geschichte zu sieben Tagen bekannt. In diesen sieben Tagen ist die Welt geworden. Seitdem geht die Sonne ihren Lauf, die Sterne gehen nie mehr unter, es wechseln Tag und Nacht, es rauschen die Meere, es singt und jubelt und weint das Menschenherz. Seitdem gilt über Gottes Welt von Anfang her das Wort: Es war gut, und sie wird ihren Weg gehen bis zum Ende. Seitdem hat niemand, niemand diese Welt bis in die Grundfesten erschüttern können.

Dieser andere Tag, dieser herrliche Ostertag, der Tag, den Gott gemacht hat, bedeutet eine Neuschöpfung, eine Neuordnung, die seitdem gilt und steht.

Aus der Osterpredigt am 25. 4. 1943 (?); GS III/203 f.

11. April

GESCHICHTLICHES EREIGNIS

Wir müssen noch einmal feststellen, daß wir auf Tatsachen stehen, auf Dingen, die passiert sind damals mitten im Leben: daß einer starb und erschlagen wurde, hinausgestoßen wurde in Gericht, Unrecht und Schandpfahl, ins Grab gelegt wurde und nachher wieder da war: daß dies geschehen ist im Licht der Geschichte: vor Menschen, die gar nicht geneigt waren dies anzunehmen, denen alle Träume endgültig verhagelt waren, denen der Herr nachgehen mußte und sagen:

Greif hin, ich bin's wirklich, rühr mich an, überzeuge dich. Das Grab war kein Raum für diese Kraft, der Tod war kein Gegner eines endgültigen Wortes und einer endgültigen Kraft. Dies ist geschehen und steht da im Zeugnis der Geschichte.

Es sollten alle unsere Gebildeten in diesen Ostertagen sich hinsetzen und ruhig und nüchtern geschichtlich die Tatsache anschauen und feststellen: wenn irgend etwas geschichtliches Ereignis ist, dann ist es diese Osterbotschaft vom Ostermorgen, geschichtlich mehr durchforscht und angezweifelt und bekämpft als irgendwann das Leben eines Tacitus oder alten Kaisers. Es ist immer wieder als Tatsache stehengeblieben:

Das ist geschehen. Sie müssen das innerlich vernehmen und sich zum Bewußtsein bringen, daß wir es hier mit Dingen zu tun haben, die passiert sind in unserem Raum, in unserer Geschichte, die genauso wirklich sind als wir selber hier stehen. Damit wir wissen, wir taumeln nicht in irgendeine Himmelsbläue hinein. Damit wir uns innerlich entzünden an dem, was allein Freude und Haltung und Ordnung und Zuversicht des Daseins begründen kann: an Wirklichkeiten. Das ist geschehen.

Aus der Osterpredigt am 25.4.1943 (?): GS III/205.

12. April

DIE DREI WÜRGEENGEL

Es ging wirklich nicht bloß darum, daß dieses eine Leben erhalten wurde, noch einmal siegte, noch einmal da war, es ging um viel Grundsätzlicheres.

Da sind die drei Würgeengel des Menschen, die uns immer wieder anfallen, innerlich plagen und äußerlich würgen – der Tod, die Schuld und die Ohnmacht – überwunden worden. Der Tod, der alles Leben in den Abgrund rufen wird. Die Schuld: daß die Menschheit sich irren, sich vergreifen kann an den Tafeln der Werte und sie zerschlagen und sie nicht mehr wieder flicken kann. Das haben wir alle schon erfahren. Die Dinge zerschlagen ist nicht schwer; aber sie wieder hinstellen und aufrichten, das Zerrissene wieder ganz zu machen, da ist des Menschen Kraft und Kunst sehr bald am Ende. Und das Dritte: Die Ohnmacht, daß der Mensch dauernd erleben muß den schwankenden Grund, den wankenden Boden, daß die Hände versagen und das Herz und Gemüt, daß das Dasein mißlingt, daß das Leben seine Grenzen hat und Wunden, die ihm niemand stillt und heilt. Das war doch die Botschaft und die Anstrengung des Herrn, gegen diese Würgeengel des Daseins grundsätzlich zu stehen: daß der Tod überwunden sein und keinen Stachel mehr haben soll, daß die Schuld innerlich entmachtet und die Ohnmacht des Menschen innerlich wirklich in Macht gewandelt sein soll.

Das war seine Botschaft und das war der Anspruch und das war der Grund, warum sie ihn verlacht haben. Und er hat alles erklärt: Als Siegel darauf wird stehen der Ostertag, daß dies alles in meinem Leben und an meinem Leib und in meinem Dasein sichtbarlich überwunden wird. Das ist geschehen, daß die Würgeengel des Daseins entmachtet sind. Habt keine Angst mehr, ich habe die Welt überwunden.

Aus der Osterpredigt am 25. 4. 1943 (?): GS III/206.

13. April

Neugründung des Daseins

Diese Neuordnung des Daseins ist gestiftet, damit durch das Kommen des Herrgotts in die Welt, durch das Überwinden der Dinge, die geschehen sind, der Mensch grundsätzlich über die Enge und Grenzen des menschlichen Raumes und der menschlichen Kraft hinausgehoben ist; daß der Mensch vor dem Absturz nicht mehr als vor einem Endgültigen steht: daß er nicht mehr vor der Schuld, vor dem eigenen Versagen steht als vor einem Käfig und Gitter, die ihn nicht mehr auslassen; daß er nicht mehr grau und zitternd im Dasein hängen soll wie am reißenden Seil, sondern festen Fuß fassen kann und fest und zuversichtlich anpacken und auftreten und das Leben wagen kann.

Jetzt erst, wenn diese Tatsachen vernommen sind, wenn das Ostergeheimnis für uns seelisches Ereignis ist, kann der Mensch sich ehrlich den Dingen ergeben und an den Dingen und Wirklichkeiten wach werden, und jetzt erst entzünden sich diese Osterhaltungen, die wir in uns wach werden lassen und gerade in diesen grauen Zeiten bewußt pflegen sollen.

Der Mensch braucht heute nichts nötiger als die Gewißheit, daß es ihm den Atem nicht verschlägt, daß sein Herz und seine Lungen all diesen Dingen gewachsen sind und sie aushalten; jetzt erst kommt dieses eine zum Bewußtsein, daß der Mensch festen Grund unter den Füßen hat, daß seit Christus das Dasein neu gegründet ist, daß der Tod nur noch das Tor zu neuem Leben ist. Was wäre das Leben heute ohne diese Gewißheit, daß dies nichts Endgültiges ist, was da an zerschlagenem Menschentum landauf und -ab die Welt erfüllt mit Trauer und Wehmut, wenn wir dem als einer endgültigen Ordnung gegenüberstehen müßten.

Aus der Osterpredigt am 25.4.1943 (?): GS III/207.

14. April

MENSCHEN DER ZUVERSICHT

„Ich kann alles in dem, der mich stärkt". Das ist die Botschaft der inneren Stärkung, daß man in der wandelnden Gnade des Herrgotts, in diesem wunderbaren Ostergeschenk des siebenfachen Stromes wachsen kann über die eigene Dimension hinaus. Wenn wir heute nichts mehr einzusetzen hätten als uns selber, dann stünden wir bald verbraucht da und am Ende; denn die Dinge sind stärker geworden als wir, das Dasein geht seine eigenen Gesetze auch in seiner Not und Abgründigkeit.

Dies ist das eine: Mensch der großen Zuversicht. Als solcher Mensch müssen wir aus dieser Osternacht herauskommen und von diesen Tatsachen her aufgerichtet werden. Dazu das andere, wie es in der Epistel heißt: expurgate vetus fermentum (15). Weg mit den alten Dingen: dieser ungeheure Mut zur ewigen sittlichen Erneuerung, zum ewigen Hochstreben, zur Wanderung: daß der Mensch das Recht und die Kraft und die Pflicht hat zu neuem Ausgreifen, niemals in seinem Leben etwas als endgütig anzusehen hat, bevor die letzte Stunde schlägt und bevor der Mensch Aug in Auge vor diesem Herrgott steht. Der Mensch, der sich selbst etwas zutraut und innerlich lebendig ist und innerlich immer am Wandern und Wandeln ist. Weg mit dem, was müde geworden!

Ad Deum, qui laetificat juventutem meam. (16) Von daher, von diesem Ostertag her sind wir verschwistert mit dieser ewigen Jugend, sind wir Erfüller dessen, was die Menschheit geträumt hat vom Jubel des Menschen, der steht, der sich selber hat, der Ordnung und Kraft hat und dem Leben sich gewachsen weiß.

Aus der Osterpredigt am 25. 4. 1943 (?); GS III/208.

15. April

ICH HEISSE EUCH HOFFEN

Nehmen Sie diese Botschaft und das, was darin an echter Haltung wach werden soll und kann, hinaus in unser Leben, wie es heute uns geschieht. Sie werden das eine begreifen: das Dasein heute ist kein Leben für einen lauten Jubel, für irgendwelches Geschrei, auch nicht innerhalb der Kirche. Es gibt da heute Äußerungen der Freude, die Lärm sind, an dieser Zeit gemessen; aber das andere, diese verhaltene Ruhe und Sicherheit, die einen überkommt, wenn man weiß, man hat harte Wege vor sich, steile Höhen, aber man spürt in seinen Pulsen und Muskeln die Kraft und die Sicherheit, daß man den Dingen gewachsen ist.

Es ist nicht mehr des Menschen Traum und Kraft, die uns sicher sein heißt in den ungeheuren inneren Umwälzungen des Daseins. Es ist die einzige echte Revolution und Umwälzung, die den Menschen je gelungen ist, weil sie ein Gottmensch ausgeführt hat; die uns Zuversicht gibt, daß die Dinge in ihrer Ordnung bleiben und dieses „Ich habe die Welt überwunden" das Wort eines Gottes ist. Und für diesen Tag trägt die Garantie der Herrgott, der ihm das Stigma der Endgültigkeit gibt und uns diesen inneren Auftrag erteilt:

Ich heiße euch hoffen und wandern, ich heiße euch kämpfen.

Ihr sollt dies eine wissen:

- ihr mögt Wunden tragen und in Nacht sein -
- es wird Morgen sein, es wird der Stein weg sein,
- es wird die Sonne aufgehen, es wird Sieg sein,
- weil alle Siege nur dann Siege sind, wenn sie Siege des Herrgotts werden.

Aus der Osterpredigt am 25. 4. 1943 (?): GS III/208 f.

16. April

CHRISTUS, HERR DER NEUEN ZEIT

Ja, vieles ist versunken. Es ist still um uns oder wo es laut ist, da schallt Anklage und Vorwurf und Gericht. Christus, Herr der neuen Zeit?

Vielleicht war unser Aufbruch, unser Siegglaube doch nicht ganz richtig? Wir müssen die Frage stellen. Denn Christus unterliegt nicht. Uns aber droht in vielem Untergang und Niederlage. Vielleicht haben wir zu äußerlich geglaubt und gehofft. Vielleicht sind wir doch dem Rhythmus der Erde und dieser Zeit unterlegen wie einer heimlichen Versuchung? Haben wir die Herrschaft Christi über die neue Zeit verwechselt mit der Macht über die neue Zeit? Wir müssen die Frage stellen und in der ehrlichen Stille unserer Herzen beantworten vor den Stunden der Entscheidung, die anbrechen.

Und doch mag sein, was will, es lag mehr in all diesen mutigen Ansätzen, wir meinten mehr damit. Es war und es ist der unerschütterliche Glaube an das Königtum Christi auch in diesen Tagen. Zutiefst glaubten und glauben wir an den Sieg des Christus der Kirche, des Christus des Heiligen Geistes. Und mögen die Stürme uns auch vieles wegfegen, was wir vielleicht noch mitgeglaubt und mitgehofft hatten: der Glaube bleibt, es gibt keinen anderen Sinn auch dieser Zeit als der, der gemeint ist in Jesus Christus.

Es gibt kein anderes Grundgestz auch dieser Zeit als das, das gegeben ist in Jesus Christus.

Es gibt keine andere und endgültige, die inneren Wirklichkeiten erhaltende und gestaltende Herrschaft über diese Zeit als ihn, den einzigen König auch über Geist und Seele, von dem alles andere Königtum nur ein Abbild und Lehen ist. Wir sagen das nicht gegen jemand oder etwas, wir sagen das für uns, für unser Volk, für unsere Hoffnung, unseren Glauben.

Aus „Christus, Herr der neuen Zeit"; 1935: GS I/188 f.

17. April

Dass Christus über die Erde ging

Die Menschen, die Christus „die Welt" nannte, die große, breite Menge, die sich so wohl fühlt auf der Erde und so gerne ihren Besitzer spielt für ein paar kurze Tage: sie wird dieses Gesetz nie begreifen. Es lag von Anfang an das Geheimnis des Glaubens darüber und wer mit den Maßen der Materie mißt, dessen Augen sind blind für die Ordnungen Gottes. Das Gesetz der Herrschaft Christi: die Welt begriff es nie.

Daß Christus über die Erde ging, sich in Zeichen und Wundern, in Wort und Werk als Herr und Gott erwies, daß er das Volk aufjubeln ließ aus Freude über sein Kommen – und dann den einsamen, elenden Tod des Kreuzes starb: wer mag das begreifen nach den Ordnungen der Welt?

Es ist das eben kein Gesetz der Einsichtigkeit, keine Norm der Notwendigkeit, er hat es so gewollt und so bestimmt im freien und geheimnisvollen Ratschluß der göttlichen Tiefen. Er hat es so bestimmt, daß es nun für immer gelte für die Siege seines Reiches: wenn das Weizenkorn nicht vergraben wird und stirbt, wird es keine Frucht bringen. Wenn es aber vergraben wird und stirbt, wird es reiche und vielfältige Frucht bringen.

Das bleibt nun durch alle Zeiten das Gesetz und das Geheimnis seiner Fruchtbarkeiten: vergraben werden und sterben. Das gilt für jedes Christenleben, das gilt für das Gesamtschicksal seiner Existenz in der Kirche in allen Zeiten ihres geheimnisvollen Lebens. Immer wieder brechen die Katastrophen über sie zusammen und immer wieder steht sie, die Totgesagte, als herrliche Siegerin auf den Trümmern der feindlichen Mächte.

Aus „Christus, Herr der neuen Zeit"; 1935: GS I/190.

18. April

CHRISTUS, HERR AUCH DIESER ZEIT

Nun ist nicht mehr viel dazu zu sagen, daß Christus auch am Ende dieser Zeiten als der große Sieger stehen wird. Mögen die Dinge gehen, wie sie wollen: möge uns die Sonne eines verstehenden Friedens und einer gemeinsamen Eintracht leuchten: dann hat seine mächtige Hand uns alle geführt; oder mögen die Wetter, die immer näher heranleuchten, prasselnd und hagelnd auf uns niedergehen: wir werden bestehen. Nur eines muß in uns bleiben: unser Glaube an ihn und unsere Liebe zu ihm, den Christus unserer Kirche, dem Christus unserer Herzen. Laßt uns ihm ruhig das alte Lied singen. Unser Aufbruch kennt keine Enttäuschung, unsere Liebe keinen Tod: weil er immer siegt, wenn er stirbt. Auf, laßt uns ihm treu bleiben und dann mit ruhiger Hand und festem Schritt ans Werk gehen.

Wir haben im Lauf dieser Predigten von vielen Dingen gesprochen, die man gegen uns sagt. Wir haben uns oft verteidigt und in Geduld und Liebe das wahre Gesicht unserer Kirche gezeigt. Wir taten das nicht, um gegen Menschen, die wir lieben, zu streiten. Wir taten das, um der Wahrheit die Ehre zu geben und der Kirche, die auch in unsere Hände gegeben ist, die Treue zu halten. Nun mögen die Dinge ihren Weg gehen. Mögen die Wetter kommen oder ausbleiben: wir werden der Kirche die Treue halten und an ihr Geheimnis glauben und ihr Geheimnis, den Christus unserer Seelen, lieben. In Zukunft werden wir nur noch von diesem Geheimnis unserer Kirche sprechen und von unserem gottsicheren Leben in ihr. Jetzt aber wollen wir ihr Treue und Liebe geloben und ihr Treue und Liebe bewahren. Vergeßt nicht ihr Lieben, daß er die Welt überwunden hat, daß also die Welt uns nicht überwinden kann.

Christus wird auch der Herr dieser Zeiten sein.

Aus „Christus, Herr der neuen Zeit"; 1935: GS I/192f.

19. April

Keine christliche Selbstverschliessung

Der gegenwärtige Christ muß ein Christ des vollen Besitzes sein. Wir müssen in jeder Zeit stehen mit dem Bewußtsein, daß jede echte Wirklichkeit uns gehört, vom Herrn und Vater her, als Besitz und Auftrag. In einer Zeit gesteigerten Sinnes für die Wirklichkeit und gesteigerter Lebensfreudigkeit ist vom Christen her gesteigerte christliche Vitalität gefordert. ...

Es gibt auch da eine Bedrohung des Ganzen durch die Überfülle einfach mitgenommener Erscheinungsformen.

Daß wir zu Christus gehören, daß wir Kinder des Vaters sind, daß wir erlöste Menschen sind, daß wir Kirche sind und alles darauf ankommt, eine lebendige Begegnung zwischen gottgesetzten Wirklichkeiten und unserem eigenen Leben herbeizuführen: daraus sollten wir heute leben. Es gibt auch einen christlichen Rückweg zu den Heimgründen des Lebens, und was gemeint ist mit den „Bewegungen" im kirchlichen Raum – eucharistische Bewegung, liturgische Bewegung, Bibelbewegung, dogmatische Frömmigkeit usw. –, das hat über alle Vorläufigkeiten hinaus diesen Sinn der Rückkehr zum seinsmäßigen Mutterboden. Aber nicht eine Heimkehr in dem Sinn, um in trauter Geborgenheit daheim zu bleiben, sondern Stärkung für die Bewährung und den Auftrag zu erlangen.

Wenn wir an diesen missionarischen Auftrag des Christentums glauben, dann ist eben nur der wirklich Christ, der missioniert, das heißt, soviel Wirklichkeit besitzt und so echt ist, daß er ausstrahlt und mitnimmt.

Es gibt keine christliche Selbstverschließung im Heiligtum, sondern nur ein Starkwerden zu neuer Strahl- und Formkraft.

Aus „Christ und Gegenwart"; 1939: GS II/200–202.

20. April

WELTAMT DER CHRISTEN

Das moderne Weltverständnis ist noch einheitlich. Sein Inhalt läßt sich folgendermaßen umschreiben: der Mensch ist in der Welt und nur in der Welt. ...

Diese totale Immanenz, dieses ganz und gar In-der-Welt-sein läßt keinen Blick über die Welt hinaus, keine außerweltliche Macht und Größe, kein Jenseits und keinen überweltlichen persönlichen Gott gelten. An dieser Haltung stirbt jede Transzendenz. Es stirbt an ihr die Frage nach dem „Woher" und „Wohin", die über die Welt hinausweist. ...

Christus ist Mensch geworden und in die Welt gekommen. Die Menschwerdung, die Inkarnation Gottes, und die Verhältnisse und Beziehungen, die sich aus dieser großen Heilstatsache herleiten, müssen die Grundformel für unsere christliche Weltverantwortung abgeben.

Wir haben die Verpflichtung einer Erziehung des Menschen zum Weltamt. Sinn der ganzen Schöpfung, Sinn der Welt ist das Rühmen und die Ehre Gottes. Der Mensch kann nicht vor Gott gerechtfertigt sein, wenn er nicht den Platz ausfüllt, auf den er in der Welt gestellt ist, und wo er für die rechte Ordnung Gottes verantwortlich ist. Das Weltamt ist eine echte und ursprüngliche Aufgabe des Menschen, auch des Christen, und nicht eine zusätzliche Aufgabe. Eine Verkennung dieser Aufgabe drängt den Menschen von einem Wesentlichen ab und führt ihn in eine Verzichthaltung. Wir würden damit auf den positiven Gehalt der Welt verzichten und dem Chaos die Bahn freigeben. Darum müssen wir Verantwortung für die Welt tragen. Wir sind auf die Ordnung in der Welt verpflichtet. Es wird kein Christentum sein, wenn keine Ordnung in der Welt ist.

Aus „Das gegenwärtige Weltverständnis und die christliche Haltung gegenüber der Welt". Jahrestagung der Kath. Männerseelsorge in Fulda; Herbst 1942: GS I/290–292.

21. April

GANZER UNGEBROCHENER EINSATZ

Die größte Not, die eigentliche Krise, das ist die Schwäche des christlichen Menschen. Vom christlichen Menschen wollen wir deshalb wieder sprechen. ...

Christliche Persönlichkeit, das ist mehr als der Christ, der nur mitmacht. Es gibt auch die Versuchung des christlichen und des kirchlichen Kollektivs. ...

Christliche Persönlichkeit, das ist auch mehr als der Christ eines persönlichen Auswahlchristentums. Der dann und wann seine christlichen und kirchlichen Zeiten hat, wenn ihn das Gewissen plagt und die Not drückt. Und der dann wieder seine unchristlichen Zeiten hat, in denen er frei und ungebunden über die Felder des Lebens streift. ...

Es ist z. B. klar und selbstverständlich, daß wir vom Christentum her auf die Gemeinschaft verpflichtet sind. Daß wir ihr dienen müssen, aber nach den Ordnungen Gottes. ...

Christliche Persönlichkeit, das ist der Christ des ganzen, ungebrochenen Einsatzes. Wir haben ... davon gesprochen, daß der Christ ein wagender Mensch sein muß. Daß er wissen muß, wieviel von seiner persönlichen Treue und seinem persönlichen Einsatz abhängt, wieviel gerade heute davon abhängt. Wir brauchen gerade jetzt die Menschen des ganzen Einsatzes. –

Nicht, daß wir angegriffen werden, ist das Schlimme, sondern daß wir uns nicht wehren. Daß nicht das Leben von Tausenden und Hunderttausenden ein lauter Protest ist, eine beweiskräftige Widerlegung. Daß wir uns alle das gefallen lassen. Daß wir so viele Menschen haben, die mit einem leisen oder guten Kompromiß, mit einer Feigheit des Herzens sich die Karriere sichern, die nicht das Ganze riskieren. Die große Geschichte der Welt und auch die der Ewigkeit, die wird nicht auf der Schreibmaschine geschrieben, sondern mit dem Herzblut wagender Menschen.

Aus „Christliche Persönlichkeit"; 1937: GS I/204, 209–211.

22. April

DEM GANZEN DIE TREUE HALTEN

Christliche Persönlichkeit, das ist der Christ der christlichen Totalität. ... Wo die Welt aufhört, da hört die Wirklichkeit nicht auf. Wir wissen uns auch darüber hinaus verwiesen. Es kann uns keiner ein Gut, einen Wert anbieten, der echt ist und den wir verwerfen müßten. Unser Gott ist die Heimat aller Güter, aller Werte. Der Christ ist der Mensch der ganzen Ordnung, der alles an seinem Platz läßt und nicht in Gottes Ordnungen herumstöbern und herumkorrigieren will.

Dem Ganzen die Treue halten: nicht aus der Erde flüchten und nicht den Himmel verraten. Das sind die Christen.

Es ist unsere Sache, daß wir uns sehen lassen. Daß wir zeigen, daß wir da sind und daß wir da bleiben und daß wir gar nicht daran denken, aus dem hellen Licht des deutschen Tages zu weichen. Darauf kommt es jetzt an, daß jeder mit einer unüberbietbaren Selbstverständlichkeit dabei bleibt und zeigt, daß er Christ ist. Es ist wichtig, daß z. B. jeder katholische Christ selbstverständlich und ohne Zögern und ohne Abstrich in seine Haushaltsliste das „RK" setzt, römisch-katholisch. Jawohl! Das sind wir. Wir sind da.

Soundsoviele sind da und es wird wichtig sein, daß man bei der Gelegenheit weiß, daß soundsoviele da sind und nicht weggehen. In unsere Hände ist das Schicksal unserer Kirche gelegt. Die Kirche selbst wird nicht vergehen, aber ob sie bei uns bleibt, ob Christus im deutschen Volk bleibt, das hängt von uns ab. Das geht jeden an. ...

Als Menschen, die Rechenschaft geben müssen, stehen wir da. Als Menschen also, die persönliche Verantwortung tragen. Bleiben wir dabei. Es hängt alles davon ab, wieviele von uns den Mut aufbringen, gerade zu stehen und für die Kirche und für das Christentum und für Bestand und Treue persönlich verantwortlich zu zeichnen.

Aus „Christliche Persönlichkeit"; 1937: GS I/211 f.

23. April

Was nützt es ...

Es ist vielleicht die traurigste Tatsache des christlichen Lebens, daß Menschen, ehrliche und aufrichtige Menschen, die wirklich suchen und finden wollen, daß die den Weg zu Christus nicht finden, den Zugang zur Kirche nicht finden, weil sich davor allerhand Christenvolk herumtreibt, das fragwürdig ist und das das Haus Gottes, die Kirche, die sie vertreten, einigermaßen in Verruf bringt. Es gibt auch das und es gibt es gar nicht selten, daß sich Menschen an uns ärgern, weil wir versagen, weil wir das Wort Gottes in Mißkredit bringen. ...

Und wie sollen die Menschen lernen, was es um die Kirche ist, wenn wir es selbst nicht wissen oder wenn wir so leben, als ob es das alles nicht gäbe? Als ob Kirche und Christus und Ordnung Gottes eine Sache wäre, die für die Feierstunde des Sonntags ihren Sinn hat, aber am Werktag nicht zur Geltung kommt?

Was nützt es, ... wenn wir selbst stolz sind und man uns wirklich nicht anmerkt, daß wir ehrfürchtige Anbeter Gottes sind? Wenn man uns wirklich nicht ansieht, daß wir unser Leben auffassen als Dienst und verantwortliche Leistung unter dem Auftrag Gottes! ...

Was nützt es, daß wir die Übernatur verkünden, wenn wir selbst nicht daran glauben! Wie vieles nehmen wir doch mit und tun wir, weil es überkommener Brauch und überlieferte Sitte ist. Wieviele Menschen, die beobachten, wie wir vor unseren Tabernakeln stehen, kämen wohl auf die Idee, daß wir unseren Gott anbeten und wissen und glauben, daß er da gegenwärtig ist.

Was nützt uns alle Verkündigung und aller Protest und alle Beschwerde, wenn unser Leben nicht ein einziger überzeugender Beweis ist für die Echtheit unserer Worte und Ansprüche? Wie kann einer Gott lieben, den er nicht sieht, wenn er den Menschenbruder, den er sieht, nicht liebt? sagt schon die Schrift.

Aus „Warum sie sich ärgern an uns"; 1938: GS I/243 f.

24. April

IN EIN WORT ZUSAMMENGEFASST

Wenn ein Mann mit voller Klarheit seine ganze Wirklichkeit, sein ganzes Leben auf ein Wort setzt, sich selbst gleichsam in ein Wort zusammenfaßt und weggibt an ein anderes, dem er nun verpflichtet und verbunden bleibt bis in die letzte Stunde seines Lebens. ...

Gelübde gehen immer auf Gott und der Sinn der Gelübde, die heute hier gesprochen werden, sind eben eine volle Auslieferung des Menschen an seinen Gott. Der Orden, der diese Gelübde entgegennimmt, ist ein echtes und gültiges Element der Kirche. Er nimmt diese Gelübde nicht entgegen für sich; Gelübde sind nur möglich, weil die Kirche sie annimmt. Und Kirche ist nur möglich, weil Christus in ihr lebt. Der Priester, der Obere, der im Auftrag des Ordens die Gelübde annimmt, weiß sich als Werkzeug, als Vicar Christi, des Einen, Großen, dem alle Macht gegeben ist im Himmel und auf Erden, auch die Macht und Größe, die große Hingabe eines Menschen, sein ganzes Herz und seine ganze Liebe, anzunehmen und in seinen Dienst zu stellen.

Das Leben aus diesen Gelübden wird ein Leben des Dienstes und der Sendung sein. Diese Männer versprechen ja, daß sie keine andere Liebe und keine andere Aufgabe mehr kennen wollen als die eine: sich restlos und ganz dem Sendungsbefehl Christi zur Verfügung zu stellen. Was immer die Kirche im Namen und in der Vollmacht Christi von ihnen verlangt: jede Stunde und jeder Befehl soll sie bereit finden.

Was mit diesen Gelübden gemeint ist, hat der Gründer des Ordens, in dem sie geleistet werden, knapp und gültig formuliert in seinem bekannten Gebet der Hingabe: Nimm hin, o Herr, meine ganze Freiheit. Nimm meinen Verstand, mein Gedächtnis, meinen ganzen Willen. Was ich bin und was ich habe, habe ich von Dir und ich gebe es Dir voll und ganz zurück. Deine Gnade gib mir und Deine Liebe und ich habe genug und ich will nie nach etwas anderem begehren. Amen.

Aus „Gelübde"; 1938: GS I/237f.

25. April

Es gehört der Ewige dazu

Es soll ein echtes Erwachen des Menschen zu sich selbst sein, was geschieht: ein Erwachen des Menschen zu seinen Werten und Würden, zur ehrlichen Erkenntnis seiner göttlichen und seiner humanen Möglichkeiten; eine Überwindung aber zugleich der schweifenden, ungebundenen Kräfte und Leidenschaften, in denen der Mensch in seinem eigenen Namen und in aller Verliebtheit in sich selbst den Menschen zerstört hat. Dies soll keine Rede wider die Leidenschaft sein. Wehe dem Menschen, der ohne sie zu leben versucht. Auch dies wäre ein Weg unter den Menschen hinab. Der Mensch soll sich noch einmal begegnen, schon als Sturm, der entfacht, schon als Glut und Feuer. Und doch muß diesen elementaren Ereignissen, die wir meinen, das Zerstörerische genommen werden, das Grenzlose und Uferlose, das den Menschen aufgelöst und zerfetzt hat. Die Leidenschaft des Menschen zu sich selbst, um die es geht, muß in eine Verhaltenheit eingefangen werden, die ihr alles läßt an Wucht und Feuer und ernster wirkender Liebe zum Menschen: die ihr aber zugleich alles nimmt, was jeder Leidenschaft leicht eignet an Blindheit, an Verlorenheit, an Distanz- und Instinktlosigkeit.

Der Mensch soll und will noch einmal werden. Er zerstört sich selbst, weil er sich nur als Mensch meinte und nur in der Kraft und Ordnung des Menschlichen. Der Mensch ist falsch und unglücklich, allein mit sich selbst.

Es gehört der andere Mensch dazu,
es gehört die Gemeinschaft dazu,
es gehört die Welt dazu und der Dienst an ihr – und
es gehört das Ewige dazu. Nein, der Ewige.
Es soll die Zeit des theonomen Humanismus werden.

Aus „Reflexionen über die Zukunft"; GS IV/309 f.

26. April

ES GEHT NICHT OHNE EIN MINIMUM

Hier liegen unsere kommenden Aufgaben.

1. Es geht nicht ohne „Existenzminimum" an gesichertem Raum, gesicherter Ordnung und Nahrung. Dieser Sozialismus des Minimum ist nicht das Letzte, was auf diesem Gebiet ... zu fordern ist, sondern das Erste, der Anfang. Aber kein Glaube und keine Botschaft, kein Imperium und kein Jahrhundert der Wissenschaft und Technik, keine Gescheitheit und keine Kunst helfen dem Menschen, wo dieses Minimum als gesicherte Stetigkeit nicht zur Verfügung steht.

2. Es geht nicht ohne ein Minimum von Wahrhaftigkeit in jedem Belang.

3. Es geht nicht ohne ein Minimum von Personalität und Solidarität. Solidarität organisch-hierarchisch verstanden.

4. Es geht nicht ohne ein Minimum von allgemeiner Hingabe an die Transzendenz. Wie immer ... das Ideal einer Zeit beschaffen sein mag, mag es auch von der vollen Wahrheit nur noch ein Schatten sein: jede irrige Idee und jedes falsche Ideal sind der öden, massenhaften Gedankenlosigkeit vorzuziehen, da sie im Menschen eine gewisse Lebendigkeit für das Geistige überhaupt erwecken, ohne die der Ort des Anrufes durch die ganze Wahrheit verödet und verdirbt.

5. Es geht nicht ohne ein Minimum von Transzendenz. Der Geist, der Mensch muß über sich selbst hinaus wollen, wenn er überhaupt Mensch bleiben will.

6. Es geht im allgemeinen nicht und dies alles geht nicht ohne bestimmte innere Lebensbedingungen, zu denen der Mensch immer wieder erweckt und befähigt werden muß. Dieses innere Existenzminimum des Menschen möchte ich umschreiben durch die Worte, mit denen ich echte ehrliche innere Vollzüge meine: Furcht – Ehrfurcht; Anbetung – Liebe; Freiheit – Gesetz. ...

Aus „Reflexionen über die Zukunft": GS IV/310f.

27. April

SIEBENFACHE NOT – SIEBENFACHE ERLÖSUNG

Wenn ich dem Thema ... von der siebenfachen Not und der siebenfachen Erlösung der Welt gerecht werden und treu bleiben will, dann muß dieses unser christliches, unser eigenstes Zusammenstoßen mit dem, was konkret geschieht und lebt und ist, gleichsam als Frage und als Antwort, als innerste Not und innerste Erfüllung herauswachsen ... Vielleicht, wenn uns das gelingt, ist dieses Erlebnis, daß wir als Christen Erfüllung sind und innere Heilung und Vollendung, vielleicht ist gerade dieses Erlebnis dann für uns die Rettung ... Als ich so am Überlegen und Planen war, da drehte ich den Rundfunk auf und es liefen gerade die Berichte von der Front im Osten, von diesem gigantischen Zusammenprall der Kräfte, durch den so oder so auch unser Schicksal, unsere persönlichsten Lebensmöglichkeiten entschieden werden. ...

Und da wurde mir das wieder einmal ganz klar, was ich gerade eine gewisse Verfahrenheit unseres christlichen Bewußtseins nannte. Wie steht der Christ vor all dem? Was hat er als Christ damit zu tun? Wird unter all diesem Brausen und Dröhnen und Opfern und Leiden und Sterben und Siegen und Vorwärtsdrängen unser Christliches nicht irgendwie zur Privatsache? Muß da der christliche Mensch nicht sein Eigentliches nur noch irgendwie als persönliche Angelegenheit empfinden, um irgendwie seinen Ausgang aus der Welt zu sichern? Muß er nicht sagen: zu dem, was da in der Welt gestaltet, was da aufbricht an geschichtlicher Eruption, da stehe ich hilflos und unverbunden, da habe ich nichts Eigenes beizutragen. ... Aber ist es nicht allgemein so, daß wir keine inneren Brücken mehr haben zwischen dem allgemeinen Leben, ... und dem, was wir persönlich als Christen sind; daß wir selber oft gar nicht mehr wagen, mit unseren christlichen Realitäten an diese Dinge heranzugehen.

Aus dem Predigtzyklus über die Sakramente; 1941: GS III/299 f.

28. April

DIE GROSSEN ZUSAMMENHÄNGE

Da muß es aber eine Brücke geben und sie ist da. Wenn ich als Thema angekündigt habe die siebenfache Not der Welt, des Lebens, dann will ich damit sagen: in all dem, was im Leben geschieht, was da wirklich geleistet wird, getan wird, in den Erfolgen, in den Werken, die hingestellt werden, in den Untergängen, die erlitten werden, in den Opfergängen, die erzwungen werden, gerade in all dem lauert als Allerunterstes und Letztes eine Not, eine Frage, eine Unerlöstheit. Und darauf haben wir die Antwort.

Und wenn Sie nun fragen: was wird als die siebenfache Erlösung verkündet? Vielleicht schütteln Sie den Kopf, wenn ich Ihnen sage: sieben Dinge aus unserer christlichen Wirklichkeit, die wir leider Gottes gewohnt sind als privateste Frömmigkeit zu begreifen, ohne die grossen Dimensionen und großen Zusammenhänge, die diese Leistungen und Vollzüge und Ordnungen mit dem Gesamtkosmos, dem Gesamtgeschehen, der Gesamtwirklichkeit haben. Vielleicht werden sie ungehalten oder erstaunt sein, wenn ich Ihnen sage, die siebenfache Antwort der Erlösung, die wir auf die Frage, auf das Geschehen, auf die Not der Welt haben, sind unsere sieben Sakramente, diese oft mißverstandenen, oft im Sinne privater Frömmigkeit mißverstandenen Zeremonien, Riten und Vollzüge. Sie werden sehen, daß da die großen Zusammenhänge gelten. Wir müssen das wieder gewinnen, daß wir wirklich unser Christentum, unsere eigenste christliche Wirklichkeit wieder verstehen und begreifen lernen als Kräfte in diesem ungebrochenen Zusammenhang mit allem, was geschieht; daß wir nicht verkümmern und verängstigen in irgendeiner privaten Abgeschiedenheit. ... Wie von diesen kleinen, scheinbar unscheinbaren Zeremonien und Riten und Weihungen her dem Leben ein innerer Bestand, eine innere Kraft und Würde gegeben wird, die es ohne sie nicht hat, und ohne die es zerfällt.

Aus dem Predigtzyklus über die Sakramente; 1941: GS III/301f.

29. April

TRAGISCHE SPANNUNG

Wenn wir das Leben, die Welt, die Wirklichkeit vor unser Bewußtsein rufen, wie sie sind, dann ist es immer wieder dieser Grundeindruck, daß unser Dasein, unser konkretes persönliches Leben die komischste Verwicklung und zugleich die innerlich tragischste Spannung ist, in die ein Lebewesen geraten kann: diese Spannung zwischen Wirklichkeit des Seins und Möglichkeit des Vergehens, zwischen Macht und Herrschaft, Bändigung der Kreatur und Natur und der Ohnmacht vor den kleinsten Zufällen und Dingen, zwischen wirklich innerlich gefügtem und verantwortlich getragenem Werk und einem passiven Hineingerissensein in Dinge und Geschehnisse, die man nicht gerufen hat. Und eben am allertiefsten das letzte Ergebnis: immer wieder diese Verweisung des Menschen zum Endgültigen, zum Unendlichen, zu dem, was Bestand hat, was nicht mehr diskutiert werden kann – und seine Bindung an das einzelne, an das Vergängliche, und seine Möglichkeit, das Endgültige zu verfehlen, das Endgültige zu verfälschen, irgendwie an ihm vorbeizulaufen. Dieses Erlebnis des Lebens, das gespeist ist aus den Fehlerquellen, die in uns liegen: aus der Beschränktheit unserer Sicht, aus der Beschränktheit unserer Kraft – und das doch immer wieder aufbricht, neu genährt aus dem dämonischen Aspekt der Kreatur: daß da immer wieder ein Finsteres, ein Abgründiges auftritt, sei es von der Natur her, die grausam ist und schlägt, wo sie trifft, sei es vom Menschen her, der böse sein kann und Böses tun kann, sei es von hintergründigen Mächten her, die gleichsam die Dämonie immer wieder vorantreiben in den Vordergrund des Lebens.

Wenn wir vor diesem Erlebnis stehen, ist die Frage: Wie wird der Mensch damit fertig?

Aus der Predigt über die Taufe; 1941: GS III/302f.

30. April

TAUFE

Und ist unsere ganze Kultur der letzten ... Jahrhunderte nicht gekommen aus dieser Verflüchtigung dessen, der Herr und Ordner des Lebens sein sollte? Ist das nicht gekommen, daß Gott immer weiter an den Horizont rückte, bis er verschwunden war und im Bewußtsein derer, die gestalten und leiten und schaffen, keine Rolle mehr spielte. ...

Und dann das Herrenwort: Wahrlich, wahrlich, ich sage dir, wenn jemand nicht wiedergeboren wird aus dem Wasser und dem Geist, der kann in das Reich Gottes nicht eingehen (Joh 3,3-13). Erspüren Sie einmal vor dem Hintergrund der Welt, wie ich ihn zu zeigen versuchte, den Inhalt dieses Wortes, das da verheißen wird, in das Reich Gottes einzugehen. ... Reich Gottes heißt da Nähe zu Gott; heißt noch viel mehr: wiedergeboren werden und Wirklichkeit empfangen, die Gott gewachsen ist. Das heißt eine Verheißung an den Menschen, über diese Labilitäten, über diese Bedrohungen, Abgründigkeiten hinauszuwachsen, innerlichst gekräftigt zu werden, um ihnen gewachsen zu sein. Was da verheißen ist, was da versprochen ist, was da geschieht, ist das Sakrament unserer Taufe. ... Was da geschieht und vollzogen wird, ... das ist gewachsen aus einem echten und tiefen Wissen um den Menschen, wie er ist und wie er lebt; aus einem Wissen um sein Schicksal, wenn er auf sich selbst gestellt bleibt; aus einem Wissen um seine Schwächen und Fehlerquellen, ohne deren Heilung er das Leben nicht meistert. Überdenken Sie den Hergang einer Taufe und Sie werden in dem, was da gebetet wird und gesegnet wird, genau das finden, was als Not im Erlebnis des Menschen ausgesprochen wurde, und genau das überwunden finden. ... Denken Sie sich ein Leben, ... wenn der Mensch Verbündeter Gottes ist; und nicht bloß Verbündeter, sondern als Träger der göttlichen Wirklichkeit allen Fährnissen des Lebens seinsmäßig überlegen durch das, was ... im Vollzug des Sakramentes von Gott her geschieht.

Aus der Predigt über die Taufe; 1941: GS III/308, 311 f., 314.

Mai

Alfred Delp mit einem Freund
(Abb. 5)

1. Mai

Getauft auf den lebendigen Gott

Die immer wiederholte Zeichnung mit dem Zeichen des Kreuzes. Kreuz als Erlebnis der Kontingenz, der Nöte, der Abstürze, der Untergänge, all des Hineingerissenseins in Schicksale, die einen zermalmen und die man nicht will, gegen die man sich empört, gegen die man sich wehrt und denen man doch unterliegt. Hoc signo crucis: mit diesem Zeichen, mit dem man gezeichnet wird auf die Untergänge, aber auf die überwundenen Untergänge, zum Leben hinein.

Zum Schluß die Symbole bei der Entlassung ins Leben. Das reine Gewand: es ist eine Wirklichkeit zu behüten, zu bewahren – und das brennende Licht: es ist da eine Wirklichkeit, die sich bewähren soll im freien Sturm, im freien Wind, im offenen Feld. ... Wenn ein Mensch an die Wirklichkeit dessen glaubt, was da am Anfang unseres Lebens geschehen ist – wenn er weiß, das sind nicht nur Riten und Zeremonien, das ist ein Wort des Herrn und das Ganze geschieht ihm von Gott her – wenn wir aus unseren Anfängen des Lebens die entsprechenden Folgerungen ziehen: Wie stehen wir dann vor den Dingen? Ist nicht gerade all das, was im Erlebnis des Lebens als Not sichtbar wurde, gebändigt, überboten, innerlich gelöst? Ist nicht der gehemmte Blick aufgebessert und aufgewertet durch Licht, Wahrheit, Gnade, Führung? Ist nicht die gehemmte Kraft innerlich gefestigt durch Wiedergeburt, durch Gnade, durch Segnung? Ist nicht der unverstandene Tod und das unverstandene Leid gemeistert, indem wir getauft sind auf den Tod eines lebendigen Gottes? Ist nicht der Dämonie des Lebens die letzte Zuständigkeit genommen, sie mag uns anfallen in allen Formen, in tausend Gestalten? Können wir nicht aus diesem Grundvollzug heraus eine Sicherheit gewinnen, die uns überlegen macht? Ist da nicht eine Not der Welt erlöst? Sind wir nicht selber einfach befähigt und berufen, als erlöste Welt dazustehen und zu dokumentieren, daß auf alle diese Fragen und auf alle diese Sorgen und Nöte eine Antwort geschehen ist?

Aus der Predigt über die Taufe; 1941: GS III/314 f.

2. Mai

DAS BRENNENDE LICHT

Das ist unsere Möglichkeit, das ist unsere Verantwortung, das ist wirklich unsere Pflicht:

das Reine rein zu halten,
das brennende Licht brennen zu lassen.

Wehe uns, wenn wir, nachdem all dies geschehen ist an uns, doch genau so unerlöst dastehen! Die Not werden wir fühlen und spüren; aber zugleich muß sichtbar werden: wir haben die Antwort darauf, weil wir sie haben. Es bleibt nur das Zurückfinden zur schlichten, einfachen Annahme dessen, was von Gott her gesagt und von Gott her geschehen ist.

Das ist die große Möglichkeit, daß wir durch die Welt gehen als Antwort auf all die Fragen, die sie hat. Und daß wir als großer Segen empfunden und gesucht werden. Das ist die Taufe, die da so oft geschieht in einer stillen, vergessenen Ecke unserer Kirche, die wir empfinden als rührenden und irgendwie weihevollen und vielleicht sentimentalen Brauch über der Wiege der Kinder. Das ist unsere Wirklichkeit, wenn wir das einmal hineinstellen ins Leben und am Leben messen.

Vielleicht erkennen Sie jetzt selbst, was ich am Anfang meinte mit dem Wort von einer gewissen Verfahrenheit unseres christlichen Bewußtseins, daß wir nichts mehr damit anzufangen wissen, obwohl wir, wenn wir den großen Schritt wagen und unsere Tatsachen durchdächten im Angesicht des Lebens, allen Besitz, alle Kraft, alle Leistung hätten.

Das ist die große Verantwortung, daß wir durch unser Dasein, durch unser Leben, durch unsere Sicherheit Zeugnis dafür zu geben haben, daß wir wiedergeboren sind aus dem Wasser und dem Geist. Und daß wir deswegen den Fährnissen des Schicksals gewachsen und aus der untersten Not der Kreatur gelöst sind.

Aus der Predigt über die Taufe; 1941: GS III/315 f.

3. Mai

SICHERE CHRISTEN IN DER WELT

Es hängt für uns Christen viel, ja fast alles davon ab, daß wir mit unserem Christentum zurechtkommen in der Welt, in der wir leben, in der Wirklichkeit, wie wir sie erleben. Daß wir uns durch unsere Religiosität, unsere Frömmigkeit nicht in ein Getto des Daseins verdrücken und erschrecken lassen und flüchten. Es hängt für uns wirklich fast alles davon ab, daß wir das alte Bewußtsein wieder gewinnen von dem, was wir sind, daß wir wieder ernst nehmen die Worte Gottes, die an uns geschehen sind, damit wir in der Welt uns nicht fremder fühlen als wir sein müssen; und damit wir in der Welt und im brausenden Geschehen des Lebens nicht klein uns fühlen oder gar klein sind, da wir doch groß sind; daß man uns doch anspürt, daß wir wissen und glauben und daran halten, daß Christus das große und endgültige Wort ist aus dem Herzen Gottes in die Welt hinein und daß wir Träger und Repräsentanten sind; daß wir deswegen im Leben zu stehen haben als die Erfüllten, als die Sicheren, als die Menschen, die innerlich gegründet sind und um ihren Grund auch wissen; als die Menschen, die auch dann noch stehen, wenn ringsum alles nach Halt greift und ins Wanken gerät.

Wenn wir hier sprechen von einer siebenfachen Not der Welt und des Lebens, dann ist das keine Schlechtmacherei des Daseins und Kritisiererei am Leben. Es ist einfach ein Spüren und Einsehen, daß alles, was wirklich ist, heim will zur Heimat des Wirklichen und daß es diese Heimat nicht in sich findet und daß deswegen der letzte Herzschlag alles dessen, was lebt, Frage ist und Suchen und daß wir dastehen sollen als die Träger der Antwort, als die Menschen, die durch ihr Dasein Antwort sind.

Aus der Predigt über die Firmung; 1941: GS III/317.

4. Mai

ÜBERMACHT

Die zweite Not der Welt kommt daraus, daß der Mensch mit dem, was an Tatsachen vor ihm steht, nicht fertig wird, daß er das Leben als Übermacht empfindet und dieser Übermacht erliegt. Das ist eines der Grunderlebnisse unseres Daseins, in das wir alle so manche Stunden unserer Wirklichkeit hindurch geraten, daß das Leben übermächtig vor uns steht. ...

Da ist einmal, daß er das Leben spürt als eigentliche Macht: daß im Leben immer wieder vor den Menschen kommt der Zwang und die Gewalt, daß einfach das Starke das Schwächere drückt und erdrückt ohne irgendwelche Beziehungen zu Recht und Güte und Liebe und Schönheit und Glück und Kultur. Da steht immer wieder im Raum der Geschichte der nackte Felsen der Gewalt und reißt uns an sich und schmiedet uns an sich und wir können ihm oft nicht ausweichen. ...

Die zweite Form, in der wir das Leben als Übermacht spüren, heißt Feindseligkeit. Daß das Leben nicht auf Gespräch gestellt ist und nicht auf Geschenk und auf Güte und Versöhnung und strahlende Sonne; daß das Leben auf Kampf gestellt ist. Es muß alles, auch das ehrlichste Recht erkämpft werden. ...

Aber ... hinter dem Starren, ... hinter den feinmaschigen Netzen, in die man uns einfängt, wird noch ein anderes sichtbar, ein Graues, Verschwommenes, Dunstiges. Da wird sichtbar, daß irgendwie alles, was fest scheint, doch schwankt, was gegründet scheint, irgendwie grundlos ist. Da spürt der Mensch, der tiefer schaut, immer wieder, wie die Konturen und Umrisse verschwimmen, das Harte und Feste sich auflöst und wie im Grunde die Frage steht, der Zweifel, das Unsichere, das Labile – daß das Dasein wirklich unter unseren Tritten schwankt.

Aus der Predigt über die Firmung; 1941; GS III/318-320.

5. Mai

FIRMUNG

Stehen wir Christen in dieser Not genau so oder haben wir eine Antwort, eine Lösung, eine Erlösung? Die Übermacht des Daseins, die Überfülle der Wirklichkeit, die werden uns nicht geschenkt. Daß das Leben hart ist und feindselig und mächtig und unsicher, das bleibt uns nicht erspart. Und doch ist auch da wieder in unsere christliche Wirklichkeit ein Segen gesprochen worden, in unsere Jugendzeit hinein ein Segen des Herrn gegeben worden, der gerade das Leben vor der Übermacht treffen soll und aufrichten soll und innerlich wirklich ebenbürtig und gewachsen und überlegen machen soll.

Ich spreche Ihnen heute gerade vor diesem Hintergrund des grauenvollen und übermächtigen Daseins von dem zweiten Sakrament unserer Jugend, von der Firmung, die für uns auch – leider Gottes – so oft abgetan ist mit der Erinnerung an einen schönen Frühlingstag, die Uhr des Firmpaten, den Ausflug in die strahlende Landschaft. Was ich in diesen paar Tagen möchte, ist das eine, daß wir uns daran gewöhnen: jeder Segen, der von der Kirche her über uns kommt, ist eine Wirklichkeit. Gott hat uns nicht in die Welt geschickt, daß wir sie erfüllen mit Gebärden und Gesten, die keinen Sinn haben. Das ist Einbruch Gottes in die Welt. Diesen Sinn sollen wir wieder finden und erarbeiten und gerade jetzt sehen, wie diese zweite Segnung, die über uns kommt, den Menschen anrührt, wo er versagt, wo er schwach wird, wo er in die Knie brechen möchte.

Es war damals in unserer Jugend, als der Bischof über uns betete und die Hände über uns ausstreckte: „Der Heilige Geist komme auf euch herab und die Kraft des Allerhöchsten bewahre euch vor Sünden." Die Kraft des Allerhöchsten: das ist der Sinn dessen, was da uns gegeben wird. Kraft, eine innerliche Anrührung, innerliche Kräftigung des Menschen.

Aus der Predigt über die Firmung; 1941: GS III/324.

6. Mai

GEFESTIGTER UND GESTÄRKTER

Wenn Sie das Wort „Tröster" hören, vergessen Sie bitte alles, was Sie wissen aus unserer verniedlichten Sprache von Trost und Tröstung und Schmeichelei und Sentimentalität und Süßigkeit. Das alte Wort „consolari: trösten" heißt, das Sein innerlich getrost machen, auf eine tragfähige Grundlage stellen. ...

Das ist der Sinn: daß der Mensch geistlich vogtbar werde. Was heißt Vogt sein in der alten Sprache? Das heißt in unserem Sinn Herrscher, Herr, Gefestigter und Gestärkter im Dasein. ...

Das Sakrament der Kraft, der Kräftigung, das bedeutet die Weihe, die innerste neuerliche Segnung der verantwortlichen persönlichen Mitte. Darum ist Firmgnade gerade das, was den Menschen fähig macht, vor den Überfällen des Daseins auszuhalten; darum ist Firmung als Steigerung und Mächtigung und Kräftigung des persönlichen Menschen das Drängen und die Befähigung des Menschen, selbständig zu sein und sich seine Lebenskonzepte und seine Lebensbegriffe nicht vorgeben zu lassen von den Ereignissen, sondern von sich her Urteil und Wertung und Kraft zur Entscheidung mitzubringen und nicht einfach zu unterliegen. Den Menschen, der Persönlichkeit ist, kann man ruhig anschmieden an den Felsen der Gewalt. Er wird die Fessel vielleicht nicht sprengen, aber er wird sie innerlich überwinden, weil ein Bezirk in ihm nicht anschmiedbar ist. Knecht ist nur, wer eine Knechtseele hat. Wer vom Geist Gottes angefahren und innerlich von ihm berührt ist, den schmiedet man nicht an; den kann man anbinden – wie Paulus sagt: ich liege in Fesseln (Tim 2,9) – aber der Geist Gottes duldet keine Fesseln. Der Mensch wird körperlich versiechen, aber geistig nie verstumpfen und versumpfen, auch wenn er an den einsamsten Felsen der Gewalt angebunden wäre.

Aus der Predigt über die Firmung; 1941: GS III/325–327.

7. Mai

Die Frage
nach dem schweigenden Gewissen

Diesen Menschen schreckt kein schwankender Grund des Daseins, weil er weiß, er ist durch die Berührung vom Geist her in der Mitte seines Daseins hineingebunden in Gott; und alle stürzenden Gründe können ihn nicht verschlingen, solange er geistig vogtbar bleibt, das heißt, ... gehalten wird von Gott her.

Darum ist die Firmgnade Kraft, Kräftigung des Allerpersönlichsten des Menschen, seines Gewissens.

Das ist es, was in uns hineingesenkt wurde als lumen cordium (17): daß wir im Licht des Endgültigen alles sehen und uns dieses Licht nicht aus der Hand und aus dem Herzen schlagen lassen, auch wenn um uns herum eine Welt der Masse verfällt und dem Schlagwort und dem Grauen.

Firmgnade besagt, daß da noch Menschen stehen, persönlicher Wertung und persönlicher Entscheidung und um eine letzte unverlierbare Freiheit wissen, deren man sich nicht selbst begeben darf, weil sie gesalbt ist vom Geiste Gottes her. Diese Freiheit wird einmal zu einer Verantwortung gerufen, die vielleicht die heiligste ist und die härteste, nach der wir gefragt werden.

Die Frage nach dem schweigenden Gewissen, die Frage nach der weggegebenen Freiheit des Geistes und des Christen, das wird die Frage sein, die uns einmal ins Herz brennen wird, weil Gott sich selber sucht und finden will in uns. Und wehe, wenn der Tempel des Geistes geschändet ist zum Tempel des Ungeistes, der billigen Allgemeinheit.

Aus der Predigt über die Firmung; 1941: GS III/327 f.

8. Mai

Als einsame Fackel

Und ein letztes Mal hat diese Firmung einen Sinn hinein in das übermächtige Erlebnis des Daseins, wo gesprochen wird von der Glut des Geistes, der siebenfach wohnen soll in uns als eine sprudelnde Schöpferischkeit, die unterwegs ist, die niemals erstarrt, niemals verkommt, niemals verkümmert in eigene oder fremde Traditionen und Herkömmlichkeiten. Die Gewohnheit ist Quelle und Heimat des Gewöhnlichen. Und mit Christus und Christen und Kirche und all dem, was wir sind, ist etwas durchaus Ungewöhnliches gemeint. Das heißt, man muß gerade von dieser Firmungswirklichkeit her den Mut haben, wirklich zu glühen, wirklich in Brand geraten zu sein, auch wenn man einmal als einsame Fackel über einem Leichenfeld glühen sollte, auch wenn man einmal einsam dastehen sollte und viel lieber mitten in der Nacht untergehen möchte, weil man sich da geborgener fühlte und behüteter und den andern eingefügter. Das ist das Letzte, was von der Firmung her in Macht über uns kommt, weil es Weihe zur Männlichkeit, Ritterschlag zur Reife ist, daß wir fähig werden sollen der Einsamkeit. Das ist nämlich das Grunderlebnis, woher uns oft der Schrecken und das Zittern in die Knie kommt, daß wir die Einsamkeit nicht aushalten; die Einsamkeit, die alle Kreatur spürt, bis sie heimkommt zu Gott und die die Kreatur oft auch mehr spürt, wenn sie aus den letzten Ordnungen lebt. ...

Das andere ist nun die Frage, die jeder an sich selber stellen muß: Bin ich das? Habe ich überhaupt eine Ahnung von den Dimensionen, in die wir als Christen hineingeraten sind? Habe ich eine Willigkeit, das Herz und den Geist aufzutun für das? Der Geist Gottes weht, wo er will. „Sein Brausen erfüllt das All" haben wir gebetet – wenn die Herzen groß genug und offen genug sind, den Geist einbrausen zu lassen.

... Es muß einfach tägliche Speise sein, Ungewöhnliches zu sein und mit Ungewöhnlichem zu rechnen.

Aus der Predigt über die Firmung; 1941: GS III/329 f.

9. Mai

LEBEN WIR AUS DER FIRMUNG

Wenn Sie die Welt und das Leben anschauen und auf sich zukommen lassen, wie es heute ist, dann werden Sie mir recht geben, wenn ich sage: leben wir aus unserer Firmung! Leben wir aus dem, was an uns geschehen ist, was wirklich ist; lassen wir das wieder aufwachen und geben wir ihm Raum in unserem Bewußtsein, in unserer Liebe, in unserer Treue, und wir werden mit dem Leben fertig werden. Und vergessen wir das, bleiben wir Menschen des Herkommens, der Gewöhnlichkeit, der Unauffälligkeit, lassen wir nicht alles wirklich zu Wort kommen, was an Großem in uns geschehen ist und da ist und Wort und Tat werden will, dann werden wir erliegen. Dann werden wir dem, was stürzt, nicht gewachsen sein und mitstürzen; dann werden wir dem, was droht, innerlich nicht ebenbürtig sein, sondern Knecht werden in Furcht und Zittern und Schweigen. Es wird die Person schweigen, es wird die Selbständigkeit schweigen, es werden die Gewissen schweigen. Wir werden nicht kämpfen und wir werden nicht aushalten und wir werden nicht siegen.

Denn das eine sollen wir immer wissen: jeder Segen, der über uns gemacht wird, jedes Kreuz, das über uns gesegnet wird, jede Weihe, die von Christus her über uns gesprochen wird, ist eine Weihe aus dem ganzen Christus, der uns auf sein Schicksal und auf seine Wirklichkeit bindet und verpflichtet. Dieses sein Schicksal ist Erde und Geschichte und Aushalten und Einsamkeit und Golgotha und Kalvaria, aber auch Sieg und bereits Sieg und immer schon wirklich Sieg. Und deswegen wollen wir uns dem Wissen um das, was an uns wirklich ist, auch den dunkelsten Nächten und den schwierigsten Stunden und den härtesten Untergängen überlegen sein. Wir sind und wir können es. Wir brauchen uns nur aufzumachen und wirklich innerlich hinaufzuwachsen zur Vollreife, zur Mannesreife, zum Altersmaß der Fülle Christi.

Aus der Predigt über die Firmung; 1941: GS III/330 f.

10. Mai

DAS ERLEBNIS DES VERSAGENS

Zum dritten Mal steht nun eine Not des Daseins vor uns. Sie erhebt sich aus der eigensten Wirklichkeit des Menschen, aus dem, was sein Innerstes und Heimlichstes ist: sein Versagen. Daß er nicht den äußeren Gewalten und Mächtigkeiten unterlegen ist, sondern daß er selber innerlich sich abschaltet von den Werten und Ordnungen und Gültigkeiten, daß er in eigenmächtiger Setzung sich selber Ziel und Weg gibt, daß er sich vergreift an den Dingen. Das ist die dritte Not, eine bittere Not und eine ernste Not. Das ist die dritte Frage an den Christen, was er mit dieser Not anfange. Wenn ich zu Ihnen spreche von dieser Not, die aus dem eigenen Versagen stammt, dann erzähle ich Ihnen keine Märchen. Das Erlebnis des Versagens wird keinem Leben geschenkt. ...

Es ist das eine der Grundfragen seines Lebens: was fängt er mit diesem Erlebnis der inneren Grenze an? ...

Jeder kommt in die Stunde, da er in seinen Händen Scherben trägt und feststellen muß: er hat etwas zerschlagen, er hat irgendwo, und sei es in noch so kleinem Bereich, den Kosmos angerührt und mit gewalttätiger Faust daran herumgehämmert und Stücke herausgeschlagen. Irgendwo und irgendwann geraten wir alle einmal in das Erlebnis der Untat, vielleicht gesetzt mit einer Vitalität, mit einer Lebendigkeit, die wir noch für eine echte Tat aufgebracht haben und die sich dann doch durch die Scherben, durch das Klirren als Versagen, als Unrecht, als Untat, als negatives Werk erweist. Wir alle haben schon die Stunde erlebt, daß irgendetwas, für das wir verantwortlich sind, auch wenn es noch so fern, verschwommen, ungesichtet war, plötzlich als Last über uns kam. Wo wir nicht mehr dieses freie, unbefangene Lebensgefühl hatten, sondern wußten, wir sind dem Leben etwas schuldig geblieben.

Aus der Predigt über das Bußsakrament; 1941: GS III/332 f.

11. Mai

Schuld

Aber es ist eine der wesentlichsten Fragen des Menschen: was fängst du mit dem Dunklen an, das in dein Leben geraten ist – das du selber hineinriefst, in das vielleicht andere dich mit hereinzerren? Was fängst du damit an? ...

Das ist die erste Haltung, daß der Mensch, der einmal in die Schuld geraten ist, dieser Schuld erliegt; daß er gar nicht mehr aus ihr heraus will oder heraus kann, daß er zerbricht daran. ...

Das ist die zweite Haltung, daß Menschen das Schulderlebnis eigentlich durchleben und durchtragen bis zum letzten, wo sie erkennen, der Name Schuld und das Wort Schuld sind nur vorläufige Worte. Schuld ist erst dann erkannt, wo man sie Sünde heißt: eigene verantwortliche Tat gegen ein Gesetz, gegen einen Herrn. Aber dann bleibt diese Schuld innerlich unverarbeitet. Man trägt sie vor bis vor das Antlitz des Herrn. Aber dann bleibt man bei ihr stehen und trennt sich nicht von ihr; vollzieht nicht einen letzten Abschied von ihr, sondern pocht auf seine Schuld und trotzt auf ihr und – stirbt an ihr. ...

Es ist allerletzte Schwäche, wenn man auch vor den Augen des Herrn von seiner Schuld sich nicht trennen möchte. Auch an dieser Schuld, an dieser trotzig geliebten Schuld, stirbt der Mensch; er stirbt grausamer als der andere, der nur menschlich der Schuld erliegt, über dem aber doch noch die Tore der Barmherzigkeit Gottes offen sind und seine segnenden Hände noch ausgebreitet sind. Hier nimmt man Abschied wirklich von einer letzten Lösung und Deutung, einem letzten Verständnis der Schuld. An dieser unverstandenen Schuld verbrennt und stirbt der Mensch.

Aus der Predigt über das Bußsakrament; 1941: GS III/335–337.

12. Mai

BUSS-SAKRAMENT

Da ist dann das dritte Verhältnis, die dritte innere Meisterung des Erlebnisses der Schuld, daß wir aus Schuld und zu Schuld wirklich Sünde sagen und fertigbringen: pater peccavi (18). Um das Erlebnis der Schuld kommen wir nicht herum. Es wird keiner von uns hier aufstehen und sagen: mein Leben trägt keine heimlichen Wunden. Es wird keiner aufstehen und sagen: in meinem Leben waren noch keine Stunden, die ich nicht lieber missen möchte. Es wird keiner aufstehen und sagen, daß er nur barmherzig und gütig und lächelnd auf den andern herunterschauen darf, der in die Schuld geraten ist. Schuld ist ein Allgemeines und schuldig sind wir alle.

Wie geht der Christ durch diese Welt? Was fangen wir mit der eigenen Schuld an? Und was haben wir den Menschen, die schuldig sind und an ihr leiden oder an ihr zugrundegehen, vorzuleben durch das Zeugnis unserer Wirklichkeit, unseres persönlichen Lebens als Antwort, als Erlösung ihrer Schuld? Wir kommen von der großen Botschaft Gottes her. Wir wissen, daß Christus gekommen ist: „damit sie das Leben haben und in reicher Fülle haben" (Joh 10,10). Wir haben gehört die Gleichnisse vom verlorenen Sohn, vom verirrten Schaf; gehört, daß Freude sein wird über jeden, der heimkommt (Lk 15,1-32). Die Freude, das offene Tor wird hinter jeder Schuld stehen. Aber aus dieser allgemeinen Botschaft, aus diesem Wissen, auch wenn wir es glauben, ein persönliches Erleben zu machen, das ist die Frage. Und wieder bleibt als Weihung, als Segnung, als innere Einführung dieser Botschaft in unser persönlichstes Leben eine von unseren Sakramenten. ... Daß da ein Ort der Neuschöpfung, ein Ort des Wunders ist, das von Gott in die Welt bricht, ... wenn der Segen Gottes über uns gesprochen wird, wenn es von Gott her heißt: ego te absolvo: du bist frei, da geschieht viel.

Aus der Predigt über das Bußsakrament; 1941: GS III/340-342.

13. Mai

O FELIX CULPA

Daß die Menschen uns anstaunen: der hat das und das getan, was ich auch tue; und doch lebt er und ist innerlich flüssig. Er ist nicht verkrampft, nicht verödet an seiner Schuld. Daß man einfach durch diese innere Sicherheit und Freiheit, die uns von daher kommt, den anderen den Heimweg zeigt. Darstellen, daß wir Antwort sind auf diese tiefe Not der Welt und ihre Schuld und diese quälende Sorge des Menschen in seinen Nachtstunden: daß wir wohl unsere Nacht durchlitten haben, aber immer wieder einen Morgen zurückrufen können.

Am Ostersamstag hören wir hier in der Kirche immer das schöne Wort: O felix culpa, o glückselige Schuld! Schuld mit all ihrer Schwere, durch die man aber in ein neues Glück gerät, weil man neu und so neu schöpferisch den Segen und die Nähe und Wirklichkeit und Gnade und Kraft des Herrgotts erlebt. Das müßte eigentlich unser Erlebnis der Schuld sein, daß wir daraus hervorkommen als gewachsene und innerlich gefestigtere Menschen. Wenn wir in die Geschichte schauen, Sie werden immer wieder finden, daß unter den ganz großen Christen, die der Welt gezeigt haben, was Christus und Kirche ist und Leben ist, die großen Sünder waren, die heimgefunden haben, die ihre Schuld gesühnt haben und deswegen anderen den Weg zur Erlösung zeigen konnten. Ich erinnere Sie nur an Augustinus und so viele andere, die seinen Weg nachgingen.

Nicht, daß wir in Schuld geraten – das wird immer so sein, so wie der Mensch ist – aber was wir mit ihr anfangen und ob wir an ihr wachsen, das ist die Gewissensfrage an uns Christen. Ob wir Zeuge sind dafür, daß jenen, die Gott lieben, wirklich alles, auch ihre Nacht, auch ihr Absturz, auch ihre Sünde zum Heile wird.

Aus der Predigt über das Bußsakrament; 1941: GS III/345 f.

14. Mai

MISEREOR SUPER TURBAM

... (D)aß in dieser Sendung und in dieser Weihe ein Anliegen sich zeigt, das nicht nur uns priesterliche Menschen angeht, sondern Sie alle, die den christlichen Namen tragen und christliche Wirklichkeit darstellen sollen. ...

Aber der Mensch braucht nicht nur den Menschen gemeinhin, der mit ihm dahinlebt, der mit ihm das Leben teilt und die Sorge teilt, er braucht irgendwie besondere Kameradschaft und besondere Hilfe. Da klingt immer wieder auf die alte Klage aus dem Evangelium: hominem non habeo. Ich habe keinen Menschen, der sich um mich kümmert (Joh 5,7). Und da wird gesucht und gefragt und innerlich wirklich verlangt der Mensch, der bereit ist, der da ist, wo der andere in Not ist und Hilflosigkeit, wo der andere Mensch nicht mehr weiterkommt. Ja, da wird nicht nur gefragt der Mensch, der bereit ist, wenn man ihn angeht zu helfen, da wird gefragt und verlangt: der Mensch des anderen Herrenwortes: misereor super turbam. Mich erbarmt des Volkes (Mk 8,2). Der von sich aus suchen geht, der von sich aus helfen geht und,

wo er Wunden findet, bereit ist zu helfen; und

wo er Not sieht, bereit ist zu helfen, und

wo er Nacht findet, bereit ist Licht zu bringen.

Dieser Mensch wird immer wieder gesucht. Und wo immer Menschen unter Menschen standen und großes Vertrauen hatten und große Gefolgschaft hatten, da haben die Menschen in ihnen – mit Recht oder Unrecht, sei immer dahingestellt – einen von diesen vermutet, die von sich auf dem Wege sind zu suchen und zu segnen und zu helfen.

Aus der Predigt über die Priesterweihe; 1941: GS III/348f.

15. Mai

Priesterweihe

All das ist noch nicht genug für das, was der Mensch von dem Menschen erwartet, bei dem er seine letzten Fragen anbringen will. Er erwartet da einen Menschen, der ihm das Endgültige gibt, der ihm Gott geben kann. ...

Wenn wir in die Weihe gehen, in die große Stunde unseres Lebens, dann knien wir vor dem Bischof und schweigend liegt seine Hand auf uns. Schweigend. ... Das Schweigen geht mit uns, weil es immer Anzeichen dafür ist, daß eine besondere Nähe des Herrgotts sich ereignet hat. ...

Aber unsere Salbung ist geschehen als die Kreuzessalbung. Sie ist zunächst eine Salbung wie die des Leibes des Herrn zur passio, zur innersten Teilnahme an seinem Erlöserberuf. ... daß wir hineingestellt sind in diesen letzten Dialog, in das letzte Duell mit dem Dämonischen, mit dem Schuldhaften, mit dem Schwachen und mit dem Kranken, daß wir ein endloses Erbarmen haben müssen. ...

Damit sind wir bestellt und geschickt, den gefüllten Kelch nicht nur für uns zu behalten, sondern ihn weiterzutragen, auszuteilen, wegzugeben. ...

Und noch einmal wenden wir uns dem weihenden Bischof zu und reichen ihm unsere Hände und er nimmt unsere Hand in seine Hand und frägt uns: Versprichst du? Wir haben geantwortet: promitto. Das war die letzte Bindung, daß wir mit unserer Existenz, unserem eigenen Heil, unserem ewigen Schicksal uns gebunden haben an die Erfüllung dieses Lebens; daß wir aus dieser Weihestunde heraus nun unterwegs sein müssen, solange unser Fuß uns noch trägt, um zu segnen und zu helfen und zu weihen und den Kelch des Herrn auszuteilen und Licht zu bringen und Nacht und Finsternis zu bannen.

Aus der Predigt über die Priesterweihe; 1941: GS III/352–355.

16. Mai

HELFEN SIE UNS

Und dann werden Sie genau so gut merken wie ich, daß wir so oft diesen großen Umrissen nicht gewachsen sind, und Sie werden vielleicht die Bereitschaft finden zu dem, was ich als Letztes heute sagen will, das Sie uns helfen so zu sein, wie wir sein sollen und müssen. ...

Und beten Sie für Ihre Priester! Sie spüren es, wenn ein Priester die Gemeinde hütet und für sie sorgt, der sie auch mitnimmt vor seinen Herrgott und dort in seinen einsamen Gebetsstunden mit seiner Gemeinde vor Gott steht. Und vielleicht werden Sie einmal im ewigen Glanze Gottes entdecken, daß Sie das meiste an Segen und Kraft verdanken diesen stillen Seelsorgsstunden vor dem Tabernakel.

Der Priester spürt genau so, wenn das Volk nicht nur erwartet und haben will - er wird geben und muß geben - nicht nur immer sieht und prüft und zurechtrückt, sondern auch seinen Priester mitnimmt in seine Gebetsstunden, in seine Einsamkeiten mit Gott und auch diesem Menschen, der mit seinem Schicksal brennt für ihr eigenes Wohl, einen Segen des Herrgotts verschafft. So wird es uns gemeinsam gelingen, das Priestertum zu hüten und die Weihe zu fördern und das alte Ansehen wieder herzustellen.

Aus der Predigt über die Priesterweihe; 1941: GS III/353, 358.

17. Mai

UND SAGEN SIE!

Aber nicht aus einer billigen Kritik, sondern gehen Sie hin aus der Verantwortung, die Sie selber tragen, die wir alle tragen für das Gelingen dieser Kirche, und sagen Sie dem priesterlichen Menschen in ehrlicher Offenheit und Geradheit, was Sie sehen und was Sie meinen und um was Sie bitten. Das wird manche Mißstimmung wegtun und manche Entfremdung. Sie werden in neunzig von hundert Fällen Bereitschaft und Dankbarkeit finden. Es ist einem Menschen immer unangenehm, wenn er Kritik hört; aber was der Mensch nachher damit anfängt, in einer stillen Gebetsstunde vor seinem Gott, das weiß man ja nicht. Selbst wenn vor Ihnen die Tür zugeht, haben Sie um des Ganzen willen, um der Herrlichkeit des Herrgotts willen, die durch unsere Kirche in der Welt sein soll, erst recht die Pflicht zu gehen, zu sagen und darauf zu drängen, daß auch der Glanz der Weihe, ... in dieser Welt steht, wirklich als mögliche und wirkliche Antwort und Erfüllung und Segnung der Welt. Es ist uns Priestern nicht geholfen, wenn Sie müde werden an unseren Schwächen und sich daran müde denken und müde reiben. Und es ist Ihnen nicht geholfen, wenn Sie das Vertrauen ... verlieren und sich selber entfernen. Halten wir doch zusammen! Was hilft es uns, wenn wir zusammenstehen unter gemeinsamen Schlägen und nicht zusammenhalten im Innersten, im eigentlichen Herzen, da, wo das Sakrament quillt und da, wo wir täglich segnen und weihen wollen und Sie vielleicht die Hand verabscheuen, die Ihnen das Sakrament reichen muß. Sorgen Sie, daß man diese Hand nicht verabscheuen muß, soweit es an Ihnen liegt, in ehrlicher Geradheit und Offenheit. Es hat keinen Sinn, durch eine Stadt zu gehen und die Fehler sämtlicher Pfarrer zu sammeln; es hat viel mehr Sinn, ... in helfender Bescheidenheit zu dem einzelnen Menschen zu gehen und zu sagen: das ist es, was wir um der Kirche willen und um des Herrgotts willen von der segnenden Hand des Priester erwarten. Sehen Sie! Und sagen Sie!

Aus der Predigt über die Priesterweihe; 1941; GS III/357f.

18. Mai

Das Feuer, das in uns ist

Und schauen Sie, wo Sie wollen, wo immer Menschen dem Menschen folgen, schließlich und letztlich erwarten sie von ihm genau das, was der Priester ihnen sein soll und ihnen sein muß, wenn er sein Amt und seine Weihe nicht verraten will: Das Beständige, das restlos Hilfreiche, das wirklich Im-Besitz-des-Endgültigen-Sein und dann das Ausspendenkönnen, das Mitteilenkönnen der großen Segnungen, der großen Weihungen, der großen Gnaden. So soll das Bewußtsein der Tatsache, daß es in unserer Gemeinschaft geweihte Menschen und gesegnete Menschen gibt, Ihnen helfen, innerlich sicher und aufrecht und ohne Befangenheit in diesem Leben zu stehen, wie es sich müht und wie es sich gibt. Es sind Menschen dahin gestellt, deren einziger Daßeinssinn und einziges Existenzrecht es ist, zur Verfügung zu stehen und zu geben, was sie haben – und mehr als sie selber haben zu geben: die ganze Fülle des Herrgotts, die ihnen anvertraut ist. Aus solchem Bewußtsein, daß das unter Ihnen ist, kann man wachsen und kann man sicher sein. Dann muß man aber auch immer das andere spüren, daß Sie uns helfen,

daß das Feuer, das in uns ist durch die Handauflegung und die Weihe und Salbung, nicht erlischt, sondern glüht und leuchtet und brennt:

damit die Suchenden wissen, wo Heimat ist,

und die Irrenden wissen, wo Rat ist,

und die Hilflosen wissen, wo Segen ist,

und die Verlaufenen wissen, wo die Tore sind der Rückkehr, die auf sie warten aus der Freude des Herrn."

Aus der Predigt über die Priesterweihe; 1941: GS III/359 f.

19. Mai

Im Sturm seiner Neuschöpfung

Dies alles soll nicht ein Beweis dafür sein, daß wir recht haben. Wir können oft nicht genug Beweisdokumente haben. Wir haben sie, und sie geben uns recht. Aber ein eigentliches Leben beweist sich nicht, es ist da. Und wer sein Dasein nur von Dokumenten her versteht, wird es nie richtig verstehen; denn wenn wir nur von unseren Scheinen leben, wenn wir nur aus unseren Buchstaben leben und uns darauf bechränken, daß wir recht haben, dann sind wir tot und werden verschwinden von den Straßen und Plätzen des großen Lebens und der großen Entscheidungen. Es soll also nicht ein Beweis sein, sondern ein Erweis, ein Ergebnis. Wo immer wir die Wirklichkeit, die Gott, der Herr, in uns hineingegeben hat dadurch, daß wir Christen sind, daß wir an Christus angeschlossen sind und von ihm her leben, wo immer wir dies dem Leben zeigen, da ist das Leben eben auf uns angewiesen ... – Diese ganzen Überlegungen haben den einen Sinn, daß wir wieder etwas ahnen von dem, was gemeint ist mit dem Christen, daß wir ... zurückfinden zu einem urtümlichen und gefügten und vertretbaren und gespürten und gelebten Grundgefühl, einem eigentlichen christlichen Lebensgefühl. Unser Christentum ist ja nicht zuerst eine Summe von Übungen, eine Summe von Sorgen, eine Summe von Lasten; es ist zuerst eine Wirklichkeit, die uns Gott, der Herr, in die Seele eingehaucht hat im Sturm seiner Neuschöpfung, eine Wirklichkeit, die dann dem Leben gewachsen ist und dem Leben sich stellen soll und sich im Leben bewähren soll. Wir sind manchmal zuviel davongelaufen vor dem Leben, wir haben uns zu klein gemacht und in einem falschen Sinn uns weltlos gemacht. Das Leben geschieht nicht, damit die, die es drei- und vierfach empfangen haben, von den Aufgaben, die es stellt, sich drücken und davongehen; es geschieht, daß wir zeigen, es ist mehr in uns als diese Wirklichkeit, und wir sind dem Ganzen gewachsen und überlegen und haben die große Kraft, die es zusammenhalten kann.

Aus der Predigt über das Altarsakrament; 1941: GS III/361f.

20. Mai

DIE ENGE

So sprechen wir heute von der Not, die den Menschen überkommt durch sein persönliches Schicksal, sein alltägliches Leben und durch die großen Sehnsüchte seines Lebens.

Da ist sein erstes Schicksal, das ihn trifft, die Enge. Es ist der Vorteil des Menschen, daß er eben dieser Mensch ist und in sich irgendwie abgeschlossen. Das ist auch seine Grenze. Daß er gebunden ist an konkrete Menschen, an diese Frau, an diese Kinder und an diese Eltern, daß er gebunden ist an diesen Beruf, an diesen Dienst, an diese Ordnung, das kann den Menschen nicht nur binden, das kann ihn eigentlich einfangen und eng machen: daß er nun das Ganze erlebt und empfindet nicht mehr als organischen Raum, in dem sein Dasein sich entfaltet zu allen seinen Möglichkeiten hin, sondern wirklich als Kerker, der mit harten Stäben ihn abhält von anderen Räumen, an die er vielleicht anrennt, die ihn aber abgrenzen und eingefangen haben. ...

Manchmal und oft unterliegt der Mensch dann dieser Enge und er wird klein und bleibt klein. Er wird ... der kleine Bürger, der vom Leben zunächst nichts mehr erwartet als diesen kleinen Raum und seine kleinen Genüsse, seine kleinen Sorgen ... Dann unterliegt der Mensch, wird auch in seinem Denken klein, ... ; er wird nicht mehr ... aufs Große ausgehen, bis dann eines Tages doch die Wetter in sein Leben einbrechen und ihm zeigen, auch in diesem kleinen Raum gelten die großen Horizonte. Oder aber der Mensch ist eingefangen, spürt sich eingefangen; aber er weiß sich als eingesperrt, als angebunden, er weiß sich in dieser Enge als Träger größerer Verheißungen, als Quelle größerer Sehnsüchte und als Ausschauhaltender, als Spähender nach fernen unversiegbaren Horizonten. Da geschieht es dann, daß der Mensch ... sein Dasein nur noch als Last empfindet, ... daß er sich wundreibt daran oder zerbricht daran oder eines schönen Tages ausbricht, weiß Gott, in welches Abenteuer hinein.

Aus der Predigt über das Altarsakrament; 1941: GS III/362–364.

21. Mai

DIE EINSAMKEIT

Und in diesem Erlebnis überkommt den Menschen oft und oft das zweite Schicksal, das heißt Einsamkeit.

So nahe er zunächst den Menschen und den Dingen kam und so gern er sich ihnen hingab, mit Eifer an sie heranging, auf die Dauer kennt er sie, auf die Dauer spürt er, daß sie nicht das letzte Maß geben, daß die Dinge eben Dinge bleiben und Fremdlinge und irgendwie Feinde, die dauernd bewältigt werden müssen, daß der Mensch dem Menschen immer wieder nicht bloß die große Möglichkeit ist, die große Verheißung, sondern auch immer wieder die große Enttäuschung und der große Betrug. Dann schwindet alles weit ab, und der Mensch verliert den Geschmack an diesen Dingen.

Denken Sie nur daran, was wir erlebt haben in unserem Kulturraum, etwa nach dem letzten Kriege, als die Jugendbewegung ausbrach. Das war ein Ausbruch aus der Welt, die den Menschen schal geworden, die ihnen nicht mehr schmeckte, die sie zunächst einmal ganz wegwarfen, um irgendwo, an frisch sprudelnden Quellen neues Dasein, neuen Sinn, neues Lebensgefühl zu schöpfen.

Und auch hier wieder vielleicht unterliegt der Mensch dieser Einsamkeit, vielleicht unterliegt er, bis er eines Tages doch einsieht, dahinter steckt die gleiche Frage wie hinter der Enge, daß der Mensch auf seinem konkreten Raum stehen und doch auf der großen Wanderschaft stehen soll.

Aus der Predigt über das Altarsakrament; 1941: GS III/365.

22. Mai

Dieses ewige Unterwegs

Das ist dann das dritte Schicksal, das den Menschen in seinem Leben überkommt, ob er nun ausbricht oder ob er immer unterwegs war: Eines Tages spürt er, daß er unterwegs ist, daß er etwas sucht, das dem geheimsten Sehnen in ihm gewachsen wäre, das endlich einmal Bestand hätte vor Allerletztem, vor aller Frage, vor aller Heimatlosigkeit, wo man endlich einmal einfach da sein könnte und zufrieden sein könnte und wissen könnte, jetzt steht man vor dem Endgültigen. O, dieses ewige Unterwegs des Menschen!

Das kann zunächst entarten und kann sich zunächst verbergen unter tausend Masken und Bildern: Das unruhige Genießen eines kleinen Genüßlings von Blume zu Blume, von Taumel zu Taumel; gerade seine Unruhe und sein Ungenügen ist die Offenbarung seines ewigen Hungers. Das unruhige, unersättliche Scharren des Geizhalses ist immer nichts anderes als Offenbarung dessen und Beleg dafür: es genügt nicht und der Mensch ist auch vor dem größten Haufen und vor der größten Zahl eben als Mensch nicht satt geworden. Und so macht sich der Mensch und macht sich die Menschheit von ihrem Anbeginn her immer wieder auf den Weg. ...

Alle unsere Klassiker träumten von den Menschen des ewigen Vorwärts und Aufwärts. ... Der Mensch des großen Unterwegs erlebt diese beiden Grunderlebnisse: Vorwärts und Weitermüssen und endlos Weitermüssen und doch an kein Ende und kein Ergebnis kommen. Das hat wunderbar der französische Dichter Paul Claudel in einer seiner großen Oden empfunden, wo er sich selbst darstellt unter dem Bild eines dürstenden Wassers. Man kann das, was vom Menschen letztlich gemeint ist, nicht besser sagen. Wasser, flüssig und kühl und gehaltvoll und doch dürstend nach mehr, nach einem letzten Segen: Mein Gott, habe Mitleid mit diesen sehnenden Wassern! ... Habe Mitleid mit den Wassern in mir, die da des Durstes sterben!

Aus der Predigt über das Altarsakrament; 1941: GS III/365 f.

23. Mai

Sakrament im Tabernakel

... (D)aß das Letzte, was gemeint ist mit dem Gefühl der Enge und mit dem Gefühl der Einsamkeit und mit dem Erlebnis des Unterwegs, des Ausbrechens und Aufbrechens, daß das die Begegnung mit dem Herrgott sein muß, und zwar eine Begegnung nicht im Gesetz und in Ordnung, nicht auf Tafeln, sondern vorab Liebe zu Liebe und Herz zu Herz. ... So ist unser Leben, und mit diesen Dingen müssen wir fertig werden in der Enge und Grenze und der Einsamkeit und dem Unterwegs-sein-müssen und dem Suchen-müssen, in dem ewigen Durst, der einfach einmal gelöscht sein will.

Vielleicht staunen Sie jetzt ... wenn ich in diesem Zusammenhang ... Ihnen spreche von unserem verschwiegenen und vergessenen Sakrament im Tabernakel, von der Eucharistie. Vielleicht fragen Sie, was hat das mit diesen großen Horizonten und Perspektiven zu tun? Aber mit dieser Frage decken Sie zugleich einen Mangel unseres Lebensgefühls, eine Quelle unserer Schwäche auf: daß wir dieses große Wunder des Herrgotts, dieses große Wunder einer Liebe, die nicht zu überbieten ist, herausgenommen haben aus den Grundgefühlen und Grunderlebnissen unseres Daseins. Wenn der Herrgott einmal Wunder seiner Liebe wirkt, dann geschieht das nicht für irgendwelche fromme Kleinigkeiten, dann geschieht das nicht so, als ob dieses Wunder mit den ... Grunderlebnissen unseres Lebens nichts zu tun hätte. Da, wo er selbst sich uns am nächsten gibt ..., da will er wirklich das in uns treffen, was uns am lebendigsten und blutvollsten und spürbarsten angeht. Was ich allgemein schon so oft in diesen Tagen gesagt habe, das gilt gerade von diesem schweigenden Gott im Tabernakel: daß wir ihn herausholen müssen aus dem Getto, in das wir selbst ihn gesteckt; daß es nicht angeht, daß wir daraus einen Pflichtbesuch, ein Pflichtgebot, eine verschwiegene Ecke machen, in die man sich ab und zu stellt, aus der kein Licht, keine Kraft, keine Antwort fällt in die allgemeinen Nöte und Sorgen unseres Daseins.

Aus der Predigt über das Altarsakrament; 1941: GS III/369, 371f.

24. Mai

KYRIOS

Wenn wir unseren Tabernakel wieder verstehen wollen, müssen wir zuerst unseren Christus wieder verstehen. Da gilt das gleiche: auch ihn aus dem Getto herausholen, in das wir ihn in unserem Bewußtsein gesperrt haben. Warum stellen wir denn nicht unser Christentum und unseren Kyrios, unseren Herrn, ruhig neben die großen Gestalten und die großen Fragen und großen Antworten, die das Leben stellt und die die Geschichte bevölkern?

Warum weichen wir denn aus, wenn wir noch eine Ahnung haben von den eigentlichen Umrissen des Kyrios, von dem, was da geschehen ist: daß der Menschheit das gelungen ist und gegeben ist, was sie in tausend einsamen Nächten ersehnt und in tausend blutigen Stunden erweint und in tausend großen Ahnungen vorausgesehen hat? Worauf wollten die großen Visionen, die die Menschen von sich selbst hatten, ob sie Prometheus oder Faust oder Nietzsche hießen, anders hinaus als auf den Menschen, der in der Welt dastand mitten unter uns, aber als Träger des Letztgültigen, des Absoluten, des Haltbaren, des Beständigen.

Und das ist doch Er, der Kyrios, der in die Welt genommene Herrgott, der Mensch gewordene Gott. Wir müssen doch nur diese Worte, die wir so abgreifen und hersagen, einmal wieder ursprünglich fühlen und schmecken, was damit gesagt ist, und wir werden spüren, daß an dieser Wirklichkeit das Sehnen und Suchen eine Heimat findet, daß da eine Botschaft ergangen ist, die viel verspricht, und eine Wirklichkeit geschehen ist, die noch mehr hält.

Wenn wir unseren Kyrios wieder kennen lernen, dann werden wir unsere eigene Sicherheit wieder finden und wir werden die Wunder seiner Liebe verstehen.

Aus der Predigt über das Altarsakrament; 1941: GS III/372.

25. Mai

CHRISTUS, UNSER BRUDER

Von der Tatsache Christus her ist unser Tabernakel eine dreifache Erfüllung der großen Sehnsüchte und Schicksale des Menschen in seinem Leben. Da ist die erste Erfüllung seine Gegenwart. Daß er da ist, daß einfach in dieser Welt der Punkt ist, wo die Menschheit erfüllt ist. Schauen wir doch durch die Schleier hindurch! Bleiben wir nicht an irgendwelchen frommen Devotionen oder sonstigen überkommenen Schablonen hängen! Daß wir doch wieder einmal spüren, was gemeint ist! Entweder haben Sie, wenn Sie die Knie vor dem Tabernakel und der Hostie beugen, noch ein Ahnung, daß da der Kyrios ist, Gott, oder wir lügen. Man beugt das Knie nicht aus Gewohnheit, aus Erinnerung, nicht, weil der Nachbar es beugt. Daß der Kyrios da ist, daß wir diese Tatsache, die allein das Weltbild des Christen innerlich umstürzen und innerlich segnen und weihen würde, daß wir die wieder ernst nehmen! Deuteln wir nicht daran herum und lassen wir dem Herrgott seine Größe und daß er seine Größe auch in Wundern seiner Liebe offenbaren kann. Es ist kein weiterer Weg aus der Einsamkeit der Trinität zur Menschwerdung als der vom Kyrios, vom Menschen Christus in die Gestalten von Brot und Wein. Und wenn Gott uns gesagt hat, das ist, dann stehen wir vor diesem „Ist", vor dieser Wirklichkeit und lassen uns davon mitnehmen und innerlich tragen und innerlich wirklich formen. Dann ist es wahr, daß in jedem Tabernakel die Garantie und Verheißung dafür ist, daß die Welt überwunden ist, daß die Schicksale geheilt und die Sehnsüchte gestillt sind. Es ist der Kyrios aus der Herrlichkeit des Vaters, der hier ist, der Betlehem und Nazareth und Golgotha und Kalvaria und Ostern hinter sich hat, aber immer unser Bruder ist und bleibt. Denken Sie sich selbst aus, wenn Sie durchs Leben gingen aus dem lebendigen Wissen allein um diese Tatsache.

Aus der Predigt über das Altarsakrament; 1941: GS III/373 f.

26. Mai

CHRISTUS ÜBERWINDET ALLE ENGE

Ein zweites Mal ist dieser stille Tabernakel Erfüllung dessen, was den Menschen plagt. Es ist da ein Opfer. Der Herr ist da als Opfernder. Er ist nicht nur in unserer Reihe, auf unserer Seite, er ist an unserer Grenze; da, wo unsere Schicksale zerbrechen, da hat er sich hingestellt und ist mitzerbrochen und hat durch dieses Mituntergehen den Untergang innerlich gewandelt.

Seitdem gibt es keine endgültige Grenze für den Menschen mehr, keine endgültige Enge mehr, so daß ein Mensch verkommen müßte, seitdem Gottes Sohn

in die Enge eines menschlichen Lebens,
in die Enge eines verfolgten Daseins,
an die Enge eines Kreuzes,
in die Enge eines Tabernakels ging

und von da aus segnend und herrschend und herrscherlicher Gott ist. Seither ist unser Dasein innerlich gewandelt und hat unsere Not und unsere Sorge die größte Möglichkeit, in diese Wandlung dauernd einzugehen und

unsere Enge dauernd in seiner Weite zu überwinden und
den kleinen Beruf mit dem großen Geist zu füllen und
das kleine Schicksal mit dem großen Herzen zu tragen und
in der kleinen Stube nicht zu vergessen, daß da ewige Horizonte aufdämmern.

Aus der Predigt über das Altarsakrament; 1941: GS III/374.

27. Mai

KOMMUNION

Ein drittes Mal ist dieser stille Tabernakel Erfüllung: Kommunion. Schauen wir uns auch da wieder an, wie wir zur Kommunion gehen: eine fromme Privatandacht, um einer Pflicht zu genügen, um Verheissungen sicherzustellen, um Ablässe einzuheimsen, um irgendwelche fromme oder unfromme Bedürfnisse zu befriedigen. Das können alles echte und gute Gründe sein, aber keiner von ihnen trifft das Letzte und keiner von ihnen trifft das eigentlich Wirkliche. Das war die große Sehnsucht der Menschen: „Du Nachbar Gott, nur eine schmale Wand trennt mich von Dir" (R. M. Rilke) und vielleicht einmal hörst Du mein Klopfen, und sie fällt ein. „Du Nachbar Gott": Die Gottinnigkeit des Menschen. Lesen Sie die alten deutschen Mystiker. Lesen Sie selbst unsere Sagas, was da drinnen für eine Sehnsucht quillt nach dieser Gottinnigkeit. Der liebste Ausdruck der deutschen Menschen, da sie noch beteten, war „gottinnig", war „Gott im Herzen geboren", das Lied von der Gottesgeburt, das ein ewiges Lied des deutschen Menschen ist, von der Gottesnähe im Menschen selbst. Da steht der Herr und sagt: „Nehmt und eßt, nehmt hin und trinkt" (Mt 26,26-28). Es ist nicht nur die Gottesnähe, nicht nur Gottesinnigkeit, es ist innerste, allerinnerste Teilnahme, wie sie nur Liebe ersinnen kann, die wirklich ohne Grenzen ist und vor der alles Gesetz und alles scheinbar Rationale sich beugt und ganz andere Wege geht.

Aber gottinnig und gottnah kann man nicht sein, ohne gottförmig zu werden. Daß er uns innerlich umformen kann, darum soll man an diese Bank gehen, an den Tisch des Herrn, mit dieser Offenheit dafür, daß man da hineingerissen wird in diese Dimensionen, in denen Gott lebt. Wer von der Kommunionbank wieder aufsteht, wer aus dieser Begegnung mit dem schweigenden Kyrios kommt, dessen Leben muß Zeugnis davon geben, daß er diesen letzten Segen, diese letzte Weihe bekommen hat; das muß ein Mensch werden, der alles Unterwegs aushält.

Aus der Predigt über das Altarsakrament; 1941: GS III/374 f.

28. Mai

BROT DER STARKEN

Wenn wir begreifen; was da ist, und verstehen was da ist, daß wir dann wirklich als Männer und Frauen und Menschen im Leben stehen können, denen man anspürt, sie haben das Brot der Starken gegessen.

Wie können wir dastehen als Hilfe und Segen für andere, die den Halt suchen, als lebendiges Dokument dafür, was mit Christus und Christentum gemeint ist, als Zeugen des Wortes und der Wirklichkeit, die von unserem Herrgott her in die Welt gekommen ist: „Ich lebe und auch ihr sollt leben" (Jo 14,19).

Seien wir doch nicht unecht und nicht unehrlich, wenn wir von unseren christlichen Geheimnissen kommen! Bringen wir das Leben so mit, wie es ist, und es wird mehr gesegnet werden. Und seien wir doch nicht verschwiegen und unecht oder unaufrichtig, wenn wir aus diesem Segen zurückkommen. Lassen wir das ganze Wesen und die ganze Kraft und die ganze Weihe und Würde unser Bewußtsein innerlich durchformen.

Und Sie werden noch erleben, wie die Welt nach Ihnen greift, nach diesen gesegneten und geweihten und innerlich sicheren und allen Schicksalen überlegenen Menschen, weil sie aus einem Sternpunkt kommen, an dem der Mensch über das Schicksal, das kleine und das große, hinausgerät, weil er vom Kyrios geweiht ist, in dessen Segen selbst der Untergang noch ein Sieg ist und in dessen Namen es für uns nur eines gibt: Leben und Bewährung und Treue und dann Sieg und innerliches Wissen, daß das Leben vor seine letzte Heimat geraten ist.

Aus der Predigt über das Altarsakrament; 1941: GS III/376f.

29. Mai

Es geht ein Lied

Es geht ein Lied um die Welt, ein altes Lied, das immer wieder neu gesungen wird, ein Lied, das den Menschen keine Geschichte abgewöhnt und keine Not vertreibt und keine Skepsis vergällt, das sie immer wieder anstimmen, dieses Lied von den Rosen, vom Glanz der Ringe, vom Tausch der Herzen, vom Anbruch neuen Lebens. Dieses Lied von den Wundern der Liebe. Es sind immer wieder neue Menschen, immer neue Jugend, die dieses Lied anstimmt. Und die es singen, singen es anders als die , die es hören, es beurteilen, es innerlich vernehmen. Die es singen, singen es als neuen Anfang; es ist alles irgendwie neu und ein neuer Glanz, eine neue Weihe liegt über dem Ganzen.

Und die es hören, hören es vielleicht als Menschen eines gelungenen Lebens, einer gelungenen Liebe, und sie denken in Ehrfurcht und Ergriffenheit zurück an den eigenen Anfang, da sie selbst in dieses Lied der Menschheit einstimmten.

Und die es hören, hören es vielleicht als die Zerbrochenen, als die Verbitterten, als die Enttäuschten, und ihr Lächeln wird müde und ihr Auge ist stumpf, und wenn sie unbeherrscht sind, sagen sie sogar: Wartet nur, das Lied wird euch schon vergehen.

Und die es hören, hören es vielleicht als die Hoffenden, die über ihr eigenes Erlebnis und über ihr eigenes Schicksal hinaus das eine hoffen und erwarten: irgend einmal muß dem Menschen doch die Liebe gelingen.

Aber die es jeweils singen, das immer neue Volk, die schlagen alle Erfahrung, die man ihnen anbieten will, aus dem Kopf und Sinn: das ist etwas ganz Neues, ein Lied, das noch nie gesungen wurde, das nur dieses Herz ersehnen und dieses Gemüt bejubeln konnte.

Aus der Predigt über das Sakrament der Ehe; 1941: GS III/378.

30. Mai

EHE

Das letzte Geheimnis, der tiefste Sinn liegt darin, daß die Ehe ein Sakrament ist. Ein herkömmliches Wort, ein abgebrauchtes Wort! Und doch, was liegt darin für unser persönliches Leben an Heilung und Kraft für die Not der Liebe! Was liegt darin an Ordnung und Segnung und innerer Festigung des Menschen, um die Schicksale die und Not der Liebe auszuhalten und zu bestehen! Wenn ich Ihnen sage, die Ehe ist ein Sakrament, so heißt das, sie ist vom Herrn gestiftet, sie wird Quelle von innerer Gnade, von übernatürlicher Werthaftigkeit, sie reißt den Menschen hinein in die Wirklichkeit Gottes. Und das, was ihn zusammengibt in den Dienst der Gemeinschaft, in die Erfüllung der Sehnsucht, in die schöpferische Kraft und den schöpferischen Dienst am kommenden Menschen, genau das hebt ihn auch höher hinauf in den Raum, in die größere Wirklichkeit Gottes.

Jetzt schauen Sie, was von da aus der Mensch dem Menschen wert ist; wie er ihm von daher nicht nur Erfüllung, Tor der Verheißung, Quelle des Schmerzes und der Enttäuschung ist, sondern wie vom Herrgott her Garantie ist, Gnade ist, wirklich Heimat, Segnung und Quelle von Gnade. Das Sakrament wurde damals nicht fertig und abgeschlossen, als Sie vom Altar gingen. Das geht mit Ihnen und wirkt im Menschen so lange, bis der Tod die beiden scheidet. Solange sind Sie sich gegenseitig Gnade und innere Vergöttlichung und können und sollen aneinander wachsen, hinein bis ins innerste Herz Gottes. Das wird einmal ein Jubel sein eine ganze Ewigkeit hindurch, wenn ein Mann entdeckt und eine Frau, daß sie dem Treugesellen ihres Lebens nun auch den Glanz der Ewigkeit verdanken, daß sie miteinander und aneinander gewachsen sind, hinein in diese Herrlichkeiten Gottes. Von diesen letzten Perspektiven her wird all das andere zweitrangig. Von diesen letzten Perspektiven her kann man wirklich alles wagen miteinander und alles ausstehen miteinander.

Aus der Predigt über das Sakrament der Ehe; 1941: GS III/389 f.

31. Mai

Bis ins Herz Gottes

Es gilt zu hüten den Glanz und die Herrlichkeit Gottes und Ihr eigenes ewiges Schicksal. Um diese Dinge wird gewürfelt, so ganz ernst und wichtig und gültig, in Ihren Familienstuben, in den Kammern Ihres Daseins, in den Häusern, in denen Sie zusammen leben und zusammen glühen sollen. Aus diesem Wissen um die innere Dringlichkeit einer Liebe, daß sie gelten muß bis ins Herz Gottes hinein, muß all das andere bestanden werden: muß bestanden werden die Treue zur Ordnung der Liebe, muß bestanden werden die Treue zur Möglichkeit und Willigkeit zum Kind, muß bestanden werden, daß man sein Herz und seine Augen vergeben hat und die fremde Schönheit nicht mehr eine werbende Schönheit sein darf, sondern eine Wirklichkeit, die man grüßt und an der man weitergeht – nach Hause.

Nehmen Sie von da her Ihr Wissen um sich selbst und Ihren Willen zu sich selbst, und Sie werden spüren: Von da her ist mehr Kraft und ist mehr Möglichkeit, auch mit dem versagenden Glück und der versagenden Liebe fertig zu werden. Was heißt denn Glück? ... Es gibt wie überall, so auch hier im heiligen Raum der Ehe Situationen und Stunden, in denen die Treue über das Glück geht. ...

Und versuchen Sie es mit dem Wissen um die große Wirklichkeit, mit dem Willen, der großen Wirklichkeit treu zu bleiben, und Sie werden spüren, über unseren Familien werden wieder Weihe und Würde und Segen liegen. Und man wird sich eigentlich drängen in Ihre Stuben, weil man merkt, da gilt ein anderes Gesetz, eine andere Ordnung, eine andere Auffassung; da ist Heimat und da ist vielleicht, weil gar nicht zuerst dieses faßbare und greifbare Glück gesucht wird, sondern zuerst Treue, Dienst, Erfüllung, gerade deswegen ein anderer Glanz und ein anderer Schein. Zeigen Sie durch Ihr Dasein, daß wir von unserer christlichen Wirklichkeit her auch eine Antwort wissen auf die Not der Liebe der Welt.

Aus der Predigt über das Sakrament der Ehe; 1941: GS III/390–392.

Juni

Alfred Delp
als Präfekt in der Stella Matutina, um 1934
(Abb. 6)

1. Juni

Das Erlebnis des Todes

Diese siebte Sendung begleitet den Menschen in seine äußerste Situation, in der er schwach wird und hilflos und an die Grenze seines Daseins gerät. Es wird gerade in dieser Weihe, in diesem Segen sichtbar, was die Absicht all der Segnungen war, die vom Herrn her in unser Leben kamen: aufrichten, heilen, innerlich kräftigen, so es des Herrn Wille ist zur Rückkehr ins Leben, und innerlich segnen und stärken so es des Herrn Ruf ist zur Meisterung des Todes. Und ich sage Ihnen keine Neuigkeit, wenn ich Ihnen sage, daß gerade diese Weihe und dieser Segen die Welt und den Menschen wieder in einer Not treffen, in einer allerletzten Not, im Erlebnis und Ereignis seines Endes. Von dem Erlebnis und dem Ereignis dessen, daß wir zu Ende gehen, und was da für eine Not und Kümmernis aufbrechen, was für ein großer Sinn und was für eine Möglichkeit für uns Christen darin beschlossen liegen, davon wollen wir heute sprechen. ... Lassen wir die Tatsachen stehen, wie sie sind und schauen wir sie an, wie sie sind; sie sind hart und ernst genug. ...

Das Erlebnis des Todes wird keinem von uns geschenkt. Zwar drücken wir uns lange genug davon und solange wir nur wissen, alle Menschen müssen einmal sterben, so lange ist es doch nur ein Ereignis irgendwann einmal am Ende der langen Straße unseres Daseins, unseres Horizontes, unseres Lebens – bis dann plötzlich dieses Ereignis neben uns steht. Wir sind am Sterben, solange wir am Leben sind innerhalb dieser Welt. Und das ist nun die Frage: Was fängt der Mensch mit diesem Erlebnis seines Zu-Ende an? Verscheucht er, verschleiert er, verlügt er es und betrügt er sich so eigentlich um die Möglichkeit, seine Welt, sein Leben einmal von den Grenzen her zu sehen, als Ganzes in den Blick zu bekommen und von da aus die letzten Horizonte zu sichten, oder stellt er sich diesem Letzten. Da scheiden sich und entscheiden sich die Geister.

Aus der Predigt über das Sakrament der Krankensalbung; 1941: GS III/393f.

2. Juni

KRANKENSALBUNG

Da ist unser Sakrament, ... daß die Priester der Kirche erscheinen am Bette des kranken Menschen und ihn salben und über ihn beten. Und wir glauben, daß im Menschen da etwas geschieht, daß der Mensch da innerlich noch einmal angerührt wird, noch einmal gekräftigt wird, innerlich aufgerichtet wird, um diesen letzten Gang, so Gott es fügt, als Christ mit all der Kraft zu gehen und mit all dem Wissen und Können und Lieben zu gehen, das wir als Christen in diese äußerste Stunde mitzubringen haben. ...

Denn Leben und Tod gehören zusammen. Man kann das Ende nicht begreifen, wenn man das Ganze nicht begriffen hat; man kann das Ganze nicht richtig sehen, wenn man das Ende nicht recht begriffen hat. ...

Der Tod des Christen ist ein Geheimnis, nicht bloß die letzte verschlossene Stunde, in die niemand hineinsieht außer Gott und der Mensch, der stirbt. Es wird sichtbar, daß in diesem Zu-Ende-Gehen innerhalb des Kosmos, den wir als Christen darstellen, innerhalb der Gottverbundenheit und Gottgefülltheit, die ganze Wirklichkeit Christi existent ist, da wir hineinsterben in das sieghafte Sterben des Herrn.

Der Tod des Christen ist eigentlich der letzte Mitvollzug des Kreuzes, aber des Kreuzes, über dem schon Ostern steht.

Der Tod des Christen ist nicht wie das Verenden irgendeines Lebewesens. Da ist noch einmal die ganze Dimension, die ganze Spannung, die im Christenleben ist, zu einer letzten inneren Verdichtung und Wirklichkeit aufgerufen; deswegen Sakrament und Salbung und Gnade und deswegen Weihe und Würde des christlichen Menschen im Tode. Der Christ stirbt, er verendet nicht.

Aus der Predigt über das Sakrament der Krankensalbung; 1941: GS III/401–403.

3. Juni

Gesätes Samenkorn

Wir sind gesätes Samenkorn, das hart sich durchsetzen muß, das bersten muß, dem aber Aufgabe und Sonne und Sieg sicher sind und verbürgt. Es bleibt nur das eine, gerade von dieser Sicht des Endes her: das eigene Lebensgefühl zu prüfen, ob wir stark genug sind, stark genug für unser Leben, ob unser Leben dem gewachsen ist, was an Segen und Segnung über uns ergangen ist – oder ob unser Leben dauernd zu klein ist für das, was wir darstellen wollen und sollen und können. ...

Der verstandene Tod des Christen zeigt uns, daß wir tapfer zu sein haben. Und daß wir durch alle Furcht und Furchtsamkeit und Kleinlichkeit im Grunde nur dokumentieren, daß wir uns selber noch nicht verstanden haben. Es kann passieren, daß uns alles aus den Fugen geht, in Scherben zerschlagen wird. Es kann passieren, daß unser Symbol ist jener Alabasterkrug im jüdischen Haus, der zerbrochen wurde. Aber dann muß das andere geschehen, daß es heißt: „und der Wohlgeruch dessen, was das Gefäß barg, erfüllte das ganze Haus" (Mk 14,3). Zerschlagen ist schon viel. Und die Frage ist nun die: Waren wir innerlich so voll und so echt, daß die Menschen wenigstens beim Zerschlagen merkten, wir haben etwas angerührt, das Allerletztes trug und Allerletztes innerlich erfüllte und Allerletztes dargestellt hat? Das Schicksal ist Nebensache. Was passiert, ist Nebensache, es mag treffen, so hart es will, solange der innere Segen steht und die innere Ordnung steht und dieses innere Wissen steht, daß dieser große Segen des Herrn in uns existiert und durch uns in der Welt existent bleiben will. Nicht aus einem Rausch und nicht aus irgendeiner Kopflosigkeit heraus, sondern aus dem Wissen um die Wirklichkeit heraus muß es von uns heißen: Unerschütterlich und standhaft.

Aus der Predigt über das Sakrament der Krankensalbung; 1941:
GS III/401, 406 f.

4. Juni

SCHWEIGENDE ANBETUNG

Herz Jesu von unendlicher Majestät.

Dieses liebende Herz verfügt über eine grenzenlose Liebesmächtigkeit, weil seine Wirklichkeit maiestas ist; erhaben, allem Vergleichbaren überlegen, deshalb ehrfürchtige Scheu und großes Schweigen gebietend. ...

Vor dieser Wirklichkeit verstummt das religiöse Gerede, das die Herz-Jesu-Verehrung so sehr verdorben hat. Die Verniedlichung und Verharmlosung hören von selbst auf wie das Straßengerede bei einer echten Bergfahrt, die die Höhe der Gipfel und der wuchtige Ernst der Massive vor das Gemüt kommen läßt. Schweigende Anbetung und ehrfürchtige Distanz sind trotz Intimität gerade bei dieser Andacht die notwendigen Grundlagen. Vertrautheit mit Gott, deshalb nicht Ehrfurchtslosigkeit. Wir kennen das geheime Leben des Ehrfürchtigen nicht mehr. Der Ehrfürchtige ist aber allein der wahre Mensch. Nur er ist der großen Erlebnisse und Leistungen des Menschenherzens, der Anbetung und der Liebe fähig. Die Verkitschung, die dem Gnadenruf der Herz-Jesu-Botschaft so manches Herz verärgert, versperrt und ihm so viel menschliches Echo verdorben hat, stammt aus diesem Mangel an Ehrfurcht. Der brennende Dornbusch, in dessen Nähe man die Schuhe ausziehen mußte, ist Vorbild und Ahnung dessen, was hier gemeint ist.

Zu Gott sprechen kann nur, wer vorher vor ihm geschwiegen hat in der ehrfürchtigen Kniebeuge der Kreatur.

Aus den Meditationen über die Herz-Jesu-Litanei; 1941: GS IV/262.

5. Juni

CHRISTI HIMMELFAHRT

Er wird wiederkommen, wie er aufgestiegen ist. Es gibt kein anderes Thema als dieses eine: Der Herr wird wiederkommen ...

Von daher kann man den Atem haben, der alle Einsamkeit und Düsternisse aushält. Wir sollen dastehen, nicht als die Zerbrochenen, sondern als die Stehenden, wissend um die Geheimnisse, daß der Herr im Ankommen ist, dauernd im Kommen ist, daß wir uns von daher sicher und in allem gewachsen wissen. Es wird einmal ein großer Vorwurf für uns sein, wenn die Menschheit uns einst anklagen könnte, wir hätten nicht so gelebt, daß man durch uns auf die Idee habe kommen können, daß das Christentum sicher und stark macht.

Aus der Predigt zum Fest Christi Himmelfahrt; 3.6.1943: GS III/210 f.

... (D)aß der Mensch weiß: er hat solange weiterzugehen und so lange unterwegs zu bleiben, bis er dieses Endgültige erreicht hat. ...

Wir sind verloren und verfallen in diese Welt hinein, daß die Wirklichkeit der herrlichen Transzendenz, das Hinausbrechen über uns selbst, uns gar nicht recht aufgeht. Es müßte das uns wieder mehr innerer Besitz werden: dieser Sinn unseres Lebens, dieser beglückende Sinn und diese reifende Wirklichkeit unseres Daseins.

Die letzten Worte, die der Herr uns ins Herz brannte: „Kommt mir nach, aber nur so, daß ihr Zeugen seid bis an die Enden der Erde (vgl. Apg 1,8). Der Herr hat uns die Unruhe ins Herz gebrannt und man verrät den Himmel, wenn man die Erde nicht liebt, und man verrät die Erde, wenn man nicht an den Himmel glaubt, weil man der Erde Gewalt antut und nicht mit segnenden, helfenden Händen zu ihr kommt.

Aus der Predigt zum Fest Christi Himmelfahrt; 3.6.1943: GS III/213 f.

6. Juni

PFINGSTEN

Es ist kein Tag vieler Worte, sondern ein Tag, an dem wir schweigen sollten und der Dinge warten und sie bestaunen, wenn wir uns den Geheimnissen hingeben; ein Tag, der seinen Glanz von innen her hat. ...

Es genügt ihm nicht, Mensch unter Menschen zu werden. Er suchte sich das innerste Menschenherz, weil er diesen Kosmos hineinreißen will zu sich selber. ...

Diesem Menschen wird heute gesagt, daß in seiner innersten Mitte der Glanz des gegenwärtigen Gottes ist, an seine Lebendigkeit sich anschmiegt, ihr göttliche Intensität gibt und den Menschen in eine Lebensfülle hineinreißt, die er nicht ahnen konnte. ...

Wir sind Menschen in Not und Schuld und Ausweglosigkeit und Ratlosigkeit. Da stehen die Stürme Gottes und seines Geistes bereit, in unser Leben einzubrechen und die große Fahrt zu ermöglichen. Bitten wir, daß diese Feuerzungen in unser Leben fallen. Wir wollten so klug sein ohne Gott. Nun fallen andere Feuer über uns her. Es wird nur anders werden, wenn diese Gottesfeuer alles überbrennen. Sie verbrennen nicht, sie richten auf. Dann wird das Pfingstwunder geglaubt werden, weil gewandelte Menschen dastehen, weil Menschen da sind, in denen Gottes Feuer vibriert, in denen die Gaben Wirklichkeit geworden sind: der Geist wird kommen, den Mut Euch aufrichten und ihr werdet mit mir Zeugnis geben. Es handelt sich nicht nur um Erinnerungen, sondern um Dinge, die an uns geschehen sollen, um Steigerung der Wirklichkeit, wenn wir unser Herz Gott auftun. Halten wir stille Stunden der Besinnung über die große Würde und Weihe des Menschen, über die innere Ertüchtigung durch den Geist Gottes und stille Stunden des Betens: Rühr uns an, mach uns helläugig, daß wir in deinem Namen und in deiner Kraft und in deinem Sturm alles neu schaffen.

Aus der Predigt zu Pfingsten; 28.5.1944; GS III/220–223.

7. Juni

EIN GOTT DER WEITE

Wenn irgendein Fest den Menschen persönlich meint, dann dieses: Gott wollte uns persönlich treffen. ... Der innerste Sinn der Pfingstsendung ist dies, daß Gott dem Menschen wohl will. ... Es ist nicht zuerst Last; denn der in uns gegenwärtige Herrgott ist an jedem von uns interessiert. Seine Meisterhand ist dauernd damit beschäftigt, innerlich etwas aus uns zu machen. Der Mensch steht nicht allein mit seinen Schwächen und Grenzen. Wo immer er über sich hinaus will, soll er wissen, daß Gottes Wind jedes Schiff wieder flott machen kann, jedes Tor auftun kann. Diese Botschaft vom Herrn, der so heilswillig ist, daß er sich selbst verschwendet, daß, wo immer ein Menschenherz schlägt und eine Seele sucht, Gott dort seinen eigenen Raum erkennt und in eine innere Symbiose mit dem Menschen kommt.

... (D)aß er ein Gesegneter sein soll und das Erlebnis der Weite haben soll. (Apg 10,34-48) ... Daß die Geistsendung auch über den Volksfremden erging, war für diesen in der völkischen Enge verhafteten Menschen etwas Unerhörtes. „Kann man denen die Taufe versagen?" Eine weltgeschichtliche Botschaft! Die Menschen fallen immer wieder zurück, das Heil und den Wertgehalt des Menschen an eng gezogenen Grenzen zu binden, von der Kaste her, vom Blut her, von der Bildung her. Auch die Menschen des echten Glaubens sind dieser Gefahr ausgesetzt. Gott zeigt sich immer als Gott der Weite. Sinngebung der Geistsendung: daß die Enge zerbricht. Gott kann die Schmalspur nicht leiden, die engen Herzen. ... Darum ehrlich und treu zur echten Wachheit und Bereitschaft streben, neue Ziele und neue Heimat zu bauen, neue Tore aufzutun – dieses innere Wachsein und Lebendigsein. Gott ist der Herr der Schöpfung, der immer wieder Neues herausruft. ... Diese Weite Gottes auch zur Begegnung mit den Menschen, die vor den Toren stehen.

Aus der Predigt zum Pfingstmontag; 29. 5. 1944: GS III/224-226.

8. Juni

VENI SANCTE SPIRITUS
(19)

Der Heilige Geist ist der Atem der Schöpfung. Wie der Geist Gottes am Anfang über den Wassern schwebte, so und noch viel intensiver und dichter und näher rührt der Geist Gottes den Menschen an und bringt ihn zu sich selbst und über sich selbst hinaus.

Theologisch ist das ganz klar. Das Herz der Gnade ist der Heilige Geist. Was uns Christus ähnlich macht, ist die Einwohnung des gleichen Geistes, der in ihm und in uns Prinzip des übernatürlichen Lebens ist.

Glauben, Hoffen und Lieben, die Herzschläge des übernatürlichen Lebens, sind ja nichts anderes als die Teilnahme der begnadeten Kreatur an der Selbstbejahung Gottes, die im Heiligen Geist sich vollendet.

So versteht man den heißen Atem des Veni. Es ist die erhöhte und sehr gesteigerte und dürstende Adventssehnsucht, die da ruft. Es ist der Wille aus dem Kerker, aus der Enge, der Gebundenheit herauszukommen, der dieses Veni immer wieder anstimmen heißt.

Nur wer die unendliche Sehnsucht der Kreatur zugleich mit ihrer endlichen Kümmerlichkeit erfahren hat, wird diesen Flehruf echt anstimmen. Und nur so wird es wirklich ein Ruf, auf den Antwort und Erfüllung folgt.

Aus den Meditationen zur Pfingstsequenz; geschrieben im Gefängnis: GS IV/263.

9. Juni

ET EMITTE CAELITUS

Vom Himmel her: aus dieser Welt der Wirklichkeit Gottes. Von dort her, wo die Dinge beisammen sind, nicht mehr in der Zerstreuung, der Diaspora des Seins. Die Kreatur muß über sich selbst hinaus rufen, um der wirklichen Kraft teilhaft zu werden. Es ist der erste Schritt zu Rettung und Heil, wenn der Mensch erkennt und anerkennt, daß er selbst nicht genügt. Daß er der Sendung und Ordnung Gottes bedarf, der dauernden Führung und Heilung, wenn er den Schicksalen gewachsen bleiben will. Wie der Mensch selbst ein „gesetztes" Wesen ist, das nicht aus eigener Macht und Kraft existiert, so ist seine Tüchtigkeit und Lebenskundigkeit Gabe und Gnade. Wir sind seit Beginn der Urzeit verdorben für diese Erkenntnisse und immer noch tapfer verliebt in uns selbst, obwohl wir doch von Aufbruch zu Aufbruch wandern und marschieren und jedesmal mit weniger Substanz und mehr Wunden vor den neuen Trümmern stehen. Das gilt auch für uns einzelne.

Wenn wir müde sind und verzagen, sollen wir nicht zuerst die Übermacht der Schicksale messen und aufzählen, sondern nur fragen, ob wir nahe genug bei Gott sind und ob wir genug gerufen haben. Die ewigen Berge, von denen Hilfe kommt, sind da. Und ihre Hilfe ist bereit und wartet und kommt. Ich lebe doch gerade den Beweis für diese Wahrheit. Gott erzieht mich direkt und konsequent zu dieser Einsicht. Alles, was ich an Sicherheit und Klugheit und Schläue mitbrachte, ist unter der Wucht und Härte der Widrigkeiten zersplittert. Dios solo basta. (2) Diese Monate haben mir viel zerschlagen, dem Urteil nach zuletzt die ganze physische Existenz. Und doch sind so viele Wunder geschehen. Gott hat diese Sache ganz in seine eigene Regie genommen. Und ich habe das Rufen gelernt und das Warten auf die Botschaft und Kraft der ewigen Berge.

Aus den Meditationen zur Pfingstsequenz; geschrieben im Gefängnis: GS IV/263 f.

10. Juni

LUCIS TUAE RADIUM

Licht ist Wort-Symbol für eine der ewigen Sehnsüchte des menschlichen Lebens. Und zugleich eine der großen Nöte, an denen das Dasein leidet. Immer wieder empfinden wir uns selbst als Nicht-Licht, als Nacht, Finsternis. Das kommt von der ewigen Begabung und Berufung unseres Geistes, der auch in den äußersten Stunden eine Ahnung von der Fülle und Erfüllung behält, der der Mensch innerlich verwandt ist und der er zustrebt. Der Mensch ist von Gott als helles, lichtes Wesen gemeint und auch als solches in die Wirklichkeit entlassen worden. Wir haben uns selbst geblendet. Die Ahnung und die Bestimmung ist geblieben. Der Mensch ist nie kränker, als wenn er sich in Verwirrung und Verirrung verstrickt weiß. Das ist der erste Sinn dieses Flehrufes: daß das Licht Gottes die kreatürliche Düsterkeit und die schuldhafte Finsternis überwinde, uns die Träume und die Furcht aus den Augen wische und uns wieder sehend mache.

Aber es gibt auch die andere Lichtnot des Lebens. Die Überhelligkeit Gottes blendet uns auch. Wir haben oft nur noch Eindrücke und Vermutungen und keine Zusammenhänge mehr. Der ergebene und bereite Mensch darf dann um das Licht Gottes bitten, das die eigene Sehkraft erhöht und sie der göttlichen Fülle, die unser Leben angerührt hat, gewachsen macht. Dann werden wir in der Kraft Gottes selbst erkennen, auch in der dunkelsten und undurchsichtigsten Situation unseres Lebens. Überall, wo das Leben bitter ernst wird, hören die eigenen Einfälle auf oder sie werden kindisch, töricht und tödlich. Das beweist das kleine Leben ebensosehr wie das verblendete große allgemeine Leben.

Aus den Meditationen zur Pfingstsequenz; geschrieben im Gefängnis:
GS IV/264 f.

11. Juni

Veni pater pauperum

Dreimal stimmt die Kreatur jetzt das Veni an, durch das sie ihre Einsamkeit durchbricht und ihre Not in die heilende Nähe Gottes ruft. Dieser Flehruf ist der Bogen, der geschlagen wird von der kreatürlichen Not zur göttlichen Fülle. Und in diesem Bittruf begegnen sich die beiden Wirklichkeiten in einer ursprünglichen und einfachen Beziehung aufeinander. Die Kreatur weiß sich noch als das arme Wesen, das bedürftig ist und dessen Eigenes nicht langt, das notwendigste Leben zu versorgen. Das ist das Thema: wer leben will und leben soll und nicht hat, wovon er leben soll. Dieser Zustand des Daseins gilt nicht nur für die materiellen Sorgen des Lebens. Es gilt durch alle Seinsschichten hindurch und kann genau so dauern und gelten mitten in der größten materiellen Fülle. Den pauperes spiritu gilt eine von den Seligkeiten des Herrn. Aber es wird ihnen ja gerade die Überwindung der Bedürftigkeit versprochen. Hier ist die Kreatur gemeint, die noch mitten in ihrer Bedürftigkeit steckt, gleich welche es sei. Wie oft habe ich diese drei Veni gebetet in den Hungerwochen. Seit der Zeit sind sie mein Tischgebet.

Den bedürftigen Menschen begegnet hier der Geist Gottes als väterliche, d.h. als aus Liebe sorgende Kraft und Macht. Das stimmt. Dem Menschen, der seine Bedürftigkeit anerkennt, der die Eitelkeit, die Anmaßung, die Sicherheit, die Überhebung, den Bettlerstolz von sich tut und sich Gott in seiner nackten Ungeborgenheit und Unversorgtheit vorstellt, dem geschehen Wunder der Liebe und Erbarmung. Von der Tröstung des Herzens und der Erleuchtung des Geistes bis zur Stillung von Hunger und Durst. Es ist der lebendige Gott, der Schöpfergeist, den wir rufen. Arm sind wir. Laßt uns das Gesetz der Not anerkennen und beten für uns und für das Land.

Aus den Meditationen zur Pfingstsequenz; geschrieben im Gefängnis: GS IV/265 f.

12. Juni

VENI DATOR MUNERUM (I)

Dreimal ruft die „arme Kreatur" nach dem Schöpfergeist und dreimal begegnet ihr der helfende und heilende Gott. Diese Unermüdlichkeit des Anrufes ist gut. Der Heilige Geist ist der Geist der Vollendung, der Ausrüstung, des strömenden Reichtums. Er ist schon innergöttlich der Geist der Vollendung.

In ihm eigentlich kommt Gott ganz zu sich selbst. In ihm konzentriert sich die Leidenschaft, mit der Gott sich selbst anhangen und sich selbst bejahen muß, zu der dritten Person in Gott. Und dies bleibt sein Gesetz, seine Ordnung: das Unfertige fertig zu machen, auszuhalten, zu vollenden. Dator munerum heißt er jetzt. Ich wiederhole, er ist der Atem der Schöpfung. Der große Strom, der alles in sich hineinziehen möchte und zurückfluten in die heimatliche Quelle und Mündung.

Wo die Kreatur an sich selbst krank und müde ist und ihrer Armut sich bewußt wird, soll sie ihn rufen. Er ist der Spender. Durch die Mitteilung seiner selbst macht er uns zu Ebenbildern des Sohnes. Er macht uns des neuen Lebens teilhaftig und fähig. Er schafft in uns den höheren Sinn und den höheren Willen und das höhere Herz, auf das wir glauben, hoffen und lieben – das heißt: gottnah und gottverbunden leben können.

Er ist der Spender der Gaben im engeren Sinne, der so oft vergessenen, der unbekannten sieben Gaben des Heiligen Geistes. Damit ist ja nichts anderes gemeint, als die Ausrüstung des Menschen mit neuen Fähigkeiten und Lebenstüchtigkeiten.

Aus den Meditationen zur Pfingstsequenz; geschrieben im Gefängnis: GS IV/266 f.

13. Juni

Veni dator munerum (II)

Das übernatürliche Leben in uns ist echtes Leben, also differenziert. Je mehr Sinne in einem Menschen wach und aufnahmefähig sind, um so mehr lebt er. Je mehr Fähigkeiten der Gestaltung er einsetzen kann, um so mehr lebt er. Dies alles wächst und wird tüchtiger und kundiger, wenn geistige Organe wachsen unter dem schöpferischen Segen des dator munerum.

Es ist die Überwindung der menschlichen Kümmerlichkeit, von der hier die Rede ist. Nietzsches ganze Deklamationen und Träume und Flüche um den Übermenschen und um den kleinen Massenmenschen machen den Menschen höchstens müde oder traurig und sehnsüchtig und am Ende doch erbärmlich.

Diese eine Anrufung recht verstanden und gebetet, bringt uns weiter. Was hilft es mir in meiner jetzigen Lage, etwas von der Größe, die der Mensch haben müßte, zu vernehmen? In dieser Ausgestoßenheit und Einsamkeit und Gebundenheit!

Aber da auf seinen einsamen Straßen die wärmende Nähe des Geistes zu spüren und seinen kräftigen Anhauch, das hilft wieder ein Stück weiter. Und die Dinge haben ihre Übermacht verloren, da Gott sich rufen läßt als Gott der Fülle, der Spendung, des stärkenden Segens. Veni dator munerum. Er findet Wege und Weisen der Tröstung, er hat Arten der Aufmerksamkeit, die die Zartheit und Findigkeit menschlicher Liebe weit übertreffen.

Aus den Meditationen zur Pfingstsequenz; geschrieben im Gefängnis: GS IV/267f.

14. Juni

VENI LUMEN CORDIUM (I)

Licht der Herzen! Noch einmal die Begegnung mit Gott als dem Licht, das die kreatürliche Düsternis und Kümmerlichkeit überwindet. Noch oft wird der Geist das Licht genannt werden. Daß es sich bei der Begegnung mit dem Geist Gottes um eine Begegnung mitten im Leben handelt und um eine Heilung des Lebens an seinen Quellen und Wurzeln, zeigt dieses wundervolle Wort: Licht der Herzen.

Der Mensch lebt nicht von seinen Gedanken und leidet nicht an seinen Gedanken, solange diese nicht eine Leidenschaft oder eine Last seines Herzens geworden sind. Die Verwirrung des Herzens ist die tiefste Verwirrung, die den Menschen überfallen kann.

Ein Mensch ist soviel Mensch, als er Herz einzusetzen hat und einsetzt. Das heißt, als er liebt. Damit ist ein Schlüssel zum Menschenleben und zur Menschengeschichte gefunden, der viele Rätsel aufschließt.

Die Geschichte der Menschen ist die Geschichte der menschlichen Leidenschaften. Und die Geschichte der menschlichen Leidenschaften ist die Geschichte der unerleuchteten Herzens.

Aus den Meditationen zur Pfingstsequenz; geschrieben im Gefängnis: GS IV/268.

15. Juni

Veni lumen cordium (II)

Daß der Mensch in der Entscheidungsmitte des Daseins verwirrt und unsicher und instinktlos werden kann, das ist seine größte Gefährdung. Und daß er so oft instinktlos geworden ist, das ist sein Unglück.

Herz steht hier für Lebensmitte des Menschen, in der seine Fähigkeiten, seine Wünsche, seine Nöte, seine Sehnsüchte sich in eine Entscheidung, einen Impuls, eine Liebe, eine Hingabe sammeln.

Und hier, in dieser Herzmitte des Daseins, soll Zelt und Tempel des Heiligen Geistes sein. Das ist ja seine Art und seine Ordnung, den kreatürlichen Lebensweisen sich innerlich einzufügen, ihre Lebensfunktionen und Lebensäußerungen mitzuvollziehen und sie so auf seine Höhe und Dichtigkeit und Sicherheit heraufzuholen.

Lumen cordium: wir sollen oft darum beten. Daß unser Herz im richtigen Rhythmus bleibt und das richtige Gespür hat. Um das Gespür handelt es sich hier, nicht um den Satz und die klare Aussage, sondern um das Gespür und den richtigen Instinkt. Wenn unser Herz richtig schlägt, ist alles in Ordnung.

Der Geist Gottes erbarme sich dieses armen, törichten, hungernden und frierenden, einsamen und verlassenen Herzens und erfülle es mit der wärmenden Sicherheit seiner Gegenwart.

Aus den Meditationen zur Pfingstsequenz; geschrieben im Gefängnis:
GS IV/268f.

16. Juni

CONSOLATOR OPTIME

Du bester Tröster, Du. Man muß dem Wort den harmlosen und tantenhaften Sinn nehmen. Die Trostlosigkeit ist ein Zustand des Geistes und Gemütes, der sich ergibt aus der erfahrenen und erkannten Kümmerlichkeit und Dürftigkeit der Verhältnisse, der Zustände, der Wirklichkeit, besonders der eigenen. Das Trösten besteht nun nicht im billigen Wegreden der trostlosen Lage. Sondern entweder im Schaffen neuer Zustände, über die der Geist wieder sich freuen kann, zufrieden sein kann.

Denn das ist der Trost: der Zustand des Geistes und Gemütes, der sich ergibt aus der erfahrenen und erkannten Sicherheit, Beständigkeit, Ordentlichkeit, Sauberkeit und Fülle der Wirklichkeit.

Der echte Tröster muß entweder diese neue Lage schaffen oder die alte Lage in solche echten Zusammenhänge bringen, in denen der Kümmerlichkeitscharakter schwindet, die ganze Lage einen echten Sinn bekommt. Beides aber ist gerade das Werk des Geistes an uns. Der dator munerum und pater pauperum überwindet die eigene Kümmerlichkeit und das lumen cordium gibt uns das Gespür für die wirklichen Zusammenhänge.

In der Kraft dieses Geistes sind wir den Schicksalen und trostlosen Stunden gewachsen. Nur immer wieder glauben und rufen.

Aus den Meditationen zur Pfingstsequenz; geschrieben im Gefängnis: GS IV/269f.

17. Juni

Dulcis hospes animae

Die folgenden Verse schildern die Vielfalt der Tröstung, die dem Menschen vom Geist Gottes geschenkt wird. Es wird hier nicht mit kleinen Maßen gemessen. Vor aller Wirkung des Geistes auf den Menschen ... ist er selbst durch seine heilige Gegenwart Tröster und Trost zugleich. Hospes animae: gegenwärtig und zwar in eigenartiger personaler Beziehung und Bindung gegenwärtig: Freund der Seele. Das mystische Erlebnis ist nichts anderes als das schlichte und doch erschütternde Spürbar- und Erfahrbarwerden dessen, was hier ausgesagt wird. Und die ewige Seligkeit ist die dauernde Erfahrung dieser Beziehung. So tief und endgültig tröstet der Geist Gottes, indem er die Grunderlebnisse der Trostlosigkeit, die Einsamkeit und die Ohnmacht, endgültig überwindet und ihren Giftstoff aus dem inneren Organismus verdrängt.

Was für die Religion überhaupt gilt: daß sie ... eine personale Beziehung und Bindung sei: das gilt in gesteigertem Maße von dieser Sphäre der göttlichen Intimität. Es gelten die Gesetze ... und Gebräuche der Freundschaft. Dulcis: süß, nennt das Gebet die Anwesenheit des göttlichen Freundes. Wir scheuen uns oft, dieses Wort in diesem Zusammenhang in den Mund zu nehmen. Wir besitzen die Worte nicht mehr als geistigen Besitz und aus geistigen Erlebnissen, sondern nur noch aus den dekadenten Verzückungen der primitiven Durchschnittserfahrungen. Dabei sollen wir uns ganz klar sein, daß dieses Wort, wie so viele andere der inneren Religiosität, dem Erlebnisfeld der menschlichen Liebe entnommen ist. Die großen echten Urbewegungen des Geistes sind innerlich verschwistert und gehören zusammen. Das Traurige ist nur, daß wir heute weder aus dem Erlebnis der Liebe noch aus der Wirklichkeit der Religiosität eine echte Beziehung zu den Worten haben, die eine innere Beseligung meinen von unerhörter Intimität. Wir sind als Anbetende sowohl wie als Liebende verkümmert.

Aus den Meditationen zur Pfingstsequenz: GS IV/270 f.

18. Juni

Dulce refrigerium

Man muß einmal einem Menschen begegnet sein, dessen Dasein und Nähe allein schon stärkt und erhebt, der für den anderen einfach ein Kraftfeld des Haltes, der Freude, der Zuversicht mit sich bringt, der einfach die Atmosphäre bestimmt: dann versteht man dieses Wort.

Daß die geistige Stärkung und Erhebung und Beseligung, die mit dem dulce gemeint ist, sich wirklich wie Temperatur im Raum verbreitet und das Klima plötzlich voller Zuversicht und Menschenfreundlichkeit ist.

Re-frigerium: Lösung des Erstarrten.

Die Wohltat, die Wärme und Geborgenheit für den der Kälte und den Wunden ausgelieferten Leib bedeuten, die kommt dem Geist, dessen Erlebnisse ja auch die Trostlosigkeiten und Bedrängnisse viel intensiver spüren, in der Begegnung mit dem inneren Freund zu.

Aus den Meditationen zur Pfingstsequenz; geschrieben im Gefängnis: GS IV/271.

19. Juni

In labore requies (I)

Die Armut der geplagten Kreatur sehnt sich und ruft in diesen drei Bitten nach der heilenden Begegnung mit der Kraft des Geistes. Hier werden zunächst drei Grundnöte des Menschen genannt, die der strömende Heilswille Gottes überwindet. Später kommt die Kreatur noch öfter auf ihre Not zu sprechen.

Die erste Grundnot der Kreatur: in labore. „Im Schweiße deines Angesichtes" (Gen 3,19) hieß es am Anfang. Und das ist daraus geworden: der gehetzte, gejagte Mensch der totalen Dienstverpflichtung und der totalen Sorge und der totalen Ruhelosigkeit. Pflicht und Not und Gefahr lassen den Menschen keine Minute aus ihrem zwingenden Bann. Und dann kommt erst noch die persönliche Mühsal, die Not des Herzens, die Sorge um die lieben Menschen dazu. Das ist unser Leben geworden: in labore: die Mühsal und Unstetigkeit und Ungeborgenheit. Die Freiheit der schöpferischen Distanz haben wir nicht mehr gekannt, dafür kennen wir jetzt die Unfreiheit der gequälten Minuten und der endgültigen Ermüdung.

Dieses Ttitanenschicksal des Menschen spielt ja in noch größeren Räumen sich ab. Ablösung des homo sapiens, des homo speculativus, religiosus usw. durch den homo faber war der geheime Befehl der letzten Epochen. Der homo faber ist gekommen, die Fabriken wurden die neuen Dome, die Maschinen die neuen magischen Zeichen und der Mensch bald nur noch das am leichtesten austauschbare Stück in dieser Maschinen- und Nützlichkeitswelt. Und in diese Ordnung und diesen Zwang sind jetzt alle hineingerissen. Das Leben hat ein Trommelfeuer der Beanspruchung auf uns eröffnet, dem wir erliegen, wenn nicht ...

Aus den Meditationen zur Pfingstsequenz; geschrieben im Gefängnis: GS IV/271f.

20. Juni

IN LABORE REQUIES (II)

Ja, wenn nicht von den ewigen Bergen die Hilfe sich niederbeugt. Und nicht dem Menschen von innen her Kraft zuwächst, die ihn über die Dinge hinaushebt, über die toten Punkte hinweggehen heißt, durch die müden Stunden hindurchbringt. Von innen her wird diese Ruhe uns zuwachsen und uns aus der Hetze und Jagd herausheben, auch wenn wir alle ihre Bindungen einhalten und alle ihre Pflichten weiter tun müssen.

Das ist ja die Eigenart des Geistes, sich mitten in die Kreatur einzufügen, ihr Leben mitzuleben und genau da, wo ihre stärkste Not auf ihr lastet, als der helfende und heilende Gott am kräftigsten sichtbar und spürbar zu werden. Der Geist wird uns helfen, diese große Tugend der Unermüdlichkeit zu leisten. Vom Geiste und vom Heiligen Geiste her stärker zu sein als die Wucht, überlegener und sicherer als die jagende Unruhe unseres Daseins. Er gibt uns die freie Überlegenheit und schweigende Fülle, die uns nie endgültig erschöpft werden lassen. Und mögen wir noch so oft meinen, am Ende zu sein – der neue Anruf findet uns nicht nur willig, sondern auch fähig im Namen Gottes.

Nur müssen wir innerlich immer in der Haltung der Offenheit, des Lauschens nach dorthin, der Bereitschaft und Partnerschaft bleiben, sonst saugen uns die Dinge aus und reißen uns hinaus in die öde Diaspora der zerstückelten Welt und Wirklichkeit.

Dem Rufenden und Wissenden und Dürstenden schenkt sich der Geist Gottes in jeden Lärm und jede Not und jede Müdigkeit hinein. Darum ist dies heute unser Gebet, das Gebet zum Schöpfer Geist, der schafft und erschafft und überwindet und ausweitet und uns zu uns selbst bringt mitten in der Eigenart und Eigenheit des persönlichen Lebens.

Aus den Meditationen zur Pfingstsequenz; geschrieben im Gefängnis: GS IV/272 f.

21. Juni

IN LABORE REQUIES (III)

Gerade heute, gerade jetzt, da die Müdigkeit uns oft ans Herz rührt und die Herzen erliegen wollen und der Mensch ausgelaugt wird, gerade heute mitten in der Mühe beten um die heilende Ruhe des Herrgotts: in labore requies. Ihr müden Leute, die euch die Zeit und die Not und die Sorge und die Treue und die Liebe alle Kräfte wegnehmen; die ihr das eigene Dasein verströmen spürt in die hundert und hundert Gelegenheiten und Belastungen; die ihr nicht mehr wißt, wie ihr das in seinem Gefüge gelockerte und zerfaserte Leben noch zusammenhalten sollt; glaubt mir, dies alles ist wahr und wirklich und überzeugt uns stündlich undiskutierbar von seiner Nähe und Wirklichkeit. Aber das andere ist noch wirklicher. In uns selbst strömen die Quellen des Heiles und der Heilung. Gott ist als ein Brunnen in uns, zu dem wir zu Gast und Einkehr geladen sind. Diese inneren Quellen müssen wir finden und immer wieder strömen lassen in das Land unseres Lebens. Dann wird keine Wüste.

Ich will euch erquicken (Mt 11,29): das alte Herrenwort wird vom strömenden Geist Gottes eingelöst. Von innen her wird uns die Kraft und die geistige Sicherheit und Überlegenheit kommen. Wie oft habe ich dies erfahren in der Hetze und Gejagtheit dieser Monate, unter der Last und Übermacht: daß auf einmal die Frische und die Kraft von innen her aufgehen als morgendliche Sonne und die Ruhe des gebändigten Sturmes und der gemeisterten Mühe die Landschaft der Seele erfüllt. Wenn wir die inneren Quellen nicht finden, helfen uns keine Anspannungen und keine äußere Ruhe. Wo aber der Geist Gottes den Menschen anrührt, da gerät er über seine Maße hinaus und es ist immer etwas von der heiligen Stille und seligen Ruhe, der erholsamen Ruhe der Gottesnähe, des Domes, der Waldlandschaft, der guten Freundschaft in ihm.

Aus den Meditationen zur Pfingstsequenz; geschrieben im Gefängnis: GS IV/273f.

22. Juni

IN AESTU TEMPERIES (I)

Das ist die zweite Grundnot der nackten, armen Kreatur: die Glut, die Bedrängnis, die den Menschen in die Enge treibt, oder in die Weite jagt, bis ihm der Schweiß aus allen Poren bricht. Diese Bedrängnis kann von innen her, aus dem Menschen heraus, den Menschen überkommen, wenn der schlafende Vulkan urplötzlich anfängt zu brodeln und zu zischen und plötzlich die Wirklichkeitsfetzen in alle Windrichtungen fliegen. Das heiße Blut, der jähe Zorn, der ausbrechende Machtwille, das schutzlos den Anrufen sich preisgebende Herz: dies und viele andere sind die Arten der inneren Glut, die zum verheerenden Feuer werden können. Von außen her aber wird es dem Menschen immer wieder geschehen, daß er die Mittagsstunden und Mittagssonne seiner Tage auszustehen hat. Wie ein Feuersturm – was das ist, wissen wir ja wieder – kann diese Bedrängnis des heißen Tages in das Menschenleben einbrechen oder aber auch langsam, stetig, Last auf Last, Sorge um Sorge heranreifen und sich der armen Kreatur auf Herz und Gemüt und auf die gebogenen Schultern legen. Auf jeden Fall: es gibt von innen und außen die Glut, das verzehrende Feuer, die bedrängende Last, die das kreatürliche Maß überschreiten und den Menschen Ausschau halten lassen nach Quellen der Frische und Erhebung, nach Kräften des Maßes und der Meisterung.

In aestu temperies: der Geist als Schöpfer unserer Lebenstüchtigkeit. Die Leidenschaft Gottes zu sich selbst, die durch den Geist im Menschen geschieht, verbrennt die ausbrechenden Leidenschaften des Menschen. Der Mensch wächst an Seinsdichte und Seinskraft. Er wird den inneren und äußeren Bedrängnissen gewachsen, seine Entscheidungen behalten das Ziel im Auge und das Maß im Blick und in der Hand. Der starkmütige Mensch ist der Mensch des Heiligen Geistes. Er ist der Mensch der großen Ruhe und der kühlen Erwägung. Die Rosse vor diesem Wagen sind feurig und beben vor Kraft und Wildheit. Aber sie sind gebändigt.

Aus den Meditationen zur Pfingstsequenz: GS IV/274 f.

23. Juni

IN AESTU TEMPERIES (II)

In aestu temperies: der Mensch im Feuersturm des Lebens. Das ist seine zweite Grundnot, daß er sich immer wieder das Herz verbrennt und die Hände und die Flügel seines Geistes und sich immer wieder eingefangen weiß von den wilden Ausbrüchen des Daseins. Was wir da an Bildern in der Seele und im Gedächtnis tragen von flüchtenden Menschen, von zerstörter Habe, von einstürzenden Wohnungen – ja, das ist alles passiert. Und ist doch zugleich nur Bild und Geheimnis der seinshaften Wildheit, der vulkanischen Lavaströme, die den Menschen noch und noch bedrängen. Menschenmacht wird zur Ohnmacht, Menschenkraft zur Armseligkeit, Menschengeist nur noch Instrument, das Schreckliche zu erkennen bis in seine letzten Möglichkeiten. Aber nicht mehr Instrument der Meisterung und Bändigung. Glut gegen Glut. Der Geist erschien damals in Feuerzungen. Aber so ist es bei Gott: Gott ist kein Zerstörer seiner Kreatur, sondern sein Wille zu ihr ist Heilswille.

Und so ist seine Glut heilend und kühlend. Und im Anhauch des Geistes wächst der Mensch über sich selbst und die kreatürlichen und dämonischen Wildheiten hinaus. Er wird fähig des Maßes und der Meisterschaft. Das heilige Feuer Gottes im Menschen macht uns empfänglich für die Feuerbrände der Zerstörung und Verwüstung. Gott ist Feuer und Wasser zugleich. Nur die des Heiligen Geistes voll sind, werden in diesen Zeiten der brennenden Bedrängnisse noch ein Wort zu sagen und ein Werk zu wagen haben. Die Gabe der Kunst der Maße, des echten Überblickes, der gestrafften Zügel und wiederhergestellten Dämme und die Gabe des starken Mutes zur Beständigkeit und Beharrlichkeit gehören zusammen. Diese Kreatur der heutigen Not muß den Geist rufen oder sie wird verbrennen.

Aus den Meditationen zur Pfingstsequenz; geschrieben im Gefängnis: GS IV/275f.

24. Juni

IN FLETU SOLATIUM (I)

Die dritte Grundnot der armen Kreatur: daß sie immer wieder das große Weinen stößt, der große Kummer sie überkommt, den einzelnen und ganze Geschlechter. Es sind meist die Zeiten nach den großen Festen, wenn die Menschen ihrer selbst so sicher und froh waren und sich an ihren eigenen Möglichkeiten berauschten, in denen der Menschheit ganzer Jammer durchbricht. Es war eben Rausch und nicht Ekstase. Im Rausch gelingen Scherben und nicht Gestaltungen. Plötzlich steht der Mensch vor der eignen nackten Wirklichkeit und kommt zur alten, biblischen Erkenntnis: dissipavit substantiam suam, unsere Substanz ist vertan. Oder aber die vergewaltigte Wirklichkeit bäumt sich elementar gegen den Menschen auf. Alle Gesetze, die er verriet, kehren sich als Strafgerichte gegen ihn. Die Triumphzüge des großen Lebens wandeln sich, zuerst in harte Kriegszüge, dann in elende Bettler- und Notzüge und schließlich in endlose Leichenzüge. Wieder stöhnt die Kreatur auf und weiß nicht weiter in diesem blutigen, ausweglosen Kreis. In dieses Notstöhnen klingt das andere hellere und reinere Weinen der geschlagenen Unschuld, des vergewaltigten Rechtes, der Menschen, die in die Kerker und Ketten der Willkür geschlagen wurden, die bittere und bekümmerte Sorge derer, die Zusammenhänge sehen und Auswege suchen und doch nur erfahren, daß der Mensch sich wohl noch blutige Hände graben kann, aber keinen Ausweg mehr findet. Es langt nicht mehr, weil es rein menschlich nie gelangt hat. Was zu gelingen schien, war Anmaßung, Gewalt, Eitelkeit, Krampf und Deklamation. Und Vergeudung der Substanz. Dies ist die Not, die vielfache Not der Kreatur.

Aus den Meditationen zur Pfingstsequenz; geschrieben im Gefängnis: GS IV/276f.

25. Juni

In fletu solatium (II)

Und da steht das Wort von der Tröstung wieder. Nicht als Verharmlosung, sondern es ist so wirklich wie die Fessel an meinen Händen: wenn der Geist den Menschen anrührt, gibt er diesem die Gewißheit von der schöpferischen Freiheit Gottes, von der großen Notwende, zu der Gott fähig und willens ist. Dies ist schon eine erste Erhebung, daß der Mensch über sich selbst hinausgehoben wird und zum Träger, Eigentümer neuer Fähigkeiten und Tüchtigkeiten, von denen er vorher keine Ahnung hatte. Neue Sinnzusammenhänge gehen ihm auf, die Dinge und Zustände enthüllen sich als Träger einer Botschaft, der Johannesbotschaft der Umkehr und Heimkehr. Das elendeste Schicksal vernimmt das Wort vom Samenkorn, den Ruf zum Opfer, von dessen Befolgung allein die Menschheit immer wieder leben kann. Der Mensch erfährt innere Impulse von Wärme und Kraft und Licht, die wie gesegnete Ströme in die Wüste einbrechen und sie wandeln in fruchtbares Land. Wenn ich an die Nacht in der Lehrterstraße denke, in der ich Gott um den Tod gebeten habe, weil ich diese Ohnmacht nicht mehr ertragen konnte, dieser Wucht und Wut mich nicht mehr gewachsen fühlte. Wie ich die ganze Nacht mit dem Herrgott gerungen und einfach meine Not ihm hingeweint habe. Und erst gegen Morgen strömte die große Ruhe in mich ein, eine beglückende Empfindung von Wärme und Licht und Kraft zugleich, begleitet von der Erkenntnis: du mußt es durchstehen. In fletu solatium. Das ist der Tröster-Geist, das sind die schöpferischen Dialoge, die er mit dem Menschen führt, die geheimen Weihen, die er erteilt und kraft derer man leben und bestehen kann.

Aus den Meditationen zur Pfingstsequenz; geschrieben im Gefängnis: GS IV/277f.

26. Juni

LUX BEATISSIMA

Wieder das Wort vom Licht. Vom beseligenden Licht. Genau das, was ich vorher zu schildern versuchte, ist damit gemeint. Daß Gott sich dem Menschen zu spüren gibt als lebendige Wirklichkeit, die beglückend überfließt und einströmt. Es gibt Tage im Sommer, in denen das Licht uns als spürbarer Segen umgibt. Etwa auf einer Waldwiese oder mitten in einem reifenden Kornfeld oder auf einem See.

Das Empfinden des Menschen öffnet und weitet sich, er weiß sich eins mit der Kreatur um ihn herum und erfährt eine beglückende Ahnung von den reifenden und heilenden und segnenden Kräften, die im Kosmos geborgen sind. Und die nur der offene und ehrfürchtige und behutsame Mensch erfährt. Das ist Ahnung und schwaches Abbild der Gotteserfahrung der lux beatissima.

Daß es Stunden gibt, in denen der Herrgott wie zärtliche Wogen des Glücks seinen Menschen umgibt,
umströmt,
in ihn einströmt und
ihn durchfließt,
in denen der Mensch sich wirklich einbezogen weiß in den seligen Lebensstrom der Gottheit.

Einmal wird das unsere ewige Seligkeit ausmachen. Jetzt geschieht es seinsmäßig schon immer als Zustand der Begnadung, der Gotteskindschaft und bewußtseinsmäßig in den hohen Stunden der Begegnung. Aber es ist.

Und von diesen Stunden kann man leben, viele Wüstentage hindurch und viele Wüstennächte, weil das Dasein, dem dies geschenkt wurde, das stille Lächeln Gottes in allen Dingen und Zuständen und Verhältnissen sieht.

Aus den Meditationen zur Pfingstsequenz; geschrieben im Gefängnis: GS IV/278.

27. Juni

Reple cordis intima

Wieder die Beziehung zwischen Licht und Herz, von der schon einmal zu sprechen war. Es ist das Gleiche gemeint. Licht besagt hier nicht zuerst eine Beziehung zum Verstand, zur Vernunft, zu den Augen des Geistes.

Nein, es meint den Willen Gottes, den Menschen in der Mitte anzurühren, dort die geweihten Brunnen zu entsiegeln und dort den Himmel werden zu lassen. Verstand, Vernunft wachsen mit der allgemeinen Erhebung der Kreatur.

Der Mensch im Glück dieses Lichtes ist hellsichtiger, ahnungsvoller, weiser. Er entlarvt die falschen Ansprüche der Dinge und Verhältnisse und Menschen und wird ihnen zugleich gewachsen und begegnet ihnen gütiger als die Menschen außer diesem Licht, weil er ihren echten Platz weiß, ihren echten Strahlenwert kennt und sie durchschaut bis in das Geheimnis ihres Auftrages und ihrer Bildlichkeit.

Cordis intima: es geht wirklich um ein Leben der Intimität mit Gott. Mehr als der Pflicht, des Herkommens, der Übung, des Allgemeinüblichen. Von diesen mag es sogar wegführen. Es geht um die gesteigerte Verwirklichung der personalen Beziehung, als die allein Religiosität etwas taugt.

Wie eine Freundschaft, eine Liebe eben als Liebe, im liebenden Austausch und Dialog durch alle Seinsschichten sich vollzieht und so immer mehr wird, so gilt es hier auch. Nur daß der schöpferische Partner hier der Geist Gottes allein ist, um dessen segnendes Kommen wir bitten.

Aus den Meditationen zur Pfingstsequenz; geschrieben im Gefängnis: GS IV/279.

28. Juni

TUORUM FIDELIUM

Von den Gläubigen des Heiligen Geistes ist nachher noch eigens zu sprechen. Für jetzt nur eine Korrektur und nähere Erklärung des Gesagten. Wie alle echte Intimität, so beruht auch diese Intimität mit dem Geist Gottes auf der vertrauensvollen Hingabe und Offenheit.

Auch der Geist Gottes vergewaltigt den Menschen nicht, auch nicht zu des Menschen Glück und zu seiner Verwirklichung. So bleibt dieser Dialog echter Dialog, auch wenn die schöpferische Kraft nur von Gott her ausgeht und uns anrührt. Wenn je eine Intimität innerer Sorge und Pflege bedarf, einer ehrfürchtigen Behutsamkeit und Wachheit, dann diese. Der Mensch, der mit groben Sinnen und derben inneren Gebräuchen in diesen Dialog eintritt, begibt sich vieler Gnaden und Segnungen. Er überhört so viele innere Worte und Weisungen, diese leisen Sendungen, diese zarte und vornehme Verhaltenheit Gottes. Es gibt auch Stunden, in denen Gottes Licht wie ein Blitz in den Menschen fällt oder wie eine schwere Last die Wasser unseres Daseins bis auf den Grund in Bewegung bringt.

Auch diese Stunden sind Anfragen und Angebote, die der Mensch versäumen kann. Aber für die ständige Führung dieses Dialogs bedarf es einer hellhörigen Wachheit und empfindsamen Offenheit über sich selbst hinaus. Und die beständig unternommene Verlagerung der eigenen Lebensmitte in den Herrgott. Die Zuversicht mit der wir uns Gott nahen, ist das offene Tor, durch das Gottes Wunder, Gottes Kräfte und Gott selbst in unser Leben einziehen.

Aus den Meditationen zur Pfingstsequenz; geschrieben im Gefängnis: GS IV/279f.

29. Juni

SINE TUO NUMINE

Dieser Vers ist kein fertiger Satz, keine fertige Aussage, man sollte deswegen nicht darüber betrachten. Und doch ist er ein gewichtiges Thema für uns heute: da steht nämlich kurz und bündig der große Irrtum und Wahn unseres Geschlechtes, und zugleich sein Schicksal.

Sine tuo numine: gnadenlos wollten wir leben. Nur der eigenen Kraft vertrauend, nur dem eigenen Gesetz verpflichtet, nur den eigenen Einfällen ergeben, den eigenen Instinkten gehorchend. So haben wir die neuen Türme bauen wollen. Wir haben gesungen und gejubelt, sind marschiert und haben geschafft, wir haben gepraßt und gedarbt, gespart und vertan – und das Ergebnis genau unser Gesetz: sine tuo numine, ein gnadenloses Leben.

Die Zeit ohne Erbarmen. Die Zeit der unerbittlichen Schicksale. Die Zeit der Grausamkeiten und Willkür. Die Zeit der sinnlosen Tode und der wertlosen Leben. Wir sollten nicht erschrecken, daß unser Leben sich selbst verwirkt hat. Und wir, die wir mit hineingerissen werden in den unheilvollen Sturz, den wir zu verhindern vielleicht doch nicht genug getan haben, wollen im Schicksal selbst das Schicksal überwinden, indem wir es wandeln in den Ruf nach Gnade und Erbarmen, nach dem heilenden Strömen des Geistes. Nie wieder sollen die Menschen sich so über ihre Möglichkeiten täuschen und sich solches antun. Die übrig bleiben, sollen die Zusammenhänge wissen und sehen und mit feurigen Zungen künden. Der gnadenlose Weg ist Anmaßung und Absturz.

Der Mensch ist nur mit Gott zusammen Mensch.

Aus den Meditationen zur Pfingstsequenz; geschrieben im Gefängnis: GS IV/280f.

30. Juni

NIHIL EST IN HOMINE

Es ist nichts mit dem Menschen ohne Gott. Man ist manchmal versucht zu sagen: es ist überhaupt nichts mit dem Menschen. Das kommt aber nur daher, daß die wenigsten das Glück haben, einem echten Menschen zu begegnen. Wir stehen ja alle in diesem Gesetz der Irrwege: sine tuo numine. Wir wurden ja alle falsch gebildet und sind falsch gelaufen. So ist unser empirisches Erlebnis vom Menschen eben das der Schwäche und Ohnmacht und äußersten Hilflosigkeit. Daß dies nicht grundsätzlich, sondern nur als Mangelerscheinung so ist, dafür bürgt die Anlage und Fähigkeit des Menschen zum Endgültigen und Fertigen, die heilige Sehnsucht, die immer wieder ausschauen und hoffen heißt, die innerste Unzufriedenheit mit dem tatsächlichen Zustand des Daseins, aus der heraus der Mensch immer wieder aufbricht und auf die Pilgerfahrt zum ewigen Antlitz des Menschen sich begibt.

Der Mensch ist befähigt, und berufen zu einem großen Bewußtsein seiner selbst und zu dessen Verwirklichung. Nur muß er ernst machen mit der Wahrheit, daß er allein eben nicht Mensch ist.

Gott gehört in die Definition des Menschen. Und die innerste Lebensgemeinschaft mit Gott zu den ersten Voraussetzungen eines gelungen und gekonnten Lebens.

Das wird die große und wichtige Entscheidung sein, die allein die Menschheit aus der große Bedrängnis, in die sie durch sich selbst geraten ist, herausbringt. Umkehren und heimkehren bis in die konkretesten Lebensvollzüge hinein.

Aus den Meditationen zur Pfingstsequenz; geschrieben im Gefängnis: GS IV/281f.

Juli

Alfred Delp vor dem Volksgerichtshof

◆

Gemälde von Ruth Kiener-Flamm, München
(Abb. 7)

1. Juli

Nihil est innoxium (I)

Es ist eine arge Verfassung der Kreatur, der gesamten Wirklichkeit, von der hier in diesen drei Worten gesprochen wird. Nichts ist heil. Noch mehr: nichts ist unschädlich. Das heißt doch, es gibt einen Zustand, eine Verfassung des Wirklichen, in der die Dinge nicht nur in Ordnung sind, sondern in der sie gefährlich, giftig, zerstörerisch sind. Was wir manchmal im einzelnen erleben: daß sich alles, was ein Mensch auch anrühren mag, gegen ihn kehrt und wendet und ihm bitter weh tut, das trifft auch für ganze Generationen, für geistige Bewegungen, soziale und wirtschaftliche Verhältnisse usw.: man sieht und spürt und erlebt, wie die Dinge sich umkehren. Wie die Sätze und Programme sich in ihr Gegenteil verkehren und zwar nicht nur deswegen, weil die Verkünder und Vertreter es verraten haben. Sondern weil die Wirklichkeit stärker ist und weil sie auf einmal feindselig geworden ist und hartherzig und kalt. Das ist die erfahrungsmäßige Bestätigung unseres Satzes.

Die Wirklichkeit ohne Gott ist seinshaft falsch.

Das seinshaft Falsche aber ist zum Aufbau gesunder Ordnung, zum Schutz gesunden und echten Lebens nicht nur unbrauchbar, sondern gefährlich. Es gibt in den letzten Wertungen und Bedeutungen keine Neutralität, keine Wertfreiheit. Die Entscheidungen, Haltungen, Bedeutungen sind wertvoll oder unwert, gefährlich, schädlich. Dieser Satz „nihil est innoxium" soll uns Menschen sehr behutsam machen. Es ist einer von den Sätzen, in denen der Mensch erkennt oder wenigstens erkennen kann, daß der Entschluß zu Gott auch der Entschluß zur eigenen Gesundheit und zum eigenen Leben ist.

Aus den Meditationen zur Pfingstsequenz; geschrieben im Gefängnis: GS IV/282 f.

2. Juli

NIHIL EST INNOXIUM (II)

Wer grundsätzlich nicht in der Partnerschaft und Begegnung lebt, lebt grundsätzlich gegen seine eigenen Interessen. Wer dies tatsächlich versucht, setzt sein Leben einer Unzahl von Belastungen und Hemmungen und Fehlhandlungen aus.

Aber unser Gebet gilt ja von der personalen Intimität, in der wir mit dem Geist Gottes, dem Heiligen Geist leben sollen. Die Bedeutung bleibt dieselbe, ja, wächst noch. Die Intimität mit dem Heiligen Geist ist die konkrete Form der Begnadung, also der Partnerschaft und Begegnung.

Darüber hinaus bringt der Heilige Geist durch den eigenen Organismus des Heiligen Geistes, mit dem er den Organismus des Geistes überlagert und verstärkt, eben gerade die Ertüchtigung und Befähigung zum gelungenen Leben, die Souveränität der Meisterung in uns hervor, die unsere seins- oder daseinsmäßige Schwächung, Labilität, Gehemmtheit nicht bloß überwindet und ausgleicht, sondern überbietet.

Der Mensch im Heiligen Geist ist selbst für sich und den anderen ein wertvoller Mensch und er hat in der Begegnung mit dem Leben, den Dingen, der Wirklichkeit den gütigeren und klareren Blick und die heilendere Hand.

Er segnet und wird gesegnet.

Aus den Meditationen zur Pfingstsequenz; geschrieben im Gefängnis: GS IV/283.

3. Juli

Lava quod est sordidum (I)

Die drei Grundklagen der Kreatur von vorher: labor, aestu, fletus: sind seinsmäßig Grundnöte der Kreatur, die ihr immer und notwendig zustoßen, solange sie auf ihrem Bewährungsgang sich befindet. Nicht immer so übernormal gesteigert und gehäuft wie heute, aber immer mit dem kreatürlichen Dasein gegeben. Und nur wo der Mensch sein Leben ohne den Partner Gott unternimmt, brechen diese kategorialen Nöte alle Schranken und wachsen dem Menschen in jeder Hinsicht über den Kopf.

Die folgenden sechs Zeilen bringen wieder eine Aufzählung kreatürlicher Nöte. Aber hier handelt es sich nicht um die „Seinsnöte" des Menschen, sondern um seine eigenen Entartungen, Verkrustungen, Verstümmelungen und Verkümmerungen, die ihm die Art seines Lebens eingebracht hat und die sich nun als feste Eigenheiten und Eigentümlichkeiten im Wesen des Menschen und in seinem Dasein festgesetzt haben. Wie es die „erworbenen Tugenden" gibt, so gibt es auch die „erworbenen Untugenden"; den habituell gewordenen Seinsverlust, die dauernde Seinsverstümmelung und Wirklichkeitsverkümmerung. Auch diesen Nöten gegenüber befindet sich der Mensch in großer Bedrängnis und Hilflosigkeit. Er konnte seinen Besitz wohl verlieren, ihn wiederzufinden sind die Augen nicht hell genug. Er konnte sich aus Torheit und Leichtsinn oder anderen Fehlhaltungen die Hand wohl abschlagen oder verkrüppeln lassen, sie wieder heil zu machen, genügt die eigene Kraft nicht. Auch diese Wunden sind Wunden der Kreatur, nur daß sie nicht direkt aus der kreatürlichen Beschränktheit erwachsen, sondern aus dem Fehlgebrauch der kreatürlichen Freiheit.

Aus den Meditationen zur Pfingstsequenz; geschrieben im Gefängnis: GS IV/283f.

4. Juli

LAVA QUOD EST SORDIDUM (II)

Und so bleibt dem Menschen trotz aller größeren Verantwortung für das Entstehen dieser Seinsbehinderung nichts anderes übrig als wieder und wieder vor dem heilenden Gott zu erscheinen und den strömenden Geist zu bitten, das wunde Leben in seinen heilenden Lebensstrom wieder hineinzunehmen.

In einer erschütterten Ehrlichkeit zählt die Kreatur in den folgenden sechs Versen diese ihre Daseinsnöte auf: wieder ist es unser Leben, das da geschildert wird, das da seine eigene Not ausspricht. Gewiß muß man sagen, daß jegliche Kreatur die frühere und diese Not erfährt. Aber wir sind mehr als sonstige Geschlechter auf den Restbestand des rein Kreatürlichen zurückgesunken und haben auch diese letzte Reserve und Substanz der Menschheit angegriffen und teilweise verbraucht. So heben sich die Grenzen schärfer ab und das Ungenügen der Kreatur wirkt sich härter und deutlicher aus. Dies alles sind Zeichen dafür, daß es für den abendländischen Menschen der Gegenwart höchste Zeit ist, in den natürlichen Lebensraum des Menschen zurückzukehren. Dieser natürliche Lebensraum des Menschen wird bestimmt durch die Gottbeziehungen des Menschen: Untertänigkeit, Begegnung, Lebensgemeinschaft. Man könnte das falsch verstehen und meinen, Gott sei hier nur noch als Medizin für den kranken Menschen anerkannt. Erstens sagt der Herr: ego reficiam vos (20). Und zweitens heißt es nicht: Gott ist für den Menschen und seine Gesundheit da, sondern: der Mensch, der nicht für Gott da ist in der Bejahung aller Beziehungen, die Gott gestiftet hat oder stiften will, ist zugleich sein eigener Feind und Mörder.

Nur durch Gott kommt der Mensch ganz und wirklich zu sich selbst.

Aus den Meditationen zur Pfingstsequenz; geschrieben im Gefängnis: GS IV/284 f.

5. Juli

Lava quod est sordidum (III)

Für jedes Leben schlägt die Stunde, in der ihm vor sich selbst graust. In der ihm die ganze Mißlungenheit und Ekelhaftigkeit seiner Wirklichkeit das Gemüt erschüttert und die Maske der Selbstsicherheit und Selbstgerechtigkeit vielleicht für diese eine Stunde gelüftet wird, vielleicht auch endgültig fällt. Dem Menschen wohnt der Drang inne, dieser Stunde zu entgehen. Die Verliebtheit in sich selbst, der Stolz, die Feigheit, vor allem aber die Ahnung, daß als einziger Ausweg aus dieser Erschütterung der bisherigen trügerischen Lebensgrundlage die Übergabe zu leisten ist, treiben den Menschen dazu, die Wirklichkeit für unwirklich und die Fälschung für echt zu erklären.

Diese Erschütterung kann den Menschen überkommen, wenn nach einer großen Untat die Summe des Mißlungenen das Maß der kreatürlichen Selbsttäuschungs- und Verdrängungsfähigkeit überschreitet und den Menschen zu sich selbst zwingt. Es hängt nun alles davon ab, ob der Mensch dieses Angebot zur Ehrlichkeit annimmt oder ob er es als „schwache Stunde" abtut und sich wieder „erholt". Im zweiten Fall ist die Verhärtung und Verfinsterung schlimmer denn je, weil der geistige Organismus allmählich „immunisiert" wird und für eine Zeitlang das Falsche als Richtmaß erträgt. Das gibt dann die großen Verderber und Verfälscher des Wirklichen und ihrer selbst, die Frevler aus „Selbstverwirklichung", „Recht auf Leben", „Lebenshunger" usw. Bei einer einigermaßen großen Begabung erstehen aus diesen Menschen die genialen Verführer der Menschheit, die großen Entzünder der geschichtlichen Katastrophen. Sie sind fähig, ganze Generationen unter das Gesetz der eigenen Irrung zu verführen. Die Menschen einer Zeit finden sich plötzlich in einem geschlossenen Kreis der Mitverantwortung, der sie nicht mehr ausläßt, den zu sprengen ihre eigene Kraft übersteigt.

Aus den Meditationen zur Pfingstsequenz; geschrieben im Gefängnis: GS IV/285f.

6. Juli

Lava quod est sordidum (IV)

Oder aber das Dasein gerät überraschend und gnadenhaft erhoben in die erlebte Nähe Gottes. Auch dann überkommt den Menschen die Erschütterung über sich selbst. Die Erkenntnis, daß wir in der Meisterung und Verwaltung des Lebens unglückliche Hände haben, bleibt keinem erspart. Über die seinshafte Schuldigkeit erkennt jede Kreatur nicht nur die kreatürliche Brüchigkeit und Labilität, sondern auch den faulen Frieden, den wir mit den fehlerhaften Tendenzen oder Möglichkeiten unseres Daseins geschlossen haben. Den faulen Frieden und die schäbige, eigentlich schmutzige Verfassung, Zuständlichkeit, die unter unserer Verantwortung durch ihn entstanden.

Es gibt für den schuldigen Menschen nur einen Weg zur Heilung: nicht zu fliehen vor der Einsicht oder Ahnung der Schuld. Sondern sich zu sich selbst, zu seiner Verantwortung und Fehlleistung zu bekennen, das mißlungene Werk des eigenen Lebens nicht zu verleugnen. Aber dieses Bekenntnis darf nicht zur Grabkammer des Lebens werden. Daß der Mensch einmal und öfters vor sich und seinen Möglichkeiten erschrickt, ist heilsam. Aber wehe, wenn er im Schrecken stecken bleibt oder durch ihn zur Müdigkeit und Resignation erdrückt wird. Dann ist erst recht alles verloren. Gerade in der Schuld muß der Mensch den innersten, feinsten Strebungen seines Wesens treu bleiben und die verweisen über sich selbst hinaus. Schuld ist immer eine Befleckung, oft eine Verstümmelung der Wirklichkeit. Der Herr des Daseins allein ist der Wiederherstellung fähig und mächtig und – willens. Gerade die schuldige Kreatur muß sich unter das heilende Wort Gottes stellen und seinem Heilswillen sich übergeben. Das ist ihre Leistung bei der Überwindung der Schuld: die Übergabe.

Aus den Meditationen zur Pfingstsequenz; geschrieben im Gefängnis: GS IV/286 f.

7. Juli

Lava quod est sordidum (V)

Es bedarf eines heilenden, schöpferischen Aufrufs, ja Eingriffes von Gott her, um die Schuld zu überwinden. Das gilt auch und erst recht, wenn es sich um den Ruf zur Intimität mit dem Geist Gottes handelt. Der Mensch wird sich der kreatürlichen Grenze und der schuldhaften Unwürdigkeit dann erst recht bewußt. Wieder bleibt nur die Übergabe, daß sich der Herrgott den zur intimen Lebensgemeinschaft Berufenen selbst bereite und richte.

Wie ein heilender Strom wird der Geist Gottes uns umströmen und die Flecken und Makel nicht dulden.

Lava quod est sordidum: das muß das Gebet dessen sein, der nahe zu Gott kommen will. Das muß auch das Gebet dessen sein, der für die allgemeine Not den innersten Punkt der Überwindung sucht.

Es bedarf großer Gnade und Güte Gottes.

Es bedarf der schöpferischen Berührung durch Gott.

Es bedarf der Entsiegelung der göttlichen Heilsquellen durch die ehrliche Hinwendung, Übergabe und Bitte.

Aus den Meditationen zur Pfingstsequenz; geschrieben im Gefängnis: GS IV/287.

8. Juli

RIGA QUOD EST ARIDUM (I)

Man muß sich immer an das Grundanliegen dieses Pfingstgebetes erinnern: den flehenden Dialog der armen Kreatur mit dem heilenden Schöpfergeist. In dieser Bitte spricht die Kreatur eines ihrer ärmsten Armutserlebnisse aus: das der Unfruchtbarkeit.

Wenn die inneren Lieder verklungen sind und die inneren Brunnen nicht mehr strömen und das weite Land des inneren Lebens zur Wüste geworden ist: Sand, Sand, Steppe und Stein. Es gibt die Zeiten des Aufschwungs, der Erhebung, des schöpferischen Bebens, da dem Menschen die Welt zu klein wird und die Sterne zu nah. Das kann kreatürlicher Rausch sein, dem bald das nüchterne Erwachen folgt, das Erlebnis der Grenze und Schranke.

Es gibt die natürliche schöpferische Begabung, die den Dingen mehr ansieht als der andere und deren Hand glücklicher ist im Meistern und Gestalten. Aber auch ihr ist eine Schranke gesetzt und vor allem: auch ihr droht das Schicksal der Vergeblichkeit, der Vergeudung, der schließlichen Ergebnislosigkeit. Das sind die drei Arten der kreatürlichen Unfruchtbarkeit:

Aus den Meditationen zur Pfingstsequenz; geschrieben im Gefängnis: GS IV/287f.

9. Juli

Riga quod est aridum (II)

Die vergebliche Begabung, die über den großen Ansatz, die große Gebärde und Geste nicht hinauskommt. Die wohl einmal eine Gemeinde, ein Geschlecht begeistern kann, aber doch keinen endgültigen Wert schafft oder enthüllt.

Die persönliche Dürre, in die der einzelne geraten kann gerade im innersten Leben und Erleben, nicht nur im natürlichen Erkennen und Gestalten, sondern auch und gerade in der Gottesbegegnung, im lebendigen Dialog mit ihm, in der beständigen Partnerschaft.

Das unschöpferische Geschlecht: daß auf einmal einem ganzen Volk, einer ganzen Generation nichts Gescheites mehr einfällt, weder im praktischen Erkennen noch in der Gestaltung, weder in der Kunst noch in der Politik, weder in der Philosophie noch in der Theologie noch in der Religiosität.

Das sind Erscheinungen, die mehr Überlegung verlangen als die Feststellung ihrer Tatsächlichkeit. Dahinter stecken Grundfragen und Grundordnungen unseres Daseins.

Die erste und einfachste Erklärung durch den Hinweis auf die Erschöpfung und Ermüdung, denen die schöpferische Substanz der einzelnen und der Geschlechter unterworfen ist, genügt nicht. Es gibt nicht nur eine Sehnsucht, sondern auch eine erfüllte Fruchtbarkeit, die die obere Höhe der Gezeiten übersteigt und eine Unfruchtbarkeit, die die untere Grenze der Gezeiten unterschreitet. Vor allem aber zeigt die Tatsache der schöpferischen Vergeblichkeit, daß es sich hier über das Gesetz der Gezeiten hinaus um eine Frage der letzten Ordnung, der letzten Gesundheit handelt.

Aus den Meditationen zur Pfingstsequenz; geschrieben im Gefängnis: GS IV/288 f.

10. Juli

Riga quod est aridum (III)

Dabei handelt es sich gar nicht zuerst und vor allem um die große schöpferische Leistung. Die fällt auch unter die Gesetze, um die es hier geht, weil die Voraussetzungen zu ihrer Ermöglichung mit diesem Geschehen stehen und fallen. Die eigentliche Lebensfrische, um die es geht, zeigt sich bzw. fehlt im Gelingen oder Mißlingen des Menschen selbst und seiner ihn bedingenden Beziehungen zum anderen Menschen und zu Gott.

Wenn der Mensch in eine Verfassung geraten ist, in der die Anbetung nicht mehr gelingt oder sogar dieser Verfassung wesensfremd ist, in der die Liebe nur noch als entartete Verzerrung bekannt und gewollt ist, in der der Mensch selbst nur noch als Karikatur seiner selbst existiert, existieren kann und mag: dann sind die Quellen verstummt und die Wüste beginnt zu wandern und das noch grünende Land zu überlagern.

Die Ursachen können sein äußere Lebensbedingungen, die den Menschen erschöpfen und auslaugen oder aber ihn in eine Enge und Schablone zwingen, in der er erstickt. Dahinter steckt aber doch schließlich und letztlich eine falsche Wertung, Entscheidung, Gestaltung durch den Menschen. Oder aber ein falsches Bild, das der Mensch sich von sich selbst und seinen Möglichkeiten gemacht hat, sei es nun egoistische oder eine kollektivistische Fehlentscheidung. In beiden Fällen liegt als eigentliche Ursache eine Fehlentscheidung des Menschen vor, der es wieder einmal aus eigenen Kraft und allein und nach eigenen Einfällen machen wollte.

Aus den Meditationen zur Pfingstsequenz; geschrieben im Gefängnis: GS IV/289.

11. Juli

Riga quod est aridum (IV)

Die Lösung muß auch hier gesucht werden durch die eine Rückkehr in die Partnerschaft mit dem Herrgott, nach dessen Ordnung der Mensch leben soll und nur leben kann und nach dessen Menschenbild der Mensch sich meinen muß. Wo die objektive Ordnung infolge der Fehlentscheidung so hart und eng geworden ist, daß sie den Menschen notwendig verbiegt, genügt es nicht, zu warten, bis durch eine Gesundung der Herzen die echte Ordnung wächst. Sie muß aktiv nach den Maßen und Gesetzen Gottes gestaltet werden, auch um den Preis des echten Zusammenstoßes.

Aber auch hier wird die Seele aller Wandlung der beharrliche Flehruf nach dem segnenden Tau des Himmels sein müssen. Daß Gott die Herzen anregt zur echten Einsicht und aufweckt zum richtigen Mut der Entscheidung.

Schließlich bleibt noch die Dürre, die uns überfällt als Ermüdung und Überanstrengung. Gottes Lasten können sehr schwer sein und seine Tage sehr dunkel und heiß. Der Mensch mag sich mühen und anstrengen: er findet seine Grenze und er braucht außergewöhnliche Hilfe und Pflege von oben.

Und noch ein letztes Mal gerät der Mensch in die Wüste: wenn Gott ihn in die Einöde der Prüfung und Auslastung schickt. Er soll ruhig gehen, aber inständig und treuherzig nach Gottes Hand greifen. Die Wüsten müssen bestanden werden, die Wüsten der Einsamkeit der Weglosigkeit, der Schwermut, der Sinnlosigkeit, der Preisgegebenheit. Gott, der die Wüste schuf, erschließt auch die Quellen, die sie in fruchtbares Land verwandeln. Das flehende Herz und der vertrauende Sinn rufen seine Treue.

Aus den Meditationen zur Pfingstsequenz; geschrieben im Gefängnis: GS IV/290.

12. Juli

SANA QUOD EST SAUCIUM (I)

Die verwundete Kreatur ist sich selbst eine große Not. In ihr wohnt ein solcher Wille zu Gesundheit und Vollendung, daß sie jede Wunde als eine seinshafte Ungerechtigkeit empfindet. Dabei entdeckt der Mensch, je länger er lebt, je höher er den Berg ansteigt, der zwischen ihn und die Vollendung gesetzt ist, je länger er die Fahrt besteht, die ihm aufgetragen ist, daß es ohne vielfache Verwundung nicht geht. Er muß sich, auch wenn er echt ist und mit aller echten Wirklichkeit im Bunde bleibt, doch gegen alle Wirklichkeit durchsetzen und von jeder eigenes Leid und eigene Not erfahren.

Die stumme Natur schlägt den Menschen eben durch ihre Stummheit und die Starrheit und das Schwergewicht ihrer Ordnungen und Entwicklungen, die nur widerspenstig der gestaltenden Freiheit des Menschen sich ergeben und vor allem den Menschen in seinem Innersten, in dem er dieser einmalige einzelne ist, nicht lieben.

Der Mensch schlägt den Menschen aus gutem und aus bösem Willen, aus Einsicht und aus Torheit, aus Leidenschaft und aus Trägheit, aus Gier und aus Kälte, aus Liebe und aus Haß. Wieviel Wunden des Menschen rohe Hand den verwundbaren und heiligen Herzen des Menschen schon schlug, wer ahnt das auch nur.

Ja, und das Härteste ist doch dieses, daß auch Gott erscheint und seinen Menschen schlägt und ihm wehe tut.

Aus den Meditationen zur Pfingstsequenz; geschrieben im Gefängnis: GS IV/290f.

13. Juli

Sana quod est saucium (II)

Er hat die Trauernden und die, die Leid tragen, selig gepriesen. Aber wie oft bleibt die Seligpreisung eben Verheißung und der tiefste und brennendste Schmerz des Menschen dieser, daß Gott es war, der ihm seine Wunden schlug. Ach, arme Kreatur, manchmal wäre es besser, sich zu verkriechen ins Gebüsch wie das weidwunde Wild und sich nicht mehr sehen zu lassen. Aber auch dieses geht nicht.

Die Bande der Liebe, die Pflichten des Dienstes, die Fesseln des Kerkers binden uns an feste Plätze selbst für unsere letzte Not. Und manche müssen immer wieder zur eigenen Not noch die Not und die Krankheit des großen Haufens, der müde und stumpf geworden ist, mitschleppen und mitleiden.

Es war in den bisherigen Überlegungen schon oft die Rede von den Verstümmelungen und Verkümmerungen, die der Kreatur in allen Schichten ihres Seins schuldhaft und schicksalshaft zustoßen können. Sie sollen nicht noch einmal wiederholt werden. Dem Gebet soll sein Sinn bleiben und der ist dieser, daß es eben Stunden gibt, in denen nur das eine zu tun bleibt: das ganze Weh und die arge Not in einen Flehruf, in einen Schrei nach Erbarmen und Hilfe zu sammeln. Und ihn hinaufzurufen oder zu schreiben oder zu weinen und zu klagen und zu wimmern zum Gott des Heilswillens. Das ganze Weh in sich hineinzuklagen in jenen heiligen Raum, in dem Gott unser Selbst anrührt und es liebt und ihm gut ist.

Aus den Meditationen zur Pfingstsequenz; geschrieben im Gefängnis: GS IV/291f.

14. Juli

SANA QUOD EST SAUCIUM (III)

Irgendwann muß alles Denken und müssen alle Fluchtversuche aufhören. Man muß ganz ruhig liegen, sonst reißen die Dornen des Gestrüpps, in das man gefallen ist, nur neue Wunden. Ganz ruhig liegen und seine Ohnmacht wissen und die heilende Hand Gottes suchen. Seinen heiligen und heilenden Strom herausweinen, in uns hineinleiten, der uns von innen her den Dingen gewachsen machen wird.

Es gibt die Wunden der Not, aber es gibt auch die Wunder der Not.

Wir sind heute – viele einzelne und das Ganze – in eine Ohnmacht der Not und Verwundung geraten, daß uns niemand mehr helfen kann, kein guter Wille, kein Freund, kein Trost: nur der Schöpfergeist noch, der in die Kreatur einströmende Heilswille des Herrgotts.

Aber gerade deswegen soll der Mensch auch in der äußersten Not die Zuversicht nicht aufgeben. Er soll bedenken, daß der Herrgott sein Leben teilt, daß er vom Heiligen Geist in die Intimität mit Gott berufen ist und so der Herrgott selbst nun die harten Zeiten und Strecken mit durchwandert, also die äußere Bedrängnis tragen hilft. Daß der schöpferische und heilende Geist Gottes jeder Wirklichkeitsfaser des Menschen gegenwärtig ist und alles kreatürliche Leben des Berufenen und Willigen von innen heraus mitlebt. Auch das leidende und verwundete Leben. Deswegen soll sich der Mensch immer im Besitz der Heilskraft wissen, die genügt, die Wunden auszuhalten, ohne vor Schmerz wahnsinnig zu werden und die Verwundungen wenigstens soweit zu heilen, daß das Ganze lebensfähig und lebenstüchtig bleibt. Nicht aus Eigenem soll der Mensch sich dies zutrauen, sondern weil er weiß, daß der Herrgott sein Leben mitlebt.

Aus den Meditationen zur Pfingstsequenz; geschrieben im Gefängnis: GS IV/292f.

15. Juli

SANA QUOD EST SAUCIUM (IV)

Die tiefsten Wunden aber, die den Menschen zugefügt werden oder die er sich selbst beibringt, sind die Wunden zum Unheil.

Wenn der Glaube schwankt, die Hoffnung zerbricht, die Liebe erkaltet, die Anbetung erstarrt, der Zweifel nagt, der Kleinmut sich über alles Leben breitet wie das Leichentuch der Winterlandschaft, der Haß und die Anmaßung den inneren Atem würgen: dann ist das Leben auf den Tod verwundet.

Dann ist es Zeit umzukehren und den Geist von innen her neu bauen und schaffen zu lassen. Die Welt sieht von Gott her anders aus und auf diesen Standpunkt des Herrgotts müssen wir auf jeden Fall zurück. Oft müssen wir für viele einzelne Situationen diese heilende Bekehrung und Wandlung durchstehen. Wehe dem Menschen, der dann allein bleibt und nichts weiß von der inneren Nähe des Geistes. Der Mensch allein verzagt und versagt.

Ich spüre es doch Tag für Tag, Stunde um Stunde: allein mit der Sache und Sachlage wäre ich schon längst innerlich erwürgt und erschlagen. Immer wieder schiebt sich die natürliche Logik und Konsequenz des Unheils würgend und giftig in das Bewußtsein. Daß in all dem auch eine Logik des Heils, der Führung und Fügung sichtbar wird, zu dieser Erkenntnis muß man sich selbst dann doch entschließen, wenn man sie sich erbetet hat. Und doch hilft mir der Geist Gottes immer wieder über die kleinen Stunden hinweg: ich weiß und spüre es. Allein hätte ich es schon lange nicht mehr geschafft. Schon damals in der Lehrterstraße nicht.

Gott heilt: Die heilende Kraft Gottes lebt in mir und mit mir.

Aus den Meditationen zur Pfingstsequenz; geschrieben im Gefängnis: GS IV/293.

16. Juli

FLECTE QUOD EST RIGIDUM (I)

Die Erstarrung ist der bittere Feind des Lebens. Das erstarrte oder erstarrende Leben ist sehr arm geworden, mag es nun die Erstarrung noch verspüren und an ihr leiden oder schon so eingefangen sein, daß es alles für gut und richtig findet, wie es ist. Das Gesetz des Lebens und alles Lebendige ist Bewegung, Entfaltung, Entwicklung. Der innere Befehl, der allem Lebendigen einwohnt, läßt das Leben nicht zur fixierten Ruhe kommen, bis er ausgeführt und das Leben vollendet ist.

Die Erstarrung ist die Fixierung des Daseins auf einem beliebigen Punkt der Lebensstraße, ist Abfall vom Gesetz der Wanderschaft, ist vorzeitige und deshalb unzeitige Sehnsucht nach einem endgültigen Ort.

Auf vielerlei Weise kann der Mensch der Erstarrung, dem rigidum verfallen. Er kann versuchen, sich im Raum der Dinge endgültig anzusiedeln, ähnlich dem Prasser im Evangelium. Wenn Gott gnädig ist, brennt er ihm die Scheunen zusammen, bevor er ihn selbst in die letzte Prüfung ruft. Diese Erstarrung im Raum der Dinge, diese Fixierung in Besitz, Häusern, Geld, Schmuck und Kunst und gutem Leben war das Schicksal des letzten Jahrhunderts. Die einen waren an diese Dinge verloren; die anderen protestierten, nicht gegen die Gefährdung des Menschen durch diese Art der Bindung, sondern gegen die Tatsache, daß es ihnen noch nicht möglich war, sich so an die Dinge zu verlieren, weil sie sie noch nicht besaßen. Heute brennen die Dinge und Häuser und mehr als das. Wenn aus diesen harten Zeiten nicht eine neue Freiheit und Kühnheit ersteht, hat der Mensch wieder einmal eine große Stunde versäumt.

Aus den Meditationen zur Pfingstsequenz; geschrieben im Gefängnis: GS IV/293f.

17. Juli

Flecte quod est rigidum (II)

Die gefährlichere Erstarrung ist die innere Fixierung. Dann versucht der Mensch seinem innersten Gesetz untreu zu werden. Er ist nicht mehr das ens ad omne verum, ad omne bonum (21), sondern macht Halt, wird ein Mensch der Auswahl, der Rast, der inneren Pensionierung.

Er hört auf, mit allen Händen seines Wesens nach den Sternen zu greifen. Er versteht es nicht mehr, was es heißt, Gott den Herrn zu lieben aus allen Kräften, aus ganzem Herzen, ganzem Gemüt und macht daraus wohlabgezählte Übungen und Überlieferungen.

Die Wahrheiten sind schon gefunden, der Mensch braucht Mühe und Fährnis des Suchens nicht mehr auf sich zu nehmen. Die Welt ist stumm geworden, der Mensch hört nicht mehr, wie die geheimen Kräfte sich schicken und drängen und zur letzten Vollendung kommen wollen in Erkenntnis und Entschluß des Menschen. Das harte Schicksal kann diesen Menschen retten und der Geist Gottes, der ihn von innen ergreift und aufs neue dem göttlichen Feuer verschwistert.

Es geht hier wirklich um ein flecte, beuge: um eine Lösung von Härte und Starrheit. Die Unfähigkeit der heutigen Menschen zur Anbetung, zur Liebe, zur Ehrfurcht, zur Behutsamkeit hat ihre Ursache in der Anmaßung und in der Verhärtung des Daseins.

Aus den Meditationen zur Pfingstsequenz; geschrieben im Gefängnis: GS IV/294f.

18. Juli

FLECTE QUOD EST RIGIDUM (III)

Der gelöste Mensch ist wie der gelungene Mensch überhaupt ein Werk des Segens und der Gnade, nicht der Mühe oder des Schicksals. Von sich aus muß der Mensch mit aller Treue dem Gesetz der Fahrt, des Unterwegs anhangen. Dann bleibt er im Dialog und ein echter Partner der göttlichen Freiheit und Lebendigkeit.

Eine letzte grausame Verhärtung kann dem Menschen widerfahren durch das Erlebnis des Schicksals. Was hilft aller Entschluß zum Leben und zur Gelöstheit, wenn nun das Leben selbst den Menschen fixiert, ihn an feste Plätze und Pfähle bindet, ihn einkerkert, ihm alle möglichen Auswege versperrt und alle Türen zuschlägt. Die Erstarrung in Schrecken, die Verhärtung durch das Erlebnis und aus Erlebtem sind oft eine Notwehr, ebenso oft eine Gefährdung des menschlichen Lebens selbst.

Nur wer in der Kraft Gottes in diese Stürme gerät, wird sie in innerer Lebendigkeit bestehen, auch wenn er fällt. Die Erquickung des strömenden Geistes muß und wird das Dasein von innen her frisch halten und uns befähigen, weder der Versuchung der Dinge noch der eigenen Müdigkeit und Sehnsucht nach Geborgenheit noch den harten Schicksalen zu unterliegen.

Der liebende Geist Gottes muß helfen und die liebende Hand und Geduld derer, denen die Gnade des nichterstarrten Lebens gegeben wurde.

Aus den Meditationen zur Pfingstsequenz; geschrieben im Gefängnis:
GS IV/295f.

19. Juli

FLECTE QUOD EST RIGIDUM (IV)

Das verhärtete Leben ist krank bis auf den Tod. Alles, was das Leben am Leben ausmacht, stirbt in der Erstarrung und Verhärtung. Der verhärtete Mensch meint sich selbst, er hört nicht mehr die vielfachen Anrufe, die ihn aus sich selbst heraus und über sich selbst hinaus rufen. Er ist an sich selbst angebunden und verkümmert dort. Er wird des lebendigen Glaubens unfähig, weil er des Dialoges unfähig wird, der Urform des kreatürlichen Lebens in jeder Hinsicht.

Der Glaube,
das Wort,
die echte Gebärde,
der Geschmack,
die Ehrfurcht,
die Behutsamkeit,
die Liebe,
die Anbetung:

dies alles sind Formen des Dialogs, die in der Verhärtung und Erstarrung verkümmern und sterben.

So muß der Mensch sich recht eigentlich mühen, im Dialog zu bleiben und in keiner Stunde die Begegnung mit dem innersten Partner zu versäumen und zu verlieren. Schlimmer als jegliche äußere Härte und Unausweichlichkeit ist diese innere Verkrustung, ob sie nun geschehe als Folge von Gewohnheit und Gewöhnlichkeit, aus Angst und Schrecken, aus Kleinmut oder Anmaßung.

Aus den Meditationen zur Pfingstsequenz; geschrieben im Gefängnis: GS IV/296.

20. Juli

FLECTE QUOD EST RIGIDUM (V)

Im kreatürlichen Dialog findet der Mensch sich selbst, seine Untergründe und seine Hintergründe. Und so ist die Bitte um das flecte recht eigentlich eine Bitte um das eigene Leben. Ach, wie sehr ein Leben an seiner eigenen Erstarrung und Verhärtung krank sein kann! Wenn ich an die Zeit denke, da ich so eingebildet war auf meine Unabhängigkeit und Härte usw. Es war doch nur Selbsttäuschung und Anmaßung. Das hab' ich mitten drin schon gespürt, da ich jedesmal, wenn ich den anderen wehe tat, dieses Weh selbst spüren mußte und gespürt habe.

Geholfen hat nur die geläuterte Begegnung mit Gott, die, je ehrlicher sie wurde, um so mehr mich zwang, diese anmaßende Lieblosigkeit dranzugeben. Die Fähigkeit aber zur geläuterten und gesteigerten Begegnung mit Gott verdanke ich der erschließenden und lösenden Begegnung mit Menschen, die viel Brachland in mir zum ersten Mal unter den Pflug gebracht haben.

Die Lösung aus der Verhärtung und Erstarrung ist eigentlich die Erlösung des Menschen. Sie ist, wie alles Sichbeugen, das nicht aus ehrlicher kreatürlicher Willigkeit kommt, zunächst ein schmerzhafter Vorgang.

Aber sie ist Neuschöpfung und Befreiung, der Strom findet nun endlich seinen Ozean. Überwindung der Kümmerlichkeit und Kälte, Überwindung der Herz- und Lieblosigkeit, Überwindung des Kalten und Selbstgenügsamen: das ist das Werk des Heiligen Geistes an der Kreatur.

Aus den Meditationen zur Pfingstsequenz; geschrieben im Gefängnis: GS IV/296 f.

21. Juli

FOVE QUOD EST FRIGIDUM (I)

In der Oration, ich glaube vom Tag der Stigmata des hl. Franz, heißt es: frigescente mundo: als die Welt eisig wurde, da war Zeit und Stunde dieses Heiligen der Liebe. Frigescente mundo: das Erkalten der Liebe ist das Todesschicksal, das über allem Leben droht und das auf jeden Fall überwunden werden muß. Der Mensch muß klar sehen, was damit gemeint ist, aus welchen Abgründen das Ungeheuer losbricht und welche Kraft es bannt.

Die Wissenschaft meint, unsere Erde stürbe am Ende den Kältetod. Das sei dahingestellt, mag sogar nach dem gegenwärtigen Stand der Wissenschaft wahrscheinlich oder sicher sein. Was an neuen Impulsen und Umbetonungen in der weiteren Entwicklung schon angelegt und noch verborgen ist, weiß ja niemand. Aber sicher ist, daß die Kultur des Abendlandes, deren letzte Dokumente und Monumente gerade zertrümmert werden, den Kältetod gestorben ist.

Der Mensch ist so viel Mensch und so groß Mensch, als er liebt. Dieses Abendland und diese Menschen haben keine große Liebe mehr gekannt, keine Leidenschaft zum Absoluten. Sie haben noch Leidenschaften gehabt zu Dingen, zu Macht und Gewalt, zu Genuß und Besitz. Nicht einmal einer echten Leidenschaft zum Menschen waren sie mehr fähig. Auch das war alles verzweckt und versachlicht und nicht mehr der andere Mensch war das Ziel des Anrufes, sondern die mit dem und durch den anderen Menschen gegebenen Steigerungen der eigenen Erlebnisintensitäten. Unsere Herzen zitterten nicht mehr, wenn wir der Urwirklichkeiten gedachten: Herrgott, Mensch, Sendung. Es wurde alles noch gelehrt, verkündigt, weitergesorgt, geübt wie früher. Aber es fehlte die schöpferische Quelle in uns, der echte Aufschwung, die große Hingabe, eben die Leidenschaft.

Aus den Meditationen zur Pfingstsequenz; geschrieben im Gefängnis: GS IV/297f.

22. Juli

FOVE QUOD EST FRIGIDUM (II)

Es ist schwierig, erlöschendes müdes Feuer noch einmal zum Lodern zu bringen. Die Kreatur, die aus den Strömen des Echten ausgeschieden ist, vermag hier durch eigene Kraft überhaupt nichts. Sie vermag sich zu erinnern und sie vermag sich zur großen Offenheit und Willigkeit zu entschließen. Und sie vermag zu bitten um das Feuer vom Himmel, das bereitet, wandelt und brennt.

Der Heilige Geist ist die Leidenschaft Gottes zu sich selbst. In diese Leidenschaft muß der Mensch einstimmen, sie mitvollziehen. Dann ist die echte Liebe in der Welt und die Fähigkeit zum echten Leben.

Es muß diese innerste Nähe Gottes uns ergreifen und berühren, uns über unser enges Maß hinausbringen. Daß wir wieder fähig werden der echten Bejahung und Begegnung.

Gott soll in uns und durch uns sich selbst bejahen, dann leben wir richtig. Und dann bleibt das heilige Feuer das Herz der Erde oder wird es wieder.

Aus den Meditationen zur Pfingstsequenz; geschrieben im Gefängnis: GS IV/298.

23. Juli

FLECTE QUOD EST RIGIDUM – FOVE QUOD EST FRIGIDUM (I)

Zwei Erscheinungen unserer jüngsten Vergangenheit und teilweise noch der Gegenwart müssen unter das schöpferische und heilende Gericht dieser Anrufung gestellt werden: der bürgerliche Lebensstil und die bürokratische Kirche.

Der bürgerliche Lebensstil hat einmal seine Größe und seine Sendung gehabt. Er war immer gefährdet und gefährlich, weil seine Größe immer mit der menschlichen Schwäche im Bündnis war und dauernd die Möglichkeit bestand, daß sich der Mensch der Güter, die der bürgerliche Mensch anhäufte, die er braucht zu Erfüllung von Auftrag und Sendung, bemächtigte, um in ihnen zu bleiben. Das war dann die Erstarrung und der Kältetod: der Bürger-Sinn für die größere Verantwortung starb und übrig blieb der bürgerliche Hunger und Durst nach Wohlfahrt, Pflege, Ruhe, Bequemlichkeit, gesichertem Besitz. Die Rente, der Coupon, die stille Teilhaberschaft, die Zinshäuser: das waren und sind die Symbole und Ideale dieser Menschen geworden.

Daß da ein Menschentyp geworden ist, vor dem selbst der Geist Gottes, man möchte sagen, ratlos steht und keinen Eingang findet, weil alles mit bürgerlichen Sicherheiten und Versicherungen verstellt ist, darf nicht nur als Erscheinung der Vergangenheit gewertet werden. Dieser Typ lebt noch. Dieser Typ hat die Geleise der Entwicklung, auf denen wir fahren, gelegt. Dieser Typ ist grundsätzlich nicht überwunden, weil alle Gegenbewegungen eigentlich nicht den Typ negieren, sondern nur den Ausschluß eines Teiles der Menschen von den Lebensmöglichkeiten des Typs.

Aus den Meditationen zur Pfingstsequenz; geschrieben im Gefängnis: GS IV/298f.

24. Juli

FLECTE QUOD EST RIGIDUM – FOVE QUOD EST FRIGIDUM (II)

Die meisten modernen Bewegungen sind doch ausgezogen, um es den jetzt noch Ausgeschlossenen zu ermöglichen, so gut bürgerlich als möglich zu leben. Und selbst wo Zeit und geistige Zusammenhänge da und dort die Entwicklung weitergetrieben haben, blieben sie in der alten Form des Bürgertums, im bürgerlichen Imperialismus stecken.

Es ist schade, daß so vieles, was der Bürger in guten Momenten seines Daseins schuf, dem Gericht des flecte und fove, das allein den Menschen noch aufwecken kann, mitverfällt. Und daß dieses Gericht von Bruch und Feuer so hart ausfallen mußte und bis jetzt doch den Menschen so selten erreicht hat.

Aus dem Feuer des Gerichtes und der einströmenden Glut des Geistes muß ein neuer, wacher Mensch werden: wach, lebendig, in Verantwortung gebunden, mit spähenden Augen und einem lauschenden Herzen. In seiner Seele singt er das Lied der unermüdlichen Wanderschaft, sein Geist hat die Fahne der Freiheit gefunden und sich ihr verschworen.

Der andere Typ, der unter dieses Gericht gerufen wird, ist nicht minder bedeutend, aber auch nicht weniger zählebig und gegenwärtig als der bürgerliche Mensch. Die bürokratische Kirche ist großenteils das Werk des bürgerlichen Menschen innerhalb der Kirche. Die Kirche hat ihren eigenen Beitrag geleistet zur Entstehung und zur Entartung des bürgerlichen Menschen. Und der bürgerliche Mensch hat nie versäumt, sich in der Kirche breit zu machen und die Ideale der menschlichen Schwäche: Besitz, Macht, gepflegtes Dasein, gesicherte Lebensweise: innerhalb des kirchlichen Raumes anzusiedeln.

Aus den Meditationen zur Pfingstsequenz; geschrieben im Gefängnis: GS IV/299f.

25. Juli

Flecte quod est rigidum –
Fove quod est frigidum (III)

Daß es kirchliche Verwaltung geben muß und Statistik und Behörden und amtliche Siegel und alles das, daran kann niemand etwas ändern. Aber wenn es auch überall im Wesen der Dinge liegt, die noch dazu gehören, nach der Mitte zu streben, so durfte das am wenigsten im kirchlichen Raum geschehen und gelingen. Der Mensch als Mensch ist sowohl als „Objekt" wie als „Subjekt" des kirchlichen Lebens und der kirchlichen Führung verdrängt, versachlicht. Es hat keinen Wert, lange Aufzählungen vorzunehmen. Nur eines noch: dieses Gesetz der Namenlosigkeit und Gesichtslosigkeit der Führung hat genauso wie die anonyme Aktie und die anonyme Verwaltung von Staat und Wirtschaft und Parteien die Vermassung unseres Lebens gefördert, ja direkt beschworen.

Auch hier blieben alle Ansätze und Anrufe zum lebendigen, personal gewagten Dasein vergeblich, bis der Herrgott auch die Sichtbarkeiten und Sicherheiten der Kirche unter das Gericht von Bruch und Feuer rief. „Keiner durchschreitet die Glut ohne Verwandlung." Und wenn wir hundert Tore hinter uns haben und alle Brücken hinter uns verbrannt sind, dann haben wir vielleicht eine Ahnung von der Weite, der man verschworen sein muß, wenn man den Namen Gottes in den Mund nehmen will. Der Geist, der Lebendigmacher, wird uns helfen, aus dem Trümmern nicht als Menschenruine herauszukommen, sondern als Menschen einer neuen Weite und eines neuen Wagnisses. Wir müssen vieles vergessen und vieles verlassen und noch mehr drangeben, um das Ganze noch einmal zu gewinnen. Die Erde wird gepflügt und neuer Samen wird gestreut. Laßt uns die Freiheit Gottes lieben und die Wahrheit des Geistes tun und seiner Lebendigkeit uns ergeben.

Aus den Meditationen zur Pfingstsequenz; geschrieben im Gefängnis:
GS IV/300 f.

26. Juli

REGE QUOD EST DEVIUM (I)

Eine der verhängnisvollsten Entartungen des Lebens ist der Verlust der Instinkte. Gleich um welches Leben es sich handelt, ob um das gezähmte Tier oder den ermüdeten Menschen: die Instinktlosigkeit ist einer der traurigsten Zustände, in die die Kreatur geraten kann. Wir Menschen von heute, drinnen und draußen, sind instinktlos geworden.

Unter der tödlichen Last unserer Zivilisation, unter der übermäßigen Anstrengung unserer Titanenträume, unter der verderblichen Vergeudung unserer Selbstverwirklichungen und sonstigen Lebensträume haben wir unsere natürlichen Instinkte verloren. Und die Mechanisierung und Historisierung unseres religiösen Lebens hat uns die übernatürlichen Instinkte genommen.

Der natürlich religiöse Geschmack, der dem Menschen, der bewußt dem mitlebenden Geist sich ergibt, eignet, ist nur noch selten zu finden. Diese Sicherheit, die von innen her Bescheid weiß, über gut und bös, über nützlich und schädlich, überklug und töricht, ist von uns gewichen.

Die Unmündigkeit, die oft beklagte, oft zur kämpferischen Parole erhobene, des modernen Christen hat hier ihre tiefere Ursache, nicht in irgendwelchen Erziehungs- und Seelsorgepraxen. Diese Seelsorgepraxen stehen ja ihrerseits wiederum unter dem Gesetz der gleichen Armut und Bedürftigkeit.

Aus den Meditationen zur Pfingstsequenz; geschrieben im Gefängnis: GS IV/301f.

27. Juli

Rege quod est devium (II)

Der Irrweg, um dessen Korrektur wir hier bitten, mehrt schon auch die grobe und zentrifugale Irrung der Sünde und bittet so um die eigentliche Bekehrung. Aber da es sich bei diesem ganzen Gebet um das Leben in der Intimsphäre des Heiligen Geistes handelt, um die innere und zart-schöpferische Begegnung zwischen der bedürftigen Kreatur und dem Geist des Lebens, meine ich, daß viel mehr die Heilung dieser Instinktlosigkeit gemeint ist. Wir haben uns als einzelne und als Kirche in den letzten Zeiten so oft vergriffen in der Art der Begegnung mit dem Menschen, mit der Wertung und Schätzung von Situationen und geistigen Wirklichkeiten, in der Kunst der Menschenführung, in der Darbietung der Lehre und noch in so vielem anderen, daß wir doch allen Grund hatten und haben, über uns selbst zu erschrecken. Ach ja, unsere Taktiken sind immer noch gerissen, unsere Rhetoren immer noch beredt, die Kirchenpolitiker immer noch „klug": aber es fehlt eben jene einfältige Sicherheit, die das Richtige spürt und tut, ohne es recht zu wissen.

Unter den Gaben des Heiligen Geistes, mit denen der gläubige und willige Mensch ausgerüstet wird, werden die Klugheit, Weisheit, Pietät genannt. Das sind schon im Natürlichen die Fähigkeiten, die Dinge zu durchschauen, die Zusammenhänge zu spüren, die Urgründe und Herkünfte zu ahnen. Noch mehr als übernatürliche Ausrüstung des Menschen. Dies sind „Instinktfähigkeiten", die der Heilige Geist uns einerschafft und durch sein eigenes Leben wirksam und tüchtig erhält; sie bewahren uns vor dem devium, der blinden untüchtigen und unglücklichen Begegnung mit den Wirklichkeiten.

Aus den Meditationen zur Pfingstsequenz; geschrieben im Gefängnis:
GS IV/302.

28. Juli

DA TUIS FIDELIBUS (I)

Der Glaube ist der Ort der Begegnung. Ich habe früher schon gesagt, daß dieses wunderbare Leben im Geiste sich nur in der Sphäre und Atmosphäre personaler Intimität ereignen und entfalten kann. Der Beginn ist der Glaube und zwar der Glaube als personale Hingabe. Es handelt sich hier um mehr als um die Annahme und Wahrheit aufgrund der Bürgschaft des Herrgotts. Dies ist der Anfang und das Mindeste, was der Mensch an Offenheit und Willigkeit mitbringen und leisten muß. Wer seine Welt auf den Raum des Ergreifens und Begreifens einschränkt, der kommt gar nie in die Nähe dieses lebendigen Gottes.

Der Glaube ist der erste Schritt des Menschen von sich weg zum Herrgott hin. Die endgültige Anerkennung des Herrgotts als Mitte und absolute Gültigkeit, auch gegen sich selbst und allen anderen Anschein. Dieser Entschluß muß sich zu einem personalen Wort, einer personalen Treue verdichten. Da erst wird er richtig lebendig und lebenspendend. Die Welt und Wirklichkeit des Heiligen Geistes wird uns im Glauben, als Botschaft des Glaubens, kund.

Aber eigentlich wirklich und wirksam wird sie für uns erst, wenn wir sie als persönlichen Heilswillen Gottes zu uns, den einzelnen, verstehen und die entsprechende persönliche Antwort geben. Das Leben bleibt in seinen Urformen nach im Reich der Übernatur. Der personale Dialog ist die Grundform der geistigen Lebendigkeit.

Aus den Meditationen zur Pfingstsequenz; geschrieben im Gefängnis: GS IV/303.

29. Juli

DA TUIS FIDELIBUS (II)

Gib deinen Gläubigen, beten wir. Es ist wie bei der echten Liebesbegegnung zweier gesunder Menschen. Das Herz wagt es, sich zum Herzen zu gesellen, weil es sich selbst im anderen Herzen schon findet als Heimat der Sehnsucht, als gesuchten Gesellen und Gefährten, als erkannten und geschätzten Wert.

Der Geist bricht nicht gewaltsam in fremden Raum ein. Der Heilswille Gottes vergewaltigt uns nicht, sondern harrt des Rufes und der offenen Willigkeit. Dann allerdings genügt die kleinste Regung des Herzens, um Ozeane des Herrgotts in Bewegung zu bringen.

Die Anbetung des Heiligen Geistes, der Ruf nach seiner Nähe und seinem Segen muß um so mehr und unablässiger das Gebet unserer Herzen und unserer Zeit werden, je mehr wir die Bedürftigkeit der Welt, in die wir geraten sind, die Ausplünderung der Kreatur, der wir anheimfielen, erfahren und begreifen.

Hier bekommt das Wort seinen Sinn: nur der Beter wird's vollbringen: weil wir aus diesem Gebet uns erheben als Menschen höherer Würde und Wirklichkeit, als Menschen des größeren Seins und des größeren Könnens.

Aus den Meditationen zur Pfingstsequenz; geschrieben im Gefängnis: GS IV/303f.

30. Juli

IN TE CONFIDENTIBUS (I)

Das Vertrauen ist die Vollendung des Glaubens, noch nicht bis zur Höchstform der Liebe, aber doch bis zur Sicherheit und Geborgenheit, die uns zukommt, wenn wir um den festen Boden wissen, auf dem wir stehen und uns auf seine verbürgte Festigkeit verlassen. Das Vertrauen ist die Ruhe und Zuversicht, die den Menschen überkommt, wenn er weiß, daß er sich auf die Wertigkeit und Tragfähigkeit des Seins, das ihm zur Verfügung steht, verlassen kann

Die Verlagerung des Mittelpunktes, von der vorhin bei der Schilderung des personalen Glaubens gesprochen wurde, wird endgültig und dient als Grundlage der kommenden Entscheidung.

Vertrauen: das heißt, sich auf etwas verlassen, gegen allen Zweifel und Vorbehalt und anderen Schein.

Doch viel intensiver und ausschließlicher ist das Vertrauen eine personale Beziehung. Gewiß, man kann auch Sachen trauen, deren Wert und Zuverlässigkeit man erprobt hat oder für die andere bürgen. Aber im Grunde traut man dann sich selbst, seiner Kenntnis und Prüfung oder aber den Bürgen.

Wo es sich aber um die Beziehung zweier Leben zueinander handelt, da ist Vertrauen nur möglich als personale Intimität. Es braucht dies nicht die höchste Intimität der Liebe zu sein, obwohl in ihr erst das Vertrauen seine letzte Weihe und Fruchtbarkeit erhält.

Aus den Meditationen zur Pfingstsequenz; geschrieben im Gefängnis: GS IV/304 f.

31. Juli

IN TE CONFIDENTIBUS (II)

Das Verhältnis des Menschen zu Gott ist trotz aller kreatürlichen Abhängigkeit, Distanz und Untertänigkeit ein Vertrauensverhältnis.

Gott hat viele seiner Verheißungen an das Vertrauen gebunden, das Menschen ihm entgegenbringen.

Die Verwirklichung vieler Wunder und Gnaden Gottes hängt von dem Vertrauen ab, mit dem sie erwartet und erbetet werden.

Der Mensch hat hier eine Zuständigkeit und Macht über Gott bekommen, an die er oft gar nicht glaubt und die deshalb ohne Ergebnisse bleibt. Kleingläubig nennt der Herr die Jünger, die ihm nicht zutrauen, mit ein paar Naturerscheinungen, Naturgesetzen oder sonstigen Konsequenzen der natürlichen Logik fertig zu werden. Man muß sich auf jeden Fall in die Verfassung bringen, daß die Dinge nicht daran scheitern, daß wir sie Gott nicht zugetraut haben.

Diese Verwirklichung des wunderbaren Lebens im Heiligen Geist ist auch auf unser Vertrauen gestellt. Wir sind trotz des Geistes, der uns innewohnt, oft so müde und furchtsam, weil wir dem Geist Gottes nicht zutrauen, aus uns etwas zu machen. Wir glauben der eigenen Dürftigkeit mehr als den schöpferischen Impulsen des Herrgotts, der in uns unser Leben mitlebt. Darauf kommt es an, auf das Vertrauen, daß wir immer noch geeignet sind, uns den schöpferischen Segnungen Gottes zu ergeben und unter diesen Segnungen erfüllte und lebenstüchtige Menschen zu werden. Selig, die Hunger und Durst haben.

Aus den Meditationen zur Pfingstsequenz; geschrieben im Gefängnis: GS IV/305.

August

Auf dem Gipfel der Kampenwand
(Abb. 8)

1. August

JUGEND

Schön war heute Abend Traube aus Jugend vor dem Presbyterium. Man konnte nur eines wünschen: daß Gottes segnende Glut dieses junge Leben anlachen möge und ihm eine reiche innere Reifung geschenkt werde. Es soll wahr sein: qui laetificat juventutem meam.

Aufzeichnungen aus Wolferkam; 31.5.1942: GS I/297.

Die Menschen heute:

Der Student: ein selten wacher und innerlicher Mensch. Diese Fähigkeit, ruhig zu urteilen. Dabei diese innere Erregung, die eine Frage stellen will und eine Antwort sucht und all dies verbirgt und doch nicht verbergen kann. Diese köstliche Doppeldeutigkeit aller Worte, die kamen. Ich blieb bewußt im Vordergrund und nahm immer den billigsten Sinn. Dafür am Schluß dieses herrliche „presto", dieser eine Satz, der alles verriet und ein Wort gab.

Aufzeichnungen aus Wolferkam; 31.5.1942: GS I/299.

Als die Wand vernebelt ist und das Unwetter im Berg hängt, plötzlich die Hilferufe eines Verstiegenen. Eines leichtsinnigen Burschen übrigens. Immer wieder aus der Wolke: Hilfe, Hilfe. Dann der Vater, der den Berg heraufhastet: es ist mein Sohn. Leichtsinn hin und her, es ist mein Sohn. Dann der ruhige, sichere Mann der Bergwacht, der ihn im tollsten Wetter aus der Wand holt, ihn seelenruhig verprügelt und dann auf den richtigen Weg setzt und weitergehen heißt. Etwas viel Symbolik auf einmal, bei all der Aufregung. Aber es steckt wirklich allerhand dahinter.

Aufzeichnungen aus Wolferkam; 31.5.1942: GS I/304.

2. August

GEMEINSCHAFT

Nach der Französischen Revolution hat der Mensch die Freiheit, aber er fühlt sich einsam, er sucht die Gemeinschaft. In der deutschen Romantik fällt zuerst das Wort von der Gemeinschaft; der Arbeiter fühlt sich bald als Masse, der Macht hat in der Masse, dann als Klasse, als Macht gegen die andere. Die Gemeinschaft ist vielfach nur Organisation, in der jeder eine Nummer ist. Man weiß nicht mehr den Wert eines Menschen zu schätzen. „Ergebnis:

a) Der Einzelne ist nichts.

b) Es gibt keinen Platz außer dem der Gemeinschaft. ...

c) Gemeinschaft: absoluter Maßstab."

Der Fehler von christlicher Seite: Man ist zu sehr verhockt ins eigene Nest. Man sorgt nur für seine Gemeinschaft und läßt dabei die anderen, die nach uns schreien, zugrunde gehen. Wenn einer auch den gleichen Glauben hat, aber nicht den Nestgeruch, dann gilt er nicht und wird nicht in die Gemeinschaft aufgenommen. ...

a) Gesetze der menschlichen und christlichen Gemeinschaft.

b) Gott schuf den Menschen als sein Ebenbild. Unverlierbare Rechte und Würde des Einzelnen.

c) Der Mensch ist an den Menschen gebunden, sonst verhungert er.

d) Gemeinschaft steht und fällt mit der Würde und Lebenstüchtigkeit der Einzelnen.

e) Die christliche Gemeinschaft ist zuerst eine Gemeinschaft des Seins und Sollens, nicht der Erlebnisse.

f) Sie entsteht nicht dadurch, daß wir uns anschauen, sondern indem wir alle auf den einen Gott hinschauen und von ihm den gleichen Geist Gottes empfangen.

Dieser Geist reißt uns in das Gesetz der Heilswilligkeit hinein.

Aus „Ut vitam habeant" – Einkehrtag für Jugendliche (1944): GS V/272f.

3. August

Taten statt Worte

Das Wort von der Angst und von der Sorge. Der Mensch hat Angst um sein Habe und um sein Leben. Das hat in Frankreich zu einer Rentenangst geführt. Man will sich für alles versichern, auch für das ewige Heil. Man tut gute Werke, um sich den Himmel zu versichern. Wenn man Angst hat, muß man sie sich innerlich eingestehen und ihre Ursachen suchen, und dann es wagen, hinauszufahren, sich den Stürmen und Winden preiszugeben, ein Leben lang zwischen Himmel und Erde zu hängen und es auszuhalten; man muß die kleinliche Angst loswerden.

Gerade auch in den Gefangenenlagern haben es viele bewiesen, daß sie doch ganze Kerle sind, daß ihre Weltanschauung größer ist, daß sie auch dieses meistern können. Für viele beginnt das Leben erst nach ihrer Arbeit am Abend in der Gemeinschaft, in der Gruppe. Das Tagewerk ist für sie nicht Leben. Das hält kein Mensch auf die Dauer aus, es macht krank, denn auch und gerade die Arbeit gehört zum Leben, sonst wäre die Gemeinschaft schädlich.

Christus sagt nicht: Daß sie eure Worte hören und deswegen den Vater preisen, sondern: Daß sie eure Werke sehen und euren Vater im Himmel preisen. Nicht auf die Worte kommt es an, sondern auf die Tat. Wir müssen helfen in allen Nöten: auf unsere Werke werden sie schauen, ob wir mit dem Leben fertig werden, ob unsere Anschauung es meistern läßt; auf unsere Worte werden sie nicht diesen Wert legen.

Es ist unsere herrliche Aufgabe: daß sie das Leben haben, sie alle, damit Gott gelobt wird. Wir haben eine große Verantwortung so zu leben und zu handeln, daß wir uns unserer Verantwortung bewußt sind, wir müssen echt im Leben stehen, wir müssen handeln, wir dürfen nicht klein werden. Wir müssen ihnen nachgehen auf allen Straßen; denn Christus sagt: Geht hinaus in alle Welt!

Aus „Ut vitam habeant" – Einkehrtag für Jugendliche (1944): GS V/273f.

4. August

DEIN HERZ RUFT NACH GOTT

... Du bist nicht dekadent. Ein Kerl, der so zum Herrn will, ist kein Höhlenbewohner. Auch wenn ein harter Weg jahrelang durch dunkle Schluchten geht. ...

Du bist im Grunde ein religiöser Mensch – ohne Gott. Das ist Deine Tragik. Die totale Hingabe, die Du suchen möchtest, kann man keinem Menschen bieten. Und die totale Hingabe, die Du verlangst, kann Dir auch kein Mensch geben. Jeder Mensch ist ein brüchiges Wesen. Wir sind nur Gott, wenn und weil Gott hinter uns steht und in uns lebt. Dein Herz ruft nach Gott, Dein Kopf, Deine Verhältnisse, die Jahre, die hinter Dir liegen, versperren Dir den Weg zu ihm.

Was Du tun sollst, lieber Mensch? Vertrauen und glauben! An Dich selbst, an den Sinn im Leben, an deine Kraft und den Herrgott bitten, daß er Dich zu sich führe. Und opfern, leiden. So wie Du bist, bist du einer von den Menschen, deren Herz eine ewige Opferschale ist. Die ewig opfern und leiden und suchen und tragen – und wenn sie es ernst machen, vielen anderen Leben und Gnade zu verdienen, da sie ernst untergehen.

Schau, lieber Freund, Du mußt die Fragen einmal umdrehen. Fang einmal an zu geben, da und dort. Die ewigen Geber, die sind es, die den Egoismus in der Welt überwinden. Du wirst sehen, sobald Du anfängst zu verzichten und zu geben, wirst du anfangen zu erhalten. Alle Menschen, die sich auf sich selbst beschränken und immer nur sich suchen und ihre Erfüllung, werden auf die Dauer krank und verfallen. Der Mensch ist zu groß, als daß er nur mit der Sorge um sich selbst zufrieden sein könnte. ...

Schreib mir bald wieder und vergiß nicht, daß die Opferer, die zuerst verzichten und geben, reich werden und bekommen. Täglich bete ich für Dich. Tu Du das auch ab und zu für mich. Es grüßt Dich herzlich – in Treue

Dein Alfred Delp SJ

Aus dem Brief an E. Mühlbauer; 24.11.1935: GS V/56–58.

5. August

ALL DIE GRAUEN TAGE

... Ich habe viel Freude bekommen durch Deinen Brief, weil er einer der wenigen Briefe war unter den vielen, aus dem ein lebendiger Mensch sprach und atmete und grüßte. ...

All die grauen Tage und leeren Stunden, durch die Du hindurch mußtest, ich kenne sie nicht nur aus Büchern. Dir kann ich es frei sagen, Du wirst es treu und ehrlich behalten: es gab Zeiten und Wochen und Monate, wo ich auch nicht wußte, ob nicht irgendein plötzlicher Kurzschluß die beste Lösung der Lebensfrage darstelle. Wenn mich Gott in seiner Güte nicht tief in die Wahrheit der Kirche eingeführt hätte, ich wüßte nicht, ob ich heute noch da wäre oder was ich heute wäre. Wir haben es doppelt schwer, wir Kinder zweier Weltalter.

Schau, jeder Mensch muß sich seinen Weg durch das Leben suchen. Uns aber haben es unsere liberalen Ahnen doppelt schwer gemacht. Sie haben uns die geschlossene Lebenshaltung vorgesetzt, haben uns alle Grenzsteine versetzt und nun legen sie uns hilflos das Steuer in die Hände. Da stehen wir nun, wir Schlucker, und müssen von vorne beginnen. Und müssen uns jeden Weg suchen und das Ziel, dem wir doch aus allen heimlichen Sehnsüchten unseres Herzens entgegenhungern. –

... Laß die Bitternis nicht in Dein Herz kommen. Lieber laß die Wunden bluten und stöhne unter ihrer Last, aber werde nicht hart und zynisch. Ich bitte Dich nicht als „weiser", „kluger", „Erwachsener". Nein, Dein freundschaftlicher Kamerad, der weiß, wie schwer ein Menschenherz sich aus Starre und Bitterkeit erholt. Wie lahm und ohnmächtig ein inneres Menschenleben durch diese Dinge wird. ...

Ich kann Dich immer nur an den einen großen guten Gott erinnern, der letztlich doch nur unser Glück will. Schau Dir mal eine Krippe an. Nicht so eine bürgerlich-verharmloste, an der einem das Erschreckende von Weihnachten nicht mehr zum Bewußtsein kommt. ...

Aus dem Brief an E. Mühlbauer; Weihnachten 1935; GS V/64f.

6. August

WELTVERANTWORTUNG

Wir sind leider sehr zur Trennung von der Welt geneigt. Dieser Drang muß aber grundsätzlich überwunden werden. Wir nehmen viele Fehlhaltungen ein:

1. Wir übersehen allzuleicht die Geheimnisse unseres Glaubens, die uns im Kampf des Lebens Kraft geben könnten, wie missa, communio, firmitas.
2. Dogmatischer Pessimismus = überbetonte Angst.
3. Erschrockene Menschen: Gott hat die Welt aus dem Nichts erschaffen, und in ihrer Angst glauben sie, daß sie täglich wieder in dieses Nichts zerfällt, bildlich gesprochen.

Groß und dunkel ist das Kreuz von Golgotha aufgerichtet. Doch der Kreuzweg, das Leid, war nicht Sinn und Zweck in sich, sondern der Zweck war die Heimholung des Menschen, die Rettung. Zur Überwindung dieser Fehlhaltungen ist Gemeinschaft unbedingt notwendig. Aber wir müssen wissen, wo die Gemeinschaft beginnen muß, damit wir nicht dieselbe Notlage erleben müssen, die wir eingangs besprochen haben, die Vermassung.

Wir müssen tapfer und stark unser Ziel verfolgen. Es kommt auf jeden einzelnen an. Es kommt darauf an, daß junges Volk nachwächst, damit das Erbe, das die Väter aufgegeben haben, wieder erneuert wird. Die Welt kann nie aus den Fugen geraten, weil sie Gottes ist. Am Ende wird doch Gott ernten. Dieser Glaube muß von uns weitergetragen werden als unsere größte Verantwortung. Es muß eine neue Welt aufgebaut werden. Gott muß der Welt gezeigt werden, durch uns. Denn der letzte Sinn der Welt ist nicht die Welt, sondern Ehre und Herrlichkeit Gottes. Wir müssen unser kraftvolles, natur- und gottgebundenes Leben hineintragen in diese Welt. Wir müssen wachsen, anstecken, die Gnade der Welt sein. Wir müssen unser Leben in seiner herrlichsten, kräftigsten und freudigen Form in die Welt hineintragen, ut terra vitam habeat.

Aus „Weltverantwortung der jungen Generation"- Soldatenbrief: Februar 1943; GS V/232f.

7. August

SORGE UM DIE JUGEND

Die allgemeine Ermüdung und Bedrückung nimmt zu. Ebenso die Sorge für die Zukunft, allerdings bei weiten Kreisen, auch bei solchen, bei denen allgemeines Interesse und Verständnis zu erwarten wäre, nur für die persönliche Zukunft. Erstaunend und erschreckend große Interessenlosigkeit für die allgemeinen Anliegen.

Als allgemeine Charakterisierung kann vielleicht gesagt werden: wachsende *Verwirrung* auf allen Lebensgebieten. ...

a) Aus der inneren und äußeren Lage ergibt sich, daß die verantwortlichen und führenden Instanzen zunächst in kleinen Kreisen eine wichtige vorbereitende Arbeit leisten müssen. Bis zu den kommenden wichtigen Entscheidungen müssen die eigenen „Krisen" soweit behoben sein, daß wir voll handlungsfähig und gerüstet eingreifen können.

b) Die zunächst zu lösenden Probleme für die Allgemeinheit werden keine direkt religiösen Fragen sein, aber trotzdem nicht ohne die Mitarbeit aus unserer Substanz gelöst werden können. Pastoral bedeutet dies, daß wir mithelfen müssen, den Menschen eine Lebensordnung zu geben, in der sie wieder zu sich kommen und auch für die geistigen und religiösen Fragen wieder wach werden können.

c) ... zwischen den beiden Ideen der Restauration und Revolution muß die *dritte Idee* (22) gefunden werden.

d) ... Erweckung der Persönlichkeit – Schaffung einer dauerhaften Sozialordnung. ...

e) Konkrete Aufgaben: Kirchliche Beiträge zur Entmassung: Erziehung zum Menschenbewußtsein und zum Gewissen, zur echten Personalität, Schaffung eines geistigen Milieus – Erziehung zur Gesellschaft, die nicht von der Konvention lebt, sondern von echten geistigen und christlichen Gehalten. ...

Sorge um die Jugend im Einsatz, die in Gefahr ist, die geistige und religiöse Lebensfähigkeit für lange Zeit zu verlieren und so kommenden Radikalismen ausgeliefert zu werden.

Aus „Lage und Seelsorge", Entwurf zum Vortrag am 25.10.1943 in München: GS V/246, 249f.

8. August

HEIMAT

Für das durchgängige Verständnis ist Heimat an Dinge gebunden. Heimat ist das Dorf, das Haus, das ererbte und überkommene Hausgerät, das zum Haus gehörige Tier, das alte Buch, das Lied, die Sitte. Und wir sind geneigt, Heimat in diesen Dingen aufgehen zu lassen, bis ein Blick auf uns, um deren Heimat es geht, uns zeigt, daß dies alles zur Heimat gehört, aber nur als tiefer Erlebnisgrund, in dem ein Mensch Wurzel faßt. Da zeigt es sich dann, daß nicht die Dinge die Heimat ausmachen, sondern die Bindung, die Beziehung. ...

Außerdem geht es um die Bedeutung von Heimat für den durchschnittlichen Menschen und um die heimatliche Bindung eines ganzen Volkes, das ohne eine solche Verwurzelung geschichtlicher und kultureller Flugsand bleibt. ...

Heimat, das ist das Land und Besitz, das ist Elternhaus und Kindheit und Familie, das ist Geschichte und Kultur, das ist Beruf und das sind die Menschen, denen ich verbunden und verpflichtet bin; und Heimat, das ist durch all dies die lebendige Begegnung mit meinem Gott.

Aus diesem kosmischen Gesamtbewußtsein weiß der Mensch, daß dies alles zusammengehört, und daß er in der heimatlichen Form des Lebens eine echte Ordnung des Daseins bejaht.

Aus diesem Bewußtsein weiß er auch, daß die Treue zur Heimat und der Einsatz für sie ein echter Dienst ist, der ein direkter Bezug zur letzten Wirklichkeit wird.

Und wenn dieser Einsatz das äußerste Wagnis einschließen und das äußerste Opfer verlangen sollte, ist er, wenn Heimat in ihrer vollen Wirklichkeit genommen wurde, dann eben ein Heimgang zu Gott – unserer letzten Heimstatt.

Aus Philosophische Schriften „Heimat"; 1940: GS II/253, 255, 269

9. August

DIE FAHRENDEN GOTTES

Ob ich wohl eine Heimat haben darf? Eine alte Frage. Die schönen Dinge sind doch mehr Offenbarung Gottes als die unschönen. Aber da liegt ja auch ihre versteckte Dämonie. Schönheit ist mehr Geist als das Unschöne. Und allem Geist wohnte die Versuchung inne, sich selbständig zu machen und sich in sich selbst zu runden.

Ich glaube, man kann am Schönen und Echten ebenso gottlos werden wie am Unschönen und Unechten. Wenn das Gute und Schöne nicht den Hunger steigert, sondern stillt, wird es für die metaphysische und religiöse Wachheit gefährlich.

Eine Heimat, die mich behalten will, darf ich nicht haben. Und auch nicht eine Heimat, die ich behalten möchte, in der ich siedeln möchte.

Die Fahrenden Gottes müssen überall zu Hause sein, wo Gott ist, und dort mehr zu Hause sein, wo Gott mehr ist.

Das bedeutet – so einfach es sich dahinschreibt – viel Not, viel wundes Herz, viel Ehrlichkeit.

Aufzeichnungen aus Wolferkam; 31. 5. 1942: GS I/297.

10. August

GOTT IST GUT

... Ich war in den Bergen und hab mich in die Welt des Herrgotts verkuschelt. Es war schön und ich werde bald wieder gehen.

Es war wirklich schön. Viele Bilder werden bleiben. Auf der Spitze. Um uns die aufgeblätterte Welt Gottes und der Menschen.

Da fiel mir wie ein Auftrag mein ursprünglicher Auftrag, zu segnen und zu heilen, immer wieder segnen und heilen, ein. Ich hab einen großen Segen Gottes gegeben. –

Meine Schwester: sie ist bei all ihren Schicksalen bei uns geblieben. Nur so eine Geste. Sie war zum ersten Mal im Stein. Irgendwann einmal eine Situation, die es immer wieder gibt: man weiß nicht weiter. Jemand wollte ihr die Hand geben zum Abspringen. Diese Abwehr: nein, ich muß es allein machen.

Das ist unsere Kraft und unsere Not, dieses Allein. Dieser köstliche und blutige Besitz der Freiheit, den man selbst in der brüderlichen Hilfe noch gefährdet glaubt.

Dann das Wetter. Plötzlich brodelnde Nebel, vom Chiemsee her ein Gewitter. Wir kommen während der ersten Blitze noch herunter. ...

Und jetzt genieße ich wieder. Gleich wieder am See, der abends so milde und farbig ist. So in der Sonne schwimmen und nachher im Segelboot so frei und still und nur den Elementen verpflichtet dahinschweben, ach es ist dann so viel vergessen und vorbei und das Herz atmet wieder.

Gott ist gut und seine Welt ist schön.

Aufzeichnungen aus Wolferkam; 24. Juli 1943: GS I/303f.

11. August

BUKOLISCHES DASEIN AM SIMSSEE

Es ist herrlich jetzt, dieser reifende Hochsommer. Vom Feld her rauschen die Sensen und Sicheln ihr betörendes Lied. Ich hab das so gern, die reifen Felder und dann die Ernte selbst. Irgendwie ist ja der Sinn unseres Lebens: reif werden und geschnitten werden, eingebracht in die Scheunen.

Die Welt ist voll der Güte und Schönheit Gottes, die ihr alles gibt.

Aufzeichnungen aus Wolferkam; 1943; GS I/302.

… Aber das bukolische Dasein hat mich verführt. Ich hab eine ganze Stunde gemäht gerade und hab nun die Hände voll Blasen und die städtisch-unnützen Arme voll Zittern.

Aber schön wars. Diese weitausholende fruchtbare Bewegung, das ist ein ganz eigener und bedeutsamer Rhythmus, der irgendwie an den Sinn des Lebens rührt. …

Bleib wach und froh und zuversichtlich und bet ab und zu ein bissel für mich. Ich tu es auch für Dich. Bei der mütterlichen Herrin hier ist gut beten. Und in der unmittelbaren Begegnung mit den stillen und gütigen und treibenden Kräften der Natur.

Dieser treibende und drängende Glanz ist doch nur Ahnung und Kopie des Herrgotts. Es schließt sich alles in eins. Es wird der große und erfüllende Augenblick unseres Daseins sein, wenn einmal das eine Wort Gott alles meint und alles stehen läßt, und umfaßt und zugleich zur Mitte zurückbringt.

So möchte ich wenigstens sterben, wenn es mir vorher nicht gegeben sein sollte. …

Aufzeichnungen aus Wolferkam; 21. Juli 1943: GS I/303.

12. August

BERUFUNG

Nach einem Tag voller Sonne, Schlaf und Kinderlachen ... Und nachher diese silberne Landschaft! Die Berge aller Härte bar, die Landschaft innerlich aufgelöst in ihre geheimsten Kräfte, die Straßen wirklich wie Wege hinter die Sterne: alle Horizonte waren offen und dazwischen bin ich herumgegangen mit einer vollen Seele und einem Herzen, das auch über die Sterne hinaus fragte und Antwort wollte und Klarheit suchte und all dem vielmehr gewachsen war als sonst. ...

Ich bin Priester und Ordensmann und ich bejahe diese beiden innersten Sendungen meines Lebens wirklich ganz und gar.

Ich würde in diese beiden Berufungen und Bindungen wieder hineingehen, weil sie meine Sendung von Gott her sind und weil sie zugleich die Ordnungen sind, die meinem maßlosen Leben zugleich Bindung geben und Auftrag und zugleich die Weite, das Grenzenlose verbürgen, das ich brauche, um nicht zu ersticken.

Aus innerster Ehrlichkeit kann ich es nicht verantworten, diese Ordnungen irgendwie als zu früh gekommenes Schicksal nur zu tragen oder gerade unverletzt zu retten.

Ich würde mir innerlich untreu werden und mich selbst in einer Art und Weise verwunden, die keine Heilung mehr fände. ...

Aufzeichnungen aus Wolferkam; 16. Juli 1943: GS I/302f.

13. August

VON MENSCH ZU MENSCH

Von Mensch zu Mensch: Das bleibt immer ein Rätsel oder besser noch ein Geheimnis. Die Wege hinüber und herüber sind unerhellt und wahrscheinlich auch unergründlich. Individuum est ineffabile, da liegt wohl der Grund. Was ein Mensch eigentlich ist, – ich, der, jener – das ist letztlich doch nicht aussagbar.

Für mich nicht, über mich und über andere erst recht nicht. Die Behutsamkeit und die große Ehrfurcht müßten immer die Haltungen sein, mit denen man in die Nähe eines Menschen kommt. Wie stürzen die Menschen übereinander her oder ineinander hinein und so oft verbrennen sie aneinander und plündern einander aus oder erdrücken einander.

Die Zeit heute ist des Menschen Feind. Und der Mensch heute weiß nicht mehr von seinen guten und bösen Geheimnissen. Deswegen weiß er auch mit dem anderen Menschen nichts mehr anzufangen.

Es gibt so wenige Menschen, die einen im Glauben an die Menschen bestärken. Daß wir alle krank sind, daran gewöhne ich mich allmählich. Aber daß wir alle habgierig und raubgierig sind, das ist eine böse Tatsache. An ihr kann man bitter werden.

... Wenn man die Güte nicht hat, tut man einem Menschen immer Unrecht, auch wenn man recht hat.

Ich war in der Sache wieder viel zu klein. Man darf nicht von seinen Interessen ausgehen, wenn es sich um einen Menschen handelt.

Aufzeichnungen aus Wolferkam; Mai 1943: GS I/300 f.

14. August

Geheimer Dialog

Warum ich mit Dr. ... nicht recht weiterkomme? Und warum er sich immer beklagt, es sei kein Vertrauen da, und ich vorenthalte ihm manches? Daß ich verschlossen bin und wohl auch bleibe, habe ich ihm gesagt. Aber ich glaube, es liegt tiefer.

Wir denken verschieden an Gott. Er versteht nichts von dem geheimen Dialog, den man dauernd mit Gott führt, und in dem man sich wandelt und ab und zu ein anderer wird. Und in dem viele Dinge sich lösen, über die es dann keines erhellenden Gespräches mehr bedarf.

Der Mensch mit Gott ist wirklicher als der Mensch ohne Gott. Nur die Menschen, die den gleichen Gott lieben, können sich letztlich verstehen.

Aufzeichnungen aus Wolferkam; Juni 1943: GS I/301.

... Es leben einzelne prachtvolle Menschen darunter. Das Ganze ist verfahren. Ist eng bei aller Schwärmerei, weil es ihm doch nur um die Erfüllung seiner Gefühle und Erlebnisse geht.

Wenn die Menschheit einmal fragt, was wir ihr anzubieten haben zu dem Neubau des Lebens, der geschehen muß, dann werden sie uns ihre Kammermusik vorspielen und sagen, im Wald gäbe es Himbeerschläge ...

Aufzeichnungen aus Wolferkam; Juli 1943: GS I/301f.

15. August

MARIA

Mediatrix omnium gratiarum: (23) immer wieder überrascht der innere Anblick des Christentums. Wenn ich gerade meine, es irgendwie auf eine Formel gebracht zu haben, plötzlich sieht wieder alles anders aus. Dieses stille heutige Fest: daß Gottes Gnaden den Händen einer Mutter anvertraut sind: wie ist doch alles Gesetzmäßige, Harte gemildert und gewandelt. Als ob in Gott der Heilswille über Gott gesiegt habe. Eine Mutter kargt nicht und wo Mütter gesund sind und echt, stehen sie immer zum Kind, auch in alle Verlorenheiten und Verlaufenheiten hinein. – Die „mütterliche Herrin" ist eine beglückende religiöse Erfahrung dieses Monats. Sie wird vieles in Ordnung halten und vieles in Ordnung bringen.

Aufzeichnungen aus Wolferkam; Juli 1943: GS I/298.

Die Herz-Jesu-Verehrung bringt von selbst eine Vertiefung der Marienverehrung mit sich, weil sie zu einer Neuentdeckung und Vertiefung der personalen Intimität zwischen dieser Mutter und diesem Sohn führt. Sie befreit so die Marienverehrung von viel Klischee und Schablone und holt sie in den Raum religiöser Lebendigkeit und Menschlichkeit zurück. Man muß nur einmal versuchen, den Rosenkranz zu beten und an Stelle der gewohnten Geheimnisse einzelne Anrufungen dieser Litanei zu setzen. Der Rosenkranz wird neu gefunden und nachher auch „alt" besser verstanden. Und: die gewölbten Bogen der inneren Beziehung zwischen dem Mutterherzen und dem Herzen des Sohnes Jesu werden für uns Tore zu den Heiligtümern und Wundern der göttlichen Innerlichkeit. Es wird bei dieser Anrufung so recht sichtbar, wie der Mensch Maria hineingenommen ist in eine Fülle göttlicher Geheimnisse und Wunder.

Aus den Meditationen über die Herz-Jesu-Litanei; im Gefängnis geschrieben: GS IV/252f.

16. August

STUNDEN WIE BLITZE

Es gibt Stunden, die sind wie Blitze. Sie zeichnen uns. Von da an tragen wir Male. Sie alle wollen Zeugen Gottes sein, des Guten und des Mächtigen. Die Tränen und die Wunden, die Schwäche und der gute Wille, die Treue und die Not: sie alle heißen uns weitergehen und wachsen, wachsen: bis es doch eine Ernte Gottes wird, dieses weite Feld des Lebens.

Aufzeichnungen aus Wolferkam; Januar 1943: GS I/300.

Die Eitelkeit ist eine Mörderin. Sie tötet den echtesten inneren Aufschwung und verdirbt den ehrlichen Wunsch und den bestgemeinten Einsatz. Es ist ein ekelhaftes Ereignis, wenn man sich plötzlich dabei ertappt, wie man neben seinen wirklichen und vermeintlichen guten Taten oder Gedanken einherläuft und sich in ihnen spiegelt. Man kann sich dann selbst kaum mehr aushalten. –

Aber das scheint dazuzugehören, daß man immer wieder genug hat von sich selbst. Und daß dann innere und äußere Geschehnisse zusammenwirken, bis man wieder einmal weiß, daß es gar nicht auf einen ankommt und daß man im Grund ein ohnmächtiges Wesen ist, dem beide Hände abgeschlagen sind. Wenn man dann die Stummel zum Herrgott hinhält, sind auf einmal wieder ganz brauchbare Hände da. Wir sind ja alle vom Geist dieser Zeit besessen, der so durchaus überzeugt ist von sich selbst und sich alles zutraut und gar nichts mehr weiß vom gebeugten Knie und vom offenen Herzen und vom hörenden Geist. Deswegen bleibt ja auch alles ein Torso oder verkehrt sich ins schreckliche Gegenteil des Gewollten und Begonnenen.

Aufzeichnungen aus Wolferkam; 31. Mai 1942: GS I/298 f.

17. August

AUSGEBÜRGERT

Es gibt vielerlei Unzuverläßlichkeit. Die der Brutalität und des wechselnden größeren Nutzens. Die der Verzweckung und des flatterhaften Genusses. Die des Dienstes und der Sendung. Und dann die ganz eigenartige unseres Lebens noch, die einige von den wertvollen Vorigen miteinschließt und doch noch ihren ganz eigenen Charakter dazugibt. Manchmal bedauere ich die Menschen, die mir Freund sind. Ich kann ihnen doch nie so unbefangen und vorbehaltlos begegnen, wie das der Mensch in sich kann und auch gerne möchte. Ich bin immer schon vergeben und gebunden. Das geht bis ins äußerlichste Zeithaben und gilt bis in die innerste Freiheit. Aber es ist so und es wäre schlimm, wenn ich daran rühren würde oder ließe.

Aufzeichnungen aus Wolferkam; 31. Mai 1942: GS I/297f.

Bei Dr. ...: ich glaube, ich gehe nicht mehr hin. Ich kann das nicht alles, was ich selbst bin, zu Hause lassen und dann doch als „Freund" gelten. Ich habe das auch gesagt, ich komme nur noch, wenn ich als der kommen kann, der ich bin. Diese Menschen sind recht gutwillig und gut zueinander, aber weiter interessiert sie nichts oder alles nur unter dem Gesichtspunkt, wie könnte es unser persönliches Leben berühren. Bei allem Sinn für Familie: diese wird, wenn sie so bleibt, ein vornehmes Grab für die Menschen.

Aufzeichnungen aus Wolferkam; 2. Juni 1942: GS I/299.

Verschiedene andere Dinge machen mich wieder darauf aufmerksam, daß wir durch die Eigenart unseres Lebens mehrfach „ausgebürgert" sind. Daß selbst die Seßhaftigkeit und geweihte Bürgerlichkeit eines Pfarrhofes nicht unser Raum ist und wir deswegen dort im Grunde auch gar nicht verstanden werden. Unter Umständen nur störend und irgendwie unheimlich wirken. Ich muß mehr in meiner Bindung an das Allgemeine und Ganze bleiben und aus dem Konkreten mich lösen.

Aufzeichnungen aus Wolferkam; 3. Juni 1942: GS I/299f.

18. August

VERTRAUEN

… Und Dank für Ihr Beispiel der Unermüdlichkeit trotz der miserablen Lage und trotz der körperlichen Beschwerden. – Halten Sie uns bitte nicht für „Magier" oder ähnliches zweitrangiges oder noch unwertigeres Zeug.

G. ist ein guter Theologe und noch ein besserer Beter. Die Schwaben sind gerade für die metaphysischen und übersinnlichen Wirklichkeiten hervorragend veranlagt. Sie selbst haben da Hemmungen als Typ und als Jurist. Die ausweglose Notwendigkeit der logischen Verknüpfung und innerweltlichen Kausalität imponiert Ihnen zu sehr.

Der Herrgott kann jedes logische, kausale Netz souverän zerreißen. Und er kann ebenso durch kleinste Imponderabilien dem ganzen kausalen Gang eine andere Richtung geben. Ich selbst bin dem Typ nach auch Rationalist. Schon vor der Verhaftung hat mir der Herrgott die Kategorien zerbrochen.

Jetzt weiß ich sicher und lebendig, daß die Verwirklichung vieler Dinge von der Intensität und dem Vertrauen abhängt, mit dem wir sie von Gott erwarten. Das ist klare und eindeutige Lehre des N. T.

Gott ergibt sich dem Vertrauen.

Alles Gute und des Herrgotts Segen.
Ihr erg. Dp

Aus dem Brief an Helmuth J. von Moltke; Neujahr 1945: GS V/178f.

19. August

MYSTERIUM

Alles ist nur Ahnung, Echo. Das Letzte ist Überlegenheit, da kommt der Mensch nicht mit. Eine Fülle und Höhe, die überlegen ist. Das hat zwei Bedeutungen für uns.

Erstens: Wir stehen im Schatten der göttlichen Macht. Es würde gefährlich für uns, wenn wir mehr wüßten. Das Dunkel gehört zum Glauben. Daß man da hineinspringen muß, franchier le pas, das ist der eigentliche Sinn des suscipe der Gelübde. Auf sein Wort hin wird es gewagt.

Zweitens, man muß es uns anspüren, daß wir aus Geheimnissen leben. Wir haben eine Sendung, ein Bewußtseinserlebnis, und man muß es uns auch ansehen, daß wir aus Geheimnissen leben. Das gibt eine gewisse Überlegenheit den Dingen gegenüber. Nicht hassend oder erschlagend.

Daß wir getauft sind, geweiht sind, vom Altar kommen, muß man uns anspüren. Die Rühmung Gottes, das Heil, all das muß in uns selber existent werden. Darauf geht der Gelübde Schwur.

Und dadurch kommt es zur Maior Dei Gloria.

Aus „Das Menschenbild der Konstitutionen der Gesellschaft Jesu; 1941: GS V/221.

20. August

MISSIONSLAND

Kirche wird immer sein, weil sie letztlich stammt aus dem großen Heilswillen des Herrgotts, weil sie immer neu hervorströmt aus der großen Glut des Herrgotts zu sich selbst und der Kreatur. Aber wird bei uns immer Kirche sein, hier im Land, hier in Augsburg? Ich habe das Buch vom „Gottesstaat" vom heiligen Augustinus gelesen. Es ist eine Arbeit über die Lehre von der Kirche. Diese Lehre hat er geschöpft aus der Lehre Christi, aus der Offenbarung, aus der Überlieferung, aus seinem Gebet, aus seinen Sorgen und aus dem, was er an Kirche erlebt hat, was an Kirche lebendig war. Und dieser Kirchenraum, in dem diese großen Gedanken gebaut wurden, ist heute Missionsland, dürftig, dürr und einsam. Vielleicht rufen Sie den Patron dieser Stadt, den heiligen Ulrich, zurück und führen ihn durch Augsburg und fragen Sie ihn, was er wußte von der Kirche dieser Stadt und dann lassen Sie ihn vergleichen mit dem, was er an Kirche heute findet. Kirche wird immer sein. Aber wird Kirche immer bei uns sein? Wenn wir fragen: Lebt oder stirbt die Kirche?, dann meint das *unsere* Kirchenstunde. Da helfen uns keine Erwägungen. Da hilft nur die ehrliche Bestandsaufnahme dessen, was sie ist, und der innere Versuch, damit fertig zu werden. Die Erfahrung gibt uns auf die Frage: Kirche, lebst oder stirbst du? Die Antwort, daß die Kirche etwas Fremdes, einsames geworden ist. Die Erfahrung legt die Versuchung nahe zu denken, daß die Kirche müde geworden ist und drängt zu der weiteren Frage: Ist das deine letzte Stunde? Fallen wir zerbrochen aus dir heraus? – Und vielleicht sagen Sie noch einmal: Was lebt, wird leben, was stirbt, wird sterben. Das kann man nur sagen, wenn man nicht weiß, wie die Kirche für uns Existenz bedeutet; wenn man nicht spürt, daß mit der Frage an die Kirche auch die Frage an den Sinn unseres Daseins gestellt ist.

Aus der Predigt „Du bist Petrus, der Fels"; 28.6.1941: GS III/234f.

21. August

DIE QUELLEN DER KIRCHE

Dreifach sind die Quellen, aus denen die Kirche lebt:

Ihre heiligste Quelle ist Gott. Die Kirche kommt von weit her, nicht nur ihre zweitausend Jahre, nicht nur ihre Generationen. Ihr Weg ist länger. Wer das begreifen will, muß dem Herzschlag Gottes gelauscht haben. Alle anderen Versuche, dieser Wirklichkeit gerecht zu werden, scheitern, weil das, was sichtbar ist, oft wie ein Schleier vor dem hängt, was eigentlich ist. Letzte Heimat, was Kirche sein soll, ist das, daß Gott in sich ein strömendes Leben ist, dieses Leben, das von einem zum anderen drängt, das vom Vater zum Sohn flutet, der in die Welt kommt und sie hält, weil sie aus dem Heilswillen des Vaters geboren ist, der ihm die Heilstat anvertraut hat, daß Gott seiner Kreatur seinen heilsatmenden Heilswillen nachgeschickt hat, daß in diesem Gebäude Gottes Wirklichkeit, Gnade immer gegenwärtig ist. Das ist die erste Quelle.

Die zweite Quelle, aus der die Kirche lebt: Kirche ist nicht nur göttliches Reich. Kirche entsteht da, wo der Mensch mit Gott ins Handeln kommt und darum ist ihre Grundordnung Menschwerdung, Gott als Mensch, in geschichtlichem Schicksal, in geschichtlichem Fortleben, und das deswegen fortgesetzte Menschwerdung ist, Gott im Menschen, im Menschlichen. Durch das Hineinströmen Gottes in die Welt erhalten alle diese Dinge – Menschen, geschichtlicher Auf- und Abstieg, Kultur – einen ganz großen Wert, eine ursprüngliche Bedeutung für die Lebendigkeit der Kirche.

Und das ist die dritte Quelle, aus der Kirche lebt, daß in ihr der Mensch als Mutterboden kirchlicher Wirklichkeit steht.

Aus der Predigt „Du bist Petrus, der Fels"; 28. 6. 1941: GS III/236.

22. August

KIRCHE – AUF MENSCHEN GESTELLT

... Der Wille zu einem ... innerlich unverkümmerten Menschentum. Man kann nicht Christ, Mensch der Kirche werden, wenn der Mensch verstümmelt wird. Es ist für das Schicksal der Botschaft von Bedeutung, auf was für Menschen sie trifft, was für Menschen sie tragen und verkünden.

Das zweite Mal ist Kirche auf den Menschen gebaut, daß Gott den Menschen zum Heil nicht überfällt, sondern als Angebot vor ihm stehen bleibt, so daß Kirche immer geboren wird aus einer Entscheidung, einem Anschluß des Menschen an Gott. Das ist der Mensch mit der großen Offenheit, dessen Gehör über die Dinge des Raumes hinausragt und der fähig ist, Ewigkeit zu vernehmen, der hörende Mensch, der aufgebrochen ist, daß wirklich Gottes Sturm und Feuer einbrechen kann.

Ein drittes Mal ist Kirche auf den Menschen gebaut, weil sie gebaut ist auf die Tätigkeit und Fruchtbarkeit des Lebendigen. Leben kann man nicht weitergeben durch reine Erstarrung, durch reines Hüten dessen, was war. Leben zeugt durch sich selbst, durch Um-sich-greifen. Und darum muß der Mensch, der Kirche tragen soll, ein Mensch sein des Lebens, der Lebendigkeit, der sich geistig einbaut, einfühlt, die Dinge in sich selbst eingliedert. Ein solcher Mensch, der Zeugnis steht, ist nicht starr, sondern dokumentiert immer das Größere, das Leben.

Und ein viertes Mal ist Kirche auf den Menschen gebaut, weil sie als Voraussetzung verlangt den Menschen der Verantwortung und der Sorge. Sinn der Kirche ist Träger des Heilswillens des Herrgotts zu sein. Darum kann Kirche nur tragen, wer sich angestürmt weiß von diesem Heilswillen des Herrgotts, Menschen, von denen die Menschen merken, da ist eine ungeheure Wucht in die Welt geraten. Kirche ist eine dynamische Kraft, weil sie stammt aus dieser unendlichen Bewegtheit des Herrgotts und weil sie selbst durch die Geschichte strömen soll.

Aus der Predigt „Du bist Petrus, der Fels"; 28.6.1941: GS III/237f.

23. August

DER SCHWACHE PUNKT

Die Kirche stirbt nicht an Gott. ... Die Tatsache, daß Gott und Menschen zusammengeraten sollen, ist von Gott her unabänderliches Gesetz. Es bleibt nur die Möglichkeit, daß wir uns aus dem Gesetz lösen. Daß die Kirche sterben kann, liegt an uns, den Menschen. Wir sind der schwache Punkt im Gefüge der Kirche. Wir sind es, die entscheiden, ob der göttliche Strom selig in die Welt hinausbrausen kann. Wir hindern das göttliche Strömen, wenn wir den Dimensionen Gottes nicht gewachsen sind.

Die Kirche kann sterben am verkümmerten Menschen, wenn da statt des Willens zum Ganzen der zerrüttete Mensch steht, wenn der Mensch entartet ist durch Entgeistigung, so daß die Organe für die Aufnahme der Dinge nicht über Hand und Fuß hinausreichen. Ein solcher Mensch ist nicht mehr Träger der Kirche. Man kann auch geistlos und entgeistigt fromm sein und man kann gerade durch eine entgeistigte Religiosität den Tod aller Fruchtbarkeit des Religiösen herbeiführen. Der Mensch kann auch entarten durch Entsittlichung, daß er herabsinkt und dem Schwergewicht der Triebe verfällt und so nicht mehr der Vollmensch ist.

Der Mensch kann entarten und nicht mehr der gottnahe Mensch sein durch Entpersönlichung. Dann ist er Gottes nicht mehr fähig. Religion ist nur da lebendig, wo ein persönlicher Geist vor den Herrgott gerät und nur auf diese persönliche Begegnung hin sind wir Gottes fähig. Der Mensch kann sich seiner Krone begeben und zerfallen; er kann dem Traum der Maschine, des Kollektivs und religiösen Mechanismus verfallen. Er kann sich religiös entmündigen lassen und den freien Schlag seines Gewissens nicht mehr hören. Das ist das eine, woran der Mensch die Kirche krank machen kann.

Aus der Predigt „Du bist Petrus, der Fels"; 28. 6. 1941; GS III/238f.

24. August

WIE EIN MAULWURF

Das andere ist, daß er nicht mehr der hörende und offene Mensch ist; daß er sich verkrampft hat in die Welt hinein, daß er nicht mehr über die Kirche hinaus hören kann, sondern wie ein Maulwurf nur nach unten wühlt und das Obere nicht mehr kennt, daß er die unendlichen Weiten vergißt.

Viele Menschen sind nicht mehr fähig, etwas wie Kirche, Gnade, Glaube, Christus, Herrgott auch nur zu ahnen, weil sie verkrampft sind in die Welt hinein.

Das Dritte, woran der Mensch die Kirche krank machen kann, ist, daß er unlebendig und untätig ist, daß er alles überkommen hat wie ein altes Erbe, von dem er weiß und das er doch nicht kennt.

Es ist dann seine Kirche und seine Kirchlichkeit nicht geboren aus seinem Wissen um die Dinge, die da geschehen. Es ist sein Verständnis nicht dem angepaßt, was er beruflich als Mensch geworden ist. Er hat das Ganze nicht rezeptiert. Es ist keine strahlende Kraft mehr in diesem Menschen, die den Urraum erobert.

Sonst müßte man schon an der Türschwelle merken, daß man einem Christen näher kommt. Unlebendig, untätig, stark verfangen in das, was ist, starr sich hüllend in das, was war und was geschrieben und verordnet ist, das ist der Mensch, der die Kirche krank machen kann.

Mensch der Kirche sein heißt, ewig geschickt sein an neue Anfänge und in neue Horizonte.

Aus der Predigt „Du bist Petrus, der Fels"; 28.6.1941: GS III/239.

25. August

UNBÄNDIGER MISSIONSWILLE

Der Mensch kann die Kirche krank machen dadurch, daß er nicht mehr Kind der Kirche ist in Sorge und Verantwortung, daß er gleichsam nur in die Kirche sich flüchten möchte zur eigenen Sicherheit und Geborgenheit.

Wie ganz anders gingen wir durch die Geschichte, wenn wir uns angehaucht fühlten von dem Heilswillen Gottes!

Kirche ist man nicht aus ein bißchen Heilsangst, sondern aus einem unbändigen Missionswillen heraus.

Mit dem Verhüten und Verordnen erhält man kein Leben und zeugt man kein Leben. Da ist irgendwie die Last Gottes auf uns gelegt, daß wir verantwortlich sind für das Schicksal des Ganzen, für den Menschen, der neben uns steht und nicht mehr weiter weiß.

Dadurch ist die Kirche krank und müde, daß wir nicht mehr diese Menschen des Heilswillens, der Missionssendung und des missionarischen Wissens sind. Was nützt es, wenn man 25,- DM gibt, um ein Negerkind zu taufen, wenn man das eigene Land von sich weglaufen läßt und nicht das Herzblut zu geben bereit ist für dieses Land!

So kann die Kirche leben aus dem Menschen. So kann sie sterben aus dem Menschen.

Aus der Predigt „Du bist Petrus, der Fels"; 28.6.1941: GS III/240.

26. August

FEIERST DU NEUE ANFÄNGE?

Heute, in dieser Stunde, Kirche bist du lebendig oder bist du am Ende? Bist du fertig oder feierst du neue Anfänge?

Mensch der Kirche sein heißt heute einsam sein, fremd sein, die Fühlung mit vielen Dingen verloren haben, mißverstanden und falsch verstanden werden. Da hilft es nicht, zu fragen: Woher kommt es, daß wir einsam sind? Was haben wir dazu beigetragen? Sondern vielmehr: Wie werden wir damit fertig? Wie leisten wir es, die Kruste der Einsamkeit um uns zu sprengen? Es drängt sich uns auch die Frage auf: Kirche, bist du nicht nur einsam geworden, bist du nicht auch müde geworden? Bist du innerlich an dir selbst verzagt? Gibst du dich selbst auf? Das sind Fragen, die durch die Wirklichkeit uns auf die Zunge gelegt werden. Woher kommt es, daß wir müde geworden sind, wenigstens müde aussehen? Es ist nicht mehr so gewesen, daß die Welt um die Kirchenmauern herum etwas mitbekommen hat von dem brausenden Leben, das in diesem Raum schlägt, sondern der Strom von draußen hat seine Wellen in den Raum hineingeschlagen und hat uns in die allgemeine Entwicklung hineingerissen. Auf uns selbst geschaut ist es so, daß wir ehrlich und sachlich nicht mehr dem Menschen entsprechen, der der Lebensquell und Aufbaugrund der Kirche sein soll und sein könnte, sondern daß wir angekränkelt sind von Dingen, die müde machen und durch welche die Kirche vom Menschen her krank werden kann.

Sind wir noch wissende Menschen? Haben noch viele Menschen das Wissen um die letzten Hintergründe, sodaß sie sich selber Auskunft geben können und nicht vor jedem Ärgernis des Schicksals ratlos stehen? Sind wir noch wissende Menschen, die irgend etwas von Theologie wissen, von dem, was von Gott kommt und zwischen Gott und Welt und Menschen spielt? Die noch etwas ahnen von den letzten Dimensionen, wonach alle Dinge gemessen werden?

Aus der Predigt „Du bist Petrus, der Fels"; 28.6.1941: GS III/240f.

27. August

SCHWEIGENDES GEWISSEN?

Sind wir noch entscheidende Menschen, nicht Menschen des großen Einflusses und der sichtbaren Plätze, sondern Menschen der Herzensprüfung und des schlagenden Gewissens?

Wird nicht eine kommende Generation uns beschimpfen ob unseres schweigenden Gewissens?

Sind wir noch glühende Menschen? Ist noch irgendeine Leidenschaft in unserer Seele, für die man sich selbst einsetzt? Oder ist das alles so nüchtern und dürftig und schön geordnet, daß es kein Herz mehr entzündet? Der glühende Mensch! Nicht der Fanatiker! Der glühende Mensch, dem man anspürt, daß er aus tausend Weihungen kommt, der an Dinge gerührt hat, die nicht auf der Straße liegen: das ist der Mensch, auf den Kirche gebaut hat.

Sind wir noch erobernde Menschen? Menschen, die inmitten von tausend Untergängen stehen als solche, die die Welt erobern wollen wie Petrus vor dem Heiland stand, als er zu ihm sagte: „Du bist Petrus, der Fels!"

Wie muß es in diesen Menschen, den Aposteln geglüht haben, daß sie aus ihrem verachteten Palästina hinauszogen in die Weltstadt Rom! Sie starben in Rom und haben Rom erobert.

Aus der Predigt „Du bist Petrus, der Fels"; 28.6.1941: GS III/241f.

28. August

LEBEN IST ETWAS FLIESSENDES

Das sind die Gewissensfragen an uns alle. Man kann diese Fragen auch an Gott stellen. Herrgott, wie kann das sein? Deine Kirche, deine Menschen und dieses Schicksal! Das ist falsch. Lieber sagen wir so: Sind wir selber offen und weit genug, daß Gottes Geist und Sturm und Feuer uns antreiben könnte? Wir haben keine Ahnung mehr von der Unruhe, die über einen Menschen kommen kann, wenn er sich restlos vor Gott auftut und ihn machen läßt.

Wir könnten diese Frage an Christus stellen: Wo ist das alles: Golgotha, Sakramente, Verheißungen? Ist das alles vergeudet und rührt sich nichts mehr? Auch das ist falsch und voll Mißtrauen. „Ich will, daß sie das Leben haben (Jo 10,10), ich will, daß sie die Pforten der Hölle nicht überwältigen (Mk 16,18), ich werde wiederkommen" (Jo 16,16).

So müssen wir eine Frage an uns selber stellen, die Frage, ob wir noch einmal fähig sind, auch von uns aus aus der Erstarrung herauszukommen, ob wir noch einmal ahnen, daß das Leben nicht nur Gewohnheit ist und Starre, sondern etwas Fließendes.

Es ist schade, daß man nicht mehr ahnt, was an Außergewöhnlichem durch die Wirklichkeit der Kirche in unserem Leben sein könnte. Das kommt daher, weil wir nicht mehr groß und weit genug sind.

Aus der Predigt „Du bist Petrus, der Fels"; 28.6.1941: GS III/242.

29. August

BEREIT FÜR GOTT ZU STERBEN

So bleibt es nur noch bei dem einen, daß wir den Herrgott bitten, daß er uns noch einmal groß genug mache für seine Kirche, glühend zur Überwindung des Schicksals und daß er uns die große innere Bereitschaft gibt. Wenn das da ist, wenn wir die Enge sprengen, dann ändert sich vieles andere von selbst. Wenn Leben da ist, dann hat es immer noch Raum gehabt, der ihm gehörte, da hat es sich auch die Umwelt geschaffen, die es brauchte.

So ist die Frage: Kirche, bist du tot? Eine Frage an uns selber. Wir sind als Christen, als Menschen der Kirche nicht mit einem Garantieschein versehen für ein gutes Schicksal. Die ersten drei Jahrhunderte zeigen uns immer wieder das Bild: Die Kirche fährt als Schiff auf dem Meer, geschmückt mit einem Kreuzesmast. Das bedeutet immer wieder ein Bluten, ein Versinken in Einsamkeit. Unsere Taufe ist eine Taufe auf den Tod, aber auf den Tod zum Leben. Die Kirche ist nicht da für ein paar fromme Stunden, sondern um uns in die göttlichen Dimensionen hineinzureißen, damit wir leben als Sterbende und so sterbend gewinnen.

So heißt die Antwort auf die Frage: Kirche, wirst du leben oder sterben? so: Die Kirche wird leben, wenn wir wieder vor den Herrgott hingeraten und von ihm angerührt und erfüllt sind, so daß wir bereit sind, für ihn zu sterben. Aus dem Tod zum Leben kommen, das soll unser Geheimnis sein. Wenn uns diese große Bereitschaft nicht gelingt, wenn wir den Raum für den Herrgott nicht mehr erobern, dann hilft uns nichts mehr. Die Grundfrage ist: Ob wir noch einmal groß genug sind, das, was mit Kirche gemeint ist, zu leisten.

Kirche wird leben, wenn wir unseren Herrgott wieder einmal gern haben, so persönlich gern haben, daß wir bereit sind, für ihn zu sterben.

Aus der Predigt „Du bist Petrus, der Fels"; 28.6.1941: GS III/242f.

30. August

KIRCHE – ZEICHEN DER ZEIT

Das erste Zeichen der Zeit ... ist die Kirche. Die Kirche, wie wir sie sind, wie wir sie sehen in ihren konkreten Schicksalen. Die Frage wird dann grundsätzlich hart und Sie werden spüren: das Zeichen der Zeit, von Gott her, ist die Kirche, gemeint als das „Licht auf dem Leuchter" (Mt 5,14), als die „Stadt auf dem Berg" (Mt 5,14), als ein „Zeugnis bis an die Grenzen der Erde" (Apg 1,8).

Gott hat seine Kirche als öffentlich maßgebende Instanz gemeint, die binden und lösen, heilen und verurteilen soll und deren Menschen auch gerade dastehen sollen und wissen, ihr innerer Sinn ist dieser, Zeugnis zu geben für die Wahrheit.

Die Kirche ist gemeint als Gemeinschaft, an der die Welt sich selber messen soll und spüren soll, wo sie abirrt, wo der Weg rechts und links wirklich daneben geht. Die Kirche ist von Gott gesetzt als Zeichen einer jeden Zeit. Darum sollen wir als Kirche so dastehen, daß die Menschen unserer Zeit an uns heimfinden sollten und heimfinden können sollten. In ihren wahren, großen Stunden geht die Kirche so in die Zeit hinein, wie sie einsam und aufrecht vor irrenden Völkern stand und ihr „so und nicht weiter sprach". Überall war sie groß in der Geschichte, wo ihre Menschen alle Einsamkeit auf sich nahmen, bis zur Einsamkeit des Schwertes, des Kerkers und Zeugnis gaben. Im Textentwurf der Vatikanischen Entscheidung steht: Die Kirche ist durch sich selbst der Erweis ihrer Wahrheit und Stärke und Kraft – und daß Gott mit ihr ist. Die Kirche selber ist gesetzt zum Zeichen der Zeit. Das, was wir heute als Kirche sehen und was die andern durch unser Schweigen und Handeln von der Kirche wissen, ist schon aufschlußreich. Ist die Kirche heute Zeichen der Zeit?

Aus „Zeichen der Zeit – Kirche"; 14.9.1942: GS III/410f.

31. August

KIRCHE – KEIN HEILIGER SELBSTZWECK

Wie groß ist die Zahl derer, die an der Kirche irre und müde geworden sind, die ihre Vorbehalte haben, die da und dort sagen: da komme ich nicht mehr mit, da tue ich nicht mehr mit? Die damit offenbaren, sie haben die Kirche nicht begriffen als Wort und Willen Gottes, der den Einzelnen angeht und die einzelne Seele bindet. Wieviele wissen nichts mehr anzufangen mit äußeren Erscheinungen, geschichtlichen Ereignissen und Gesetzlichkeiten der Kirche? Und wieviele entdecken auf einmal, man könnte auch ohne Kirche auskommen? Wieviele dispensieren sich vom Kreuz der Kirche?

Und Gott wird immer wieder in Form des Kreuzes uns auferlegt bleiben und nur von der in Treue bewährt getragenen Last wird rechte Innerlichkeit ausgehen. So und nicht anders hat Gott sein Werk als geschichtliches Werk dahingestellt.

Und da stehen dann die Frommen. Die größte Gefahr der Frommen, die aus der Kirche einen heiligen Selbstzweck machen, die meinen, daß die Kirche dauernd an sich selbst herummacht. So viel wird geredet über Dinge, für die wir keine Zeit hätten, wenn die Welt in Flammen steht. Und die Kirche ist dabei, ihre Devotionalien zu putzen und spürt nichts von dem großen Marsch und Rhythmus, der uns quält und drängt.

Und da sind die Leidtragenden, die das Leid spüren, aber aus der Kirche etwas Falsches machen, die nur warten, von Gott gestreichelt zu werden. Es gibt eben Zeiten, wo Gott seine Menschen in das lodernde Feuer der Prüfungen hineinholt. Es gibt Zeiten, wo Gott nur in der Härte erscheint und den Menschen prüft, ob er ihm gewachsen ist. Die Kirche ist mehr als ein Raum der Tröstung.

Aus „Zeichen der Zeit – Kirche"; 14.9.1942: GS III/412f.

September

„Um das eine will ich mich mühen:
wenigstens als fruchtbares und
gesundes Saatkorn in die Erde zu fallen.
Und in des Herrgotts Hand.
Es sollen einmal andere besser und glücklicher
leben dürfen, weil wir gestorben sind.

◆

Wenn durch einen Menschen
ein wenig mehr Liebe und Güte,
ein wenig mehr Licht
und Wahrheit in der Welt war,
hat sein Leben einen Sinn gehabt."

◆

Aus dem Abschiedsbrief nach dem 11. Januar 1945
(Abb. 9)

1. September

OHNE SELBSTSICHERHEIT

Das ist das Verhältnis des heutigen Menschen zur Kirche. Es sind nicht Einzelerscheinungen. Ich bin den Dingen nachgegangen durch weite Strecken des deutschen Landes und habe geforscht und habe gefragt und habe gesehen. Es ist außen so und innen so und das ist das Zeichen der Zeit.

Die furchtbare Tragik, daß da eine Generation aufgebrochen ist, die mit ungeheurer Wucht und Einsatz und Entschlossenheit und mit allen Kräften an der Wahrheit vorbeizieht und vorbeiläuft und vorbeilebt.

Und so gründlich, daß neben der Wahrheit, außerhalb des Werkes Gottes, das die Kirche ist, der Mensch sich zeigt als der müde Mensch, der an tausend Dingen hängen bleibt und nicht mehr in innere Sphären hineinkommt, als der Mensch ohne Selbstvertrauen und ohne Selbstsicherheit.

Auch der kirchliche Mensch sollte eine Selbstsicherheit haben, weil er weiß, daß die Sicherheit die Sicherheit Gottes ist.

Aus „Zeichen der Zeit – Kirche"; 14. 9. 1942: GS III/413.

2. September

IHR HABT ES GEWUSST

Und da bleibt die Frage: Wie wird aus dieser Kirche, aus uns, ein echtes Zeichen der Zeit, das da steht am Horizont, nach dem wir schauen müssen? Was ist da als Leistung verlangt? Wenn wir selber recht stehen, zwingen wir auch die Kirche richtig zu stehen. Wie wird die Kirche zum echten Zeichen unserer Zeit?

Zwei Möglichkeiten: Verlangt ist die Übernahme des klaren Urteils von den kirchlichen Menschen hoch und niedrig, auch von uns. Wenn die Zeit ihre letzte Klärung finden wird und die Menschen das innerlich verantworten müssen, wenn sie uns ins Gesicht spucken und sagen: Ihr habt es gewußt, nicht nur eure Bischöfe und Pfarrer, auch der Mann auf der Straße, der hat nie sich bewogen gefühlt, auch nur anzudeuten, daß der andere, daß wir selber nicht Bomben sind, die anzünden, dann mag gepredigt und gesprochen werden, was will, dann hilft alles nichts.

Der Pfarrer von Ars war ein echter Mensch. Er brannte von dem, was er sagte, und hatte die innere Glut und Echtheit, die alle Hilflosigkeit der äußeren Erscheinung überstrahlte und den Menschen ansprach, wie er war.

Das sind die Christen, die wissen, was sie wollen und sind und die es auch zu sagen wissen. Der erbärmlichste Eindruck, den man heute hat, ist der Eindruck des verschluckten Wortes.

Daß wir alle fast ersticken an den Worten, die wir nicht zu sagen wagen.

Aus „Zeichen der Zeit – Kirche"; 14.9.1942: GS III/413.

3. September

NICHT WAS BOMBEN ZERSCHLAGEN

Und das zweite: die Übernahme der Verantwortung. Es gibt innerhalb der Kirche kein Recht auf absolute Sicherheit der Tröstung und kein Recht auf absolute Geborgenheit. Die Kirche ist die in die Welt hineinströmende Heilsquelle des Herrn. Und wenn wir das nicht annehmen, ist alles andere an der Wurzel falsch – und das muß zur konkreten Frage führen: Wo hat der einzelne die Verantwortung für diese Welt übernommen? Wo sind die Menschen, die noch einmal die Verantwortung für das innere Schicksal dieser Generation übernehmen?

Und die zweite Frage ist, daß unsere Menschen an den Weltämtern sich eigentlich zerstreuen und verzetteln und über Dinge nachdenken, die nicht wesentlich sind. Wesentlich aber ist, daß der Mensch ein Stück Welt kennt. Und wir werden dann wieder Leute haben, die mit gutem Willen geladen sind und die an dem konkreten Leben ihren Glauben echt durchdacht haben.

Sind Sie mir nicht böse, wenn ich so hart anfange. Aber ich bin von den letzten Reisen mit einer großen Bitterkeit zurückgekommen. Nicht was die Bomben zerschlagen, darf das Letzte sein. Wir müssen fragen: Wie wird vom Herrn und seiner Wahrheit her die Welt neu gestaltet und neu verwaltet, wenn sie aus den Fugen geht, an den inneren Sinnlosigkeiten und Maßlosigkeiten? So wird die Zeit alle kirchlichen Menschen fragen. Der Mensch, der sagen kann, so wird gelebt –, in ihm soll die Kirche zum Zeichen der Zeit werden. Daß wir dann daran denken, wie jeder von uns die Not in die echte Ordnung und Harmonie zurückbringen kann. Da haben wir alle genug zu denken und genug zu tun. Wir müssen nur bereit sein, Verantwortung auf uns zu nehmen.

Aus „Zeichen der Zeit – Kirche"; 14.9.1942: GS III/414f.

4. September

VERTRAUEN ZUR KIRCHE

Die ganze Heilsökonomie Gottes ist unter einer bestimmten Hinsicht auf Vertrauen gegründet. Die Botschaft Christi und die Werke Christi sind Botschaft und Antwort an den vertrauenden Menschen. ...

Die Sprache der Zahlen zeigt eine ständige Abnahme der kirchlich gebundenen Menschen. Sind die Gründe dafür nur Macht und Verführung, nur Dekadenz oder gibt es dafür auch andere, innerkirchliche Gründe? ...

Es geht um ein Vertrauen zur Kirche, das heißt, um ein gleich näher zu erklärendes Verhältnis zur physischen und metaphysischen Wirklichkeit, die wir Kirche nennen. ...

Es ist also klar, es handelt sich hier nicht um eine verborgene Vertröstung und Verharmlosung des Daseins, sondern um eine Grundhaltung, die wie selten eine andere unser heutiges Leben angeht. ...

Ein Stück der Vertrauenskrise der Gegenwart stammt aus der Unfähigkeit des gegenwärtigen Menschen zum Vertrauen überhaupt, besonders aber zum Vertrauen gegenüber der Wirklichkeit der Kirche. ...

Als letzte Erkenntnis und letztes Fundament der menschlichen Haltung bleibt die unüberwundene Nichtigkeit des Daseins, und so verfällt der Mensch einer Weltangst, die ihn innerlich aushöhlt und zu jeder echten Tröstung unfähig macht. Ergebnis dieser Entwicklung ist der wirklich trostlose und innerlich haltlose Mensch. Er versucht, seine innere Leere durch Pathos, durch die stolze Gebärde zu überwinden. Er versucht, die innere Angst durch die Flucht in die Herde, in das Kollektiv zu bändigen. Das Ergebnis ist der daseinsmüde Mensch, der jeder Gewalt sich ergibt und jedem stolzen Wort verfällt. Für den wesentlichen Teil unserer Botschaft ... ist dieser Mensch blind und unansprechbar.

Aus „Vertrauen zur Kirche"; Vortrag in Fulda am 22.10.1941: GS I/263 f., 265, 270.

5. September

CHRISTLICHES SELBSTBEWUSSTSEIN

Es wurde schon die Frage gestellt, ob wir als christliche Menschen noch die Kraft unserer Ahnen haben. Wir sind Menschen unserer Zeit und wir sind weithin in die allgemeine physische und metaphysische Ermüdung mit hinein gerissen. Dies ist doppelt verhängnisvoll, weil geschichtlich das Gesetz festzustellen ist: über alle Verträge, Abmachungen und Proteste hinaus hatte Christus und seine Kirche in der jeweiligen Kulturwelt immer soviel Ansehen und Gültigkeit, als die Christen Kraft besaßen, auf Grund der eigenen Fähigkeiten die Welt zu meistern und von innen heraus zu erobern.

Die heilende und stärkende Kraft des spezifisch Christlichen wirkt sich nicht aus, weil wir sie nicht besitzen. Aus den Menschen, die im Bewußtsein des Segens und der Gnade alles, was echt war, sich zurechneten und zusprachen, ist der Mensch der Sorge geworden um die Korrektheit vor Gott und den Menschen. Das daseinsmäßig sich sicher und erhaben fühlende Christentum hat sich aufgelöst in Ethik und Gebotslast, in Heilsangst und Mißtrauen, in behütenden Traditionalismus, der im Namen des Schöpfergottes jeden neuen Ansatz zunächst einmal in Mißtrauen verschüttet, ihn am liebsten aus Vorsicht umbringen möchte; in geschichtsfremden Konservatismus und Flucht in ein oft freiwillig bezogenes geistiges Getto, das nun das physische Getto als Form und Fluch nach sich zieht.

Die Christen beweisen heute oft keine schöpferische Eigenständigkeit mehr. Sie warten auf die Worte der anderen und verzehren sich dann entweder in kleinlicher Rechthaberei und Apologetik oder verlieren sich in profanen Entwicklungsgängen, indem sie durch unechte Rezeptionen alle Pendelschläge des allgemeinen Lebens auch im kirchlichen Raum blind nachvollziehen.

Aus „Vertrauen zur Kirche"; Vortrag in Fulda am 22.10.1941: GS I/271f.

6. September

KOLLEKTIVISMUS

Der Mensch des allgemeinen Lebens ist oft daseinsmüde geworden. Er flieht vor sich selbst und der eigenen Verantwortung. Er will an Stelle der Idee den Befehl, an Stelle der persönlichen Verantwortung die Geborgenheit in Masse und Kolonne.

Außerkirchlichen Menschen kommt es oft so vor und sie sprechen davon, daß auch der christliche Mensch sich auf der Flucht befinde in das beruhigende und bergende Wir und sie weisen dabei unter anderem auf manche Äußerungen des Liturgizismus und ebenso auf manche Erfahrungen mit christlichen Gruppen hin, die kein Interesse über den Raum des eigenen Nestes hinaus aufbrächten.

Es muß hier ausdrücklich betont werden, daß mit diesem Hinweis in keiner Weise gegen die echten, notwendigen und heilsamen Bemühungen um eine Verlebendigung unserer Liturgie, um ihre Erschließung als Lebensgemeinschaft mit dem Herrn etwas gesagt sein soll, aber es wird gerade der Erreichung dieses Ziels förderlich sein, wenn wir nüchtern und sachlich bleiben und nicht die heilsame Absicht durch eine unheilvolle Müdigkeit gefährden lassen.

Aus „Vertrauen zur Kirche"; Vortrag in Fulda am 22.10.1941: GS I/272 f.

7. September

Pessimismus

Es wurde schon oben davon gesprochen, welche Rolle im gegenwärtigen Lebensbewußtsein die Angst und das unüberwundene Nichts spielen. Es gibt innerhalb des kirchlichen Lebens der Gegenwart eine Art dogmatischen Nihilismus und Pessimismus. Die Nichtigkeitslinie der Kreatur wird betont, als ob in der Erbsünde die Kreatur in einen protestantischen Abgrund hinabgerissen worden sei und als ob die Erlösung an jenen ersten Erschütterungen spurlos vorübergegangen wäre. Es sind hier bis in innerste Kreise der christlichen Frömmigkeit Einflüsse der dialektischen Theologie festzustellen, die aber trotz allen verführerischen Ernstes von ihren Grundgedanken her keine katholische Theologie ist.

Diese Haltungen bewirken eine gestörte Daseinswilligkeit. Sie nehmen den Menschen den Mut zu eigener Verantwortung und lassen ihm auch im Raume der Kirche den Befehl wichtiger erscheinen als die eigene persönliche Verantwortung. Diese Haltungen bringen ein allgemeines Mißtrauen zur Herrschaft, das die Vorsicht und behutsame Sicherung überbetont und in einer legalen Bindung und loyalen Ausführungen ergangener Weisungen das Herzstück der Religiosität sieht.

In einer Zeit, die den Christen vereinzelt, muß diese Unfähigkeit zur einsamen und persönlichen Verantwortung und Entscheidung verhängnisvolle Folgen nach sich ziehen. Hier liegt einer der Gründe, warum unsere Menschen mehr als normal nach kirchlichen Weisungen und Worten schreien und warum das oft begründete Schweigen der Kirche Erschütterungen auslöst, die nicht mehr verständlich sind.

Aus „Vertrauen zur Kirche"; Vortrag in Fulda am 22.10.1941: GS I/273f.

8. September

TRAGIZISMUS

Es wurde oben von der tragischen Grundhaltung eines Teiles der modernen Menschen gesprochen. Auch dieser profane Tragizismus wird im kirchlichen Raum rezipiert und wiederholt. Wir treiben heute oft ein Spiel mit den Untergängen. Wir machen aus jedem Versagen und jeder erlebten Kontingenz eine Notwendigkeit.

Was da geschieht, ist eine Totalisierung des Karfreitags und es wird vergessen, daß bei aller Realität des Karfreitags die letzten Worte des Herrn an die Schöpfung Ostern, Himmelfahrt und Pfingsten sind.

Wenn wir heute oft eine erschreckende Kirchenmüdigkeit feststellen und eine erschreckende Resignation, als ob die Zeit der Kirche vorbei sei und irgendeine ungeahnte Form des christlichen Lebens sie ablösen würde, dann beweist dies, daß dieses Spiel mit den Untergängen wirklich einen Verfall an den Eindruck und das Erlebnis des schwindenden Bodens bewirkt hat. ...

Uns fehlt irgendwie der große Mut, der nicht aus dem Blutdruck oder der Jugendlichkeit oder ungebrochener Vitalität, sondern aus dem Besitz des Geistes und dem Bewußtsein des Segens, der uns zuteil geworden ist, kommt. Und deswegen haben wir Angst und begeben uns auf die Flucht. Wir fliehen in die christliche Antike, wir fliehen in andere Zeiten der christlichen Vergangenheit, als ob wir jemals Antwort und Weisung von rückwärts erwarten dürften und als ob wir nicht gesandt seien bis ans Ende der Tage und so für jeden Tag eine echte und genuine Verheißung besäßen. Diese „Dauer-Renaissancen" sind mehr Zeichen der Schwäche als Zeichen des Lebens.

Aus „Vertrauen zur Kirche"; Vortrag in Fulda am 22.10.1941: GS I/274, 278.

9. September

EHRLICHE AUSSPRACHE

Was wir vorhin von der Gestalt und Problematik des geschichtlich christlichen Menschen sagten, gilt gesteigert von der Gestalt und Problematik des christlichen Führers. ... Ist der Typ des kirchlichen Menschen nicht zu weich und kraftlos geworden und versucht er nicht immer noch viel zu sehr, eine Menschheit, die sich auf die wilden Wege einer geistigen und physischen Völkerwanderung begeben hat, „amtlich" zu erfassen und zu erobern? – Gerade die Priester sollten innerlich nach den Gründen der Zerstörung des Vertrauens fragen, die als tatsächlich nicht geleugnet werden kann und die uns oft so quält und hemmt; denn alles, was an uns liegt, muß getan werden, um dieses Vertrauen wieder herzustellen. Einer der wichtigsten Gründe zur Zerstörung oder Minderung des Vertrauens liegt in der gegenseitigen Diskriminierung der „Gruppen" und „Richtungen" vor dem Laien und vor dem Suchenden. Wir werden oft mit den negativen Eindrücken und Erlebnissen unseres eigenen Daseins nicht fertig und wenn wir schon nicht die Kraft haben, die Dinge innerlich und echt religiös zu verarbeiten, und wenn wir schon nicht den Mut haben, auch mit dem Risiko der Unbeliebtheit, unsere Gedanken und Eindrücke auch nach oben zu sagen, dann sollten wir wenigstens den Takt und die seelsorgliche Verantwortung haben, unsere Erlebnisse und Eindrücke uns nicht nach außen wegzureden. Es muß innerhalb der Kirche die ehrliche Aussprache und der christliche Meinungsaustausch zwischen den verschiedenen verantwortlichen Menschen und Instanzen möglich sein. Wir müssen daran denken, daß wir dabei sind, durch die Art unserer Führung ..., die wir vorleben, viele innerliche Menschen der sichtbaren Kirche zu entwöhnen. Warum sollten sie in leichten Zeiten nach der sichtbaren ausschauen, die sie in schweren Zeiten einsam ließ oder sich ihnen in unzulänglicher Form vorstellte.

Aus „Vertrauen zur Kirche"; Vortrag in Fulda am 22.10.1941: GS I/279f.

10. September

ECHTER MISSIONSWILLE

Wir sind Missionsland geworden. Diese Erkenntnis muß vollzogen werden. Die Umwelt und die bestimmenden Faktoren alles Lebens sind unchristlich. Aus dieser Einsicht ergeben sich notwendige und natürliche Konsequenzen für Art, Stil und Takt der Arbeit. Aber dies bedingt noch eine zweite Grundeinsicht. Missionsland darf man nur betreten mit einem echten Missionswillen, das heißt mit einem Willen, an den anderen Menschen sich auf allen Wegen heranzupirschen und ihn zu gewinnen für Gott den Herrn. Defensive ist Verlust und Verzicht auf unser Eigentliches. Die Situation wird grundlegend nicht durch Verhandeln geändert, sondern durch die Bekehrung. Wer aber denkt über die Bewahrung des schwindenden Volkes hinaus an die Eroberung, an die systematische und planmäßige Gewinnung der anderen Menschen.

Von der gegenwärtigen Lage her gesehen scheinen sich mir aus dieser Einsicht heraus zwei Grundsätze zu ergeben, die man falsch deuten kann, die aber einen wichtigen und richtigen Sinn erhalten.

Der erste Grundsatz heißt: Auch das uneheliche Kind muß getauft werden. Unsere Aufgabe ist es nicht, Situationen rückgängig zu machen oder unseren Einsatz solange aufzusparen, bis irgendwelche Faktoren diese Rückgängigmachung bewirkt haben. Unsere Aufgabe ist es, dem Menschen, den viele für verloren halten, nachzugehen und aus allen Situationen das Bestmögliche herauszuholen.

Der zweite Grundsatz lautet: Nur der Mensch kann getauft werden. Ein menschenwürdiges und menschentümliches Dasein gewährt allein die Voraussetzungen einer habituellen Christlichkeit.

Aus „Vertrauen zur Kirche"; Vortrag in Fulda am 22.10.1941: GS I/280f.

11. September

CHRISTLICHE BILDUNG

Das Priesteramt ist oft zu sehr in die oben bezeichnete Loyalität und Historizität verstrickt und besitzt zu wenig pastorale Wendigkeit und Freiheit. Manchmal wünscht man eine große Einsicht in den Grundsatz, daß die sacramenta propter homines (24) da sind und nicht wegen der Ehrfurcht und noch weniger wegen der in bestimmten geschichtlichen Stunden herausgebildeten Zeichen und Äußerungen der Ehrfurcht.

Da und dort spielen wir mit den Menschen. Wir gestalten das liturgische Tun des Priesters zu sehr nach dem Geschmack des einzelnen und muten so der Gemeinde viel zu viel Wandel und Wechsel im liturgischen Stil zu. Es sei wiederholt, was früher gesagt wurde, daß hiermit nichts gesagt werden soll gegen das positive Grundanliegen der liturgischen Bewegung, daß diese Dinge auch aus der Perspektive der Gemeinde gesehen werden müssen.

Eines der wichtigsten Anliegen der priesterlichen Tätigkeit ist über die Bekehrung und Betreuung des einzelnen hinaus der Versuch, immer wieder mit allen Mitteln, physisch und geistig ein entsprechendes Milieu zu bilden.

Wenn je, dann muß heute, selbst unter Verzicht auf die große Zahl, alles versucht werden, den christlich gebildeten Menschen zu erhalten und zu gestalten, das heißt den Menschen, der zwischen seiner geistigen Bildung, seiner Kulturhöhe, seiner amtlichen Stellung und seiner Christlichkeit eine echte Synthese herstellt.

Aus „Vertrauen zur Kirche"; Vortrag in Fulda am 22.10.1941: GS I/281f.

12. September

MENSCHEN DER KATHOLISCHEN WEITE

Ut vitam habeant (25): Dieses Wort des Heilandes muß gerade in einer Zeit, die in das Leben verliebt ist, eine neue Erfüllung und Darstellung erfahren.

Der Christ muß der Mensch der katholischen Weite sein. Wir können es uns heute nicht leisten, innerhalb der Kirche so und so viele „Monopole" zu vertreten. Es gibt innerhalb des einen Hauses des Vaters viele Wohnungen, und die Kirche müßte sich einmal von außen betrachten, um zu sehen, wie verhängnisvoll diese Gruppenkämpfe, diese Diktatur der „jungen Kirche" – der „alten Kirche" usw., diese oft heilsarmeemäßigen Anpreisungen bestimmter Auffassungen als Allheilmittel auf den suchenden Menschen wirken. Wenn irgendwann, dann ist heute der Mensch der katholischen Weite harte Pflicht.

Es gibt ein Gesetz, das man wie folgt formulieren könnte: Auf die Dauer ist nur der Christ Mensch. Das heißt aber zugleich: Mit dem Menschen stirbt der Christ. Für unsere konkrete Verantwortung heißt dies aber, daß der Kampf um die Freiheit und Geistigkeit des Menschen, der Kampf um eine echte, saubere Kultur, nicht nur Möglichkeitsanliegen der Kirche sind, sondern grundlegende Rechte und Pflichten, nicht nur der kirchlichen Menschen, sondern auch der kirchlichen Ämter.

Die Kirche hat in diesen Tagen die ungeheure Chance, sich dem Gedächtnis der Kreatur unverlierbar einzuprägen, wenn und weil sie mutige Verteidigung der bedrohten Kreatur war, und es wäre falsch, dies zu sehen unter dem Gesichtspunkt der zukünftigen taktischen Vorteile. Die Bindung an diese Aufgaben ist eine Bindung aus der Verantwortlichkeit, die wir dafür tragen, daß das Antlitz Gottes in der Kreatur bleibe.

Aus „Vertrauen zur Kirche"; Vortrag in Fulda am 22.10.1941: GS I/282.

13. September

Die Ehre des Herrgotts

Wir sollen vor die Menschen treten nicht zuerst, weil wir zweitausend Jahre hindurch immer da waren und weil wir große Zeiten hinter uns haben, sondern weil wir begriffen haben, was der strömende Heilswille Gottes ist. Weil wir begriffen haben, daß hier im Geschehen der Geschichte dieser ungeheure Wille des Herrn steht, die Menschen heimzuholen zu sich. Weil wir wissen um den strömenden Heilswillen Gottes, deswegen muß der erste Grundzug des christlichen Menschen sein, daß er ein suchender Mensch ist, immer unterwegs auf der Suche nach dem Menschen. ... Wir dürfen uns innerlich nicht verengen auf ... das eigene Heil. Das erste, worum es zu gehen hat, ist der Glanz und die Ehre des Herrgotts, und wer echt für diese steht, dem wird all das andere zugegeben werden. Dies aber setzt voraus, daß der kirchliche Mensch ein Mensch sei, der den Begriff der Ehre wieder ursprünglich faßt und verwirklichen kann, daß etwas von der Härte, von der Gültigkeit des alten echten Ritters wieder in uns Auferstehung feiere. Wenn Gott in diesem Volk noch einmal groß sein wird, dann wird es, soweit man diese Dinge sehen kann und soweit dies überhaupt von Menschen verursacht oder mitbewirkt werden kann, nur dann sein und nur dadurch, daß es uns gelingt, durch den eigenen Ernst und die eigene Wucht und die eigene Sicherheit und die eigene Größe die Menschen aufmerksam zu machen auf den großen Gott, dessen Ebenbild wir sind.

Und so bleibt die Frage nach dem Vertrauen der Kirche immer wieder eine Frage nach dem Menschen in der Kirche in allen Stufen und Ämtern, und so bleibt die Krise des Vertrauens zur Kirche immer wieder die Klage über die Krise des kirchlichen Menschen, und so bleibt die Aufgabe, die sich aus der Pflicht zur Wiederherstellung des Vertrauens zur Kirche ergibt, zuerst und zuinnerst die Aufgabe der Wiederherstellung und Bildung eines echten und zuversichtlichen kirchlichen Menschen.

Aus „Vertrauen zur Kirche"; Vortrag in Fulda am 22.10.1941; GS I/283.

14. September

GOTT MEHR ERNST NEHMEN

Gott hat es ernstlich mit mir zu tun und ich muß es ernsthaft mit ihm zu tun haben. Er muß mehr in meinem Leben zur Geltung kommen. Immer unter seinem „Eindruck" stehen. ... Die tägliche Betrachtung ist eine Aufgabe und eine Leistung, an der gearbeitet werden muß.

Beten: es persönlich mit Gott zu tun haben.

Ich will sehr darum beten, daß ich Freude haben darf an Gott. Daß mein Herz vor ihm frei wird und froh wird und ich ihn nicht so sehr als Last und Sorge empfinde.

Sinn und Beruf meines Lebens müssen klarer ins Bewußtsein: Jesuit: Mensch der großen Gottes- und Nächstenliebe.

Das persönliche Interesse Gottes an meinem Leben ernst nehmen. Das ist die Quelle von vielen Schwachheiten und Unordnungen, daß ich alles allein machen wollte.

Das Leben als liebedurchglühten Auftrag Gottes begreifen. Vertrauen auf Gott, der mich angenommen hat und rangehen.

Gott gehört dem größeren Herzen und nicht dem Bürger. Ich war bisher Gott gegenüber viel zu sehr rechnender Bürger.

Ich muß mehr Stille in mir tragen und auf Gott hören. Die schöpferischen Stimmen in mir werden dann schon wieder wach.

Christus hat persönliche Beziehungen zu mir und persönliches Interesse an mir. Ich muß diesen Gedanken in meinem Leben mehr zur Geltung bringen.

Gott mehr ernst nehmen. Er muß in meinem Leben eine größere Rolle spielen als bisher. ... Ein großes Herz haben für Gott und die Menschen. ... Bei Gott zu Hause sein, Freude an ihm haben. Gott setzt auf mich.

Aus dem Tagebuch der Großen Exerzitien; 8. 10. – 6. 11. 1938: GS I/245–261.

15. September

GRENZBEWOHNER

Das Wort von der Katholischen Aktion. In zweifacher Gefahr schwebt es, seinen inneren Sinn zu verlieren: einmal, daß man es ... zumeist rein organisatorisch versteht. ... Aller originale Schwung und alle originale Begeisterung ist damit von vornherein unterbunden und ausgeschlossen. ... Und die zweite Gefahr kommt von den Leuten, die es eigentlich zu allererst angeht. Das sind die Menschen, die sich noch irgendwie in der Kirche aufhalten, die so an der Grenze zwischen Kirche und sogenannter Welt ihr Heim aufgeschlagen haben. Das sind die Menschen, die sich bewußt „moderne" Menschen nennen, die irgendwie verärgert sind an der Kirche oder sich stoßen an der kleinen oder vielleicht auch kleinlichen Form, in der die konkrete Kirche ihnen begegnet sein mag. Und so eine neue Spielart dieser kleinen und kleinlichen Formen: das mag ihnen beim Wort Katholische Aktion vorschweben, eine neue Andacht oder ein neuer Verein. Auf keinen Fall etwas, das einen bewußt „modernen" Menschen innerlich angehen könnte. Denn der hat, und das stimmt und ist richtig, zunächst überhaupt kein Interesse an irgendeiner neuen Organisation, oder an einer neuen Andacht. Den bewegen innerlich andere und zwar wirklich große Sorgen. Nun wollen wir aber nicht meinen, das gehe eben die anderen an, nicht uns.

Irgendwie gehören wir alle zu diesen Grenzbewohnern. Und irgendwie unterliegen wir alle der Gefahr, diesem neuen katholischen Begriff, der nach dem Willen seines Schöpfers ein mitreißender Aufruf sein soll, einen behäbigen und engen Sinn unterzuschieben.

Wir wollen sie einmal nebeneinanderstellen: die moderne Welt, so wie sie wirklich ist, und die Katholische Aktion: so wie sie gemeint ist.

Aus „Die moderne Welt und die Katholische Aktion"; 1935: GS I/69f.

16. September

LIEDER DER EINSAMKEIT

Wer und was bist du eigentlich, du moderner Mensch? Was ist noch übrig geblieben von deiner stolzen Herrlichkeit und anmaßenden Selbstsicherheit? Große Frager und Sucher seid ihr geworden, ihr Weisen von gestern. Euer Dasein und seinen Sinn, den ihr gestern noch fest in euren Händen hieltet, das alles ist euch heute durcheinandergeschüttelt und verwirrt. Unsicher und verängstigt seid ihr geworden. Das ist keine Interpretation, die ich in euch hineinlese. Eure besten Bücher schreiben es offen.

Eure besten Dichter singen Lieder der Einsamkeit und Hilflosigkeit. Und dann, man muß euch nur begegnen in euren einsamen und ehrlichen Stunden. Dann, wenn ihr die Maske, die ihr für die anderen tragt, abnehmt. Und man muß auch nur darauf sehen, wie ihr auf jede Parole, die euch irgendwie neuen Sinn und neue Grundlage verspricht, mit Heißhunger und fanatischer Gläubigkeit euch stürzt.

Wenn ich euch von der Katholischen Aktion spreche und euch sage: diese mißverstandene Katholische Aktion soll eine Sinngebung des Lebens sein. Ein Teilnehmen, ein ganz wirkliches und konkretes Teilnehmen am Leben der Kirche. Noch mehr: am Leben des Gottmenschen Christus, der ja in der Kirche fortlebt: wenn ich das alles euch sage, dann hört ihr zunächst nur das eine Wort heraus: Leben. Dieses eine Wort, das heute immer wieder ausgesprochen wird und das der Mittelpunkt des Interesses der besten und rührigsten Menschen von heute ist. ... Es ist schon so, daß dem modernen Menschen sein Leben fragwürdig geworden ist. Daß er es in steter Bedrohung sieht. Und je wacher und aufmerksamer er die moderne Welt durchschaut, um so mehr ist er dauernd in Sorge um es. Es scheint ja gerade als tragisches Gesetz über unserer Zeit zu liegen, daß sie eine Zeit der Lebensbedrohung und Lebensvernichtung sein muß.

Aus „Die moderne Welt und die Katholische Aktion"; 1935: GS I/71.

17. September

BEDROHT

Das rein physische, biologische Leben war noch nie so bedroht wie heute. Was wurde doch in unseren Tagen alles an Leben vernichtet! Wir wollen nicht denken an die harten und unvermeidlichen Opfer der täglichen Pflicht. Wir sprechen auch gar nicht von dem vielen Leben, das tagtäglich rings um uns zugrundegeht, im natürlichen Ablauf der Natur. Wir wollen uns nur erinnern an das Leben, dessen Untergang irgendwie mit freien Entscheidungen und Entschließungen wissender Menschen verbunden ist. Es sind Männer da, die den Krieg mitgemacht haben. Sie denken hinaus und gehen im Geist die endlos langen Reihen der Kriegsgräber ab. Wir schmähen nicht das ehrwürdige Andenken der Toten. Aber wir stehen erschüttert vor der Tragik, daß soviel Leben zerstört werden mußte, um anderes bedrohtes Leben zu sichern.

Es sind Männer da, die dem Leben auch in die verzerrtesten Züge geschaut haben. Sie wissen, neben jedes Kriegergrab können wir eine leere Wiege stellen, die einmal dazu bestimmt war, ein junges Leben zu hüten und zu hegen. Diese Wiege bleibt leer, weil unsere Zeit eine Zeit des Todes und nicht eigentlich eine Zeit des Lebens ist. Es sind Männer unter uns, die Bescheid wissen. Die wissen, daß fähigste und höchstbegabte Menschen Tag für Tag nur daran arbeiten, neue und präzisere Methoden der Lebensvernichtung auszudenken. Ihr Ziel ist zunächst immer nur die Sicherung des eigenen Lebens. Aber gerade die Notwendigkeit dieser radikalen und extensiven Sicherung ist ein neues Argument für die tatsächliche Bedrohung, unter der unser Leben steht.

Verzweiflung, Enge des Lebensraumes, äußerste Erschwerung und übersteigerte Härte des Kampfes ums Dasein zeichnen dieses düstere Bild nur noch dunkler.

Gleiche Geltung verlangt das gleiche Gesetz auch im Bereich des geistigen Seins. Das rein geistige Leben war wohl selten so bedroht wie in unseren Tagen.

Aus „Die moderne Welt und die Katholische Aktion"; 1935: GS I/72f.

18. September

LAND EINES NEUEN LEBENS

Nicht nur, daß in weiten Gebieten alltäglich und achtlos wertvollste Schöpfungen des Geistes vernichtet und vertändelt werden. Dem schaffenden und schöpferischen Geiste wird Dasein und Geltung abgesprochen. Er gilt nur noch als Zugabe, als Anhängsel. Gestern galt er als Überbau, als Ergebnis von Wirtschaft und Technik und heute gilt er als dürre und fast unerwünschte Beigabe zu Blut und biologischem Leben. Nicht klare Einsicht und helle Entscheidung fördert und fordert man. Magie und Mythos beherrschen die Stunde.

Das stellt uns vor die weit schlimmere Tatsache, daß der Träger des Geistes, die geistige Person ... weithin schon zerstört und zerfallen ist. Wir haben uns längst abgewöhnt, die viele nervöse Hast und Bedrängnis unserer Menschen immer nur dem Lärm der Technik oder dem Versagen einer äußeren Lebensbedingung zuzuschreiben. Der Mensch, dessen innerster Kern, dessen Persönlichkeit in voller Auflösung begriffen ist, der kann nicht mehr ruhig und fest im wirren Geschehen der Dinge um ihn stehen. Er kann sie nicht mehr meistern, wird selbst geschoben und gemeistert. – Und dem ging zuvor eben der Zerfall des inneren Menschen in seine Funktionen, ... Wir kennen die Menschen, die nur noch Intellekt sein wollten, die sich fern von allem realen Leben herumtrieben in den äußersten Gebieten geistigster Spitzfindigkeiten. Wir kennen die Menschen, die wilden kopflosen Stürmer, die keinen Lebenssinn mehr empfanden, sobald nicht mehr irgend etwas einfach ohne Überlegung, nur im ungestümen Drauflos, zusammenzurennen war. Und wir kennen die Menschen, die jeden Geist von sich weisen und nur vom halbhellen Instinkt sich durch ihr Dasein treiben lassen. – Wir wollen uns diese Menschen genau anschauen: sie stellen uns vor die entscheidenden Tatsachen und öffnen uns den Blick auf die Brücke, die wir bauen wollen heraus aus dieser Bedrängnis und hinüber in das gesicherte Land eines neuen Lebens.

Aus „Die moderne Welt und die Katholische Aktion"; 1935: GS I/73f.

19. September

MITTELPUNKTE ANERKENNEN

Diese Menschen sind innerlich zerfallen, weil sie keinen Mittelpunkt mehr anerkennen, aus dem sie leben. Deshalb ist unsere Zeit eine Zeit, über die das Gesetz des Unterganges zu herrschen scheint. Die Menschen dieser Zeiten haben den Versuch einer peripheren Lebensgestaltung unternommen. Sie haben versucht, einen Teil an die Stelle des Ganzen zu stellen. Sie haben es versucht im persönlichen Leben und sie haben es versucht im öffentlichen und gemeinsamen Leben.

Das Ergebnis liegt vor: dieses zerfahrene und zerrüttete Leben, das heute spürt, daß es keine Grundlage mehr hat, das laut und vernehmlich davon spricht, daß es um seine Existenz bangt und das nun verzweifelt um den Tod tanzt und dabei vom Leben spricht und nach dem Leben schreit.

Wir brauchen die Geschichte nur ein paar Blätter umzudrehen und wir sehen, warum wir heute unter dem Gesetz des Todes stehen. Etappe um Etappe können wir verfolgen, wie der Mensch sich wegschlich vom Mittelpunkt des Lebens, von den Quellen des Lebens und wie er sich draußen an der Peripherie ansiedelte.

Kirche – Christus – Gott gab man hin.

Ein Versuch jagt den anderen. Totale Wissenschaft, totale Wirtschaft, totale Politik; alles umsonst. Der Mensch selbst ging zugrunde dabei.

Aus „Die moderne Welt und die Katholische Aktion"; 1935: GS I/74 f.

20. September

ENDE DES ABSTIEGES

Und er wird solange vor dem Abgrund stehen und in sich diese Angst um sich selbst nicht los werden, bis er wieder heimkehrt, bis er wieder Mittelpunkte anerkennt, die außer ihm und über ihm liegen. Ganz einfach:

Ihr Menschen, wir Menschen, wir werden solange die Einsamen und Verlassenen sein, bis wir wieder da stehen, wo vor vielen Jahren das Unheil begann. Wir sind am Ende des Abstieges.

Wir haben den Blick wieder ganz frei für die Notwendigkeit des Aufstieges in eine andere Welt, so daß gerade wir bedrohten Menschen von heute fähig geworden sind, die alte Botschaft vom neuen Leben, von einer neuen Lebensgrundlage zu hören und zu verstehen und lebendig und begierig aufzugreifen und anzunehmen.

Du moderner Mensch da draußen in deiner Einsamkeit, du Mensch in Sorge und Bangigkeit um dein Schicksal: du schau nur recht scharf hin auf die Grenzen deines Könnens, du höre nur aufmerksam auf die Stimmen aus dem Abgrund, die nach dir rufen, du spüre nur den gleitenden Boden unter deinen Füßen und dann schau her, dann höre her, und du wirst verstehen, daß die Botschaft, die die Kirche gerade in unserer Zeit hinausspricht in die weite Welt, daß sie dich und keinen anderen angeht und daß sie dir sehr viel zu sagen hat.

Aus „Die moderne Welt und die Katholische Aktion"; 1935: GS I/75.

21. September

Teilnahme der Laien

Vielleicht ahnst du schon, daß die beiden Dinge viel miteinander zu tun haben: der heimatlose und ruhelose Wanderer durch unsere Tage und die neue Parole der Kirche Gottes, von der wir sprechen wollen: Was mit diesem vielgebrauchten und vielmißbrauchten neuen Wort der Kirche gemeint ist: das ist eben nicht eine neue Form der äußeren Organisation, das ist eben die Antwort auf die Fragen, die dieser entwurzelte Mensch laut und begierig stellt, auf die einzige Frage, die er stellt: wie und wo finde ich Erlösung aus dieser Irre, wo finde ich eine feste Begründung meines Lebens?

Einfach und sachlich sagt der Papst der katholischen Aktion: diese Katholische Aktion ist die Teilnahme auch des Laien am ganzen Leben der Kirche, das heißt am ganzen Leben des Christusgottes, der in der Kirche weiterlebt. Das heißt aber Teilnahme am Leben dessen, dessen Grundlagen in Gott sind, der die Fundamente seiner Existenz so sicher und unveräußerlich besitzt, daß ein inneres Schwanken und Erzittern gar nicht in Frage kommt.

Katholische Aktion heißt also für dich: Du, der moderne verängstigte Mensch, der Mensch der bedrohten und in Frage gestellten Existenz:

Du sollst dich innerlich anschließen an ihn, den göttlichen Menschen. Du sollst teilhaben an der Sicherheit und Geborgenheit dessen, der jenseits von Angst und Bedrohung durchs Leben ging und der auch heute noch, in unseren Tagen, jenseits von Angst und Bedrohung seine Kirche und seine Gläubigen durchs Leben führt.

Aus „Die moderne Welt und die Katholische Aktion"; 1935: GS I/75 f.

22. September

CHRISTUS, DER SICHERE MENSCH

Christus, der sichere Mensch: der das bedrohte Leben unserer Zeit wieder erneuern und festigen kann und will.

Ihr Menschen der inneren Hast und Not des heutigen Lebens: nehmt einmal die Biographie des Christus in die Hand. Schlagt sie auf, auf welcher Seite ihr wollt: immer werdet ihr finden: sein Leben ist in allem dem unseren gleich geworden. Das Auf und Ab, das in keinem Leben dieser Erde fehlt, fehlte auch bei ihm nicht: im Gegenteil: es häufen sich in seinem Leben die Belastungen, wie in keinem anderen Leben. Er stellte sich geradezu unter Ausnahmezustand. Vom ersten Augenblick seines Daseins an stellte er sich außerhalb der festen, sichtbaren und greifbaren Grundlagen, die sonst ein Leben zu sichern scheinen.

Finden wir irgendwo ein inneres Schwanken? Kann jemand irgendwo einen Knick in der Kurve feststellen? Gibt Christus sich irgendwo innerlich auf, fühlt er sich bedroht?

Wir wollen zu ihm gehen in der Situation, die äußerlich der Lage des heutigen Menschen sehr ähnlich sieht: Christus, in der Ölbergstunde! So stark wirken die Ereignisse auf ihn, so sehr weichen alle äußeren, menschlichen Sicherungen zurück, daß der äußere Mensch, der biologische Mensch zu zerbrechen droht.

Und er, der Christus, der innere Mann der Sicherheit? Die Linie wird eingehalten: Vater ... nicht mein Wille, dein Wille geschehe! Er bleibt in der Aufgabe, er meistert auch diese Lage, im innersten Bezirke wird er niemals ein Spiel der Ängste und Nöte.

Gerade in dieser äußersten Situation offenbart uns Christus die starken Quellen seiner Kraft, seiner Ungebrochenheit, die zugleich die Quellen jeder andern Sicherheit und Geborgenheit sind: Vater, dein Wille!

Aus „Die moderne Welt und die Katholische Aktion": 1935: GS I/76 f.

23. September

CHRISTUS IN SEINER KIRCHE

Christi Leben ist ein Leben aus einem festen Mittelpunkt, von dem er nicht losläßt. Der Mittelpunkt allen Seins ist die Mitte seines Lebens, der Vater, der alles Leben schuf und erhält und Vater bleibt auch in der Bedrängnis. Das wird es immer geben, daß Leben auf dieser Erde Bedrängnissen und Nöten ausgesetzt wird. In diesen Bedrängnissen, in den äußersten Stunden wird jedes Leben geradezu vor sich selbst gestellt: es erkennt seine Grenzen. Und wehe, wenn die Grenzen des eigenen Vermögens zugleich die Grenzen seiner Grundlagen, seiner Mittelpunkte sind. Dann ergibt sich eben notwendig die heutige Lage des Menschen. Christus in der Ölbergstunde: der sichere Mensch: gesichert im Willen des Vaters, gesichert im Leben aus dem Mittelpunkt, aus Gott.

So der sichere Christus von Palästina, so der sichere Christus der Weltgeschichte: in seiner Kirche. ... (I)n allem dem Schicksal menschlicher Gemeinschaften gleichgestellt. Und dennoch die innere Linie bleibt. Schlagt doch ihre Geschichte auf, blättert doch in ihrem Lebensbuche: Tausendmal ändern sich die Zeiten, tausendmal ändern sich die Formen, tausendmal wird sie in Staub und Schmutz getreten und tausendmal ist sie wieder die alte Kirche, in der Christus lebt! Und so oft auch die Menschen und selbst ihre Diener und Hüter auf ihr Wesen zu vergessen schienen und sie zu weit hineinzwangen in die Gassen des rein Weltlichen: sie fand immer wieder zurück zu sich, zu ihren Aufgaben. Sie war nicht zu erschüttern und war nie so zu erschrecken, daß sie um die Grundlagen ihres Seins bangen mußte. – Sie führt eben dieses Leben aus diesem festen Mittelpunkte. Ihr Leben ist Christus, der das Leben Gottes in ihr und durch sie lebt. Der in seiner Kirche und durch seine Kirche das fortsetzt und vollendet, was er damals in seinem irdischen Dasein als einzigen Inhalt seines ganzen Lebens und Wirkens ansah: er wollte und will uns teilnehmen lassen an der Sicherheit und Geborgenheit seines eigenen göttlichen Lebens.

Aus „Die moderne Welt und die Katholische Aktion"; 1935: GS I/77f.

24. September

KRAFTQUELLE DER MENSCHEN

Darin besteht ja eigentlich das Wesen der Erlösung: daß wir wieder auf ein brauchbares und tragfähiges Fundament gestellt würden. Das Wesen des unerlösten Elendes war unser Weglaufen vom Mittelpunkt. Unser Versuch, „selbständig" zu werden, ein Leben auf eigene Faust und aus eigener Mitte zu leben. Das Endergebnis die Menschheit im Fall, durch und durch erschüttert und labil geworden: das können wir heute an uns selbst ablesen. An unserer Welt, die sich eben aus diesen Grundsätzen ihr modernes Leben zurechtzimmerte. – Das war die Aufgabe Jesu, die er sich stellte: von uns aus gesehen: er wollte uns wieder hinaufheben auf die verlorene göttlich-sichere Grundlage unseres Lebens. Deshalb kam er und deshalb konnte er seinen Grundsatz in die Worte fassen: ich bin gekommen, daß sie das Leben haben und daß sie es überreich haben.

Der sichere Christus der Geschichte ist nicht zufrieden, der sichere Christus als Leben seiner Kirche zu sein: er will der sichere Christus in unserem persönlichen und eigenen Leben werden. Deshalb wollte er ja in der Kirche fortleben. Deshalb gab er der Kirche Macht, das erloschene Leben in uns neu zu wecken. Das ist der ganz und gar moderne Sinn der Sakramente. Deshalb will er tiefste Gemeinschaft und engstes Zusammensein immer wieder mit uns haben in der Eucharistie: damit das göttliche Leben, die Teilhabe am Sein der Mitte, in uns immer stärker und wirklicher werde. Brot der Starken läßt er sich nennen, das heißt Brot, Nahrung, Kraftquelle der Menschen, die einen Mittelpunkt haben. Die im göttlichen Zentrum fest verwurzelt sind und von da jenseits von Angst und Not gestellt sind. Die so in Gott geborgen, so am sicheren Christus teilnehmen, daß alle Fragwürdigkeit dieser irdischen Form des Lebens gar nie mehr zur Fragwürdigkeit des ganzen Lebens werden kann. Das ist der sichere Christus, den du suchst, ... der dich ruft, das du zu ihm kommst in all deiner Mühsal und Beladenheit.

Aus „Die moderne Welt und die Katholische Aktion"; 1935: GS I/78 f.

25. September

ERNEUERUNGSWILLEN

Das ist der eigentliche Sinn der Katholischen Aktion, daß du und ich, daß wir alle wieder teilnehmen sollen an diesem gesicherten Leben in Christus: viel intensiver als bisher und viel, viel aktiver. Ihr seht, das ist primär gar nicht eine Sache der Organisation. Man wird organisatorische Hilfsmittel nicht entbehren, aber wir müssen uns hüten, den kirchlichen Erneuerungswillen zuerst und zumeist von da her zu sehen.

Die Katholische Aktion muß zu allererst eine neue und tiefe religiöse Begeisterung sein. Ein neuer religiöser Schwung. Ein neues bis in die innersten Tiefen reichendes Ergriffenwerden von den realen Wirklichkeiten der Kirche, der Religion. Von der Kirche aus gesehen heißt das, daß Katholische Aktion ihr intensiv gesteigerter Wille ist, das ihr anvertraute Gottesleben weit, weit hinauszutragen in die Gebiete, in denen dieses Leben längst erstorben ist. Von uns aus gesehen: wie müssen dieses Leben in uns aufnehmen, es in uns selber steigern und hegen und hüten. Und dann es im Namen und Auftrag der Kirche auch den anderen bringen, die genau so hungrig und bedürftig sind, die es genau so nötig haben wie du und ich.

Im Endergebnis muß die Katholische Aktion ein neues Weltbild schaffen. Das heißt, neue Menschen, die innerlich fest und geborgen sind. Die mit klarem Blick und festem Willen dann ihre Kraft frei haben für ein geordnetes und ordnendes Arbeiten. Die nicht immer wieder nur um sich selbst tanzen müssen, weil sie dauernd unsicher sind und sich selber dauernd fraglich vorkommen müssen.

Es ist klar, daß diese Katholische Aktion steht und fällt mit den Menschen, die sich von ihrem Ruf aufwecken lassen, die sich von ihrer Botschaft ergreifen lassen und die bereit sind, ihre Botschaft weiterzugeben.

Aus „Die moderne Welt und die Katholische Aktion"; 1935: GS I/79 f.

26. September

IHR ALLE SEID GERUFEN

Ihr merkt, diese Worte klingen neu.

Ihr werdet gerufen: nicht nur zu einem gesicherten Ruhen in diesem neuen Besitz. Ihr werdet gerufen, nicht mehr zu einem passiven Gehegtwerden in der Kirche.

Zeit der actio ist Zeit der Tat!

Es ist wirklich äußerste Zeit, daß die Kirche und ihr Leben zurückgebracht werden auf die allein tragfähige Basis der Gesetze Gottes. Vorbei ist die Zeit der endlosen Diskussionen und Probleme.

Gott ruft euch durch die Kirche.

Vorbei ist die Zeit, da man meinte, dieses neue Leben, seine Ausbreitung und Verkündigung sei nur eine Sache der Priester.

Ihr alle seid gerufen.

Was soll denn werden: Ihr wißt es doch selbst genug: gerade die Kreise, in die heute kein Priester mehr kommt, gerade die sind am bedrohtesten und bedürfen am meisten des neuen Lebens.

Ihr müßt zu denen gehen und ihnen zeigen, daß ihr Ruhe und Kraft gefunden habt, ihr, die ihr Wert darauf legtet, moderne Menschen genannt zu werden. Euch glauben sie zunächst viel leichter und eurem Leben und eurem Werk und eurer Werbung wird mancher sich leichter ergeben als dem Wort und der Werbung des Priesters, für den es allzu oft unmöglich ist, die Barrikade von Vorurteilen wegzuräumen, die rings um ihn aufgeschüttet ist.

Aus „Die moderne Welt und die Katholische Aktion"; 1935: GS I/81.

27. September

DAS EVANGELIUM HINAUSTRAGEN

Vorbei sind die Zeiten der Eigenbrötelei. Das war ja und ist noch die Not der heutigen Menschen: ihre große Einsamkeit im Letzten und Entscheidenden. Alle Gemeinschaftsgründungen und Gemeinschaftsbegründungen konnten nicht helfen. Sie drangen alle nicht vor bis an die letzten Quellen des Seins. Es waren alles Verbindungen an der Oberfläche. Fast zufällige Ansammlungen, wie sie der Strom des Lebens gerade einmal zusammenträgt. Die teilnehmen am Leben Christi: die sind zutiefst miteinander verbunden. Die leben alle aus den gleichen Kräften. Das ist kein geistreicher Gedanke, das ist eine Tatsache, an die wir täglich denken und neu uns ihrer freuen sollten! Innerlich und tatsächlich sind die Christen miteinander verbunden. Vorbei die Zeit der Einsamkeit im Sein! Und damit vorbei die Eigenbrötelei im Wirken und Arbeiten. Es läuft nicht jeder dahin, wo es ihm gerade gefällt und gut dünkt. Das neue Leben ist Leben der Kirche und das neue Arbeiten ist Arbeiten der Kirche unter der Führung der Kirche, im Dienste des Lebens. Ihr seid die neuen Kirchenmänner, die neuen Apostel.

Ihr müßt das Evangelium neu in euch gestalten, daß es euch erlöse vom Fluch dieser Tage, und ihr müßt es dann hinaustragen und auch den anderen das Leben bringen, das frohe und große und geborgene Leben in Christus.

Das ist der schöne und tiefe Sinn eines oft gebrauchten Wortes, das wir davor bewahren wollen, ein leeres Schlagwort zu werden. Es sagt euch Menschen aus dem modernen Leben, daß ihr aufgerufen seid, herauszugehen aus der Angst und der Unsicherheit, die euch erfüllt. Teilzunehmen am sicheren Leben Christi und dieses Leben weiterzugeben wie ein Vater seinem Kinde sein physisches Leben weitergibt. Das ist der Wille Gottes für euch und euer Wille für die anderen: ich will, daß sie das Leben haben und daß sie es in großer, reicher Fülle haben.

Aus „Die moderne Welt und die Katholische Aktion"; 1935: GS I/81f.

28. September

BEREITSCHAFT

Über die ganze Welt weht neuer Atem, der in seiner letzten Begründung trotz allem Atem Gottes ist. Und in seiner letzten Bedeutung nichts anderes meint und leistet, als das eine: die Menschen wieder weiter und offener zu machen für ihre eigentliche und eigenste Aufgabe. Sie zu bereiten zu ihrem eigentlichen Werk. ...

Das ist der letzte Sinn allen Umbruchs dieser Tage: der Mensch will wieder bereit sein, sich selber ganz anzuerkennen. In all der Fülle, die ihm gegeben ist: als Erdhaftigkeit und Geistigkeit, als Denken und Streben, als Sohn der Erde und Bürger des Jenseits. Und der Mensch ist wieder bereit, sich selber zu finden und anzuerkennen als Glied eines Ganzen, Übereinzelnen, als selbstwertigen und selbständigen Teil. ...

Die Rückkehr zu den großen gemeinsamen Interessen und Aufgaben und Anliegen.

Die Auswanderung aus allen Inseln der Einsamen.

Das ist ja der Sinn der Katholischen Aktion, im innerkirchlichen, religiösen Leben und in der ganzen inneren Haltung der Kirchenleute auch zu ihrem äußeren Tun den gleichen Umbruch zu garantieren, der draußen in den profanen Sachgebieten sich anzeigt. Dieser Umbruch muß aus dem Bereich der privaten Anregung der sporadischen Reaktion gegen Vereinzelung und Erstarrung herausgestellt werden in den großen weiten Raum der Kirche, muß inneres Gemeingut der Kirchenleute werden. Und damit steht und fällt die Katholische Aktion, ob es ihr gelingt, diese bereitwilligen Menschen zu schaffen, die über alles persönliche Bedürfnis und Anliegen hinaus in der Kirche zu Hause sind und den Interessen der Kirche sich hingeben und aus den großen, weiten Gedanken der Kirche ihr Leben formen.

Aus „Bereitschaft"; 1935: GS I/83, 85f.

29. September

BRUDER DES CHRISTUS

Wo sind die innerlich willigen Menschen der Kirche? Sooft ist doch die Kirche nur eine Rückversicherungsanstalt, die uns nach Möglichkeit auch hier und auf jeden Fall am anderen Ufer Heil und Wohlfahrt garantieren soll. Es ist doch oft wirklich nur so, daß der Sohn und Erbe des Hauses sich begnügen will mit einer kleinen Bettlersuppe an der Armenpforte. Daß er nicht eintreten mag in die ganze Wirklichkeit, die da für ihn bereitet ist. ...

Der überpersönliche Sinn dessen muß erfaßt werden, was es heißt, zur Kirche zu gehören. Mensch in der Gnade – Glied der Kirche – Kind des Vaters – Bruder des Christus: diese Worte müssen in all ihrer Lebendigkeit in uns wach werden und wirken. ...

Denn so geschieht es ganz von selbst, daß unsere Bereitschaft und Willigkeit sichtbar wird auf den Straßen und Plätzen, im Getriebe und Lärm des lauten Lebens. Der Gerechte lebt aus seinem Glauben, aus seiner Gnaden- und Kirchenwirklichkeit. Das Ziel der Katholischen Aktion ist gerade dies, daß auch das Leben der Straßen und Plätze wieder Leben aus dem Glauben wird. Daß wieder das Knie gebeugt wird vor der Hoheit Gottes, nicht nur über der Erde, nicht nur unter der Erde, nicht nur in den verborgenen Stuben und den dämmerstillen Kirchen. Das laute Leben selbst soll eine große Anbetung, ein großes Loblied auf Gott den Herrn sein.

Dieses Ziel bleibt Utopie ohne Menschen innerer Bereitschaft und Willigkeit. ...

Es ist dies für uns heute doppelt schwer, weil für uns sooft die ... Wiederbelebung religiösen Lebens verbunden war mit der Zugehörigkeit zu ... einem Zusammenschluß von Menschen, der oft nur auf der Grundlage einer gleichgearteten Subjektivität zustande kam. Es ist in diesen Tagen die Gefahr lebendig, daß diese Gemeinschaften und Gruppen sich zwischen die Kirche und uns stellen.

Aus „Bereitschaft"; 1935: GS I/87f.

30. September

OFFENHEIT

Unabhängig davon, wie diese und jene Gruppe Kirche sieht und heutige Aufgabe der Kirche meint. Es muß nicht nur die persönliche Subjektivität übersprungen werden, der Mann der Katholischen Aktion muß auch hinauswachsen über die Enge und Einseitigkeit der Gruppierungen, Kreis, Verbände und Bünde.

Der Kirche wurde die Sendung von Gott, die Kirche allein gibt Sendung und Aufgabe weiter, sie allein kann uns verpflichten und nichts außer ihr oder neben ihr hat die Aufgabe oder die Möglichkeit, unser religiöses Tun und Handeln zu lenken oder gar ausschließlich bestimmen zu können.

So heißt es denn die Herzen weit machen für die Botschaft und das Werk der Kirche. Nur so findet der Umbruch, das Geschehen in der äußeren Sphäre seine Ergänzung und Vertiefung und Erfüllung, wenn auch in dieser inneren Sphäre alle Enge gebrochen wird. Nur so wachsen wir hinein in das große weite Regnum Dei, das heilige Reich des großen Gottes. Dieses Reich, das ja keine dichterische Formulierung und keine abstrakte Idee meint, sondern eine konkrete Lebendigkeit und Wirklichkeit.

Zu dem wir gehören auf Grund einer inneren Seinsgemeinschaft mit Christus, dem König und Führer dieses Reiches. Unser Bewußtsein muß weit und groß werden wie dieses Reich, unser Ernst und unser Eifer sind die Zeichen, die angeben, wie weit wir verstanden haben, was die Stunde fordert. Zu all dem fähig und willig zu machen, das ist die Bereitschaft, die die Katholische Aktion in uns bilden will und die sie in uns voraussetzen muß, sollen wir tauglich werden zu ihrem Werk.

Aus „Bereitschaft"; 1935: GS I/88f.

Oktober

Alfred Delp
als Präfekt in St. Blasien, 1934
(Abb. 10)

1. Oktober

„VATER UNSER"
– Alles ist zu eng –

Auf dieser absoluten Höhe des Daseins, auf der ich nun angekommen bin, verlieren viele bisher geläufige Worte ihren Sinn und ihren Wert. Ich mag sie nicht einmal mehr hören.

Das alles liegt so weit unten. Ich sitze da oben auf meiner Klippe und warte, ob und bis einer kommt und mich hinunterstößt. Die Zeit hat hier oben Engelsflügel bekommen; man hört sie leise rauschen, verhalten und ehrfürchtig vor der absoluten Forderung dieser Höhe.

Das gleiche geschieht weit unten und hört sich an wie das ferne Tosen und Toben eines eingeengten Stromes.

Zu eng alles, zu eng für die wahren Maße und Aufträge.

Das war ja immer die heimliche Ahnung und Meinung:
alles sei zu eng. –

Zu den Worten, die hier oben ihre Gültigkeit behalten und ihren Sinn neu enthüllen, gehören die Worte der alten Gebete, vor allem die Gebetsworte, die der Herr uns gelehrt hat.

Aus den Meditationen über das ‚Vater unser'; im Gefängnis geschrieben: GS IV/225.

2. Oktober

„VATER"
- Gott als Vater -

Es klingt eigenartig in dieser Lage, das Vaterwort. Aber es war die ganze Zeit über bei mir. Auch in dem häßlichen und haßvollen Raum, in dem die Menschen Gerechtigkeit mimten. Das Welterlebnis dieser letzten Zeit war ein Erlebnis des Hasses, der Feindschaft, der Rache, des Vernichtungswillens, der Eitelkeit und Anmaßung, der von sich selbst berauschten Macht und Herrlichkeit. Es wäre schlimm, wenn das gnadenlose Leben und Erleben dieser Zeit, das in irgendeiner Art doch jeden Menschen überfällt, die letzte Offenbarung der Wirklichkeit wäre. Aber man muß nur gläubig daran denken, daß Gott sich Vater nennt und uns geheißen hat, ihn so zu nennen und zu wissen, daß er es ist, und diese ganze großtuerische Welt ist zum kulissenhaften Vordergrund degradiert, der in der Mitte des Seins, inmitten ihrer lauten Deklamationen, kaum Aufmerksamkeit erregt. Der Grundzug des Lebens ist Erbarmen und führende Väterlichkeit. Ach, all die Hilfskonstruktionen und Wahnbilder des hilflosen Menschengeistes: Schicksal, Verhängnis, ewiges Volk, Welt als endgültiger Raum usw.: all das verklingt hier oben in dieser herben und klaren Luft wie ein unartikuliertes Gewimmer eines menschenähnlichen Tieres. Dies alles sind keine Menschenworte.

Gott als Vater: als Ursprung, als Führung, als Erbarmen, das sind die inneren Gewalten, die den Menschen diesen Stürmen und Überfällen gewachsen machen. Und es wird hier mehr berichtet als nur eine Botschaft, eine Wahrheit. Dem Glaubenden geschieht die Väterlichkeit, das Erbarmen, die bergende Kraft in tausend stillen Weisen, mitten in all diesen Überfällen und Aussichtslosigkeiten und Preisgegebenheiten. Gott hat Worte, wunderbarer Tröstung und Erhebung voll. Gott hat Wege zum Menschen in alle Verlassenheit hinein. All das andere hat seinen Wert, weil es hilft, dem Vater-Gott neu zu begegnen.

Aus den Meditationen über das ‚Vater unser'; im Gefängnis geschrieben: GS IV/225f.

3. Oktober

„UNSER"
– Gemeinschaft –

Eines der schrecklichsten Mittel der Gewalt ist die gewaltsame Vereinsamung. Auch jetzt wieder, da wir wissen, in fast jeder Seele wird das gleiche Urteil getragen und seine Vollendung erwartet. Keiner sieht mehr den anderen, keiner hört mehr die flüsternde Stimme des Gefährten und Kameraden auf dieser letzten und anstrengenden Bergfahrt. Der Mensch ist vor sich selbst und den letzten Dingen angekommen.

Und doch gilt das alte Wort: Es ist nicht gut, daß der Mensch allein sei, gerade für diese Stunden. Man möchte zur nächsten Klippe, auf der der andere ausgesetzt ist, hinüberrufen. Menschenwort klingt nicht mehr. Wir sind zu hoch in die Atmosphäre hinaufgerissen.

Vater unser: Plötzlich sind die Entfernungen überwunden. Klar und hell wird die Wahrheit, daß der Weg zu Gott – über Gott immer schon der nächste Weg zum Menschen war. Der Mensch weiß sich im Bund und Bündnis mit allen, die anbeten, glauben und lieben.

Die gemeinsame Mitte, der personale Gott, der uns anspricht und den wir anrufen, macht den Menschen zum Menschen und die Gemeinschaft zur Gemeinschaft.

Aus den Meditationen über das ‚Vater unser'; im Gefängnis geschrieben: GS IV/226f.

4. Oktober

„DER DU BIST IM HIMMEL"
- Der Jenseitige -

Die Jenseitigkeit des Daseins ist oft verstellt und verhüllt. Unsere Zeit hat sie fast ganz vergessen. So haben wir Gott gezwungen, die Vorläufigkeit und Unbeständigkeit des Daseins uns ungeheuer hart und erschütternd ins Bewußtsein zurückzurufen.

Auch wir andern, die wir glaubten an das Leben der kommenden Welt, haben doch praktisch die Weltlichkeit der anderen geteilt. Und doch bleibt der Mensch nur soviel Mensch, als er die Ordnungen und seinshaften Beziehungen seiner eigenen Wirklichkeit unangetastet läßt.

Nur der Jenseitige wird fähig sein
zur echten Verhaltenheit,
zur schöpferischen Distanz,
zur behutsamen Ehrfurcht,
zur dienenden Liebe,
zum offenen Gehorsam.

Das aber sind die Grundkategorien des Menschen.

Nur der Blick und der Entschluß über uns selbst hinaus ermöglicht uns selbst. Darum sind wir heute ja so sehr Masse und Objekt und lebensunfähig. Unfähig wirklich der Grundordnungen und Grundahnungen des Menschen selbst.

Aus den Meditationen über das ‚Vater unser'; im Gefängnis geschrieben: GS IV/227.

5. Oktober

„DER DU BIST IM HIMMEL"
- Dialog mit dem Absoluten -

Es ist zu wenig, wenn die Jenseitigkeit Idee oder Ideal bleibt. Das langt nicht. Der idealistische Mensch ist mehr Mensch als der rein faktische und praktische. Aber zur vollen Entfaltung und Vollendung kommt er nicht. Der innerste Grund des Menschen bleibt unaufgebrochen, unberührt, ohne Samen. Im personalen Ich, in der individuellen Geschlossenheit erst wird der Mensch er selbst.

Diese Geschlossenheit wird ohne den Dialog über sich zur eiskalten, tödlichen Verschlossenheit. Der Dialog mit dem Menschen gehört zum Menschen, daß er sich öffne und wirklicher werde. Aber mehr noch der Dialog mit dem Absoluten. Deswegen ist es zu wenig, eine Idee oder ein Ideal der Jenseitigkeit zu haben.

Der personale Gott ist der Gott des Lebens. Erst im Dialog mit ihm tritt der Mensch in seinen wirklichen Lebensraum ein. Hier lernt der Mensch die Grundwerte seines Wesens:

Anbetung,
Ehrfurcht,
Liebe,
Vertrauen.

Alles im Leben, was unterhalb dieses Dialogs bleibt, es mag mit noch soviel Eifer und Ernst und Hingabe unternommen sein, bleibt unfertig, auf die Dauer unmenschlich. Die Anbetung als Weg des Menschen auch zu sich.

Aus den Meditationen über das ‚Vater unser'; im Gefängnis geschrieben: GS IV/227f.

6. Oktober

„DER DU BIST IM HIMMEL"
– Begegnung und Erfahrung Gottes –

Die Welt des personalen Gottes ist der Himmel. Also das, was der Mensch als seines Lebens größte Beglückung und Erfüllung empfindet. Das ist nicht zuerst ein Raum oder eine Zeit oder ein „Aeon" usw. Das ist zuerst Gott und die erfahrene Begegnung mit ihm. Wer Gott erfährt, ist im Himmel. Die Erfahrung Gottes bricht unsere Grenzen und unsere Daseinsweise, wo und wenn sie uns jetzt schon geschenkt wird. Es braucht nur an die Erlebnisse und Aussagen der Mystiker erinnert zu werden. Das Zerbrechen unserer Daseinsweise – also der Tod – ist umgekehrt und normalerweise die Voraussetzung für die Erfahrung Gottes. Hier gehen die Dinge leicht ineinander über.

Was der Mensch liebt und ersehnt: Glück, Seligkeit, Himmel – was er fürchtet und wovor ihm bangt: Tod, Zerbrechen der Daseinsweise – was er anbetet und ehrfürchtig rühmt: Gott und seine Fülle – dies alles sammelt sich in einem Punkt.

Amare caelestia erbetet die Kirche oft als große Gnade und Erfüllung. Das ist wichtig, der Erfüllung, der Zukunft, dem Kommenden nicht bloß seinsmäßig, sondern haltungs- und bewußtseinsmäßig verbunden zu sein: „aus allen deinen Kräften" (Mk 12,30). Der Mensch soll wieder wissen, viel früher und intensiver und entschlossener, daß sein Lebensweg der vom personalen Dialog mit Gott zur personalen Begegnung und Erfahrung Gottes ist. Daß dies sein Himmel ist und seine Heimat. Er bleibt dann jenseitig, nicht nur aus Pflicht und Gehorsam, sondern in innerster Lebendigkeit und Freiheit.

Aus den Meditationen über das ‚Vater unser'; im Gefängnis geschrieben:
GS IV/228 f.

7. Oktober

„GEHEILIGT WERDE DEIN NAME"
– Unberührbares Gut in der Mitte des Daseins –

Die Bilder des Vaterunser sind die Lebensbilder der Menschen. Mit dem, was hier genannt ist, steht und fällt der Mensch und die Menschheit. Wo dies gilt, wachsen wir. Wo dies nicht gilt oder nicht ernst genommen wird, fallen wir und versinken. Das ist der Schlüssel auch zum Vexierbild, dem grausigen unserer Tage.

Diese Bitte lehrt die Menschen um das rechte Ideal bitten, um die unantastbare, heilige, ehrwürdige Fahne. Mensch und Menschheit gehen aussichtslos zugrunde, wenn nicht ein unantastbarer Wert, ein unberührbares Gut in der Mitte des Daseins steht.

Die Menschenordnung ist so auf die Notwendigkeit, etwas „heiligen" zu müssen, angelegt, daß immer dann, wenn die echte Mitte verdrängt und verstellt ist, sich ein Anderes, Unechtes an diese Stelle setzt und „Heiligung" erzwingt. Wir kommen doch gerade aus dem mörderischen Dialog mit der selbstgesetzten Mitte. Diese Ersatz-Werte sind aber viel absoluter und unerbittlicher als der lebendige Gott.

Sie wissen nichts von der Vornehmheit des Wartenkönnens, von der freien Werbung, vom gnadenhaften Anruf, von der beseligenden Begegnung. Sie kennen nur Forderung, Zwang, Macht, Drohung und Vernichtung.

Wehe dem, der anders ist!

Aus den Meditationen über das ‚Vater unser'; im Gefängnis geschrieben: GS IV/229.

8. Oktober

„GEHEILIGT WERDE DEIN NAME"
– Ehrfurcht vor Gott –

Dem Namen Gottes soll die große Ehrfurcht erwiesen werden, um die es in dieser Bitte geht. Die Rühmung Gottes, die Ehrfurcht vor ihm, die Ehrerbietung: was ich vorher mit zu den Grundkategorien des Lebens gezählt habe, um dessen Verwirklichung geht es hier.

Daß der Name Gottes das große Heilige sei, das schweigsame Stille und demütige Verhaltenheit Fordernde. Der Mensch soll nicht nur an seine Mitte, an den Sinn seines Lebens glauben. Er soll in den konkreten Vollzügen seines Lebens von diesem Glauben Zeugnis geben. Er soll alles unter dieses Gesetz der Heiligung stellen und was mit ihm sich nicht verträgt, sein lassen.

Gott als die große Ehrfurcht des Menschen wird auch sein Leben sein. „Es ist in keinem anderen Namen Heil" (Apg 4,12). Ach, hier fehlt so viel. Auch so viel bei der Religiosität.

Wir haben viel Frömmigkeit ohne echt vollzogene Ehrfurcht vor Gott!

Die religiöse Keuschheit und die herbe Schweigsamkeit.

Aus den Meditationen über das ‚Vater unser'; im Gefängnis geschrieben: GS IV/229 f.

9. Oktober

„Geheiligt werde Dein Name"
- Anbetung - Weg zur Freiheit -

Laßt uns dem Leben und den Dingen wieder Namen geben. Ich war jetzt lange genug Nummer, um zu wissen, was ein Leben ohne Namen ist. Aber solange das Leben selbst den richtigen Namen nicht mehr weiß oder nicht ehrt, so lange werden Mensch und Dinge immer mehr ihre Namen verlieren in dieser grausamen Namenlosigkeit und Numeriertheit, in die wir geraten sind.

Das Leben ist feinnervig und es hängt alles zusammen. Seit der Name Gottes nicht mehr der erste Name des Lebens, des Landes, der Menschen ist, seitdem hat doch alles, was wert ist, gehabt zu werden, seinen Namen verloren und ist unter die falsche und verfälschende Herrschaft fremder Namen gekommen. Seitdem gilt das Klischee, die Etikette, die Uniform, das Schlagwort, die Masse:

Wehe dem, der noch ein Gesicht hat und ein eigenes Wort und einen eigenen Namen.

Die Anbetung ist der Weg zur Freiheit und die Erziehung zur Anbetung der heilsamste Dienst am Menschen und die Ermöglichung einer Ordnung, in der Tempel und Altar wieder stehen, wo sie hingehören, und in der Wirklichkeit sich wieder neigt vor und messen läßt an dem Namen Gottes für große Verantwortung.

Aus den Meditationen über das ‚Vater unser'; im Gefängnis geschrieben: GS IV/230.

10. Oktober

„ZU UNS KOMME DEIN REICH"
– Des lebendigen Gottes teilhaftig werden –

Der Mensch ist übermenschlicher Kräfte und Mächte bedürftig. Wenn ihm die Beziehung zu der echten Überwelt nicht mehr gelingt, dann fängt er an, groß zu träumen oder sich fremde Götter zu machen: Dinge, Leistungen, Menschen, Ordnungen usw. Ich kenne das. Ich habe geträumt und gesehnt und geliebt und geschafft und eigentlich war dies alles nur ein Lied der Sehnsucht nach dem Endgültigen und Beständigen.

Mit seinen Träumen und seinen Götzen aber kommt der Mensch nicht weiter. Er erfährt sich immer wieder in die Grenze und das Ungenügen des Kreatürlichen verwiesen und ihm ausgeliefert. Auch das habe ich erfahren. Wie auf einmal alles zuschanden wird und man nur noch Scherben in der Hand hält, wo man noch an die vollen Krüge glaubte. Wie man nur ein blutiges Wimmern und Stöhnen ist, wo man doch ein Heldenlied singen wollte.

Der Mensch allein schafft es nicht. Daß der Mensch es nicht allein zu schaffen braucht, und er der überirdischen Macht und Kraft, ja des lebendigen Gottes selbst teilhaftig wird: das ist der Sinn dieses Gebetes um das Reich Gottes.

Auch das habe ich erfahren, daß und wie der Mensch im Nu über sich selbst hinausgehoben wird und die Dinge ihn nicht mehr anrühren und er ihnen gewachsen bleibt, auch wenn sie ganz anders kommen, als er sie erwartet. Der echte Dialog wird zur seinshaft verwirklichten und oft auch erfahrenen Lebensgemeinschaft.

Aus den Meditationen über das ‚Vater unser'; im Gefängnis geschrieben: GS IV/231.

11. Oktober

„ZU UNS KOMME DEIN REICH"
- Sinnerfüllung des Lebens -

Daß der Mensch in Gottes Gnade sei und die Welt in Gottes Ordnung: das ist das Reich Gottes. Die Überwindung der menschlichen Grenze durch Gottes Fülle, die Sprengung der menschlichen Grenze durch Gottes Kraft, die Bändigung der menschlichen Wildheit durch Gottes Zucht; das alles ist Reich Gottes.

Es geschieht in Menschen und von und unter den Menschen. Es ist eine stille Gnade und drängt doch zu Wort und Tat und existiert doch auch als Werk und Ordnung. Um alles, was uns heute fehlt, beten wir in dieser Bitte.

Die große Sinnerfüllung des Lebens liegt in der Begegnung mit Gott.

Gott verhält sich in seiner Vornehmheit. Er kommt auch als der Begnadende vornehm und frei wartend. Er kommt nicht als Gewalttäter, obwohl er sich der Gewalt, dem herzhaften Entschluß ergibt.

Das Reich Gottes ist Gnade, deswegen beten wir darum; aber die Gnade Gottes steht so oft vor dem geschlossenen Tor und klopft an und niemand öffnet ihr.

Aus den Meditationen über das ‚Vater unser'; im Gefängnis geschrieben: GS IV/231f.

12. Oktober

„ZU UNS KOMME DEIN REICH"
– Gottoffen leben –

Zweifach kann der Mensch sich als Hindernis zwischen sich und das kommende Reich Gottes stellen: durch die personale Verfassung seines Lebens, zu der er sich entscheidet, und durch die soziale Ordnung seines Lebens, in der er sich befindet, die er duldet oder fördert. Das mindeste an personaler Haltung, das der Mensch aufbringen muß, ist die wache und willige Offenheit zu Gott hin. Der in sich selbst verschlossene Mensch, der Mensch der bloßen Humanität und Naturalität ist ein gnadenloses Geschöpf und sein Weg durch die Welt ist immer gnadenlos und unbarmherzig. Auf die Dauer wirkt er für sich und andere zerstörerisch. Er bleibt trotz aller prometheischen Deklamationen den Dingen, Aufgaben und Problemen unterlegen. Das ist der Schlüssel zur Geschichte der letzten Epochen, denen keine einzige der fälligen und drängenden Aufgaben zu erfüllen gelang. Wenn der Mensch es schon nicht zum Entschluß zu Gott hin bringt, muß er wenigstens in der Offenheit zu und Ansprechbarkeit durch Gott bleiben. Diese Bitte verlangt von uns allen eine Bekehrung und eine Selbstbescheidung. – Und die Bereitschaft zu einer Revolution, das heißt die Bereitschaft zu einer sozialen Umwälzung, damit eine Ordnung wieder wird, die es dem Menschen ermöglicht, menschengemäß und somit gottoffen und gottesbereit zu leben. Das frömmste Gebet kann leicht zur Blasphemie werden, wenn es unter Abfindung mit Zuständen oder gar unter ihrer Förderung gebetet wird, die den Menschen töten, ihn gottunfähig machen, ihn notwendig an seinen geistigen und sittlichen und religiösen Organen verkümmern lassen. Die Bitte will Großes von Gott, ja letztlich ihn selbst. Sie entläßt den Menschen aber zugleich in eine große Verantwortung. Von deren Übernahme und Erfüllung hängt es ab, ob es sich wirklich um ein Gebet oder nur um frommes Gerede handelt.

Aus den Meditationen über das ‚Vater unser'; im Gefängnis geschrieben: GS IV/232f.

13. Oktober

„DEIN WILLE GESCHEHE"
- Transzendentale Beziehung des Menschen -

Dies ist die Bitte des Menschen um seine Freiheit. Zunächst klingt das nicht so, aber es ist so. Der Mensch ist ein verwiesenes Wesen. Jeder Versuch, diese Verweisungen zu übersehen, aufzulösen, zu zerbrechen, führt zum Ruin des Menschen selbst.

Schon die Begegnung mit den innerweltlichen Gegebenheiten sollte den Menschen nachdenklich und behutsam machen. Er findet sich in vielerlei Beziehungen einverflochten, die ihm Bindungen aller Art auferlegen, von der vornehmen Zurückhaltung über Takt und Schicklichkeit bis zum eigentlichen Dienst und Gehorsam.

Hier schon bedeutet jeder Versuch zur Autarkie eine Selbsttäuschung, eine Selbstverblendung, einen Selbstmord. Es gibt keine schöpferische splendid isolation. Das gilt viel endgültiger und undiskutierbarer für die transzendentalen Beziehungen der Menschen.

Gott gehört in die Definition des Menschen, und zwar sowohl der deus a quo wie der deus ad quem et sub quo (26). Jedes andere Selbstverständnis des Menschen ist fatal und verhängnisvoll.

Aus den Meditationen über das ‚Vater unser'; im Gefängnis geschrieben: GS IV/233.

14. Oktober

„DEIN WILLE GESCHEHE"
– Bindung an Gott –

Die Bindung an Gott ist eine Bindung an seine Ordnung, die ein Abglanz seines Wesens ist, eine Bindung an seine Freiheit und an seine geheimnistiefe Größe. Das sind die Wirklichkeiten, mit denen der Mensch rechnen muß, will er Mensch bleiben oder werden.

Gottes Ordnung bindet ihn zweifach: als Einfügung in die naturhaften Gegebenheiten der menschlichen Seinsschichten und als freie Begegnung mit dem fordernden und verpflichtenden Gesetz.

Gottes Freiheit ruft den Menschen darüber hinaus in den heiligen Raum der persönlichen Fügungen, Berufungen, Schickungen und Sendungen. In diesem persönlichen Dialog mit dem fordernden Gott wird über die eigentliche, überdurchschnittliche Größe und Würde des Menschen entschieden.

Gottes Größe aber, die auch mysterium absconditum heißt, heißt den Menschen mit den dunklen Wegen, den nächtlichen Sendungen, den überhellen Aussagen rechnen, eben mit dem Geheimnis der Übergröße, das sich in seinen Äußerungen nicht verbergen läßt.

Aus den Meditationen über das ‚Vater unser'; im Gefängnis geschrieben: GS IV/233 f.

15. Oktober

„DEIN WILLE GESCHEHE"
- Bejahung Gottes -

Nur in diesen Bejahungen gelingt der Mensch und wird er frei. Sonst bleibt er ewig Sklave seiner Angst und der Dinge, die er festhalten möchte.

Der Mensch muß sich hinter sich gelassen haben, wenn er zu sich selbst kommen will. Man muß diesen Abschied einmal vollzogen haben, um von seinem Segen sprechen zu können. Daß es sich um einen Segen handelt, geht aus der Wonne hervor, die dieser freien Hingabe gegeben ist: wie im Himmel.

Es handelt ich hier gewiß auch um die Aussage der absoluten Gültigkeit. Aber mehr um das andere. Der Wille Gottes im Himmel ist die Selbstbejahung Gottes durch Gott und die Bejahung Gottes durch die Seligen. Die Selbsterkenntnis und Selbstbejahung Gottes macht den großen Jubel der Dreifaltigkeit aus, das strömende Leben Gottes. Und die Bejahung Gottes durch die Vollendeten macht eben deren Vollendung aus, ihr Hineingerissensein in den Jubel und den glückhaften Strom des göttlichen Lebens.

Das heißt aber, der Wille Gottes, der an uns geschehen soll, ist immer und ursprünglich ein Heilswille. Die Begegnung, die hingebende Begegnung mit Gottes Freiheit und mit Gottes Geheimnissen, ist die Begegnung mit dem Heil.

Aus den Meditationen über das ‚Vater unser'; im Gefängnis geschrieben: GS IV/234.

16. Oktober

„Unser tägliches Brot gib uns heute"
– Brotbitte und Brotsorge –

Man soll diese Bitte ruhig als die Brotbitte stehen lassen. Man wollte sie ausdeuten nach dem Herrenwort: „Meine Speise ist es, den Willen des Vaters zu tun." (Joh 4,34), oder auch sie vom eucharistischen Brot verstehen. Das sind fromme Gedanken, aber hier ist von dem Brot für den täglichen Hunger die Rede.

Das Vaterunser lehrt uns mit Gott die großen Ordnungen und Anliegen unseres Lebens durchsprechen. Es kommen jetzt die Sorgen und Anliegen der „Erde" zur Sprache:

das Brot, die Schuld, die Anfechtung, das Böse.

Viel wahrhafter, die Dinge, die uns tagtäglich beschäftigen und bedrängen. Der Herr lehrt den Menschen beten, und des Menschen Sorgen und des Menschen Segen ist der Inhalt des Herrengebetes.

Das Brot ist eine echte, vor Gott, dem Herrn, bestehende Sorge des Menschen. Brotsorge und Brotbitte gehören zum Menschen. Es sind damit zwei Dinge gesagt. Die Philosophen haben das eine mit dem Satz gemeint: primum vivere ... Obwohl sie das als eine zwar nötige, aber in sich geringwertige Voraussetzung anerkannten. Das ist der Stolz der „geistigen" Leute. Man kann aus dem Brot ein Idol und aus dem Bauch einen Götzen machen.

Ja, aber man muß einmal gehungert haben, wochenlang. Man muß einmal erlebt haben, daß einem ein unerwartetes Stück Brot wie eine Gnade vom Himmel zukommt. Man muß gespürt haben diesen Einfluß des Hungers auf jede Lebensregung, um die Ehrfurcht vor dem Brot und die Sorge um das Brot wieder zu lernen.

Aus den Meditationen über das ‚Vater unser'; im Gefängnis geschrieben:
GS IV/234f.

17. Oktober

„Unser tägliches Brot gib uns heute"
– Vertrauen, nicht Sicherheit –

Und solange Menschen hungern und ihnen das tägliche Brot etwas Unwahrscheinliches ist, so lange wird man diesen Menschen sowohl das Reich Gottes als auch das irdische Reich vergebens predigen. So war und ist ja das Brot immer wieder eines der großen Mittel der Verführung. Und es ist sehr wichtig, daß es den richtigen Leuten gelingt, die Brotsorge an sich zu nehmen und zu meistern. Die Brotsorge muß aber immer Brotbitte bleiben. Sonst verliert sich der Mensch im irdischen Raum. Er muß wissen: Unser Brot, es mag noch so reichlich und gesichert da sein, wird jeden Tag gegeben aus der ewigen Hand. Die Dinge müssen durchsichtig bleiben, bis in die letzten Zusammenhänge. Sonst werden sie falsch und gefährlich.

Deswegen bitten wir auch nicht um die vollen Scheuern und die reichen Vorratskammern, sondern um das tägliche Brot. Die Ungeborgenheit und Gefährdung des menschlichen Lebens klingt hier durch. Und daß das Leben im Vertrauen sich erst bewährt, nicht in der Sicherheit. Die Rentensucht und Versicherungsangst der letzten Geschlechter haben viel schöpferische Kraft und viel Freiheit zerstört. Die meisterliche Überlegenheit und schöpferische Distanz ist hier gemeint. Wer es so unternimmt, dem kommen die Dinge immer wieder zu, weil er mit ihrem Herrn im geheimen Bündnis steht. Das Brot ist wichtig und ehrwürdig, aber nicht das Brot allein erhält den Menschen. Das wissen wir wieder, die im Zeitalter der großen „Versorgungen" den zweiten Krieg erleiden und zum zweiten Mal die große Brotsorge haben.

Brot ist wichtig, die Freiheit ist wichtiger, am wichtigsten aber die ungebrochene Treue und die unverratene Anbetung.

Aus den Meditationen über das ‚Vater unser'; im Gefängnis geschrieben: GS IV/235 f.

18. Oktober

„Vergib uns unsere Schuld"
– Personale Haftung –

Die Schuld gehört zu unserem Leben wie das tägliche Brot. So bitter nötig wir das Brot haben, so bitter wirklich ist die Schuld. Ich meine hier gar nicht Erbschuldigkeit des Daseins, die Trübung, die seit jenem Katastrophenmorgen allen kreatürlichen Glanz befallen hat. Das ist auch eine Tatsache, aber man hat zuviel aus ihr gemacht. Und deshalb hat sie zu wenig Echo ausgelöst. Vor allem hat diese Übersteigerung den Menschen zu zwei Haltungen verführt, da das noch vorhandene naturhafte Kraftgefühl die behauptete Müdigkeit und Lebensuntüchtigkeit nicht bestätigt. Daß es sich um eine relative Untüchtigkeit bezüglich der übernatürlichen Ordnung und Erfüllung handelte, wurde von den einen nicht verstanden, von den anderen verschwiegen. Die schaudervolle Revolte gegen Gott, die wir im Abendland erlebt haben, hat von hier ihr Pulver bezogen. – Die andere Fehlhaltung aus der Überbetonung der Bedeutung der Erbschuld liegt in einer gewissen Lässigkeit des Menschen gegenüber seinem Versagen, da er ja erfahren hat, daß er seither nicht mehr anders kann. Die Schuld als persönliche Verstrickung nicht nur, sondern als persönliche Fehlleistung und Verantwortung ist aus dem abendländischen Bewußtsein zu sehr geschwunden.

Aber genau dies meine ich, wenn ich von der Schuld spreche, die zu unserem täglichen Leben gehört. Daß wir schuldig werden, weil wir versagen und fehlen. Und daß wir schuldig werden, weil wir in einer bestimmten Zeit und geschichtlichen Stunde leben und geschehen lassen, was geschieht. Es gibt die personale Haftung vor Gott und es gibt die Gesamthaftung.

Aus den Meditationen über das ‚Vater unser'; im Gefängnis geschrieben: GS IV/236f.

19. Oktober

„WIE AUCH WIR VERGEBEN UNSEREN SCHULDIGERN"
– Verzicht auf jede Bitterkeit –

Unser Geschlecht ist ein schuldiges Geschlecht, in einem ganz großen Ausmaß schuldig. Dies festzustellen ist schon wichtig. Aber das genügt noch nicht. Diese Schuld muß überwunden werden, wir müssen von ihr loskommen, sonst gehen wir unter. Gerade um die Schuld tanzt der Mensch viele Tänze, die aber nicht in gelöster Rhythmik geschehen, sondern im Grunde Krämpfe sind. Der Mensch kann versuchen, seiner Schuld davonzulaufen. Das ist vergeblich; denn die Schuld steht in seiner Wirklichkeit. Er kann versuchen, sie einfach zu verleugnen, er kann den alten Griechentraum träumen, er kann sie wegdiskutieren: das alles mag ihm für eine kurze Stunde den Blick trüben und das Gewissen vernebeln. Die geschehenen Taten sind unterschriebene Wechsel. Und diese müssen eingelöst werden. Der Mensch kann sich von seiner Schuld nur lösen, wenn er sich zu ihr bekennt und zugleich erkennt und anerkennt, daß die Schuld der Kreatur eine Wunde schlug, deren Heilung alle Kunst und alle Kraft der Kreatur übersteigt. Als Schuldiger sich dem heilenden Segen Gottes stellen. Dieses Geschlecht braucht Menschen, die für seine Schuld vor Gott stehen.

Gott heißt den Menschen, die eigene Hoffnung auf Erbarmen von dem gewährten Erbarmen abhängig zu machen. Die innerweltliche Schuld muß zugleich mit der transzendentalen Schuld verschwinden, damit die Welt ab und zu einmal aufatmen kann. Das heißt für uns den Verzicht auf jede Bitterkeit und Erbitterung gegen die Menschen, die uns solches getan haben. Ich bin ihnen nicht böse, auch dem großen Scharlatan des deutschen Rechtes nicht. Mir tun sie nur unsagbar leid. Und mehr noch das Volk, das ihnen sich und seine heiligsten Geister ausgeliefert hat. Gott schütze Deutschland.

Aus den Meditationen über das ‚Vater unser'; im Gefängnis geschrieben:
GS-Bd IV/237f.

20. Oktober

„FÜHRE UNS NICHT IN VERSUCHUNG"
- Stunde der Anfechtung -

Diese Bitte sollen wir ernsthaft beten. Der Herr wußte, was Anfechtung ist und welcher Zerreißprobe der Mensch in der Anfechtung ausgesetzt werden kann. Und wer ist seiner sicher? In den „schönen Tagen" überhören wir diese Bitte leicht als für uns nicht aktuell. Bis auf einmal die schönen Tage vorbei sind und man gar nicht mehr weiß, aus wieviel Windrichtungen die Stürme zugleich losgebrochen sind. Der Weg auf meine Klippe hier herauf: durch wieviel Stunden der Schwäche und Not ging er. Stunden der Ohnmacht und des Zweifels und des Nicht-mehr-weiter-Wissens. O, wie können die Dinge ihre wahren Umrisse verlieren und plötzlich in anderen Zusammenhängen erscheinen. Und die Stunde der Anfechtung wird niemand geschenkt. Nur in ihr lernt der Mensch sich selbst kennen und ahnt, welche Entscheidungen von ihm erwartet werden. Hoffentlich bleibe ich da oben schwindelfrei und stürze nicht wieder. Ich habe mich dem Herrgott ausgeliefert und vertraue auf die Hilfe der Freunde.

Die Anfechtung überfällt uns von außen und von innen. Die Macht, die Gewalt, der Schmerz, die erlebte Erniedrigung, das eigene Versagen, der schweigende Gott, die äußerste Hilflosigkeit: das alles kann bittere Entscheidungen fordern. Es kann dann von innen die Angst dazukommen, jenes schleichende Gewürm, das jede Menschensubstanz auffrißt. Es kann die Dämonie von innen losbrechen, die Wildheit, die Empörung, der Zweifel, der Lebenswille, der nicht von sich weg will. Das alles kann bittere Stunden bereiten und die Welt ist nachher anders, als sie vorher war. Die Haut ist gegerbt, trägt Narben und Wunden.

Aus den Meditationen über das ‚Vater unser'; im Gefängnis geschrieben: GS IV/238 f.

21. Oktober

„FÜHRE UNS NICHT IN VERSUCHUNG"
– Diese Bitte ernst nehmen –

Die einzige Chance, diese Stunden zu bestehen, ist der Herrgott und daß man sich nicht freiwillig in sie begeben hat. Der Herr heißt uns bitten, daß diese Stunden uns erspart bleiben. Ich rate allen, diese Bitte ernst zu nehmen.

Was war das doch ein Hexenkessel! Und wie er weitergehen wird, wie lange ich hier an der Kante sitze und warte, ob ich springen muß oder nicht, das weiß ich nicht. Was da noch alles an Gewürm in einem aufwachen kann! Der Mensch muß auf alle falsche Sicherheit verzichten und er wird der großen Ruhe und Überlegenheit des Herrgotts teilhaftig.

Wie ganz anders waren die Stunden vor dem Volksgerichtshof. Obwohl ich vom ersten Wort an wußte, ich falle, habe ich mich keine Minute unterlegen gefühlt. Das war jenseitige Kraft. Dafür hat das Leben dort auch ein Thema bekommen, eindeutig und klar, für das sich zu leben und zu sterben lohnt. – Wenn irgendwann, dann gilt es für den Menschen in der Anfechtung: er allein schafft es nicht. Der Herr bewahre Euch und behüte Euch und helfe Euch bestehen.

Aus den Meditationen über das ‚Vater unser'; im Gefängnis geschrieben: GS IV/239.

22. Oktober

„Sondern erlöse uns von dem Bösen"
- Für oder wider Gott -

Diese Bitte geht noch einmal den Menschen in der Anfechtung an. Anfechtung ist nicht Bedrängnis schlechthin, sondern Bedrängnis, die das Heil in Frage stellt. Es geht in der Anfechtung um eine Entscheidung für und wider Gott und darin gerade besteht die Anfechtung, daß die Sauberkeit und Sicherheit dieser Entscheidung gehemmt, bekämpft, gefährdet wird.

Die Entscheidung für Gott wird keinem Menschen erspart, aber die gefährdete Entscheidung für Gott, die soll der Mensch sich ersparen oder sich vom Herrgott schenken lassen. Es gehört dazu allerdings viel mehr Demut und Ehrlichkeit, als wir heute gemeinhin haben.

Das Übel, um dessen Abwendung wir hier bitten, ist entsprechend nicht das Bedrängende im Leben, die Not, die Sorge, das Harte, das Schwere, die Entbehrung, der Schmerz, das Unrecht, die Gewalt usw., sondern es ist das Bedrängende,

das uns in die Anfechtung bringt,
das die Schwergewichte verlagert,
den Mittelpunkt verschiebt,
die Perspektive verdirbt.

Aus den Meditationen über das ‚Vater unser'; im Gefängnis geschrieben: GS IV/239f.

23. Oktober

„Sondern erlöse uns von dem Bösen"
– Die Geister unterscheiden –

Es wird schon gleich spürbar, daß die sogenannten „guten Dinge" des Lebens hier genau so hergehören wie die schweren und harten Wirklichkeiten. In ihnen allen steckt die Möglichkeit, uns in die Anfechtung zu verführen oder zu drängen. Es ist hier alles gemeint, was sich zwischen uns und den Herrgott stellen kann; und das können auch wir selbst sein.

Diese Bitte offenbart mehr noch als die frühere den agonalen Charakter des Lebens. Die Dialektik des Daseins kann sich immer wieder steigern bis zur Agonie, nicht nur des Ölbergs, sondern auch des versuchten Herrn in der Wüste. Auch dort war echte Anfechtung, weil ihn hungerte und weil der Teufel ihn anrühren konnte.

Der Teufel! Ja, es gibt nicht nur das Böse, es gibt den Bösen, nicht als Gottes Gegenprinzip, aber als des Herrgotts zähen und elenden Widersacher. Auch daran soll der Mensch denken, daß er die Geister unterscheiden muß.

Und daß überall da, wo die Dinge sich meinen, die Gewalt sich anbetet, das Leben sich kraft eigenen Rechtes auf eigenem Wege „selbst verwirklichen" will, nicht nur die Sache, sondern die Widersache geführt wird.

Dann muß der Mensch klar sehen; er muß behutsam und entschieden sein. Und er muß auf die Knie gehen und beten, beten. Das ist zehn Jahre lang zu wenig geschehen.

Aus den Meditationen über das ‚Vater unser'; im Gefängnis geschrieben: GS IV/240f.

24. Oktober

DAS SCHICKSAL DER KIRCHEN

Das Schicksal der Kirchen wird in der kommenden Zeit nicht von dem abhängen, was ihre Prälaten und führenden Instanzen an Klugheit, Gescheitheit, „politischen Fähigkeiten" usw. aufbringen. Auch nicht von den „Positionen", die sich Menschen aus ihrer Mitte erringen konnten. Das alles ist überholt. Innerhalb ihrer selbst müssen die Kirchen um ihrer Existenz willen entschieden fertig werden mit der Schwärmerei und dem nachgeholten Liberalismus. Hierarchie als echte Ordnung und Führung muß sein. Die Kirche soll dies wissen von ihren Ursprüngen her.

Aber Ordnung und Führung sind etwas anderes als Formalismus und feudaler Personalismus. Vor allem muß die Überzeugung wieder mehr wachsen, daß die Hierarchie nicht nur Zutrauen zu den Irrtümern und Dummheiten der Menschheit hat; man muß wieder wissen und spüren und erfahren, daß sie die Rufe der Sehnsucht und der Zeit, der Gärung und der neuen Aufbrüche hört und beantwortet, daß die Anliegen der jeweils neuen Zeiten und Geschlechter nicht nur in den Aktenschränken abgelegt werden, sondern als „Anliegen" d. h. Sorgen und Aufgaben gewertet und behandelt werden. ...

Zwischen den klaren Schlüssen unserer Fundamentaltheologie und den vernehmenden Herzen der Menschen liegt der große Berg des Überdrusses, den das Erlebnis unserer selbst aufgetürmt hat. Wir haben durch unsere Existenz den Menschen das Vertrauen zu uns genommen. 2000 Jahre Geschichte sind nicht nur Segen und Empfehlungen, sondern auch Last und schwere Hemmung. Und gerade in den letzten Zeiten hat ein müde gewordener Mensch in der Kirche auch nur den müde gewordenen Menschen gefunden. ... Eine kommende ehrliche Kultur- und Geistesgeschichte wird bittere Kapitel zu schreiben haben über die Beiträge der Kirchen zur Entstehung des Massenmenschen, des Kollektivismus, der diktatorischen Herrschaftsform usw.

Aus den Reflexionen über „Das Schicksal der Kirchen"; 1944/45: GS IV/318.

25. Oktober

ÖKUMENE

Von zwei Sachverhalten wird es abhängen, ob die Kirche noch einmal einen Weg zu diesen Menschen finden wird.

Das eine gleich vorweg: dies ist so selbstverständlich, daß ich es gar nicht weiter eigens aufzähle.

Wenn die Kirchen der Menschheit noch einmal das Bild einer zankenden Christenheit zumuten, sind sie abgeschrieben.

Wir sollen uns damit abfinden, die Spaltung als geschichtliches Schicksal zu tragen und zugleich als Kreuz.

Von den heute Lebenden würde sie keiner noch einmal vollziehen.

Und zugleich soll sie unsere dauernde Schmach und Schande sein, da wir nicht imstande waren, das Erbe Christi, seine Liebe unzerrissen zu hüten.

Aus den Reflexionen über „Das Schicksal der Kirchen"; 1944/45: GS IV/319.

26. Oktober

RÜCKKEHR IN DIE DIAKONIE

Der eine Sachverhalt meint die Rückkehr der Kirchen in die „Diakonie": in den Dienst der Menschheit. Und zwar in einen Dienst, den die Not der Menschheit bestimmt, nicht nur unser Geschmack oder das Consuetudinarium (27) einer noch so bewährten kirchlichen Gemeinschaft. „Der Menschensohn ist nicht gekommen, sich bedienen zu lassen, sondern zu dienen" (Mk 10,45). Man muß nur die verschiedenen Realitäten kirchlicher Existenz einmal unter dieses Gesetz rufen und an dieser Aussage messen und man weiß eigentlich genug. Es wird kein Mensch an die Botschaft vom Heil und vom Heiland glauben, solange wir uns nicht blutig geschunden haben im Dienste des physisch, psychisch, sozial, wirtschaftlich, sittlich oder sonstwie kranken Menschen. Der Mensch heute ist krank. Vielleicht komme ich in den nächsten Tagen dazu, ein paar Gedanken über die Krankheiten des Menschen zu Papier zu bringen. Und der Mensch heute ist zugleich auf vielen Gebieten des Lebens ein überragender Könner geworden, der den Raum menschlicher Macht und Herrschaft sehr ausgeweitet hat. Er ist noch ganz benommen von diesem seinen neuen Können. Er spürt noch nicht manche innere Einbuße und Organverkümmerung, die er dafür eintauscht. Und er braucht sie auch anfangs noch gar nicht zu spüren. Vor allem aber: man braucht sie ihm nicht dauernd zu sagen und vorzuhalten. Eine kluge und weise Führung wird sie in Rechnung setzen, aber nicht dauernd davon reden. Dieser könnende und weltkluge Mensch ist sehr empfindlich gegen jede vermeintliche oder wirkliche Anmaßung. Die Sorgfalt und Zuverlässigkeit, zu denen das technische Leben die Mehrzahl der heutigen Menschen zwingt, geben ihnen auch ein Auge für die Schlamperei und Sudelei, mit denen wir in der Kirche unsere „Funktionen" im weitesten Sinn des Wortes verrichten.

Aus den Reflexionen über „Das Schicksal der Kirchen"; 1944/45: GS IV/319f.

27. Oktober

Nachgehen und Nachwandern

Rückkehr in die „Diakonie" habe ich gesagt. Damit meine ich das Sich-Gesellen zum Menschen in allen seinen Situationen mit der Absicht, sie ihm meistern zu helfen, ohne anschließend irgendwo eine Spalte und Sparte auszufüllen.

Damit meine ich das Nachgehen und Nachwandern auch in die äußersten Verlorenheiten und Verstiegenheiten des Menschen, um bei ihm zu sein genau und gerade dann, wenn ihn Verlorenheit und Verstiegenheit umgeben.

„Geht hinaus" hat der Meister gesagt, und nicht: „Setzt euch hin und wartet, ob einer kommt." Damit meine ich die Sorge auch um den menschentümlichen Raum und die menschenwürdige Ordnung.

Es hat keinen Sinn, mit einer Predigterlaubnis, mit einer Pfarrer- und Prälatenbesoldung zufrieden die Menschheit ihrem Schicksal zu überlassen.

Damit meine ich die geistige Begegnung als echten Dialog, nicht als monologische Ansprache und monotone Quengelei.

Aus den Reflexionen über „Das Schicksal der Kirchen"; 1944/45: GS IV/320.

28. Oktober

ERFÜLLTE MENSCHEN

Dies alles wird aber nur verstanden und gewollt werden, wenn aus der Kirche wieder erfüllte Menschen kommen.

„Pleroma", die Fülle: das Wort ist wichtig für Paulus (Kol 2,9). Ist noch wichtiger für unser Anliegen. Die erfüllten Menschen, nicht die heilsängstlichen oder pfarrerhörigen erschreckten Karikaturen. Die sich wieder wissen als Sachwalter und nicht nur *Sach*walter Christi, sondern als die, die gebetet haben mit aller Offenheit: fac cor meum secundum cor tuum (28).

Ob die Kirchen den erfüllten, schöpferischen Menschen noch einmal aus sich entlassen, das ist ihr Schicksal. Nur dann haben sie das Maß von Sicherheit und Selbstbewußtsein, das ihnen erlaubt, auf das dauernde Pochen auf „Recht" und „Herkommen" usw. zu verzichten.

Nur dann haben sie die hellen Augen, die auch in den dunkelsten Stunden die Anliegen und Anrufe Gottes sehen. Und nur dann schlagen in ihnen die bereiten Herzen, denen es gar nicht darum geht, festzustellen, wir haben doch Recht gehabt; denen es nur um eines geht: im Namen Gottes zu helfen und zu heilen.

Aus den Reflexionen über „Das Schicksal der Kirchen"; 1944/45: GS IV/321.

29. Oktober

AN EINEM TOTEN PUNKT

Aber wie dahin kommen? Die Kirchen scheinen sich hier durch die Art ihrer historisch gewordenen Daseinsweise selbst im Weg zu stehen. Ich glaube, überall da, wo wir uns nicht freiwillig um des Lebens willen von der Lebensweise trennen, wird die geschehende Geschichte uns als richtender und zerstörender Blitz treffen. Das gilt sowohl für das persönliche Schicksal des einzelnen kirchlichen Menschen wie auch für die Institutionen und Brauchtümer. Wir sind trotz aller Richtigkeit und Rechtgläubigkeit an einem toten Punkt. Die christliche Idee ist keine der führenden und gestaltenden Ideen dieses Jahrhunderts. Immer noch liegt der ausgeplünderte Mensch am Wege. Soll der Fremdling ihn noch einmal aufheben? Man muß, glaube ich, den Satz sehr ernst nehmen: was gegenwärtig die Kirche beunruhigt und bedrängt, ist der Mensch. Der Mensch außen, zu dem wir keinen Weg mehr haben und der uns nicht mehr glaubt. Und der Mensch innen, der sich selbst nicht glaubt, weil er zu wenig Liebe erlebt und gelebt hat. Man soll deshalb keine großen Reformreden halten und keine großen Reformprogramme entwerfen, sondern sich an die Bildung der christlichen Personalität begeben und zugleich sich rüsten, der ungeheuren Not des Menschen helfend und heilend zu begegnen.

Die meisten Menschen der Kirche und die amtliche Kirche selbst müssen einsehen, daß für die Gegenwart und ihre Menschen die Kirche nicht nur eine unverstandene und unverstehbare Wirklichkeit ist, sondern in vieler Hinsicht eine beunruhigende, bedrohliche, gefährliche Tatsache. Wir laufen auf zwei Parallelen, und es führen keine verbindenden Stege hinüber und herüber.

Aus den Reflexionen über „Das Schicksal der Kirchen"; 1944/45: GS IV/321f.

30. Oktober

EHRFURCHT VOR DEM ANDEREN MENSCHEN

Dazu kommt, daß sich jede der beiden Instanzen – die „natürliche" und die „übernatürliche" – der anderen gegenüber als zuständiger Richter vorkommt. Für die Kirche ergibt sich daraus eine mehrfache Verpflichtung.

Die harte und ehrliche Überlegung, wie dies so werden konnte. Und zwar nicht eine Überlegung nach der Schuld des andern.

Die alte Frage, was sich für das Aufleben, die Erscheinungsweise der Kirche für Konsequenzen ergeben.

Viel wichtiger und tiefer: Erziehung zur Ehrfurcht dem anderen Menschen gegenüber. Weg von der Anmaßung zur Ehrfurcht.

Die Kirche muß sich selbst viel mehr als Sakrament, als Weg und Mittel begreifen, nicht als Ziel und Ende.

Die personale Verständigung ist heute wichtiger als die ursprüngliche sachliche Integrität.

Überhaupt entsteht die Frage, ob man das Urteil über das geschichtlich Gewordene immer und unter allen Umständen den geschichtlichen Werten überlassen könne, ja dürfe.

Ehrliche Nüchternheit in der Feststellung, daß die Kirche heute nicht zu den führenden Mächten und Kräften der Menschheit gehört.

Und daß man diesen Sachverhalt nicht einseitig durch ein d'accord mit anderen mächtigen Instanzen der Geschichte darstellen kann (Thron und Altar in irgendwelchen Formen), sondern nur durch die Entbindung einer eigenen, inneren Lebendigkeit und Möglichkeit (puissance, nicht force).

Die Wucht der immanenten Sendung der Kirche hängt ab vom Ernst ihrer transzendenten Hingabe und Anbetung.

Der anmaßende Mensch ist schon in der Nähe der Kirche immer vom Übel, geschweige denn in der Kirche und gar im Namen der Kirche.

Aus den Reflexionen über „Das Schicksal der Kirchen"; 1944/45: GS IV/322 f.

31. Oktober

GEDICHT

Über den Meeren weit
Diene der Ewigkeit!
Werde dort, Christusgleich,
Kämpfer für Gottes Reich!

Trage mit treuem Mut
Weithin des Heilands Blut!
Mach Menschenherzen frei,
Helfer und Heiland sei!

Gedicht für den Mitbruder Gerhard Baader SJ, der am 11. September 1930 nach Indien abreiste; GS 5/195.

NOVEMBER

Die Gedenkplakette zeigt die beiden Fenster des Hinrichtungsraumes in Berlin-Plötzensee mit dem Haken des Galgens. Das weiße Leinentuch erinnert an Alfred Delp, den „Rufer aus der Zelle", der zwar körperlich gefesselt und eingekerkert war, dessen Geist aber alle Fesseln sprengte und durch alle Gitterstäbe in die Welt hinausdrang bis in unsere Tage – jetzt „auch bis in die Slowakei".

„Wer vom Geist Gottes angefahren und innerlich
von ihm berührt ist, den schmiedet man nicht an;
den kann man anbinden – wie Paulus sagt:
ich liege in Fesseln (Tim 2,9) – aber der Geist Gottes
duldet keine Fesseln. Der Mensch wird körperlich versiechen,
aber geistig nie verstumpfen und versumpfen,
auch wenn er an den einsamsten Felsen der Gewalt
angebunden wäre."
A. Delp

Gedenkplakette zum 60. Todestag von P. Alfred Delp S.J.
2. Februar 2005 – von Anton Gábrik,
Akademischer Bildhauer, Trnava, Slowakei
(Abb. 11)

1. November

ALLERHEILIGEN

Wir sind in Gefahr, ... auf den breiten Plätzen des öffentlichen Lebens, der Welt, ... so zu tun, als ob wir nicht die Gezeichneten des Herrn wären ...

Die Gemeinschaft hat sich selber gründlich mißverstanden, die dann den Menschen abschiebt und abschieben darf und will und möchte, wenn er nicht mehr als gleich schönes oder gleich nützliches Glied herumläuft. Selbst wenn sämtliche Organe des Menschen eingeschlummert sind und er nicht mehr als Mensch sich äußern kann, er bleibt doch Mensch und er bleibt der dauernde Appell an den inneren Adel, an die innere Liebesfähigkeit und an die Opferkraft derer, die um ihn herum leben. Nehmt den Menschen die Fähigkeit, ihre Kranken pflegen und heilen zu können, ihr macht aus den Menschen ein Raubtier ... Was war das für ein Treuwort, das nur gilt für die blitzenden Augen, für schöne Wangen, das aber nicht gilt für die Einsamkeit, für die Not, für das Zusammenstehen bis zum Letzten! ... Wenn wir hören „... Selig seid ihr", dann ist das immer gebunden an eine Verheißung, an eine Bewährung: Wenn ihr Hunger und Durst habt ... Wenn ihr Verfolgung leidet ... Wenn ihr Treue haltet ...

Das ist der Sinn unserer Feste, wenn wir Allerheiligen feiern und diese große Idee vom Menschen haben und uns zu ihr bekennen, daß wir uns zum Menschen bekennen. Das wird eine Entscheidungsfrage sein, ob wir Christen fähig und willens sind, uns schützend nicht nur vor den Christen, sondern vor die Kreatur zu stellen. Der Christ stirbt mit dem Menschen und alles stirbt mit dem Menschen. Der Mensch ist das, was Gott als sein Ebenbild ins Leben entlassen hat und dem er verheißen hat: Der Lohn wird groß sein und herrlich im Himmel.

Aus der Predigt zum Fest Allerheiligen; 1.11.1941: GS III/263, 267–269.

2. November

Allerseelen

Alle Dinge werden geboren zum Leben, zum unsterblichen, ewigen Leben. ...

Seit Christus gestorben ist, gibt es keine andere Deutung des Todes mehr, seitdem gilt, daß der Tod als persönliche Tat, als Aufruf zum Vertrauen, als Aufruf zur Hoffnung, – gilt der Tod als Opfer, daß man damit nochmals die Anerkennung der Majestät Gottes vollzieht, daß man sie bejaht auch mit der Preisgabe des Lebens, daß das eine große Anerkennung Gottes wird. Er geht ein in die andere Welt; denn der Tod ist eine ungeheure Leistung in die Welt hinein.

Es gibt die große communio sanctorum, wenn wir uns am Tag des Totengedenken entschließen, den echten Tod zu vollziehen. Die Welt würde über Nacht frei. Weil wir nicht bereit sind, die Dinge vom Letzten her zu vollziehen. Wer das begriffen hat, daß die letzte Wirklichkeit ist, einzutreten in den Opfertod des Herrn und die Kraft dieses Opfertodes zu bejahen, wird ungeheuer frei, wird sich nicht verknechten lassen, wird frei und köstlich leben als ein Werk, das getan werden muß. Und er wird wachen, nicht weil er stolz wird, sondern weil er vor Gott gekniet hat nach dem alten Satz: „Wer sein Leben liebt, wird es verlieren, wer es drangibt, wird es besitzen" (Lk 9, 24).

Dann werden ganz andere Lebensquellen in uns aufsprudeln. Da gilt schon das Wort, daß wir nicht sind „wie die anderen, die keine Hoffnung haben" (1 Thess 4, 13). Wir können unseren Toten den Trost des Mysteriums und der Befreiung hinüberschicken, weil wir die Dinge vom Letzten her gesehen haben. Das Letzte ist nicht der Tod, sondern der lebendige Gott, dem auch der Tod eine letzte Verherrlichung sein soll.

Aus der Predigt zum Allerseelentag; 2.11.1942: GS III/276f.

3. November

ÜBER DEN TOD

Man macht dem Gott der Religion geradezu einen Vorwurf daraus, daß er diese Wunde nicht abwehrte. Gerade religiöse Menschen treibt dieser unverstandene Tod oft in einen richtigen Sicherheitsfanatismus. Sie versuchen den Tod um seine Härte und seine Schrecken und die Unsicherheit seines Ergebnisses zu prellen und sich durch mancherlei „Devotionalien" einen „guten Tod" zu erhandeln – wobei denn oft die einzige „Devotio" unterbleibt: das gerade und starke Stehen im Willen Gottes und in der Tatsache der Endlichkeit und Vergänglichkeit und Härte des irdischen Lebens, das er uns zugedacht hat.

Nichts aber wird einem in der Nachbarschaft des Todes und im täglichen Umgang mit ihm offensichtlicher als die Tatsache, daß die meisten Menschen auf der Flucht sind vor ihrem Ende. Selbst Menschen, deren Auftrag und Amt es ist, über den Tod hinaus zu geleiten oder deren ganze Lebensarbeit darin bestand mit ihm zu kämpfen und ihm seine Opfer für eine Spanne Zeit abzuringen, geraten in seiner Nähe in eine oft erstaunliche und unbegreifliche Bedrängnis. Sie haben vorher von vielen Todesfällen Kenntnis genommen, aber nicht von dem Sterben als einem Begebnis unseres persönlichen Lebens, das immer am Geschehen ist.

Wir verdrängen unser Ende aus unserem Bewußtsein, das wir ausfüllen mit den untergeschobenen Dingen des Leichtsinnes, der Oberflächlichkeit oder auch des überschätzten Geschäftes. Die Menschen vergessen ganz, daß sie durch ihre Flucht vor der eigenen Wirklichkeit, zu der das Sterben ebenso ursprünglich gehört wie das Leben, in eine öde Verflachung des ganzen Lebensraumes geraten.

Aus dem Brief an Paul Bolkovac SJ; Mitte August 1939: GS II/224 f.

4. November

VOM STERBEN DES CHRISTEN

Die erste Voraussetzung, den Tod recht zu sehen und zu verstehen, scheint doch die zu sein, zunächst einmal das Leben recht zu nehmen. Das Leben muß weit mehr als ein hartes und mühseliges begriffen werden. Ein Auftrag, der auf Widerruf gegeben und unter Schwierigkeiten durchzuführen ist, ein Marschbefehl ohne Sicherheit und Wissen um das Ende des Weges. Es ist zuviel gesprochen und geglaubt worden von den billigen und leichten Freuden des Lebens, mit denen man den Blick auf die Brüchigkeit des Daseins und seine Verpflichtung auf Leistung, Kampf und Opfer getrübt hat. Darum kommt das große Erschrecken über uns, wenn wir auf einmal entdecken, daß wir am Ende sind und daß wir immer diesem Ende zugelaufen sind. Wer dem Leben seine Bitterkeit und Härten nimmt, – es soll hier wirklich keinem Pessimismus und keinem Düsterkeitsfanatismus das Wort gesprochen werden – der verharmlost es und nimmt auch unseren Freuden die echte Tiefe weil er unsern Herzen die große Stärke nimmt.

Das gilt auch und erst recht vom Sterben des Christen. Wir sollen uns keinen kurzschlüssigen Trost suchen und auch nicht zu früh von der Verklärung des Lebens und Sterbens reden. Die Bitterkeiten des Lebens bleiben und es ist dann wirklich beschämend, wenn wir nach all dem Gerede in der Nachbarschaft des Todes erbleichen und erschrecken. Die größere Wirklichkeit, die wir als Christen sind, hat sich den Ordnungen und Gesetzen dieser Zeit anvertraut und ihren Vollzug nicht aufgehoben. Nur wer sich zunächst einmal mit der Härte des Lebens abgefunden und mit der Bitterkeit des Sterbens auseinandergesetzt hat, darf nach dem Größeren Ausschau halten, das für den Christen in diesem Harten und Bitteren geschieht.

Aus dem Brief an Paul Bolkovac SJ; Mitte August 1939: GS II/226.

5. November

Ein Gott des Lebens

Der Gott aber ... bleibt auch jetzt ein Gott des Segens und des Lebens. Mir will gerade in diesen Tagen scheinen, das Phänomen unseres Sterbens ist viel mehr ein Aufruf und Heimweg zu Gott als eine Epiphanie seines Zornes ... Und dieser Tod enthüllt uns nicht einen Gott der Vernichtung und der Strafe, dieses Sterben führt uns heim und erschließt uns sachlich und nüchtern uns selbst. Wenn wir ehrlich und sachlich uns dem kommenden Ereignis unseres Sterbens stellen, begreifen wir unser Leben als unfertiges, geschehendes Ereignis. Diese Besinnung macht nüchtern, und nur der Nüchterne sieht wahr. ... Der Tod macht dem Menschen klar, daß er nicht das Einzige ist und nicht das Letzte, was das Leben zu bieten und zu leisten hat. ...

Wer seinen Tod in sein Leben hereinnimmt, dem bleibt nichts stehen außer dem Echten und Wirklichen. Der Tod verweist uns in unsere Grenzen zurück, in die Bescheidenheit und Verpflichtung der Kreatur. Und doch kommt diese Rückbindung nicht wie ein Erschrecken und eine Erniedrigung über uns; gerade an den Grenzen gedeihen die großen Leistungen und Bewährungen des Lebens. Was groß ist im Leben des Menschen, seine irdische und seine religiöse Leistung, wächst hier an den Grenzen der Wirklichkeit. ...

Lieber Freund, ich meine, wir sollen die Tatsachen des Lebens zunächst einmal stehen lassen, wie sie gestellt sind. Das Leben ist tatsächlich hart und geht zu Ende. Wer das nicht einmal als Tatsache hinnimmt, der kommt aus dem Schrecken und der Verzweiflung nicht mehr heraus. Das Ende liegt als Möglichkeit in aller Kreatur, und es ist das Gesetz aller irdischen Wirklichkeit. Das Sterben ist ein natürliches Ereignis unseres Lebens, wie der Anfang und die Freude und Gott und so vieles andere.

Aus dem Brief an Paul Bolkovac SJ; Anfang September 1939: GS II/230–233.

6. November

GOTTES NEUE STADT

Der Gott unseres Lebens! Wie wandelt sich Sein Angesicht mit unseren Wandlungen. ... So ist es ein Gebot der Stunde, jetzt, da die Sorge eingekehrt ist bei uns und in den Reihen und Häusern der Menschen, die zu uns gehören, daß wir in Sehnsucht und Hoffnung unser Herz dem Wort des Trostes zuwenden, das Gott zu uns gesprochen hat. ... Wie sieht Gott unseren Tod? Wie alle Dinge und Ereignisse unserer Ordnung gehört der christliche Tod für Ihn zur Christuswirklichkeit. „Ich bin gekommen, um ihnen das Leben in verschwenderischer Fülle zu bringen": Seit sich das Ursakrament auf Kalvaria in die sieben Heiligen Lebenszeichen ausgebreitet hat, ist auch unser Sterben zu einer Quelle geworden, die aufsprudelt und wie eine Fontäne emporsteigt ins ewige Leben. ...

Ernte und Heimat, Hochzeit und Gastmahl stehen neben den Worten von der neuen Erde, dem neuen Himmel und der neuen Stadt. ...

Vor dieses Paradies hat Gott den Tod gestellt. Nur an dieser Stelle kann die Grenze zwischen Diesseits und Jenseits überschritten werden. Erst unter den Schmerzen des Todes wird das ewige göttliche Leben geboren. Der Befreier Gott streckt seine Hand nicht aus, um uns vor den Schmerzen und Nöten der letzten Stunde zu bewahren. Wir kommen in unsere Stunde wie Christus in die seine kam, und müssen sie auskosten und durchkämpfen wie er, bis in die letzte Sekunde und – vielleicht – in die äußerste Qual. Erst wenn alles zu Ende gegangen ist, wenn die irdischen Lichter alle erloschen sind, wenn nach menschlichen Überlegungen und Maßstäben kein Ausweg mehr sichtbar ist, dann spricht Gott sein neues Schöpfungswort. ...

Aus dem Brief an Paul Bolkovac SJ; Oktober 1939: GS II/234-237.

7. November

SELBSTERLEBNIS

Denn der Mensch im Erlebnis seiner selbst: das ist der Mensch in der buntesten Fülle seiner Wirklichkeit, der Ereignisse, der Schicksale. Das ist der Mensch der Gewohnheit und Gewöhnlichkeit ebenso wie der Mensch der ekstatischen Hingabe und der einzigartigen Leistung. Das alles mag sich ja in einem Leben zusammenfinden: das mühselige, alltägliche Dahingehen; die Zerteilung eines Daseins in die abgewogenen und abgezählten Stunden eines Dienstes; die quälende und erschöpfende Sorge um Raum und Mittel ebenso wie die entspannte Muße und schöpferische Ursprünglichkeit. Und vielleicht genügt das schon. Niemand weiß, wieviel Menschen damit genug haben und nie über die Gewöhnlichkeit der Möglichkeiten, Interessen, Leistungen und Anliegen hinauskommen vor der letzten Stunde, in der sie aus all dem hinausmüssen. Vielleicht aber ist dies alles nur Vorspiel, Sammlung, Prüfung, Bereitung auf die eine Stunde, in die der Sinn eines Lebens beschlossen sein mag, daß er in dieser Stunde das Wort sage, das ihm eingebrannt und zu dessen Kündung er auf seinen Lebensweg geschickt wurde, daß er die Tat leiste, die ihm aufgegeben wurde. Bunte Fülle: das ist der erste Eindruck, den der Mensch im Erlebnis seiner selbst gewinnt.

Das Selbsterlebnis des Menschen, das ist Liebe und Leid, Not und Freude, enger Raum und grenzenlose Sehnsucht, Versagen und Meisterschaft, Angst und hoher Mut, viel Kleinheit und doch immer ein Heimweh nach einer echten und fruchtbaren Größe.

Der Mensch im Erlebnis seiner selbst: das ist der Mensch im Ereignis seiner persönlichen Fährnisse und Schicksale. Und das ist der Mensch im Wirbel des allgemeinen Geschehens.

Aus „Der Mensch vor sich selbst": GS II/477f.

8. November

UNTERWEGS ZU SICH SELBST

Und das ist dann das andere, köstlichere Ergebnis, das der Mensch aus dem Erlebnis seiner selbst mitbringt: daß er auch im tollsten Wirbel unterwegs ist zu sich selbst. Solange er noch nicht endgültig krank und verdorben ist, hört er immer wieder jenes gleichsam unterirdische Pochen, durch das eine verschüttete Wirklichkeit sich anmeldet und nach Befreiung ruft. Und dann wird sich immer wieder jene köstliche Stunde im Leben ereignen, die der Mensch festhalten und immer wieder vollziehen, ja feiern sollte: daß all das abfällt vom Menschen wie ein fremdes Gewand und er vor sich selbst steht. Daß er in einen Raum des Wirklichen gerät, der den Lärm des werktäglichen Betriebes nur wie ein fernes, abgedichtetes Rauschen und Raunen zuläßt und in dem das Leben zu sich selbst kommt. Der Mensch entdeckt dann, daß dieses Eigentliche, als das er sich findet und erkennt, immer schon da war als jene leise Unruhe und Sehnsucht, als Unsicherheit und Heimweh, wie eben verschüttetes und vergewaltigtes Leben nach dem freien und offenen Tor drängt. Immer wieder taucht ja im Ablauf der Geschichte als Programm, im Ablauf des einzelnen Lebens als Vermutung und Ahnung, als Wille und Erinnerung, als Frage und Vorwurf dieses andere auf: und du selbst, der Mensch unter all diesem?

Und dann entdeckt der Mensch, daß er sich eine Stunde hat verschütten lassen, die als leuchtende Wirklichkeit immer wieder in der Mitte seines Bewußtseins bleiben sollte: jene Stunde, jener Augenblick, in dem der Mensch zum erstenmal vor sich selbst stand, in der er zum erstenmal Ich sagte, nicht das Wort, sondern die Wirklichkeit Ich. Diese Entdeckung des Ich bewirkte eine Wandlung des Weltbildes, und es bedeutet einen unersetzlichen Verlust, wenn der Mensch sich aus jener erlebten Mitte abdrängen läßt, und es bedeutet eine dauernde Kraft und innere Lebendigkeit, wenn es dem Menschen gelingt, sich jene Tatsache dauernd gegenwärtig zu halten.

Aus „Der Mensch vor sich selbst": GS II/481f.

9. November

PERSÖNLICHKEIT UND GEWISSEN

Der Mensch ist auf sein Gewissen gestellt. Das ist eine grundlegende Tatsache, und es ist die einzige und letzte Tatsache, die den Menschen rettet, jetzt zu sich selbst und einmal vor dem Forum des Ganzen, vor dem er über seinen Beitrag zur Wahrung und Förderung des Seinskosmos Rede und Antwort zu stehen hat. Die Befreiung des Menschen aus den Formen untermenschlichen Daseins geschieht endgültig durch die Rückführung zu sich selbst im Gewissen. Über dieses Gewissen sei hier nur noch das eine angemerkt, daß, wer dem Menschen ans Gewissen geht, es verbildet oder vergewaltigt, ihm eben jenen Schaden zufügt, gegen den alle Vorteile und Schätze der Welt ein Nichts sind. Es kann keinen Grund geben, keine Nützlichkeit und keine leichtere Führungsmöglichkeit und auch keine noch so „fromme" Absicht und Ausrede, den Menschen des Gewissens zu entwöhnen oder seine Bildung zur vollen Tüchtigkeit des Gewissens zu versäumen und zu vernachlässigen. Menschen, die zur echten Fertigkeit und Tüchtigkeit des Gewissens gelangt sind, tragen ihre eigene Art, fällen ihr eigenes Urteil, sind unbequem für jedes Schema, lästig für jede, auch die fromme Vermassung und Entmündigung, aber sie sind bei sich, decken den Wechsel ihres Lebens mit ihrer eigenen Unterschrift und sind deshalb vollgültige Repräsentanten der Idee und vollwertige Träger der Wirklichkeit Mensch. In ihnen kommt das Sein zur Höhe und Dichtigkeit, die es im Menschen finden will: Selbstbesitz und Selbstbewegung nach den Gesetzen und Ordnungen eben des Seins, das im Geist seiner selbst bewußt ist und im Gewissen sich aus der Einsicht in das Wirklichkeitsganze zu sich selbst entscheidet. Diese Menschen kommen zu sich und kommen über sich hinaus vor die Fülle des Ganzen, in deren Gegenwart der Mensch erst ganz er selbst und ganz bei sich selbst ist.

Aus „Der Mensch vor sich selbst": GS II/521.

10. November

BRUDER UND GEFÄHRTE

So ist verständlich, daß der Aufbau und die Führung des Lebens ebenso wie die Gestaltung des Raumes und die Verwaltung der Zeit dem Menschen erst gelingen kann und ihm die seinsmäßigen Umrisse erst aufgehen, nachdem er seine Wirklichkeit bis in die letzten Spitzen des Über-sich-hinaus, bis vor den Absoluten verfolgt hat. Von dorther ist das Sein gesetzt, von dorther ist das Leben entlassen, von dorther ist es vorentworfen und dadurch garantiert.

Wo das Leben sich nur von unten gründet, auf seine Erlebnisse, seine Einfälle oder auch seine genialen Ideen, ohne Prüfung und Normung vom Letzten her, da vermag es manchmal das augenblicklich Richtige zu treffen. Aufs Ganze gesehen, mißlingt gerade das Leben des Menschen unter Menschen immer wieder und zerbricht in seine polaren Möglichkeiten. Entweder entartet das Ich zum Ego, zum einsamen Selbstgenügsamen, der dann schließlich doch aus der selbstgesetzten Grenze ausbricht und eine grenzenlose Erfüllung sucht, der das Ganze als Beute betrachtet, die seinem Zugriff offenliegt, wenn er nur stark und listig genug ist; oder aber das Wir rächt sich durch die Entartung ins Kollektiv, zur Masse, zu Zwang, Gewalt und Härte. Nur wo der Mensch sich wirklich vor sich ruft und wo er die überweltliche Transzendenz ebenso als natürliches Faktum seiner Wirklichkeit begreift wie die innerweltliche Transzendenz zum Du und Wir, ja wo er die letztere als erste Verwirklichung der notwendigen Offenheit und Gebundenheit des Menschen an die ganze Wirklichkeit begreift und damit unter das Gesetz und die Dynamik jener stellt, nur da ist der Mensch der Rhythmik der Entartung entzogen. Nur da ist der Mensch dem Menschen wirklich Bruder und Gefährte: Bruder, weil existent aus dem gleichen Sein; und Gefährte, weil unterwegs auf dem gleichen Weg und im gleichen Wagnis des Lebens.

Aus „Der Mensch vor sich selbst": GS II/530f.

11. November

Eine letzte Einsamkeit

Die letzte Deutung und das letzte Verständnis dieser innersten Grenze der Begegnung mit dem Du, der Gesellung in das Wir wird ermöglicht durch das staunenswerte Faktum, vor dem die Liebenden und die Hassenden, die Gewalttätigen und die Werbenden immer wieder erschüttert oder verbittert stehen: secretum meum mihi; ein letztes Geheimnis behält der Mensch für sich. Eben jenen Ort, an dem der Mensch als jenseitiges Wesen, oft verschwiegen bis zum eigenen Nichtwissen und darum eigenen Unverständnis, immer im Gespräch mit dem absoluten Partner des Lebens. Die Worte, die der Mensch zu Gott spricht, seien es Gebete oder trotzige Flüche, Liebe oder Haß, sind ja nichts anderes als die bewußte Stellungnahme, Bejahung oder Verneinung der metaphysischen Situation, in der sich die Kreatur immer schon befindet. ...

Das heißt aber ... daß, von der Welt her und vom Menschen her gesehen, immer eine letzte Einsamkeit im Leben sein wird und sein muß, eben jener Ort, der dem Eintritt Gottes vorbehalten bleibt. In der Begegnung auch mit dem gelichtetsten und erkanntesten Du wird diese Schranke, oft schmerzlich beklagt, spürbar. Und im heißhungrigsten Sturz in die Welt und zum Menschen bleibt dieser Raum leer, oft den Menschen gerade durch seine Leere aufstachelnd zu einem rasenden Wirbel durch das Leben und ihn am Ende doch wieder vor die Leere und das Ungenügen stellend.

Eine letzte Einsamkeit und Unzulänglichkeit bleibt, bis der Mensch vor das letzte Du vorgedrungen ist oder vorgetrieben wurde.

Aus „Der Mensch vor sich selbst": GS II/531f.

12. November

MENSCH AUS GOTT

Der Mensch aber, der seine ganze Wirklichkeit durchschaut und sie als echtes Maß und Gesetz anerkannt hat, wird aus dieser Einsicht ein doppeltes Wissen mitnehmen. Er wird wissen zu prüfen. Seine Fähigkeit, zu unterscheiden, wird die Ordnungen seines Lebens, einer Gemeinschaft, einer Kultur daran messen, ob sie diesen letzten Raum kennen und anerkennen oder ob sie seine Stille und Verschwiegenheit erbrechen wollen. Er wird aus diesem Wissen prüfen und unterscheiden und entscheiden, so er einen ernsten Willen zu sich selbst hat.

Und er wird zweitens wissen, daß eine Gemeinsamkeit, eine Gemeinschaft, eine Ordnung nur dann den Menschen ganz besitzt und bindet und erschließt, wenn sie auch diesen Raum, durch den der Mensch ein Tempel der Anbetung und Heimsuchung ist, mit einbeschließt. Dies bedeutet, daß echte und beständige Gemeinschaft und Ordnung nur möglich sind, wo Gott mit im Bunde ist, wo die Begegnung über das Absolute geht. Das wird ihm eine eigene Auffassung von den Gemeinschaften des Lebens, von der Ehe, der Kameradschaft, der Freundschaft, selbst der praktischen Mitarbeiterschaft geben.

Die Gemeinschaften des Blutes, des Werkes, des Gesetzes, die erst im Geiste ratifiziert und erst im Heiligen Geist verewigt werden, sind so endgültig den zerfallenden und auseinanderdrängenden Gesetzlichkeiten, dem Schwergewicht der Materie entzogen und in die Beständigkeit des Allgemeinen einbezogen.

Auf den ewigen Tafeln seiner eigenen Wirklichkeit liest der Mensch, daß er Mensch unter Menschen nur sein kann, wo die Menschen aus Gott und mit Gott zusammenkommen.

Aus „Der Mensch vor sich selbst": GS II/532 f.

13. November

WAS IST DER MENSCH?

Ja, was ist der Mensch? Man hat ihn das große Rätsel genannt, das Gott dem Menschen aufgegeben habe. Der Sinn eines Lebens wäre dann, diesem Rätsel, das es selbst ist, eine brauchbare und tragbare Deutung abzuringen. ...

Mensch als Rätsel, Mensch als Experiment? Das mögen ganz gescheite Einfälle sein, aber das Leben des Menschen und der Sinn, um den es dem Einzelnen spürbar geht, sind zu ernst, als daß die letzte Aussage über sie ein paar kurzatmigen Aphorismen anvertraut werden dürfte. Gewiß ist der Mensch keine eindeutige Wirklichkeit wie die Dinge unterhalb seiner Seinsdichte. Geistigkeit und Freiheit ebenso wie seine Bindung an die arationalen und irrationalen Mächte des Wirklichen entziehen das konkrete Leben und den konkreten Menschen weithin einer Berechnung und Fixierung. Das Leben läßt sich nicht in starre Formeln und mechanisch-kontrollierbare Abläufe zwingen. Es bricht immer wieder aus und findet neue Wege und neue Möglichkeiten. Gesteigert wird diese Unergründlichkeit des Menschen noch durch seine Beziehung zum Absoluten. Er trägt die Züge Gottes – secundum imaginem suam! –, er trägt das Siegel Gottes, er ist Gottes bedürftig und Gottes mächtig.

Der Mensch umspannt und umgreift das Ganze als solches und alle seine einzelnen Besonderungen. Er ist Abgrund und Höhe, Klarheit und Finsternis, Kraft und Ohnmacht, Geist und Leib, Liebe und Gewalt.

Man soll sein Unergründliches nicht in das spielerische Wort Rätsel einsperren und auch nicht in das unernste und unfertige Experiment verbannen. Der Mensch ist größer als der eigene Blick, weil er Räume birgt, die er selbst mehr ahnt als besitzt, weil er über sich hinausragt und erst von draußen, vom größeren Ganzen her begriffen werden kann.

Aus „Der Mensch vor sich selbst": GS II/548 f.

14. November

EHRFURCHT VOR SICH SELBST

In den Begriff des Menschen gehört nicht nur der Mensch, zu ihm gehört die Welt und das Sein als solches und das Ganze und Gott, die Heimat alles Wirklichen. Weil der Mensch in die letzten Hintergründe des Wirklichen hineinreicht und an den letzten Unbegreiflichkeiten teilhat, soll man seine Verschlossenheit und Undurchsichtigkeit Mysterium nennen, Geheimnis. Er stammt aus dem Geheimnis Gottes und wird dorthin zurückkehren, mit Augen, die durch die Bewährung des Lebens kräftiger und fähiger geworden sind, die Geheimnisse auszuhalten. Wenn der Mensch sich selbst begegnet mit der Ahnung, daß er Geheimnisse trägt, echte Geheimnisse, Sachverhalte, die wirklich und groß sind und aus Gott stammen, dann wird er billige Leichtfertigkeit verlernen, mit der er sich manchmal weggibt und verschenkt an Instanzen, die seiner nicht wert sind; dann wird er eine letzte Ehrfurcht vor sich selbst haben, und er wird die Selbstbegegnung mit dem Ernst vollziehen, der ihr allein ihre ergiebige Fruchtbarkeit sichert. Er wird immer, durch alle Erlebnisse und Schicksale hindurch unter dem Eindruck der großen Würde stehen, die ihm eignet, die er zu hüten hat und ohne die er sich mißversteht.

Denn das nur darf gemeint sein, wenn es darum geht, den Menschen vor sich selbst zu rufen: daß er der Wirklichkeit sich stellt in Ehrfurcht, Ernst und sachwilliger Offenheit. Der eigenen Wirklichkeit zu begegnen und von ihr sich zu sich selbst führen zu lassen: das darf die einzige und letzte Absicht dieser Selbstbegegnung sein. Wo der Mensch anders vor sich gerät, erschließt ihm seine Gegenwart nicht die unverkürzte Wirklichkeit, sie bedeutet dann nicht Unterweisung, Führung und Berufung zum Selbstvollzug des Lebens, sondern mißrät in Krampf und Erstarrung und Egoismus.

Aus „Der Mensch vor sich selbst": GS II/549f.

15. November

DER OFFENE WIND

Der Mensch soll wieder lernen, auf eigene Rechnung zu leben, in allen Schichten und Formen menschlichen Daseins. Er wir dann mit dem Absoluten sich ebenso selbständig, persönlich und seinsgerecht auseinanderzusetzen wissen, wie mit der Welt und ihren Ordnungen.

Und damit ist schließlich als reife Frucht der Heimkehr zu sich die große und überlegene Lebenssicherheit verheißen. Dies aber gar nicht in der Bedeutung von Versicherung und Geborgenheit und traulicher Heimeligkeit des Daseins. Gerade wo der Mensch der ganzen, unverhüllten Wirklichkeit sich stellt, reißt er dem Leben die trügerische Maske der falschen Sicherungen und Verheißungen vom Gesicht und sieht es, wie es ist: als Aufgabe, hart, grausam, gefährlich. Er durchschaut die falschen Idole von beständigem Glück und irdischer Sättigung und behüteten Gärten.

Der offene Wind, die ungedeckte Straße, das ungeborgene Meer: das sind die Bilder, in denen das Leben seinen wirklichen Inhalt anbietet. Und ganz weit am Horizont und durch ihn, der erst durchbrochen werden muß, hindurch leuchtet die Verheißung einer Ankunft und letzten Heimkehr auf. Der Mensch der ganzen Wirklichkeitssicht und des ehrlichen Selbstbesitzes begegnet diesem Leben als Wissender und als Wollender und deswegen als ein Überlegener. Wenn einmal alle Sterne erlöschen und alle Bücher verbrennen und alle Verantwortlichen verstummen sollten, der Mensch der eigenen Gegenwart trägt das Buch des Wirklichen, die Tafeln der Werte, den Plan der Ordnungen und den Willen zur Behauptung und Verwirklichung als seine eigene Wirklichkeit. Dem Einsatz dieser Möglichkeiten wird ein letzter Segen und eine letzte Weihe nicht fehlen.

Aus „Der Mensch vor sich selbst": GS II/554 f.

16. November

DIALOG

Immer ist der Mensch verlangt, der ein fähiger Partner des Gesprächs, des Dialogs sein kann, als der das Leben und die Geschichte sich ereignen: Dialog des Menschen mit dem Menschen, des Menschen mit den Dingen, des Menschen mit Gott; Dialog als stille Partnerschaft und Treue, Dialog als Beitrag und Förderung; Dialog auch als harter Kampf und Einsatz.

Aber dies alles setzt den Menschen voraus, der sich selbst besitzt, der vor sich selbst gerufen und im Durchblick durch die eigene Wirklichkeit das Ganze gewinnt: wissend, entscheidend, kampfes- und opferkundig, willens, er selbst zu sein, alle Möglichkeiten des Lebens auszuhalten und durchzustehen und alle Handlungen und Einsätze mit der eigenen, persönlichen Unterschrift zu decken.

Diesem Menschen wird das Ganze sich eröffnen und sich ergeben, weil er verstand zu sehen, zu prüfen, zu entscheiden und zu wagen.

Das heilige Wort: wer sein Leben behalten will, wird es verlieren, wer es aber drangibt, der wird es gewinnen, ist mehr als nur ein positives Gesetz innerhalb des religiösen Raumes, in dem es gesprochen wurde.

Es ist ein Wort und ein Gesetz der Wirklichkeit als solcher, und wer es vollzieht, wird sich und das Ganze besitzen. Gerade um diese Gegenwart des Menschen vor sich selbst geht es aber, gewonnen aus der mutigen Übernahme und Leistung der ganzen Wirklichkeit.

Aus „Der Mensch vor sich selbst": GS II/555f.

17. November

ELISABETH

> Selig sind die Barmherzigen,
> sie werden Barmherzigkeit erlangen
> (Mt 5,7)

Wir feiern in dieser Woche das Fest, den Tag einer deutschen Frau, einer deutschen Fürstin, der heiligen Elisabeth. Die Gestalt dieser Frau ist wie selten eine Heilige unserer Kirche über alle Grenzen der Konfessionen hinweg Gemeinbesitz des deutschen Lebens geworden. Lied, Legende und Sage und Dichtung haben sich ihrer bemächtigt. Die Geschichte und Geschichtsdeutung hat sich mit ihr abgegeben. Sie steht als Ideal vor dem deutschen Menschen, angefangen von denen, die noch Sinn haben für eine Heilige, bis zu denen, die nur noch eine hohe edle Frau in ihr zu sehen vermögen. Unsere Frauen und Mädchen tragen ihren Namen. In ihrem Namen bitten sie heute um Hilfe, Gabe und Spende für ihre Schutzbefohlenen, die Menschen in Armut und Not.

Gott, der Herr, stellt die Heiligen in ein Volk nicht nur, damit sie einmal da waren und dann vergehen und vergessen werden; auch nicht nur, damit sie gefeiert werden als Heroen vergangener Zeiten; auch nicht nur, damit sie verehrt werden als Menschen im Jenseits der Glorie – sondern daß sie gehört werden, daß sie vernommen werden mit ihrer Botschaft, die durch jeden gelungenen Menschen dauernd in ein Volk hineingesprochen ist.

Und so wollen wir heute fragen nach der Botschaft dieser deutschen Fürstin ... Elisabeth war Fürstin.

Einen dreifachen Segen hat Elisabeth über die Macht gesprochen. ...

Aus der Predigt zum Fest der hl. Elisabeth; 19.11.1941: GS III/288f.

18. November

MACHT UND RECHT

Und das ist der erste Segen. Sie hat die Macht an das Recht gebunden.

Als Elisabeth auf die Wartburg kam, diese Schicksalsburg des deutschen Lebens, da herrschte dort Macht wie allenthalben in deutschen Gauen; da trafen sich mit dem Landgrafen die übrigen Raubgrafen des Landes und verzehrten und verpraßten, was dem Volk abgequält und abgezwungen worden war.

Und dann muß man lesen in der Geschichte die stille Wandlung, die vom Herzschlag dieser Frau ausging, wie sie die Speisen von der festlichen Tafel zurückließ, von denen sie wußte, sie waren erpreßt; und wie sie ihren Gemahl innerlich wandelte, daß er die Macht an das Recht zwang und selber als Sinn des höchsten Machtträgers begriff, im Dienste des Rechts zu stehen und die Macht zu benutzen, den Menschen das Recht zu garantieren.

Das war die erste Erkenntnis, die Elisabeth auf die Wartburg brachte: Der Mensch ist im Besitz von Rechten, die kein Fürst und kein Mächtiger antasten darf, solange er seine Macht nicht besudeln und seinen Sitz und seine Stellung und seine Würde und seine Krone nicht innerlich beflecken will.

Aus der Predigt zum Fest der hl. Elisabeth; 19.11.1941: GS III/289.

19. November

DIENST UND ANBETUNG

Ein zweiter Dienst, den Elisabeth der Macht erwies: Sie hat als Sinn der Macht geoffenbart den Dienst.

Von ihrem stillen Wirken aus ging ein neuer Geist in die Kanzleien und Verordnungen. Das Land wurde innerlich gesund, weil der Herr, der Träger, der verantwortliche Mensch erkannt hatte: Macht ist gegeben, nicht um zu herrschen, sondern Macht ist dem einen gegeben, damit es allen gut gehe und alle gesegnet sind von dieser einen Macht her.

Und einen dritten Dienst hat Elisabeth der Macht erwiesen. Sie hat die Macht ihres Herrn und Gemahls gestellt in den Dienst eines höheren Herrn, des Herrn der Herren, von dem wirklich Macht allein ihren Sinn hat und ohne den Macht Rebellion und Anmaßung und Pose und Maske und irgendwie Fratze ist. Elisabeths Leben ist, nach außen gesehen, zerbrochen daran, daß ihr Herr in den Dienst des Herren trat, daß er das Kreuz nahm und unter dem Kreuz der Kreuzzüge starb. Ihr äußeres Schicksal starb mit ihrem Herrn und Gemahl. Aber dann brach innen auf diese ganz neue Welt, diese große Welt der göttlichen Glut; da brach die Antwort des Himmels dafür auf, daß eine Macht erkannt hatte: Ihr letzter Sinn ist und bleibt der Sinn aller Kreatur, die Anbetung und der Dienst, die Ehre, die Glorie des Herrgotts. Wenn Macht nicht mehr hinter sich hat den Schimmer und Glanz des letzten Herrn, dann ist sie glanzlos und innerlich ohne Würde und reicht genau soweit, wie ihr Schrecken reicht; und sobald die Mittel ihrer Macht, des physischen Zwangs gebrochen sind, ist sie vergessen und verlästert.

Das war die erste Botschaft Elisabeths an die Menschen unseres Volkes ...

Aus der Predigt zum Fest der hl. Elisabeth; 19.11.1941: GS III/289f.

20. November

VOM SINN DER LIEBE

Diese Frau spricht eine zweite Botschaft in unser Volk und Land: die Botschaft vom Sinn der Liebe. Diese Frau war Frau und Mutter. ... Man muß den Verzweiflungsschrei hören, den sie ausrief bei der Botschaft vom Tod ihres Gemahls: Tot! Er tot! Dann ist von da ab die ganze Welt mir tot! Es war wirklich so, diese Frau liebte, wie ein Mensch geliebt hat, und mit dem Tod ihrer Liebe starben wirklich die Lichter in der Welt, starben die Lieder ihres Herzens und gingen ihr die Sterne unter. Und gerade in der Echtheit und Menschlichkeit dieser Liebe, die eine geweihte Liebe war, gerade darin liegt das große Geheimnis. Welche Umwandlung ist doch geschehen auf der Wartburg, ... durch Elisabeth! Als sie hinkam, ein Räuberhorst unter Räubern – und als sie von der Wartburg schied, vertrieben und vergessen, da lagen Jahre des Segens und Jahre der Wohlfahrt über dem Land. Und die letzte Herkunft dieser Wandlung war die echte und gesegnete und stille Liebe einer Frau und Mutter. Denken Sie daran, die Wandlung der Welt und was aus dem Menschen wird ... das wird dort geleistet in der stillen Heimat alles Lebens, in der Familie, wo der Mensch noch begriffen hat: ... der Sinn der Liebe ist das Dienen und das Geben und das Opfern und das Wandeln und das innerliche Segnen und Weihen des anderen Menschen. Wenn unsere Menschen das von der Wartburg wieder gelernt haben, daß sie aus ihrer stillsten und einsamsten Gemeinschaft herauskommen als gewandelte Menschen, als geweihte Menschen, die innerlich angerührt sind von diesem Wissen, echte Liebe gibt es und echte Liebe segnet und echte Liebe fördert, fördert bis hinein in die Himmel, dann ist das Land, das Volk gesegnet, dann ist das Schicksal gemeistert.

Aus der Predigt zum Fest der hl. Elisabeth; 19.11.1941: GS III/290f.

21. November

DIE VERSTOSSENEN

Und eine dritte Botschaft spricht diese Frau von der Höhe der Wartburg in unser Leben, und das ist die Botschaft vom Sinn des Menschentums. Wenn Elisabeth über den Burghof schritt und um sie herum sich alles Kranke und Bresthafte des Landes versammelte und sie für alle ein Wort und ein Werk und eine Güte und eine echte Barmherzigkeit hatte, dann geschah da mehr als die Schrulle einer einseitig verstiegenen Frau, dann wurde da eine Weltanschauung nicht begriffen, sondern gelebt; und wenn unter dem stillen Einfluß der Frau das Wohltun und das Fördern und das Schützen des Menschen über das ganze Land ging, dann war das gleiche Wissen um den Sinn der Dinge und um den Sinn des Menschen. Und wenn seitdem im Namen Elisabeths soviel Güte und soviel gutes Werk ins Land und Volk getragen wird, dann liegt da zugrunde das gleiche Wissen um den Menschen.

Was da um Elisabeth sich sammelte, das waren nicht die Menschen mit dem klingenden Schritt, das waren nicht die Menschen mit den blitzenden Augen und den gestrafften Rücken, das waren nicht die Menschen der großen Positionen, das waren

die Krüppel und die Kranken und die Bresthaften und

die Armen und die Verstoßenen des Lebens und des Daseins,

die von den Landstraßen, von den Zäunen, aus den Asylen, die Verlaufenen und Hilflosen.

Aus der Predigt zum Fest der hl. Elisabeth; 19.11.1941: GS III/291f.

22. November

DAS ANTLITZ DES HERRGOTTS

Da steht diese segnende Frau. Ach, was liegt denn an diesem krüppelhaften Leben? Natürlicherweise wird kein Mensch daran Freude haben.

Aber wer die Augen hat, zu sehen, was vom Herrgott her mit dem Menschen gemeint ist: daß wir noch im allerletzten und allerverkommensten Menschen etwas finden, was man anbeten muß und was man fördern muß und was man hüten muß und hegen muß: das Antlitz des Herrgotts, der gesagt hat, der Mensch ist geschaffen nach meinem Bild und Gleichnis.

Und wer möchte es auf sich nehmen, ein Bild und Gleichnis, einen Gedanken, einen Willen, eine Liebe des Herrgotts zu vernichten! Das ist eine ernste Botschaft dieser stillen Frau an unser Volk und unser Land, eine Botschaft an jeden von uns: überall wo wir stehen und wo wir vernommen werden, das Leben zu schützen, die Kreatur zu schützen vor allem, was sie zertreten könnte.

Wehe dem, an dem die Kreatur gelitten hat!

Und wehe dem, an dem ein Mensch vernichtet wurde, an dem ein Bild Gottes geschändet wurde, und wenn es auch in den letzten Zügen lag und wenn es auch nur Erinnerung an ein Menschentum war!

Aus der Predigt zum Fest der hl. Elisabeth; 19.11.1941: GS III/292.

23. November

Gebet

Das ist dreifache Botschaft dieser stillen Frau in unser Land!

Und es bleibt nichts anderes übrig, als diese dreifache Botschaft in ein dreifaches Gebet zu wandeln:

Elisabeth,
Frau aus deutschem Lande und Fürstin über deutsches Land,
erflehe uns die Kunst einer echten und selbstlosen Liebe!
Und erflehe uns die Kraft und die Ehrfurcht,
immer und überall in den Menschen Gottes Antlitz
und Gottes Willen
und Gottes Liebe
zu sehen und zu grüßen und zu pflegen und zu schützen!

Aus der Predigt zum Fest der hl. Elisabeth; 19.11.1941: GS III/292.

24. November

TAUSENDJÄHRIGE REICHE

> Himmel und Erde werden vergehen,
> aber meine Worte werden nicht vergehen
> (Mt 24,35)

Da steht: Himmel und Erde werden vergehen, aber meine Worte bleiben in Ewigkeit. Uralt ist das Bedürfnis der Menschen nach etwas Festem, nach etwas, was steht, was hält, was unabdingbar und undiskutierbar gilt.

Was sind die Menschen gelaufen im Lauf ihrer Geschichte, was sind sie müde geworden vor Sehnsucht und Heimweh nach diesem Gültigen und Beständigen! Was haben sie sich innerlich wund gedacht und wund geliebt und wund geträumt und auch oft wund gekämpft und müde getobt aus der Sehnsucht nach diesem Endgültigen! Was haben die Menschen geträumt von tausendjährigen Reichen im Lauf ihrer Geschichte, die nun endgültig anbrechen und alles in eine endgültige Form und in eine endgültige Ordnung bringen sollten, damit die Probleme endlich einmal gelöst seien und damit endlich einmal der Mensch beruhigt und sicher sein könnte und die alte Not nicht mehr zu tragen und die alte Liebe nicht mehr zu suchen bräuchte, daß er einfach einmal wäre und bestünde und alles habe, was er bräuchte – daß einfach einmal Ruhe sei.

Ja, wenn wir es bis ins Letzte durchdenken: Hinter all diesen Programmen und Proklamationen von tausendjährigen Reichen liegt die Ursehnsucht, die Rückerinnerung des Menschen, daß er einmal im Paradies war, im Garten Gottes, und das möchte er sich wieder erzwingen oder wieder erringen oder wieder schaffen. Und das ist vielleicht, das ist sicher die allerschlimmste Täuschung und allergrößte Verirrung, die es gibt.

Aus der Predigt zum letzten Sonntag im Kirchenjahr; 23.11.1941: GS III/294.

25. November

IRGENDWIE TRÄUMEN WIR ALLE

Und da wird dem Menschen eine zweite Utopie, ein zweites Phantom zerschlagen, uns allen, allen Menschen. Wir stehen in der Welt und in der Geschichte und irgendwie am Werk und schaffen und schaffen, weil es so sein muß. Aber so oft träumen wir dann, irgendeinmal ist die Welt gelungen, irgendeinmal werden die Not und alle Last berechnet sein und werden alle Not und alle Last ausgewogen und ausgeglichen sein. Irgendwie träumen wir alle davon, von der Entwicklung und dem Fortschritt, der die Welt einmal in einen Raum des Segens und des Glückes und der Behaglichkeit verwandeln wird. Da steht es, unsere Erfahrung wird immer die gleiche sein bis zum Ende.

Denn es wird alsdann eine so große Bedrängnis sein, wie sie vom Anfang der Welt bis jetzt nicht war, auch fernerhin nicht mehr sein wird. Die Welt wird ihr Gesetz der Labilität, ihr Gesetz der Neuanfänge, ihr Gesetz des Immer-wieder-verlieren-müssens und Hergeben-müssens und Zerbrechen-müssens behalten bis ans Ende, und wer träumt, daß das alles einmal anders sei, der ist ein Phantast; und wer verspricht, daß alle Not einmal gewendet sei, der ist entweder ein Nichtwisser oder ein Lügner, der die Menschen vergaukeln und anzaubern möchte zu irgend etwas, was nicht reell ist. Daß wir doch das klare Auge und den nüchternen Blick behalten! Solange die Welt ihren Lauf geht, wird sie ein Ort der Bedrängnis sein, ... wird nicht milder werden, und das Leben wird nicht harmloser werden. Je mehr sich die Welt ihrer endgültigen Vollendung nähert, um so mehr wird ... die Not drängend und drückend werden, so daß gerade noch die Auserwählten ... von ihrem Herrgott her den Sinn begreifen und die Not innerlich noch meistern ...

Aus der Predigt zum letzten Sonntag im Kirchenjahr; 23.11.1941: GS III/296 f.

26. November

SEIN WORT GILT

Meine Worte aber bleiben in Ewigkeit. Einmal ist die Botschaft des Herrn gesprochen in die Welt, und was hier apokalyptisch gesagt ist von dem Endtag, das ist ja nur die schärfere Fassung und die härtere Durchführung einer Situation, in die der Mensch dauernd gerät, einer Stunde, in die auch wir gestellt sind. Und das ist dann die Frage und die Aufgabe, daß man alles wanken sehen und alles stürzen sehen und alle Stimmen vermissen kann und doch an der Botschaft festhält, daß Himmel und Erde einstürzen können, seine Worte aber bleiben.

Das wird die letzte Rühmung des Herrgotts in der Welt sein, daß es Menschen gibt, die alles versinken sehen können, die ihr letztes Herzblut erstarren fühlen und immer noch wissen, sein Wort gilt. Daß wir doch nicht müde werden in der Einsamkeit, daß wir doch nicht zerbrochen werden unter den Hämmern und Schlägen! Und daß wir doch nicht fraglos und stumpf werden, wenn wir kein Warum und Wie und Wohinaus und Woher wissen. Daß wir den letzten Sinn begreifen: Da legt Gott eine große Frage und eine große Last auf Menschen, denen er vorher eine größere Botschaft und eine größere Kraft gegeben hat. Wenn das nicht der Gottesbeweis dieser Stunde ist, daß wir als Menschen dastehen, die gefestigt sind allein vom Wort des Herrn her und auf ihm stehen und auf keinem anderen Wort, dann hat diese Stunde für den Christen ihren Sinn verfehlt und ihre Aufgabe verfehlt. Dann möchte ich nicht fragen, wie es einmal von unserem Ende, von unserer letzten Stunde her aussehen wird. Wie wollen wir die Sterne wirklich erbleichen und versinken sehen, wenn wir nicht einmal die Dämmerung aushalten können in Namen des Herrn!

Aus der Predigt zum letzten Sonntag im Kirchenjahr; 23.11.1941: GS III/298.

27. November

DER EWIGE ADVENT

Denken Sie an die Front, Herr Leutnant. Wieviele wohl heute nachts daliegen, drüben und hüben? Sie denken an ihre Mütter, an ihre Frauen und Kinder, mit denen sie froh und glücklich sein wollten. Sie denken an das Stück Heimat, das sie bebauen wollten. An das Haus, in dem sie ein frohes Leben führen wollten. Sie liegen da und träumen und warten und hoffen. Sie liegen da, das kalte Gewehr in der Hand, in der Faust die Granate. Ihr Herz aber meint etwas anderes. Und dann kommt vielleicht ein Stück kaltes Eisen und zerschlägt alles.

Und die vielen – hüben und drüben –, sie strecken doch alle heimlich die Hand aus nach dem Glück. Sie wollen doch alle froh sein und zufrieden. Sie strecken alle die Hand aus. Keiner aber streckt ihnen die seine entgegen. Keiner füllt ihnen die leeren Hände mit Glück und Frieden. Denkt euch: die ganze Front, hüben und drüben: ringsrum die ganze Erde. Sie strecken heimlich die Hand aus nach dem Glück und keiner ...

Hast du vorhin gehört, wie der gestöhnt hat? Wie er langsam dahinstarb? Ob der auch die Hand nach dem Glück ausstreckte? ...

Sie strecken alle heimlich die Hand aus nach dem Glück ...

Achtung, feindliche Gruppe in unserer Flanke. Sie schießen! ...

Aus dem Adventsspiel „Der ewige Advent – Die toten Soldaten" – Dialog zwischen den Schützen Gruber, Kathol und Steiner; 21.12.1933: GS I/54 f.

28. November

DIE TOTEN SOLDATEN

Der tote Soldat: Groß und breit und lang in die Weiten
Zieht sich die Front der mutigen Soldaten.
Sie stehen treu und trotzig an ihrem Posten,
Ihre Hand hält das Gewehr, die Granate,
Reicht das lange Band totbringender Geschosse ...
Ihre Herzen sind zu Hause bei allem, was ihnen lieb ist.
Und alle strecken die Hände heimlich aus nach dem Glück.
Und keiner ergreift ihre Hand.
Größer und breiter und länger in die Weiten
Zieht sich die Front der toten Soldaten.
Sie liegen still und stumm unter der kühlen Erde.
Sie modern in Granatlöchern,
Ihre Leiber sind zerrissen vom Eisen der Geschosse.
Ihre Lieben sind verdorrt vor Kummer,
Ihre Kinder verkümmern, ihre Häuser zerfallen.
Aus den Gräbern, so wie einstens im Leben,
Sie alle strecken die Hände heimlich aus nach dem Glück.
Und keiner ergreift ihre Hand.
Einmal kommt eine Stunde,
Da wird eine Hand sich öffnen aus einer anderen Welt.
Sie wird herüberlangen aus dem andern Leben,
Sie wird alle Hände ergreifen,
Die einstens nach dem Glück sich streckten.
Sie wird sein die Hand eines Gottes
Und doch die Hand des treuesten Bruders.
Tote Soldaten, und ihr, die ihr lebt, weil diese hier starben,
die ihr heimlich in Sehnsucht.
Die Hände streckt nach dem Glück!
Einmal wird Gottes Hand euch berühren,
Einmal wird sie über euch streicheln,
Eure blutenden Wunden heilen, eure leeren Hände füllen,
Ihr alle, die ihr heimlich die Hände ausstreckt nach dem Glück:
Einmal wird einer kommen,
Der eure Hände ergreift!

*Aus dem Adventsspiel „Der ewige Advent – Die toten Soldaten"; 21.12.1933;
GS I/54f.*

29. November

Dass Gott bei uns ist

Priester: Laßt nur, es ist mir ganz recht so. Es soll den Menschen nicht zu gut gehen, damit sie wach bleiben für das andere, das Bessere. Sie müssen immer irgendwo die Hände ausstrecken nach einem anderen Glück. Sie müssen immer ein hungriges Herz haben. Das ist es, was wir zuerst ändern müssen, jeder bei sich da drinnen. ...

Das Kinderfest. Ach ja, an dem man Schaukelpferde und Zinnsoldaten schenkt und süßes Backwerk. So ist es bei den Kleinen, Armen. Bei den Großen geht es dann so weiter: Pelzmäntel, Autos usw. Das ist dann Weihnachten, nicht wahr? Da muß wirklich viel geändert werden.

Meine lieben Freunde, das ist Weihnachten, daß eine Hand von oben in unser Leben hineingreift und an unsere Herzen rührt. Das ist Weihnachten und nicht das andere. Meine Freunde, glaubt es, wir müssen viel leiden und hinhalten, dann erst ist Weihnachten.

Weihnachten ist nicht ein süßes Märchen für kleine Kinder – für schöne Kinderstuben – Weihnachten ist ernst – ist so ernst – daß Männer – gern dafür – sterben. – Sagt es allen – es muß vieles anders werden – zuerst – da – drinnen. –

Weihnachten ist, daß – Gott uns – anrührt, daß er – unsere Hände greift – und sie – an – sein – Herz – legt, – daß Gott – zu uns – kommt und uns frei – macht. –

Sagt es allen; – nicht das – andere – ist – Weihnachten, – nur das – ist – Weihnachten, – daß – Gott – bei – uns – ist.

Aus dem Adventsspiel „Der ewige Advent – Der Arbeiterpriester"; 21.12.1933: GS I/66, 68.

30. November

AUSSCHAU HALTEN AM FENSTER

Vorarbeiter: Rolf, das hört gar nie auf, gar nie! Hast du schon einmal gesehen, wie unsere Kinder aus den Arbeitergassen es machen, wenn sie mal in die Straßen kommen, in denen die großen Geschäfte sind? Da stehen sie und drücken sich die Stumpfnasen platt an den Schaufenstern und gucken sich die kleinen Kinderaugen aus nach all den schönen Dingen, nach denen ihnen das Herz so voll ist. So geht es uns allen. Das ganze Leben haben wir ein Herz voll Sehnsucht und Heimweh. Das ganze Leben stehen wir irgendwie am Fenster und halten Ausschau.

Junge: Aber einmal muß doch das Fenster aufgehen. Einmal muß einer die Sehnsucht erfüllen, die auch dann nicht stirbt, wenn wir nicht mehr herauskommen.

Vorarbeiter: Junge, glaub mir, einmal muß einer die Sehnsucht still machen. Junge, hörst du? Bin ich der letzte? Hier tief unten? Ich sage, was alle tief drinnen spüren. Einmal muß ein Ende werden mit all dem Warten und Harren. Glaubt mir, ich habs gespürt ein Leben lang. Immer habe ich durch das Fenster geschaut. Nicht nur nach den Dingen dieser Erde. Das auch. Die habe ich auch gesucht. Aber das geht nicht lange.

Immer bleibt das Herz voll Sehnsucht und Heimweh. Junge, glaub mir, glaubt mir alle: Ein irdisch Ding macht dieses Herz nicht ruhig. Einmal muß einer kommen, der uns alle Fenster und Türen aufmacht, der uns ansieht mit heiligen Augen. Der unser Herz anrührt mit heilenden Händen. Einmal muß einer kommen. Ich habe ein Leben lang auf ihn gewartet.

Aus dem Adventsspiel „Der ewige Advent – Die verschütteten Grubenarbeiter"; 21.12.1933: GS I/61f.

Dezember

Walter Habdank: Ausschau, 1979
(Abb. 12)

1. Dezember

Alles Leben ist Advent

An Marianne Hapig/Marianne Pünder (29)

Ihr guten Leute, herzlich vergelt's Gott für all die Güte und Sorge. Wie ich nur das gutmachen soll? Das ist überhaupt manchmal eine Kümmernis, die Sorge und Erkenntnis, den Menschen vieles schuldig geblieben zu sein. Jetzt erst wird Gott die eigentliche und eigenste Kraft und schöpferische Unruhe. Halten wir ihm halt weiter die gefesselten Hände als Anerkennung der inneren Bindung hin und setzen wir weiterhin die ganze Existenz auf ihn. Daß sich das ganze Leben so in ein Wort der Anbetung und Übergabe sammeln kann! Und auch des Vertrauens! Haben Sie nicht die Aufforderung gespürt, die in dem den ganzen November hindurch gleichen sonntäglichen Kommunionvers (30) lag? Man muß von Gott auch groß verlangen können. ... Ein paar Minuten nach der Messe kam Alarm, und dann fielen Bomben, die eine so nahe vor der Zelle, daß ich lange nicht wußte, wie mir war. ...

Der Herrgott holt uns von allen Postamenten herunter, wenigstens mir ging und geht es so. Was ich sonst so elegant und selbstsicher unternahm, um auszukommen, ist zerbrochen. ER hat mich eingefangen, und gestellt. Ich weiß noch die Stunde in der Lehrterstraße, in der ich ihm gesagt habe, von jetzt an kümmere ich mich um die Sache nicht mehr, sie gehöre jetzt ihm. ... Ohne Prügel ist es seit diesem Tag gegangen.

Und nun behüt Sie Gott. Und mehr und tiefer als sonst wissen wir ja diesmal, daß alles Leben Advent ist.

Ihr dankbarer Max

Aus dem Brief an Marianne Hapig/Marianne Pünder; 1. Dezember 1944: GS IV/34–36.

2. Dezember

BETEN WIR FÜREINANDER

An Maria Delp

Liebe Mutter, recht herzlichen Dank für Deine guten Grüße und Wünsche. Es tut mir sehr leid, daß ich Dir solche Sorgen und solche Not bereite. Gott weiß, was er von uns will und da wollen wir nicht nein sagen. –

Liebe, gute Mutter, laß Dir einmal von Herzen danken für Deine Güte und Sorge und Treue, die Du immer für uns hattest. Wir sind solche Leute, die das wohl wissen und empfinden, die es aber meist nicht fertig bringen, es zu sagen. Ich weiß, was ich Dir verdanke. Alles, was gut ist und schön und recht in meinem Leben, das verdanke ich Dir. Wir hätten nur öfter von diesen Dingen sprechen sollen miteinander. Aber wenn ich wiederkomme, dann soll es vorbei sein mit diesem falschen Leben. Wenn wir uns wiedersehen, dann nimmt der große Bub seine Mutter in den Arm und gibt ihr einen herzhaften Kuß und dann sagen wir zusammen dem lieben Gott Dank, gelt, Du?

Grüß alle recht schön. Bis Du diese Zeilen bekommst, ist die Entscheidung wohl schon gefallen und wir wissen mein Schicksal. Wie es auch immer sein mag, Mutterle, Gott nicht böse sein. Er hat es gut gemeint.

Beten wir füreinander und miteinander. Grüß alle recht herzlich. Dir alles Lieb und Gute.

Alfred

Brief an Maria Delp; Anfang Dezember 1944: GS IV/37

3. Dezember

WARTEN

Irgendwie unberührt um all das, was im Lauf eines Jahres geschehen ist, irgendwie unberührt von all dem Großen und all dem Kleinen, von all dem Herrlichen und all dem Häßlichen, was im Laufe eines Jahres die Erde berühren mag, stimmt die Kirche an diesem ersten Sonntag des Advents ihre alten Gebete an: Ad te levavi animam meam: Zu dir erhebe ich meinen Geist. Und stimmt das Volk überall da, wo es die Gedanken des Tages so aussprechen darf, wie es selbst sie gedacht hat, die alten Lieder an: das „Tauet, Himmel, den Gerechten" und das „O Heiland, reiß den Himmel auf". Und unbekümmert um alle Erfahrungen des Lebens, die wir machen, stellen wir das eine fest: Diese Zeit des Advent ist eine Zeit, die einen eigenen Zugang zu unseren Herzen, einen eigenen Zugang zu unseren Seelen und Geistern gefunden hat. Es ist für uns diese Zeit mehr als Erinnerung an fromme, kinderselige Tage, da wir warteten auf das frohe und große Fest und uns innerlich rüsteten.

Dieses innerliche Rüsten, das ist geblieben für alle, die irgendwie Augen haben, die irgendwie Ohren haben, hörend und sehend sind im Geist und im Herzen und in der Seele für die Dinge, die da verhandelt werden. Es geht im Advent nicht zuerst darum, irgend ein historisches Warten noch einmal gleichsam in der Erinnerung zu vollziehen, nein, es geht im Advent darum, Grundgesetze und Grundhaltungen unseres Lebens und des Lebens überhaupt und des Daseins überhaupt, die in dem historischen Warten, dem physischen und sichtbaren, dargestellt wurden, gleichsam abgewandelt wie ein Motiv, geistig zu sehen und zu vollziehen und neu durchzudenken und neu damit zu beten. Das ist der allertiefste Sinn des Advent. Und unsere Festzeiten müssen immer etwas Besonderes sein. Sie sind wirklich Mysterium und sollen es wirklich sein in dem, was als Echo, als Überlegung, als Gebet in unserem Geist, in unseren Herzen erwacht.

Aus der Predigt zum ersten Sonntag im Advent; 30.11.1941: GS III/25 f.

4. Dezember

VOR DEM ALLERLETZTEN

Das Thema dieses Advents ist, daß der Mensch irgendwie vor die letzten Dinge gerät, in die letzten Ordnungen gestellt wird, vor die letzten Fragen gebracht wird und letzte Antworten von ihm erwartet werden.

Es ist immer so, wenn die Kirche die blauen Gewänder des Ernstes trägt, daß uns ernste Fragen vorgelegt und wir vor die großen Zusammenhänge und allgemeinen Gültigkeiten gestellt sind. Und das ist ja auch eigentlich der letzte und tiefste Sinn des kommenden Festes, auf das wir uns rüsten, dieses Weihnachtsfest und Kommen des Herrn, daß die Kreatur, der Mensch, wirklich vor den Allerletzen geraten ist.

Und das ist nun die eigentliche Bereitung der Seele auf das Fest des kommenden Herrn, daß wir jetzt das Letzte, den Menschen, uns selbst vom Letzten her durchdenken und so bereit sind, wirklich bereit sind, ihm, dem Letzten, zu begegnen und ihm zu entsprechen, so wie es sich für die Kreatur geziemt, dem Letzten zu begegnen. Das soll deshalb das Thema dieser Adventsüberlegungen sein:

Der Mensch vom Letzten her, was letztlich ist und letztlich sein wird und was durch keinen Wirbel und keinen Trubel und keine Anmaßung und keine Hybris irgendwie angerührt werden kann, was in der eigenen Gültigkeit nicht erschüttert werden kann und was, wenn man es anrührt, nur den, der die Hand oder die Faust erhebt, selber anrührt.

Aus der Predigt zum ersten Sonntag im Advent; 30.11.1941: GS III/26f.

5. Dezember

BEWEGTWERDEN

Es fehlt vielleicht uns modernen Menschen nichts so sehr als die echte Erschütterung: wirklich da, wo das Leben fest ist, seine Festigkeit zu spüren, und da, wo es labil ist und unsicher ist, und haltlos ist und grundlos ist, das auch zu wissen und das auch auszuhalten. Das ist vielleicht die allerletzte Antwort auf die Frage, warum uns Gott in diese Zeit geschickt hat und warum er diese Wirbel über die Erde gehen läßt und warum er uns so ins Chaos hineinhält und ins Aussichtslose und ins Dunkle und warum von all dem kein Ende abzusehen ist: weil wir in einer ganz falschen und unechten Sicherheit auf der Erde gestanden haben. Und jetzt läßt Gott die Erde einmal dröhnen und jetzt schüttelt er einmal und erschüttert er einmal, nicht um eine falsche Angst hervorzurufen – ich spreche noch davon –, sondern um uns eines wieder zu lehren: das innerliche Bewegtwerden des Geistes. Vieles von dem, was heute geschieht, wäre nicht geschehen, wenn die Menschen in dieser inneren Bewegung und Unruhe des Herzens gewesen wären, in die der Mensch gerät vor Gott, dem Herrn, und vor dem klaren Blick auf die Dinge, wie sie sind; er hätte dann die Hand von vielem gelassen, was uns das Leben durcheinander gerührt hat und irgendwie zerschüttelt und zerschlagen hat; der Mensch hätte die inneren Instanzen gesehen, hätte die Grenzen gesehen und die Zuständigkeiten abstimmen können. Aber der Mensch stand auf dieser Erde mit einem falschen Pathos, mit einer falschen Sicherheit, mit einem inneren Wahn, der wirklich glaubte, daß die eigene Hand und der eigene Arm reicht, um Sterne vom Himmel zu holen und ewige Lichter in der Welt anzuzünden und von sich her die Gefahren zu wenden und die Nacht zu bannen und das innere Beben des Kosmos gleichsam auszuschalten und aufzuhalten und das Ganze einzuspannen und einzufügen in endgültige Ordnung, die nun stünde.

Aus der Predigt zum ersten Sonntag im Advent; 30.11.1941: GS III/28f.

6. Dezember

Aufstehen

Das ist die erste Adventsbotschaft: Vor dem Letzten wird die Welt ins Beben geraten. Und nur da, wo der Mensch innerlich nicht an falschen Sicherheiten hängt, da wird sein Auge fähig sein, den Letzten zu sehen und den Dingen auf den Grund zu kommen und sich selbst und sein Leben zu bewahren vor diesen pädagogischen Schrecken und Schrecknissen, in die dann Gott, der Herr, die Welt versinken lassen muß, damit wir, wie Paulus sagt, vom Schlaf erwachen und sehen, es ist ab und zu Zeit zur Umkehr, es ist ab und zu Zeit, die Dinge zu ändern, es ist ab und zu Zeit, zu sagen: gut, es war Nacht, aber laßt es Nacht gewesen sein, und entschließen wir uns jetzt zum Tag, und zwar mit Entschlüssen, die eben kommen aus diesen erlebten Schrecknissen und aus diesen erlebten Zusammenhängen und die deswegen gerade in der Unsicherheit unerschütterlich sind. – Wenn wir das Leben noch einmal wandeln wollen und wenn noch einmal wirklich Advent werden soll, Advent der Heimat und Advent der Herzen und Advent des Volkes und Advent der Völker und in all dem ein Kommen des Herrn, dann ist das die eine große Advent-Frage für uns, ob wir aus diesen Erschütterungen herauskommen mit dem Entschluß: Ja, aufstehen! Es ist Zeit vom Schlafe zu erwachen. Es ist Zeit, daß irgendwo ein Wecken beginnt, und es ist Zeit, daß man die Dinge wieder stellt, wie sie von Gott, dem Herrn, gestellt sind. Und daß nun der einzelne sich daran begibt, mit der Unerschütterlichkeit, mit der der Herr kommen wird, das Leben da, wo es ihm offen liegt, wirklich in diese Ordnung zu fügen, und das Leben da, wo es sein Wort vernimmt, wirklich um die Botschaft nicht zu betrügen, und das Leben, wo es vor den eigenen Augen rebelliert, zurechtzuweisen. Es fehlen im Leben heute die Menschen, die aus den letzten Erschütterungen kommen ... mit dem Wissen und dem Bewußtsein: Die auf den Herrn schauen, die werden in einem letzten Punkt nicht angerührt, auch wenn man sie aus dem Erdkreis hinausjagt.

Aus der Predigt zum ersten Sonntag im Advent; 30.11.1941: GS III/29f.

7. Dezember

PROPHET UND KÖNIG

Da steht der Prophet vor dem König. ... Keine Rücksicht auf die private Sicherheit und die private Existenz darf den Menschen zum unechten Menschen machen. Wenn die beiden sich begegnen, Prophet und König, im Raum der Geschichte geschah es so und so oft, der König ist immer der Überlegene. Was ist leichter, was ist einfacher, als einen Propheten stumm zu machen! ... Keine Aussichtslosigkeit und keine Erfolglosigkeit entbindet den Menschen davon, zu sagen, was ist, und zu sagen, was falsch ist und einzutreten für das, was recht und richtig ist. Wie konnte dieser Prophet meinen, irgendwie die Familiengeschichte und den Familienskandal des Königs anrühren zu können und da Erfolg zu haben! Wer vom Erfolg her denkt, von der Aussichtslosigkeit oder Erfolgssicherheit einer Sache seine Entscheidung, seine Haltung abhängig macht, der ist schon verdorben; dem heißt Echtheit nicht mehr die Begegnung des Mannes mit dem Wirklichen, sondern die Abhängigkeit des Mannes vom Erfolg, vom Gehörtwerden, vom Zulauf und Beifall, vom Geschrei der großen Menge. Der Mann ist schon verdorben. Und wehe, wenn die Propheten stumm sind aus Angst davor, ihr Wort könnte nicht gehört werden.

Man muß es einem Menschen anspüren, daß er um das Letzte weiß, daß er begriffen hat: Einer der Grundzüge des Lebens heißt: Advent – und das heißt Begegnung mit einem Letzten und Allerletzten und das heißt geprägt sein, geschmiedet sein in dieser Einsamkeit mit dem Absoluten und deswegen wirklich unberührt sein und unberührbar sein gegen den Kompromiß und das Halbe und das Schweigen und die Angst und das Sich-verkriechen, wo immer es sich darum handelt, das Zeugnis zu geben. Und gebe Gott, daß wir Menschen haben und daß wir Propheten haben, ... die echt sind und ein echtes Zeugnis leisten!

Aus der Predigt zum 2. Sonntag im Advent; 7.12.1941; GS III/48f.

8. Dezember

Ein Segen des Herrn

Da steht der gesegnete Mensch, der nicht mit empörerischer Hand die Sterne vom Himmel riß, ... sondern der gesegnet wurde. Die Überwindung der Grenzen des Menschen und die Erfüllung seiner letzten Träume, seiner echtesten Sehnsüchte, die stammen aus einem Segen des Herrn. Das ist diese Frau, wie sie hingestellt ist. Das sind die Tatsachen, die mit ihr gegeben sind. Fragen Sie sich selbst, ob das nicht die Antworten sind in unser Leben hinein, ob das nicht die große Kunst ist, die wir wieder lernen müssen, uns segnen zu lassen, daß der Mensch noch einmal seinen Herrgott entdeckt ... und alles Herrische irgendwo und irgendwie als überwunden abtut und sich segnen läßt. Es ist nicht umsonst, daß diese hehre Gestalt des Christentums, die so hoch erhoben ist, eine Frau ist. Nicht ein Mann, der herrisch, stolz, eigenmächtig, gewalttätig an die Tore des Himmels pocht und sie aufsprengen möchte. Eine Frau, deren Wesen das Warten ist, das Empfangen-können und Austragen-können und das wirklich Sich-verströmen-können ins Leben hinein und das Hüten-können und Hören und immer wieder Hören und Vernehmen und Aufnehmen. Da ist uns etwa gesagt über uns selbst!

Und nun fragen wir uns vor diesem Bild ...: Was fehlt uns? Das muß jeder selber für sich fragen und für sich tun. Es wird eine der Schicksalsfragen unseres Lebens sein. Und eine der Fragen ist auch, ob wir mit dem Harten, in das wir hineingeraten sind, fertig werden, ob wir das wieder lernen, gesegnet zu sein, einen Herrn über uns wissen, der eine eigene Liebe und einen eigenen Segen und eine eigene Würde für jeden von uns hat. Wissen, daß kein Leben, auch das verschwiegenste nicht und auch das vergessenste nicht und auch das hilfloseste nicht, ohne Sinn ist, weil über jedem ..., so es echt und offen ist, ein Segen des Herrn liegen wird. Es bleibt für uns nur übrig das rechte Wissen und dann das Offensein, das Heraus aus all dem Pathos, und dafür das schlichte Jube Domine benedicere: Herr, gib uns deinen Segen!

Aus der Predigt zum Fest Immaculata; 8.12.1941: GS III/44f.

9. Dezember

VINCULA AMORIS
(31)

An P. Franz von Tattenbach

L. T., Vergelts Gott und danke, danke. Verzeih, daß ich weich geworden bin. Es war so viel auf einmal. Und diese Erhörung! Die ganzen Tage der Novene auf den 8. habe ich um eine Botschaft des Erbarmens gebetet. Und dann diese Erfüllung. Calculo mundasti ignitio. Ich hoffe, daß meine Lippen waren rein und mein Sinn aufrichtig und ehrlich. Ich habe endgültig mein Leben weggesagt. Nun haben die äußeren Fesseln gar nichts mehr zu bedeuten, da mich der Herr der vincula amoris gewürdigt hat. Es war ein Schatten, daß es so aussah, als habe mir Gott den 15. August nicht zugedacht. Er hat mich nur vorher vorbereiten lassen. Dank auch für alle Sorge um meine Leute usw. Es ist mir eine große Hilfe, dies zu wissen, es mag mir gehen, wie es will. ...

Zur Sache: Ich weiß schon, daß es hart auf hart geht. Trotzdem nehme ich den Herrgott ernst, sehr ernst, wo er uns sagt, daß es ein Vertrauen gibt, das Gewalt über ihn hat. Es ist manchmal anstrengend, sich in der Freiheit zu halten und doch im Vertrauen zu bleiben. ...

Abends die Messe war gnadenvoll. Beten Sie einmal mit meinem gestrigen Herzen den Intr. (32)! Und dann aus meiner Lage das gestrige Abendgebet. Lange saß ich da vor meinem Tabernakel und habe immer nur Suscipe gebetet. In allen Variationen, die einem so kommen jetzt. ... Die formula subscripta (33) würde ich bombensicher aufheben. Es wäre für alle Beteiligten bedauerlich, wenn sie verloren ging. Ich sollte einen Brief schreiben, daß ich ex. (34). Das als Antwort wäre begeisternd. ...

Allen herzlichen Dank und gute Wünsche. Tatt, Sie sind ein guter Freund. Es tut sehr wohl, das nicht nur zu wissen, sondern gehört und gesehen zu haben. Seitdem die ganze schwierige Lage so fein gemeistert. Behüt Sie Gott.

Ihr A.

Aus dem Brief an P. Franz von Tattenbach; 9.12.1944: GS IV/39–41.

10. Dezember

Zuströmendes Leben

Hat es überhaupt Sinn, sich über die Freude viel Gedanken zu machen? Gehört sie nicht zu den Luxusartikeln des Lebens, die in dem schmalen Privatraum, den das Kriegsgespräch zuläßt, keinen Platz hat? Und erst recht nicht in einer Kerkerzelle, in der man hin- und herpendelt, die Hände in Eisen, das Herz in alle Winde der Sehnsucht gespannt, den Kopf voller Sorgen und Fragen?

Und dann muß es einem in solcher Lage immer wieder geschehen, daß plötzlich das Herz die Fülle des zuströmenden Lebens und Glücks nicht mehr zu fassen vermag. Daß plötzlich und ohne daß man weiß, warum und worüber, wieder Fahnen über dem Dasein gesetzt sind und wieder Verheißungen gelten. Das eine oder andere Mal mag es die Notwehr des Daseins sein, das sich wehrt gegen die depressive Vergewaltigung. Aber immer ist es dies nicht. So oft war es eine Ahnung kommender Botschaft – auch dies gibt es in unserem Kloster zum harten Leben. Oft auch fand bald darauf die findige Liebe einen Weg zu uns mit einer Gabe der Güte zu einer Zeit, da dies nicht üblich war.

Aber dies war nicht alles. Es gab und gibt die Stunden, in denen man getröstet ist und innerlich gehoben, in denen man die Sachlage genau so real und aussichtslos sieht wie sonst und doch nicht gram wird darüber, sondern es wirklich fertig bringt, das Ganze dem Herrn zu überlassen.

Und das ist nun das entscheidende Wort. Die Freude im Menschenleben hat mit Gott zu tun. Die Kreatur kann dem Menschen in vielerlei Gestalt Freude bringen oder Anlaß zu Freude und Freuden sein; aber ob dies echt gelingt, das hängt davon ab, ob der Mensch der Freude noch fähig und kundig ist. Und das wieder wird bedingt durch des Menschen Beziehung zum Herrgott.

Aus der Meditation „Bedingungen der wahren Freude"; Dezember 1944: GS IV/161.

11. Dezember

Eine Zeit der Erschütterung

Advent ist einmal eine Zeit der Erschütterung, in der der Mensch wach werden soll zu sich selbst. Die Voraussetzung des erfüllten Advent ist der Verzicht auf die anmaßenden Gebärden und verführerischen Träume, mit denen und in denen sich der Mensch immer wieder etwas vormacht. Er zwingt so die Wirklichkeit, ihn mit Gewalt zu sich zu bringen, mit Gewalt und viel Not und Leid.

Das erschütterte Erwachen gehört durchaus in den Gedanken und das Erlebnis des Advents. Aber zugleich gehört viel mehr dazu. Das erst macht ja die heimliche Seligkeit dieser Zeiten aus und zündet das innere Licht in den Herzen an, daß der Advent gesegnet ist mit den Verheißungen des Herrn. Die Erschütterung, das Aufwachen: damit fängt das Leben ja erst an, des Advents fähig zu werden. Gerade in der Herbheit des Aufwachens, in der Hilflosigkeit des Zusichselbstkommens, in der Erbärmlichkeit des Grenzerlebnisses erreichen den Menschen die goldenen Fäden, die in diesen Zeiten zwischen Himmel und Erde gehen und der Welt eine Ahnung von der Fülle geben, zu der sie gerufen und fähig ist.

Der Mensch soll sich die reflexen Adventsüberlegungen ähnlicher Art nicht schenken. Er soll aber auch immer wieder einmal das innere Auge schauen und das Herz schweifen lassen. Er wird dem adventlichen Ernst und dem adventlichen Segen dann auch noch anders begegnen. Er wird Gestalten sehen, gelungene und gekonnte Menschen dieser Tage und aller Tage, in denen die Adventsbotschaft und der Adventssegen einfach da sind und leben und beglückend oder erschütternd, tröstend und erhebend den Menschen anrufen und anrühren.

Menschen dieser Tage und aller Tage habe ich gesagt. Drei Typen meine ich vorab: den Rufenden in der Wüste, den kündenden Engel, die gesegnete Frau.

Aus den Meditationen ‚Adventsgestalten'; Dezember 1944: GS IV/149f.

12. Dezember

DER RUFENDE IN DER WÜSTE

Wohl einer Zeit, die ehrlich von sich meinen darf, sie sei keine Wüste. Wehe aber einer Zeit, in der die Stimmen der Rufenden in der Wüste verstummt sind, überschrien vom Tageslärm oder verboten oder untergegangen im Fortschrittstaumel oder gehemmt und leiser geworden aus Furcht und Feigheit. Die Verwüstung wird bald so schrecklich und allseitig geschehen, daß den Menschen das geschriebene Wort Wüste von selbst wieder einfällt. Ich glaube, wir wissen das.

Aber immer noch erheben die rufenden Stimmen nicht ihre Klage und Anklage. Die Johannesgestalten dürfen keine Stunde im Bild des Lebens fehlen. Diese geprägten Menschen, vom Blitz der Sendung und Berufung getroffen. Ihr Herz ist ihnen voraus und deswegen ist ihr Auge so hellsichtig und ihr Urteil so unbestechlich. Sie rufen nicht um des Rufens willen oder der Stimme wegen. Oder weil sie den Menschen die schönen Stunden der Erde neideten, da sie ja selbst ausgemeindet sind aus den kleinen trauten Kreisen des Vordergrundes. Sie haben den großen Trost, den nur der kennt, der die innersten und äußersten Grenzen des Daseins abgeschritten ist.

Sie rufen den Segen und das Heil. ... Sie rufen den Menschen in die Möglichkeit, die wandernde Wüste, die ihn überfallen und verschütten wird, aufzufangen durch die größere Kraft des bekehrten Herzens. ... Daß doch die rufenden Stimmen aufklingen, die die Wüste deuten und die Verwüstung von innen her überholen. Daß die Adventsgestalt des Johannes, des unerbittlichen Sendlings und Mahnboten im Namen Gottes, in unseren Trümmerwüsten kein Fremdling bleibe. Von diesen Gestalten hängt viel ab für unser Leben. Denn wie sollen wir hören, wenn keiner ruft und das Toben der wild gewordenen Zerstörung und Verblendung wirklich überbietet.

Aus den Meditationen ‚Adventsgestalten'; Dezember 1944: GS IV/150 f.

13. Dezember

DER KÜNDENDE ENGEL

Den diesjährigen Advent sehe ich so intensiv und ahnungsvoll wie noch nie. Wenn ich in meiner Zelle auf und ab gehe, drei Schritte hin und drei Schritte her, die Hände in Eisen, vor mir das ungewisse Schicksal, dann verstehe ich ganz anders als sonst die alten Verheißungen vom kommenden Herrn, der erlösen und befreien wird.

Und immer kommt mir dabei in die Erinnerung der Engel, den mir vor zwei Jahren zum Advent ein guter Mensch schenkte. Er trug das Spruchband: Freut euch, denn der Herr ist nahe. Den Engel hat die Bombe zerstört. Den guten Menschen hat die Bombe getötet und ich spüre oft, daß er mir Engelsdienste tut.

Der Schrecken dieser Zeit wäre nicht auszuhalten – wie überhaupt der Schrecken, den uns unsere Erdensituation bereitet, wenn wir sie begreifen –, wenn nicht dieses andere Wissen uns immer wieder ermunterte und aufrichtete, das Wissen von den Verheißungen, die mitten im Schrecken gesprochen werden und gelten.

Und das Wissen von den leisen Engeln der Verkündigung, die ihre Segensbotschaft sprechen in die Not hinein und ihre Saat des Segens ausstreuen, die einmal aufgehen wird mitten in der Nacht. Es sind noch nicht die lauten Engel des Jubels und der Öffentlichkeit und der Erfüllung, die Engel des Advent. Still bringen und unbemerkt kommen sie in die Kammern und vor die Herzen wie damals. Still bringen sie die Fragen Gottes und künden uns die Wunder Gottes, bei dem kein Ding unmöglich.

Aus den Meditationen ‚Adventsgestalten'; Dezember 1944: GS IV/151f.

14. Dezember

Goldener Samen

Der Advent ist trotz allem Ernst geborgene Zeit, weil an ihn eine Botschaft erging. Ach, wenn die Menschen einmal nichts mehr wissen von der Botschaft und den Verheißungen, wenn sie nur noch die vier Wände und die Kerkerfenster ihrer grauen Tage erleben und nicht mehr die leisen Sohlen der kündenden Engel vernehmen und ihr raunendes Wort uns die Seele nicht mehr erschüttert und erhebt zugleich, dann ist es geschehen um uns. Dann leben wir verlorene Zeit und sind tot, lange bevor sie uns etwas antun.

An den goldenen Samen Gottes glauben, den die Engel ausgestreut haben und immer noch den offenen Herzen anbieten, das ist das erste, was der Mensch zu seinem Leben tun muß.

Und das andere: selbst als kündender Bote durch diese grauen Tage gehen.

So viel Mut bedarf der Stärkung,
so viel Verzweiflung der Tröstung,
so viel Härte der milden Hand und der aufhellenden Deutung,
so viel Einsamkeit schreit nach dem befreienden Wort,
so viel Verlust und Schmerz sucht einen inneren Sinn.

Gottes Boten wissen um den Segen, den der Herrgott auch in diese geschichtlichen Stunden hineingesät hat. Gläubig harren auf die Fruchtbarkeit der schweigenden Erde und die Fülle der kommenden Ernte, das heißt die Welt, auch diese Welt im Advent verstehen. Gläubig harren: aber nicht mehr, weil wir der Erde trauen oder unserm Stern oder dem Temperament und dem guten Mut; nur noch weil wir die Botschaften Gottes vernommen haben und von seinen kündenden Engeln wissen und selbst einem begegnet sind.

Aus den Meditationen ‚Adventsgestalten'; Dezember 1944: GS IV/152 f.

15. Dezember

DIE GESEGNETE FRAU

Sie ist die tröstlichste Gestalt des Advent. Daß die Verkündigung des Engels das bereite Herz fand und daß das Wort Fleisch wurde und im heiligen Raum des mütterlichen Herzens die Erde weit über sich hinauswuchs in die gottmenschliche Welt hinein: das ist die heiligste Tröstung des Advent. Was nützen uns Ahnung und Erlebnis unserer Not, wenn keine Brücke geschlagen wird zum anderen Ufer? Was hilft uns der Schrecken über Irrung und Wirrung, wenn kein Licht aufleuchtet, das dem Dunkel gewachsen und überlegen bleibt? Was nützt uns der Schauder in der Kälte und Härte, in denen die Welt erfriert, je tiefer sie in sich selbst sich verliert und ertötet, wenn wir nicht zugleich von der Gnade erfahren, die mächtiger ist als die Gefährdung und als die Verlorenheit?

Es haben die Dichter und Mythenerfinder und sonstige Geschichten- und Märchenerzähler der Menschheit immer wieder von den Müttern geredet. Sie haben einmal die Erde gemeint, ein andermal die Natur; sie haben die geheimnisvollen schöpferischen Brunnstuben des Alls mit diesem Wort erschließen wollen und das quellende Lebensgeheimnis beschworen. In all dem lag und liegt Hunger und Ahnung und Sehnsucht und ein adventliches Warten auf diese gesegnete Frau.

Daß Gott einer Mutter Sohn wurde, daß eine Frau über die Erde gehen durfte, deren Schoß geweiht war zum heiligen Tempel und Tabernakel Gottes, das ist eigentlich die Vollendung der Erde und die Erfüllung ihrer Erwartungen.

So vielerlei adventlicher Trost geht von dieser verborgenen Gestalt der gesegneten und wartenden Maria aus. Daß dieses der Erde gegeben ward, diese Frucht zu bringen! Daß die Welt vor Gott erscheinen durfte mit der bergenden Wärme, aber auch der dienenden und darum so sicheren Zuständigkeit des mütterlichen Herzens!

Aus den Meditationen ‚Adventsgestalten'; Dezember 1944: GS IV/153.

16. Dezember

GOTTES KRAFT

Was Eleganz und Selbstsicherheit hieß, das ist alles ganz und gründlich zerbrochen. Schmerzlich. Hab keine Sorge, ich bemühe mich, kein Kleinholz zu machen, auch wenn es an den Galgen gehen sollte. Gottes Kraft geht alle Wege mit. Aber es ist manchmal schon etwas schwer. Georg war in manchen Stunden nur mehr ein blutiges Wimmern. – Inzwischen ist Abend. Wir kommen heute wenig zum Schreiben, da wir die meiste Zeit, tags und auch nachts gefesselt sind. – Aber Georg hat immer wieder versucht, dieses Wimmern zu verwandeln in die beiden einzigen Wirklichkeiten, um derentwillen es sich lohnt, da zu sein: Anbetung und Liebe. Alles andere ist falsch. Glaub mir, diese Wochen sind wie ein bitteres und unerbittliches Gericht über das vergangene Leben. Es ist ja nicht vergangen. Es steht da als große Frage und will seine letzte Antwort, seine Prägung. Wenn ich noch einmal darf ...

Ja, wenn und ob ich noch einmal darf! Gott hat mich so ausweglos gestellt. Aber, was ich unternommen habe, ist mißlungen. Eine Tür um die andere ist zugefallen. Auch solche, die ich für endgültig offen hielt. Von außen kam keine Hilfe, konnte wohl auch nicht. ... So bin ich gestellt, in eine enge Zelle gesperrt und gebunden: es gibt nur zwei Auswege: den über den Galgen in das Licht Gottes und den über das Wunder in eine neue Sendung. An welchen ich glaube? Im „Kindergarten des Todes" – jeden Tag werden wir eine Stunde im Freien herumgeführt, stur im Kreis, gut bewacht, mit Gewehren etc. Alle anderen Menschen werden vorher verscheucht. Da gehen wir dann im Kreis, alle gefesselt, Grafen und Beamte, Offiziere und Arbeiter, Diplomaten und Wirtschaftler. An manchen Ecken kann man gegen die Wand sprechen, dann hörts der Hintermann. ... Fragte ich gestern einen protestantischen Mitbruder, ob wir noch einmal Gottesdienst hielten? Aber sicher, sagte er. Eher hoff ich mich zu Tod, als daß ich im Unglauben krepiere.

Aus dem Brief an Luise Oestreicher; 16. Dezember 1944: GS IV/49 f.

17. Dezember

TIEFER IM SEIN

Die grauen Horizonte müssen sich lichten. Nur der Vordergrund schreit so laut und aufdringlich. Weiter hinten, wo es um die eigentlichen Dinge geht, ist die Lage schon anders. Die Frau hat das Kind empfangen, es unter ihrem Herzen geborgen und hat den Sohn geboren.

Die Welt ist in ein anderes Gesetz geraten. Das sind ja alles nicht nur die einmaligen geschichtlichen Ereignisse, auf denen unser Heil beruht. Das sind zugleich die typischen Gestalten und Geschehnisse, die die neue Ordnung der Dinge, des Lebens, unseres Daseins anzeigen.

Wir müssen heute mutig daran gehen, daß die gesegnete Frau von Nazareth eine dieser erhellenden Gestalten ist. Tiefer im Sein tragen auch unsere Tage und unsere Schicksale den Segen und das Geheimnis Gottes. Es kommt nur darauf an zu warten und warten zu können, bis ihre Stunde kommt.

Dreimal Advent als heilige und zugleich symbolische Gestalt. Das soll keine idyllische Kleinmalerei sein, sondern eine Anrede an mich und an dich, lieber Freund, wenn dich diese Blätter je finden. Es soll dies aber nicht zuerst schön gesagt sein, sondern es soll die Wahrheit sein, an der ich mich messen und ausrichten und wieder aufrichten will, wenn die vordergründige Last dieser Tage zu schwer und verführerisch verwirrend wird.

Aus den Meditationen ‚Adventsgestalten'; Dezember 1944: GS IV/154.

18. Dezember

DREIFACHER ADVENTSSEGEN

Laßt uns also hinknien und um den dreifachen Adventssegen und die dreifache Weihe des Advent bitten.

Laßt uns bitten um die Offenheit und Willigkeit, die Mahnboten des Herrn zu hören und durch die Umkehr der Herzen die Verwüstung des Lebens überwinden. Laßt uns die ernsten Worte der Rufenden nicht scheuen und unterschlagen, damit nicht die, die heute unsere Henker sind, morgen noch einmal unsere Ankläger sind wegen der verschwiegenen Wahrheit.

Und wieder laßt uns hinknien und bitten um die hellen Augen, die fähig sind, Gottes kündende Boten zu sehen, um die wachen Herzen, die kundig sind, die Worte der Verheißung zu vernehmen. Die Welt ist mehr als ihre Last und das Leben mehr als die Summe seiner grauen Tage. Die goldenen Fäden der echten Wirklichkeit schlagen schon überall durch. Laßt uns dies wissen und laßt uns selbst tröstender Bote sein. Durch den die Hoffnung wächst, der ist ein Mensch selbst der Hoffnung und der Verheißung.

Und noch einmal wollen wir knien und bitten um den Glauben an die mütterliche Weihe des Lebens in der Gestalt der gesegneten Frau von Nazareth. Das Leben ist den grausamen und unbarmherzigen Mächten entrissen, auch heute und für immer. Laßt uns geduldig sein und warten, adventlich warten auf die Stunde, in der es dem Herrn gefällt, auch in dieser Nacht als Frucht und Geheimnis dieser Zeit neu zu erscheinen.

Aus den Meditationen „Adventsgestalten'; Dezember 1944: GS IV/154 f.

19. Dezember

URALTE SEHNSUCHT

Advent ist Zeit der Verheißung, noch nicht der Erfüllung. Noch stehen wir mitten im Ganzen und in der logischen Unerbittlichkeit und Unabweisbarkeit des Schicksals. Noch sieht es für die gehaltenen Augen so aus, als ob die endgültigen Würfel doch da unten in diesen Tälern, auf diesen Kriegsfeldern, in diesen Lagern und Kerkern und Kellern geworfen würden. Der Wache spürt die anderen Kräfte am Werk und er kann ihre Stunde erwarten.

Noch erfüllt der Lärm der Verwüstung und Vernichtung, das Geschrei der Selbstsicherheit und Anmaßung, das Weinen der Verzweiflung und Ohnmacht den Raum. Aber ringsherum am Horizont stehen schweigend die ewigen Dinge mit ihrer uralten Sehnsucht. Über ihnen liegt bereits das erste milde Licht der kommenden strahlenden Fülle. Von dorther erklingen erste Klänge wie von Schalmeien und singenden Knaben. Sie fügen sich noch nicht zu Lied und Melodie; es ist alles noch zu fern und erst verkündet und angesagt. Aber es geschieht. Dies ist heute. Und morgen werden die Engel laut und jubelnd erzählen, was geschehen ist und wir werden es wissen und werden selig sein, wenn wir dem Advent geglaubt und getraut haben.

Aus den Meditationen ‚Adventsgestalten'; Dezember 1944: GS IV/155.

20. Dezember

HÄRTE DES LEBENS

Das Weihnachtsfest war immer schon vielen Mißverständnissen ausgesetzt. Oberflächlichkeiten, familiäre Geborgenheit, idyllische Krippenspielerei u.a.m. haben den Blick verstellt für das ungeheure Geschehen, von dem dieses Fest Zeugnis gibt.

In diesem Jahr sind die Versuchungen zum Idyll wohl weniger groß. Die Härte und Kälte des Lebens hat uns mit früher unvorstellbarer Wucht gepackt. Und mancher, dessen Wohnung nicht einmal den Kälteschutz des Stalles von Bethlehem mehr aufbringt, vergißt die Idylle von Öchslein und Eselein und kommt vielleicht vor die Frage, was nun eigentlich geschehen sei. Ist die Welt schöner geworden, ist das Leben heilbar geworden, weil Weihnachten war, weil die Engel nun in aller Offenheit und Öffentlichkeit ihr Gloria gesungen, weil ein König erschrak und die Kinder tötete? Ja, hier ist die Frage eigentlich schon überholt. Denn diese Härte und dieser Mord geschah nur, weil Weihnachten war.

Und doch werden wir selten ein Wort so aufrichtig und ehrlich und sehnsüchtig beten wie dieses respirare am Schluß der Vigilmesse: Herr, laß uns aufatmen. Aufatmen: weil die Steine vom Herzen gefallen sind, weil das Leben wieder Grund spürt, weil die Perspektive wieder frei ist, weil die Entscheidung wieder zuständig ist, weil die relative Sicherheit, über das Leben normalerweise verfügen kann nicht mehr von der über ihren Zustand hinaus aufgeblähten Unsicherheit verschlungen wird.

Meditation zur Weihnachtsvigil; Dezember 1944: GS IV/186.

21. Dezember

WAS IST ANDERS?

Respirare! Ganz ehrlich: ich würde es gern auch bald tun. Wie herzlich habe ich das citius liberentur der gestrigen Messe gebetet. Jeden Morgen muß ich mich rüsten für den Tag und jeden Abend für die Nacht und dazwischen knie oder sitze ich noch oft vor meinem stillen Heiligtum und berede die Dinge, in die ich gestellt bin, mit ihm. Ohne diesen dauernden Kontakt mit ihm wäre ich der Sache und der Lage schon lange nicht mehr gewachsen.

Ja, und es stellt sich doch eigentlich hier persönlich und konkret die gleiche Frage wie allgemein und ebenso konkret zu Weihnachten. Was ist nun anders dadurch, daß es das Sakrament gibt in dieser engen Zelle, daß die Messe gefeiert wird, daß gebetet und geweint wird, daß Gott gewußt und geglaubt und gerufen wird? Was ist anders dadurch?

Zur bestimmten Stunde schreien die Schlüssel im Schloß und werden die Hände in Eisen gefangen und zur bestimmten Stunde gelöst und so geht Tag um Tag für uns dahin. Wo bleibt dieses im Geheimnis Gottes ermöglichte respirare? Dann das Sitzen und Warten auf das Heil. Wie lange? Und zu welchem Ende?

Man muß gerade Weihnachten mit einem großen Realismus feiern, sonst erwartet das Gemüt Wandlungen, für die der Verstand keine Begründungen weiß. Und das Ergebnis des tröstlichsten aller Feste kann gerade heute eine bittere Enttäuschung und lähmende Müdigkeit sein.

Meditation zur Weihnachtsvigil; Dezember 1944: GS IV/186 f.

22. Dezember

GESEGNETE LASTEN

Zum Introitus beten wir: hodie scietis – mane videbitis (2 Ex 16,6). (35) ... Das ist ja eine der tragenden und zugleich quälenden Spannungen unseres Daseins: daß der Mensch vieles weiß und vernommen hat und doch keine Herberge findet. ...

Der Mensch muß weiter, muß wandern, um den Preis seines Lebens. Ein zu frühes Halt wäre zugleich sein Tod, sein metaphysischer und religiöser Ruin.

Dieses mane videbitis löst in uns diese schöpferische und heilsame Unruhe aus, der wir alles verdanken, was echt und blutvoll lebendig ist. Aber um welchen Preis! Hunger und Durst nach Gerechtigkeit nennt der Herr diesen Zustand. O, man muß einmal die Stunden bis zum nächsten Stück Brot gezählt haben, um zu wissen, was damit gemeint ist und welche Gespanntheit des Menschen über sich selbst hinaus da verlangt wird.

Das Nachlassen dieser Spannung: Verzicht darauf, Abstumpfung, Resignation, Unempfindlichkeit, Verkümmern der Organe, Verlust der geistigen Nerven, Überanstrengung und Ermüdung des Lebens ist ja eine der tödlichen Wunden, an denen der heutige Mensch verblutet. Der Mensch mag zunächst das Ausscheiden aus dem Spannungsbogen, der ihn bis zum letzten Nerv unter sein Gesetz zwang, als Erleichterung empfunden haben, als Befreiung von einer unangenehmen Last. Auf die Dauer kann er sich der Erkenntnis nicht verschließen, daß die Lasten zu den erhaltenden Bedingungen und Voraussetzungen des Lebens gehören.

Und nun wird vor den Toren des Weihnachtsgeheimnisses, in das wir eintreten möchten wie in das wiedergefundene Paradies, das gleiche Motiv eingespielt: scietis, ihr habt die Botschaft vernommen – videbitis, ihr sollt der greifbaren Erfüllung und Begegnung zuwandern. Auch hier die alte Spannung, auch hier das Gesetz des Bogens, der sich nur wölben kann, wenn die Pfeiler die Lasten tragen.

Meditation zur Weihnachtsvigil; Dezember 1944: C IV/187–189.

23. Dezember

DIE VERBRÜDERUNG GOTTES

Die frohesten und innerlich erfreuendsten Feste haben oft ein trauriges Schicksal in den Herzen und im Brauchtum der Menschen. Sie werden überwuchert vom Beiwerk. Es geht ihnen wie unseren alten Domen. Sie waren einmal die stolze Mitte des Gemeinwesens. Alles andere lagerte sich um sie herum. In ihren Schatten und in ihre dichteste Nähe schmiegten sich die Wohnungen der Menschen. Bis dann die um den Dom gelagerte Polis sich selbständig macht und sich selbst zur Mitte nimmt. Der alte Dom bleibt noch ein Gegenstand des Denkmalschutzes, wenn er nicht gar als Verkehrshindernis zum Stein des Anstoßes wird.

So ähnlich ging und geht es auch unseren Festen. Ursprünglich waren sie Tage der Begegnung zwischen der lauteren Botschaft und den sie lauter und ehrfürchtig vernehmenden Menschen. Sie entzündeten im Herzen der Menschen das echte Erlebnis des Geheimnisses, das verkündet und gefeiert wurde. Bis dann der profane Raum und sein Brauchtum die innere Fühlung mit dem Fest verlieren und sich verselbständigen. Das Fest selbst hat nur noch ein Peripherie-Dasein oder es wird überhaupt verdrängt. Die alten Bräuche wissen nichts mehr von ihrer Herkunft und ihrem ursprünglichen Inhalt. ...

Dieses, daß der Mensch ein jenseitiges Wesen ist, daß der Mensch falsch gesagt wird, wenn Gott nicht mitgesagt wird, dieses wiederzufinden und wieder zur Anerkennung zu bringen, ist die eine dringende Forderung des Weihnachtsgeheimnisses an uns. Man kann den Menschen und Gott nur in einem Atemzug nennen. Das Richtbild des Lebens ist der Gottmensch. Die Verbrüderung Gottes mit dem Menschen ist eine ungeheure Bejahung des Lebens. Aber es ist zugleich die Stiftung und Setzung der einzigen Ordnung, in der das Leben noch glückhaft und erfolgreich bejaht werden kann.

Aus „Weihnachten"; vor dem 24.12.1943; GS III/90,98.

24. Dezember

LASST UNS DEM LEBEN TRAUEN

Der Mensch ist nicht mehr allein. Der Monolog war nie die gesunde und glückhafte Lebensform des Menschen. Der Mensch lebt nur echt und gesund im Dialog. Alle diese Mono-Tendenzen sind vom Übel. Aber daß das Bestehen der Spannungen des Daseins und der Lasten Gottes den Menschen nun in den Dialog mit Gott beruft, das überwindet die schrecklichste menschliche Krankheit: die Einsamkeit, endgültig und wirklich. Es gibt nun keine Nächte mehr ohne Licht, keine Gefängniszellen ohne echtes Gespräch, keine einsamen Bergpfade und gefährlichen Schluchtwege ohne Begleitung und Führung.

Gott ist mit uns: so war es verheißen, so haben wir geweint und gefleht. Und so ist es seinsmäßig wirklich geworden: ganz anders, viel erfüllter und zugleich viel einfacher als wir meinten.

Den Lasten Gottes soll man nicht ausweichen. Sie sind zugleich der Weg in den Segen Gottes. Und wer dem herben und harten Leben die Treue hält, dem werden die inneren Brunnen der Wirklichkeit entsiegelt und ihm ist die Welt in ganz anderem Sinn nicht stumm, als er ahnen konnte. Die Silberfäden des Gottesgeheimnisses alles Wirklichen fangen an zu glänzen und zu singen. Die Last ist gesegnet, weil sie als Last Gottes anerkannt und getragen wurde.

Gott wird Mensch. Der Mensch nicht Gott. Die Menschenordnung bleibt und bleibt verpflichtend. Aber sie ist geweiht. Und der Mensch ist mehr und mächtiger geworden. Laßt uns dem Leben trauen, weil diese Nacht das Licht bringen mußte. Laßt uns dem Leben trauen, weil wir es nicht mehr allein zu leben haben, sondern Gott es mit uns lebt.

Aus der Meditation zur Vigil von Weihnachten; 24.12.1944: GS IV/195.

25. Dezember

DER GOTT DER VERHEISSUNG

Es ist die unbegreifliche Tatsache der Eingeschichtlichung Gottes. Daß er in unser Gesetz, in unsere Räume, in unsere Existenz eintritt: nicht nur wie, sondern als einer von uns. Das ist das Erregende und Unfaßliche dieses Geschehens. Die Geschichte wird nun auch zur Daseinsweise des Sohnes, das geschichtliche Schicksal sein Schicksal. Er ist auf unseren Straßen anzutreffen. In den dunkelsten Kellern und den einsamsten Kerkern des Lebens werden wir ihn treffen.

Und das ist schon die erste Segnung und Weihung der Last, daß er unter ihr anzutreffen ist. Und damit zugleich die zweite: alle, die den gleichen Lastballen schleppen, spüren es, wenn eine neue mächtige Schulter sich unter ihn schiebt und mitträgt. Und die dritte sei zugleich mitgesagt: seit der Heiligen Nacht ist das gottmenschliche Leben die Urform des Daseins, nach der alles Leben von Gott gebildet wird, das sich dieser Bildung nicht widersetzt. Die Kraft zur Meisterung des Lebens wächst durch den Einstrom des göttlichen Lebens in die menschliche Daseins- und Schicksalsgemeinschaft, zu der sich Christus bekannt hat.

Wir sind dem Leben mehr gewachsen, lebenstüchtiger und lebenskundiger, wenn wir den Weisungen dieser kommenden Nacht uns öffnen.

Laßt uns wandern und fahren, laßt uns die Straßen und Schrecken des Lebens nicht scheuen und fürchten: in uns ist ein Neues geworden; und wir wollen nicht müde werden, dem Stern der Verheißung zu glauben und den singenden Engeln ihr Gloria zuzugestehen, wenn auch manchmal unter Tränen. Es wurde doch unsere Not gewendet, weil wir ihr überlegen geworden sind.

Meditation zur Weihnachtsvigil; Dezember 1944: GS IV/189f.

26. Dezember

WEHE DEM, DER ANDERS IST!
(36)

Denn das ist im Laufe der Geschichte etwas Alltägliches, daß die Meute und die Masse und der Durchschnittsmensch einen Menschen, der anders ist wie die anderen, nicht erträgt. Das gibt es überall: Wehe dem, der anders ist! Wehe dem, der andere Meinung, andere Anschauung, anderes Urteil, eigenen Geschmack hat. Über den fällt man her. ... Das ist dem Stephanus auch passiert. Er war ungewöhnlich, er war gescheit, er merkte, wo ihre Grenzen sind und sagte es ihnen. Und er erlitt das Schicksal des Ungewöhnlichen. ... Gerade daher kam die Lebensgefährdung, daß der einzelne oder das einzelne Lebenssubjekt sich dermaßen wichtig nimmt, daß selbst das andere Leben nur als Reizmittel benutzt und als billige Stufe zur eigenen Lebenssteigerung gesehen wurde. Daher kam das ungeheuer Feindliche ins Leben, daß man den anderen erschlug um des eigenen Lebens willen, daß man große Räume machte, große Aufmärsche, um das eigene Leben zu sichern. ...

Wehe dem Menschen, der nur sich selber will! Er zerstört sich. Wehe der Welt, die nur sich selber meint! In ihr zu leben ist eine Qual und ein Unheil und ein Unglück. Wehe der Welt und den Menschen, die nicht über sich selber hinaus wollen, die nicht über die Sterne hinausgreifen! Sie werden niemals zur Ahnung von dem kommen, was mit dem Menschen gemeint sein kann. Und darum wohl der Welt, in der noch Menschen stehen, die bereit sind, das Zeugnis zu leisten; die bereit sind, auch einfach mit dem hingegebenen Blut und dem gebrochenen Herzen und der auf sich genommenen Einsamkeit Blutzeugnis zu geben für die Richtigkeit des Ganzen und damit der Menschheit wieder einmal eine Ahnung zu vermitteln, was gemeint sei mit dem Leben.

Aus der Predigt zum Fest des hl. Stephanus; 26.12.1943: GS III/122–124, 127.

27. Dezember

JOHANNES

Diese Licht- und Glutgestalt braucht nur genannt zu werden, um zu wissen, daß es hier der Geheimnisse viele gibt.

Drei seiner Worte seien genannt, durch die er so männlich herb die Wirklichkeit Gottes gefaßt und zugleich sich selbst gezeichnet hat:

Licht,
Wahrheit,
Liebe.

Das ist Botschaft und Gericht genug über uns.

Wo sind die leuchtenden Menschen, in des Ewigen Licht leuchtend?

Wo sind die, die Wahrheit tun? „Die Wahrheit wird euch frei machen." (Joh 8,32): ein Johanneswort. Wenn die Unfreiheit eines Daseins Anzeichen seiner Unwahrheit und Unwahrhaftigkeit ist, dann wehe über dies Geschlecht.

Und dann laßt uns rufen die, die zur Liebe entschlossen sind und laßt uns ihnen folgen.

Das Klare suchen, das Wahre tun, die Liebe leben: das wird uns gesund machen.

Aus den Meditationen „Gestalten der Weihnacht"; Dezember 1944: GS IV/205.

24. Dezember

Lasst uns dem Leben trauen

Der Mensch ist nicht mehr allein. Der Monolog war nie die gesunde und glückhafte Lebensform des Menschen. Der Mensch lebt nur echt und gesund im Dialog. Alle diese Mono-Tendenzen sind vom Übel. Aber daß das Bestehen der Spannungen des Daseins und der Lasten Gottes den Menschen nun in den Dialog mit Gott beruft, das überwindet die schrecklichste menschliche Krankheit: die Einsamkeit, endgültig und wirklich. Es gibt nun keine Nächte mehr ohne Licht, keine Gefängniszellen ohne echtes Gespräch, keine einsamen Bergpfade und gefährlichen Schluchtwege ohne Begleitung und Führung.

Gott ist mit uns: so war es verheißen, so haben wir geweint und gefleht. Und so ist es seinsmäßig wirklich geworden: ganz anders, viel erfüllter und zugleich viel einfacher als wir meinten.

Den Lasten Gottes soll man nicht ausweichen. Sie sind zugleich der Weg in den Segen Gottes. Und wer dem herben und harten Leben die Treue hält, dem werden die inneren Brunnen der Wirklichkeit entsiegelt und ihm ist die Welt in ganz anderem Sinn nicht stumm, als er ahnen konnte. Die Silberfäden des Gottesgeheimnisses alles Wirklichen fangen an zu glänzen und zu singen. Die Last ist gesegnet, weil sie als Last Gottes anerkannt und getragen wurde.

Gott wird Mensch. Der Mensch nicht Gott. Die Menschenordnung bleibt und bleibt verpflichtend. Aber sie ist geweiht. Und der Mensch ist mehr und mächtiger geworden. Laßt uns dem Leben trauen, weil diese Nacht das Licht bringen mußte. Laßt uns dem Leben trauen, weil wir es nicht mehr allein zu leben haben, sondern Gott es mit uns lebt.

Aus der Meditation zur Vigil von Weihnachten; 24.12.1944: GS IV/195.

25. Dezember

DER GOTT DER VERHEISSUNG

Es ist die unbegreifliche Tatsache der Eingeschichtlichung Gottes. Daß er in unser Gesetz, in unsere Räume, in unsere Existenz eintritt: nicht nur wie, sondern als einer von uns. Das ist das Erregende und Unfaßliche dieses Geschehens. Die Geschichte wird nun auch zur Daseinsweise des Sohnes, das geschichtliche Schicksal sein Schicksal. Er ist auf unseren Straßen anzutreffen. In den dunkelsten Kellern und den einsamsten Kerkern des Lebens werden wir ihn treffen.

Und das ist schon die erste Segnung und Weihung der Last, daß er unter ihr anzutreffen ist. Und damit zugleich die zweite: alle, die den gleichen Lastballen schleppen, spüren es, wenn eine neue mächtige Schulter sich unter ihn schiebt und mitträgt. Und die dritte sei zugleich mitgesagt: seit der Heiligen Nacht ist das gottmenschliche Leben die Urform des Daseins, nach der alles Leben von Gott gebildet wird, das sich dieser Bildung nicht widersetzt. Die Kraft zur Meisterung des Lebens wächst durch den Einstrom des göttlichen Lebens in die menschliche Daseins- und Schicksalsgemeinschaft, zu der sich Christus bekannt hat.

Wir sind dem Leben mehr gewachsen, lebenstüchtiger und lebenskundiger, wenn wir den Weisungen dieser kommenden Nacht uns öffnen.

Laßt uns wandern und fahren, laßt uns die Straßen und Schrecken des Lebens nicht scheuen und fürchten: in uns ist ein Neues geworden; und wir wollen nicht müde werden, dem Stern der Verheißung zu glauben und den singenden Engeln ihr Gloria zuzugestehen, wenn auch manchmal unter Tränen. Es wurde doch unsere Not gewendet, weil wir ihr überlegen geworden sind.

Meditation zur Weihnachtsvigil; Dezember 1944: GS IV/189f.

28. Dezember

JOSEF

Er ist der Mann am Rande, im Schatten. Der Mann der schweigenden Hilfestellung und Hilfeleistung. Der Mann, in dessen Leben Gott dauernd eingreift mit neuen Weisungen und Sendungen. Die eigenen Pläne werden stillschweigend überholt. Immer neue Weisung und neue Sendung, neuer Aufbruch und neue Ausfahrt. Er ist der Mann, der sich eine bergende Häuslichkeit im stillen Glanz des angebeteten Herrgotts bereiten wollte, und der geschickt wurde in die Ungeborgenheit des Zweifels, des belastenden Gemütes, des gequälten Gewissens, der zugigen und windoffenen Straßen, des unhäuslichen Stalles, des unwirtlichen fremden Landes. Und er ist der Mann, der ging.

Das ist sein Gesetz: die dienstwillige Folgsamkeit: der Mann, der dient. Daß ein Wort Gottes bindet und sendet, war ihm selbstverständlich, weil er ein Mann war, der bereitet, zugerüstet war zu Anrufen Gottes und der bereit war. Die dienstwillige Bereitschaft, das ist sein Geheimnis.

Und das ist zugleich seine Botschaft an uns und sein Gericht über uns. Ach, wie waren wir stolz und selbstsicher und anmaßend. Wie haben wir den Herrgott in die Grenzen und Schranken unserer Nützlichkeit, unserer Eigenart, unseres Empfindens, unserer Selbstverwirklichung usw. eingesperrt... Gott wurde wie alles Höhere und Geistige und Heilige nur insoweit anerkannt, als er uns bestätigte und uns in unserem Eigensinn und Eigenwillen förderte. Daß dies falsch war, hat inzwischen das Leben selbst uns schon beigebracht, indem es uns gerade in Erfüllung dieser unserer Ordnungen und Gesetze in die äußerste Bindung, in eine Totalität der Dienstverpflichtungen brachte. Das alte Paulusgebet: quid me vis facere (Apg 22,10), die schweigende dienstwillige Bereitschaft des Mannes Josef werden uns wahrer, und so wirklicher und freier machen.

Aus den Meditationen „Gestalten der Weihnacht"; Dezember 1944: GS IV/199 f.

29. Dezember

DIE ENGEL

Nicht die Putten, die wir daraus gemacht haben, sondern die Geister hohen Ranges und hoher Wertigkeit im Sein, deren Wirklichkeit zusammengedrängt ist in eine Freiheit, in eine Treue, in eine Entscheidung und Liebe.

Sie erscheinen auf Bethlehems Feldern in Jubel und Seligkeit. Aber das ist nicht ihr Geheimnis und ihr Gesetz. Das ist die reife Frucht und das lohnende Glück. Sie tragen die Botschaft, sie künden die Geheimnisse Gottes, sie rufen zur Anbetung, aus der sie selbst stammen und kommen. Das ist ihr Geheimnis, daß sie lebendiger Glanz der göttlichen Wirklichkeit sind, von der sie künden und rühmen. Und das ist zugleich ihre Botschaft an und ihr Gericht über uns. Große Geister sind schon lange selten bei uns ...

Deshalb haben wir auch schon lange keine Botschaften mehr vernommen, die anzuhören sich verlohnt hätte. Und wir haben schon lange keine Geister mehr jubeln und in Seligkeit künden hören. Wo noch einer spricht, so geschieht es vermutlich und wahrscheinlich oder aber in fürchterlichen Krämpfen und wahnsinnigen Schmerzen, die zeigen, wie tief das Sein krank geworden ist.

Anbeten, vernehmen, künden: das ist das Leben des Geistes. Die Anbetung macht ihn fähig des Vernehmens, indem sie alles Gekrampfte und Versperrte löst. Die Botschaft, die vernommen wird, macht ihn reich und erfüllt die innerste Ordnung und Anlage. Das Zeugnis aber ist die Vollendung des Daseins und Lebens selbst.

Laßt uns Gott wieder rühmen in Anbetung, Verkündigung und Jubel und wir werden wieder Worte zu sagen haben voll Gehalt und Wert, wir werden wieder Gesichte schauen und Geheimnisse wissen, und das Leben wird wieder nach der Entscheidung und Einsicht und Botschaft des Geistes fragen.

Aus den Meditationen „Gestalten der Weihnacht"; Dezember 1944: GS IV/200–202.

30. Dezember

DIE WEISEN

Sie trugen die Weisheit und die Sehnsucht ihrer Völker in ihren königlichen Herzen. ... Und sie tragen die Weisheit und Sehnsucht ihrer Völker an den Ort der Begegnung und Erfüllung. Durch die Wüste, durch die Königspaläste und Gelehrtenstuben und Priestergemächer Jerusalems – in den Stall.

Auch hier geht es um den Typ. Ähnlich wie bei den Hirten liegt das Geheimnis dieser Menschen offen und einfach geschichtet da. Es sind dies die Menschen mit den unendlichen Augen. Sie haben Hunger und Durst nach dem Endgültigen. Richtig Hunger und Durst. Was das heißt, weiß ich jetzt. Sie sind der entsprechenden Entschlüsse fähig. ... Das ist ihr Geheimnis: dringender Ernst des Fragens, zähe Unerschütterlichkeit des Suchens, königliche Größe der Hingabe und Anbetung.

Und das ist zugleich ihre Botschaft an uns und ihr Gericht über uns. Warum so wenige den Stern sehen? Ja, weil keiner nach ihm schaut. Mancher nimmt es sich manchmal vor, aber hat immer etwas Billigeres, das gilt und vorgeht.

Nach was fragen wir schon! Und wo glüht noch diese echte Leidenschaft des Herzens, die keine Wüste scheut und keine Fremde, keine Einsamkeit und kein wissendes Lächeln derer, die den Gläubigen immer für einen Tor halten. Nur an dieser Leidenschaft, der sich ihr Herz verschrieben hat, wächst diese Unermüdlichkeit, die auch dann noch weise und königlich in die Knie sinkt, wenn das Ende der langen Fahrt nur im Stall sich auftut. Sie sehen tiefer und begreifen das Endgültige. Hundert Nöte des Geistes und Herzens haben sie zum Glauben befähigt und zur Anbetung geweiht.

Aus den Meditationen „Gestalten der Weihnacht"; Dezember 1944: GS IV/203–204.

31. Dezember

LEIDENSCHAFT DES ZEUGNISSES

Geistig ist eine große Stille und Leere. Die letzte geistige Leistung des Menschen ist die Frage nach dem Sinn und dem Ziel des Ganzen. Und die bleibt ihm allmählich in der Kehle stecken. ...

Die Problematik der Staaten sowohl wie des Kontinents ist, grob gesagt, dreimal der Mensch: wie man ihn unterbringt und ernährt; wie man ihn beschäftigt, so daß er sich selbst ernährt: die wirtschaftliche und soziale Erneuerung; und wie man ihn zu sich selbst bringt: die geistige und religiöse Erweckung.

Das sind die Probleme des Kontinents, das sind die Probleme der einzelnen Staaten und das sind – und nicht irgendwelche Stilreformen – die Probleme der Kirche. Wenn diese drei ohne oder gegen uns gelöst werden, dann ist dieser Raum für die Kirche verloren, auch wenn in allen Kirchen die Altäre umgedreht werden und in allen Gemeinden gregorianischer Choral gesungen wird. ...

Und so vieles ist verbrannt auf diesem Berg der Blitze und vieles hat sich geläutert. Ein Segen und eine Bestätigung der inneren Existenz, daß der Herrgott mir die Gelübde so wunderbar ermöglichte. Er wird mir auch die äußere Existenz noch einmal bestätigen, sobald sie sich zur neuen Sendung befreit hat. Aus der äußeren Aufgabe und dem Wachstum des inneren Lichtes muß sich eine neue Leidenschaft entzünden.

Die Leidenschaft des Zeugnisses für den lebendigen Gott; denn den habe ich kennen gelernt und gespürt. Dios solo basta, das stimmt. Die Leidenschaft der Sendung zum Menschen, der lebensfähig und lebenswillig gemacht werden soll. Die drei Probleme sollen angepackt werden: in nomine Domini. (37)

Neujahrsnacht 1944/45: GS IV/ 78, 82 f.

Adoro et suscipe

Das folgende Lied faßt das Lebensthema von P. Alfred Delp SJ, das sich besonders in seinen Aufzeichnungen im Angesicht des Märtyrertodes am 2. Februar 1945 im Gefängnis in Berlin-Plötzensee verdichtet, zusammen:

**Freiheit und soziale Gerechtigkeit,
Hingabe und Opfer,
Rühmung und Anbetung Gottes**

V/A: 1. Dem Herrgott will ich Zeuge sein vor dieser Welt.
V: Adoro et suscipe.
V/A: Ich bete an, Herr, nimm mich hin.

V/A: 2. Das täglich Brot ist für das Leben wichtig.
V: Die Freiheit ist noch wichtiger.
V/A: Die Freiheit, die uns atmen läßt.

V/A: 3. Doch über allem steht die feste Treue
V: und unverrat'ne Anbetung,
V/A: um Gott zu rühmen allezeit.

V/A: 4. Als Saatkorn will ich in die Erde fallen,
V: und in des Herrgotts Hand will ich
V/A: mich ganz hinein empfehlen.

V/A: 5. Die Menschen sollen einmal besser leben,
V: viel glücklicher und friedvoller,
V/A: weil wir für sie gestorben sind.

V/A: 6. Nun wird zum Zeichen freier Menschen werden:
V: die hingehalt'nen leeren Händ',
V/A: gebeugte Knie zur Anbetung.

T: *F. B. Schulte (1985) nach Worten von A. Delp*
M: *Ch. E. Coussemaker (1865)*

„Lasst uns dem Leben trauen"

T: A. Delp – im Gefängnis Weihnachten 1944
M: aus Taizé

P. ALFRED DELP S.J.

Lebensdaten

15. September 1907
Geburt in Mannheim

17. September 1907
Taufe in der Katholischen Oberen Pfarrei in Mannheim/Die Familie Delp wohnt in Hüttenfeld bei Mannheim

1914
Umzug der Familie Delp nach Lampertheim

1915
Delp in der evangelischen Volksschule

18. März 1921
Konfirmation

19. Juni 1921
Erstkommunion

28. Juni 1921
Firmung

1922
Eintritt in das bischöfliche Konvikt in Dieburg und in die Obertertia des Gymnasiums in Dieburg/Delp gehört zum Katholischen Jugendbund Neudeutschland

22. April 1926
Eintritt in das Noviziat der Gesellschaft Jesu in Tisis bei Feldkirch/Vorarlberg; es folgt das Studium der Philosophie und Theologie in Pullach, Valkenburg und St. Georgen, Frankfurt

1935
„Tragische Existenz" –
Delps Auseinandersetzung mit Martin Heidegger

24. Juni 1937
Priesterweihe in St. Michael, München

15. Juli 1939
Römischer Doktor der Philosophie

Juli 1939
:   Mitarbeit in der Redaktion der „Stimmen der Zeit", München

Frühjahr 1941
:   Mitarbeit in der überdiözesanen Hauptarbeitsstelle für „Männerseelsorge", Fulda

16. Juni 1941
:   Kirchenrektor an der St. Georgskirche in München-Bogenhausen

Frühjahr 1942
:   Mitarbeit im Kreisauer Kreis

März 1942
:   Erstes Treffen Delps mit Helmuth Graf v. Moltke

1. bis 2. und 22. bis 23. August 1942
:   Vorgespräche in Berlin für die Kreisauer Tagung „Staat, Kirche, soziale Frage"

16. bis 18. Oktober 1942
:   Kreisauer Tagung, Delp nimmt teil

1943
:   Veröffentlichung des Buches „Der Mensch und die Geschichte"/ „Der Mensch vor sich selbst" (konnte erst 1955 erscheinen)

16. Februar 1943
:   Kleiner Arbeitskreis für Fragen der Männerarbeit, Fulda; Referat Delps zur sozialen Frage über die „Dritte Lösung"

12. bis 14. Juni 1943
:   3. Kreisauer Tagung, Delp nimmt teil

3. bis 4. August 1943
:   Kleiner Arbeitskreis für Fragen der Männerarbeit, Fulda; Referat: Delps „Dritte Idee"

6. Juni 1944
:   Besuch bei Claus v. Stauffenberg in Bamberg

20. Juli 1944
:   Delp in München-Pasing (am Dachdecken nach dem Luftangriff) bzw. München-Bogenhausen

28. Juli 1944
:   Verhaftung durch die Gestapo

6. bis 7. August 1944
Überführung nach Berlin

7. August
Im Gestapogefängnis Berlin-Moabit, Lehrter Straße 3 (Zelle 253)

ca. 14./15. August 1944
Verschärfte Verhöre

27. September 1944
Verlegung in die Haftanstalt Berlin-Tegel (Zelle 8/313)

1. Oktober 1944
Delp feiert zum ersten Mal in der Gefängniszelle die hl. Eucharistie

8. Dezember 1944
Profeßgelübde im Gefängnis

9.–10. Januar 1945
Prozeß vor dem Volksgerichtshof

11. Januar 1945
Verurteilung zum Tod wegen Hoch- und Landesverrats

31. Januar 1945
Überführung in das Hinrichtungsgefängnis Berlin-Plötzensee (Zelle 317)

2. Februar 1945
Hinrichtung am Galgen in Berlin-Plötzensee
Ein Grab gibt es nicht; die Hingerichteten wurden auf Anordnung H. Himmlers verbrannt.

Die Lebensdaten sind entnommen:
Roman Bleistein S.J., Alfred Delp – Geschichte eines Zeugen.
Verlag Josef Knecht, Frankfurt 1989

Anmerkungen

(1) Adoro et suscipe – Anbetung und Hingabe
(2) Dios solo basta – Gott allein genügt; aus einem Gebet der hl. Theresia von Avila
(3) Delp war auf das Ansinnen und Angebot, aus dem Jesuitenorden auszutreten, nicht eingegangen.
(4) Roland Freisler (1893–1945) war ab 1942 Präsident des Volksgerichtshofes.
(5) Frau Margarete Kern, eine Schwester von Alfred Delp, erzählte uns von diesem Besuch im Gefängnis am 16. Januar 1945: „Er segnete mich und sagte: ‚Ich kann doch unseren Herrgott nicht verraten.'"
(6) Luise Oestreicher war Delps Sekretärin in München. – Aus Geheimhaltungsgründen unterschrieb Delp die Briefe aus dem Gefängnis mit unterschiedlichen Namen („Lotterer", Georg, Max).
(7) Alfred Sebastian Keßler war als Sohn des Rechtsanwaltes Dr. Ernst Keßler in der Nacht vom 13.1.1945 in München geboren. Die Familie war mit Delp befreundet.
(8) Dies ist das Zeugnis des Johannes: Als die Juden von Jerusalem aus Priester und Leviten zu ihm sandten mit der Frage: Wer bist du? bekannte er und leugnete nicht; er bekannte: Ich bin nicht der Messias. (Joh 1,19–20)
(9) Nihil sollicitis sitis – Um nichts macht euch Sorgen.
(10) Innotescant apud Deum – Eure Anliegen sollen vor Gott kund werden.
(11) Fiat misericordia tua super nos, quemadmodum speravimus in te. – Laß Dein Erbarmen über uns walten, denn wir haben auf dich gehofft (aus dem Ambrosianischen Lobgesang Te Deum).
(12) Brief Alfred Delps an seinen jüngeren Bruder Ewald.
(13) Delps Schwager Fritz Kern fiel am 31. Oktober 1941 auf der Krim. – Marianne ist die Tochter von Greta und Fritz Kern.
(14) Die Familie Dr. Karl Kreuser, der Delp freundschaftlich verbunden war, wohnte in Bogenhausen in der Laplacestraße.
(15) expurgate vetus fermentum – Schafft den alten Sauerteig weg, damit ihr neuer Teig seid. (1 Kor 5,7)
(16) Ad Deum, qui laetificat juventutem meam. – Zu Gott, der mich erfreut von Jugend auf.

(17) lumen cordium – Licht der Herzen.

(18) pater peccavi – Vater, ich habe gesündigt.

(19) Die Sequenz des Pfingstfestes „**Veni Sancte Spiritus**", wird Stephan Langton (um 1150–1228) zugeschrieben. Sie gehörte zu Delps täglichem Gebet.

Komm, o Geist der Heiligkeit! Aus des Himmels Herrlichkeit Sende Deines Lichtes Strahl.	**Veni, Sancte Spiritus,** Et emitte caelitus Lucis tuae radium.
Vater aller Armen Du, Aller Herzen Licht und Ruh, Komm mit Deiner Gaben Zahl!	Veni, Pater pauperum, Veni, dator munerum, Veni, lumen cordium.
Tröster in Verlassenheit, Labsal voll der Lieblichkeit, Komm, o süßer Seelenfreund!	Consolator optime, Dulcis hospes animae, Dulce refrigerium.
In Ermüdung schenke Ruh, In der Glut hauch Kühlung zu, Tröste den, der Tränen weint.	In labore requies, In aestu temperis, In fletu solatium.
O du Licht der Seligkeit, Mach Dir unser Herz bereit, Dring in unsre Seelen ein!	O lux beatissima, Reple cordis intima Tuorum fidelium.
Ohne Deinen Gnadenschein Steht der arme Mensch allein, Kann nicht gut und sicher sein.	Sine tuo nomine, Nihil est in homine, Nihil est innoxium.
Wasche, was beflecket ist, Heile, was verwundet ist, Tränke, was da dürre steht,	Lava quod est sordidum, Riga quod est aridum, Sana quod est saucium.
Beuge, was verhärtet ist, Wärme, was erkaltet ist, Lenke, was da irre geht!	Flecte quod est rigidum, Fove quod est frigidum, Rege quod est devium.
Heil'ger Geist, wir bitten Dich, Gib uns allen gnädiglich Deiner sieben Gaben Kraft!	Da tuis fidelibus, In te confidentibus, Sacrum septenarium.
Gib Verdienst in dieser Zeit Und dereinst die Seligkeit Nach vollbrachter Wanderschaft.	Da virtutis meritum, Da salutis exitum, Da perenne gaudium!
Amen. Alleluja	Amen. Halleluja.

(20) Ego reficiam vos – Ich bin euer Heil.

(21) ens ad omne verum, ad omne bonum – das Sein zu allem Wahren und allem Guten.

(22) Delp hatte ein Manuskript gleichen Titels, das leider verloren ging; vgl. auch Petro Müller: „Sozialethik für ein neues Deutschland Die ‚Dritte Idee' Alfred Delps – ethische Impulse zur Reform der Gesellschaft", Münster: LIT Verlag 1994.

(23) Mediatrix omnium gratiarum – Mittlerin aller Gnaden.

(24) Sacramenta propter homines – Sakramente wegen der Menschen.

(25) Ut vitam habeant – Damit sie das Leben haben.

(26) deus a quo wie der deus ad quem et sub quo – Gott, in dem wir leben, Ursprung und Ziel unseres Lebens.

(27) Das Consuetudinarium enthält die „Gewohnheiten" der Gesellschaft Jesu.

(28) fac cor meum secundum cor tuum – Bilde mein Herz nach Deinem Herzen.

(29) Marianne Hapig (1894–1973), Sozialarbeiterin in Berlin; Dr. Marianne Pünder (1898–1980), ebenfalls im sozialen Bereich engagiert. Dies sind „die beiden Mariannen", die „guten Leute", die immer wieder die mutigen Schmuggelgänge unternahmen.

(30) Der Kommunionvers: Mk 11,24 – „Darum sage ich euch: Alles, worum ihr betet und bittet – glaubt nur, daß ihr es schon erhalten habt, dann wird es euch zuteil."

(31) vincula amoris – Fesseln der Liebe – eine Bezeichnung für die feierlichen Ordensgelübde.

Delp sollte am 15. August 1945 seine letzten Gelübde ablegen, wurde aber am 28. Juli von der Gestapo verhaftet. Am 8. Dezember erhielt P. Franz von Tattenbach Besuchserlaubnis. Delp konnte im Gefängnis die Ordensgelübde ablegen. „Calculo mundasti ignitio" – Da flog einer der Serafim zu mir; er trug in seiner Hand eine glühende Kohle, die er mit einer Zange vom Altar genommen hatte. (Jes 6,6)

(32) Der Introitus lautet: „Von Herzen will ich mich freuen über den Herrn. Meine Seele soll jubeln über meinen Gott. Denn er kleidet mich in Gewänder des Heils, er hüllt mich in den Mantel der Gerechtigkeit, wie ein Bräutigam sich festlich schmückt und wie eine Braut ihr Geschmeide anlegt." (Is 61,10).

(33) Formula subscripta meint: Die Urkunde, auf der Delp die Gelübdeformel als rechtskräftig unterschrieb.

(34) „Daß ich ex": das kann nur bedeuten: man hatte Delp aufgetragen oder geraten, aus dem Orden auszutreten, um so sein Leben zu retten.

(35) Zum Introitus beten wir: hodie scietis – mane videbitis (2 Ex 16,6). – Das Eingangslied der Vigilmesse lautet: „Heute sollt ihr wissen: der Herr kommt, uns zu erlösen; und morgen sollt ihr schauen Seine Herrlichkeit."

(36) „Wehe dem, der anders ist!" A. Delp spricht hier die „Option für die anderen" an. Damit wurde er wegweisend für unsere „Offene Tür der Kirche und eine Kirche der Offenen Türen".
Beim Forum „Schrei nach Gerechtigkeit" des Aachener Katholikentages 1986 sagte J. B. Metz: „Die Option für die Armen ist wichtig. Aber vor der Option für die Armen muß die Option für die anderen stehen." Er nannte als Beispiel die Juden im 3. Reich, die keine armen Leute waren, jedoch die Ärmsten wurden, weil sie die ‚anderen' waren. „Übrigens", so J. B. Metz, „steht die Frage nach Macht und Ohmacht einer Kultur der Anerkennung der anderen in ihrem Anderssein und entsprechend die kirchliche Option für die anderen hierzulande dringlich an. Im Binnenraum Mitteleuropas begegnen wir ja ständig Menschen aus anderen Kulturen und Völkern." – Was J. B. Metz im Hinblick auf einen „Aufbruch zu einer kulturell polyzentrischen Weltkirche" sagt, wird in der kleinen bescheidenen Alltagssituation der OT, in die ja ebenfalls täglich junge Leute aus anderen Ländern und Religionen kommen, konkret.

(37) in nomine domine – Im Namen des Herrn.

Quellenhinweise

Die Worte Alfred Delps wurden entnommen aus:

Roman Bleistein, Alfred Delp – Gesammelte Schriften, Frankfurt a. M.: Verlag Josef Knecht 1982–1988.

Band I   Geistliche Schriften

Band II   Philosophische Schriften

Band III Predigten und Ansprachen

Band IV   Aus dem Gefängnis

Band V   Briefe – Texte – Rezensionen

Bildhinweise

Umschlagseite:
   Hermine Rothelmund-Schatzelseer, Petzgersdorf

Abb. 1, Seite 19:
   Bildarchiv Preußischer Kulturbesitz

Abb. 2, Seite 51:
   Foto: Gerd Tilgner, Brilon

Abb. 3, Seite 81:
   SJ-Bild

Abb. 4, Seite 113:
   Foto: Gerd Tilgner, Brilon

Abb. 5, Seite 145:
   Karl Adolf Kreuser SJ, München

Abb. 6, Seite 177:
   SJ-Bild

Abb. 7, Seite 209:
   SJ-Bild

Abb. 8, Seite 241:
   SJ-Bild

Abb. 9, Seite 273:
   SJ-Bild

Abb. 10, Seite 305:
   Karl Adolf Kreuser SJ, München

Abb. 11, Seite 337:
   Prof. Simoncic, Trnava

Abb. 12, Seite 369:
   © Galerie Habdank, Berg am Starnberger See

Literaturhinweise

Roman Bleistein: Alfred Delp – Widerstand gegen den Nationalsozialismus mit 42 Dias.
Hrsg. von der Oberdeutschen Provinz SJ, Institut für Kommunikation und Medien, München 1994

◆

Roman Bleistein: Alfred Delp – Geschichte eines Zeugen, Frankfurt a.M.: Verlag Josef Knecht 1989, 532 Seiten.
Diese große Biografie des Delp-Forschers Roman Bleistein zeichnet das Leben Delps von den Anfängen her nach. Alfred Delps Lebensweg ist nicht zu trennen von dem seiner denkerischen Entwicklung, die in die kritische Auseinandersetzung mit dem Zeitgeist führte. Aus der Sorge um den gottesunfähigen Menschen wurde Delp zum wortmächtigen Prediger, zum Widersacher eines Unrechtsregimes und zum Zeugen der Nachfolge eines um der Menschen willen Hingeopferten.

◆

Roman Bleistein: Die Jesuiten im Kreisauer Kreis – Ihre Bedeutung für den Gesamtwiderstand gegen den Nationalsozialismus, Passau: Verlag Rothe 1990.

◆

Roman Bleistein: Begegnung mit Alfred Delp – Stationen und Visionen, Frankfurt a. M.: Verlag Josef Knecht 1994.
Diese kleine Schrift will grundlegende Kenntnisse über das Leben Alfred Delps vermitteln. Sie bietet dazu Texte aus seinen „Gesammelten Schriften" zur stillen Lesung.

◆

Karl H. Neufeld SJ: Geschichte und Mensch – Delps Idee der Geschichte. Ihr Werden und ihre Grundzüge. Universita Gregoriana Editrice, Rom 1983.

◆

Petro Müller: Sozialethik für ein neues Deutschland – Die „Dritte Idee" Alfred Delps – ethische Impulse zur Reform der Gesellschaft, Münster/Hamburg: LIT Verlag 1994, Schriften des Instituts für Christliche Sozialwissenschaften der Westfälischen Wilhelms-Universität Münster, herausgegeben von Franz Furger, Band 32.

Die „Dritte Idee" des Jesuiten Alfred Delp, sein Schlüsselthema seit dem Jahr 1940 bis zu seinem gewaltsamen Tod am 2. Februar 1945, ist Thema des vorliegenden Buches. „Personaler Sozialismus" und „Theonomer Humanismus" sind darin die beiden Grundpfeiler des Entwurfs einer christlichen Sozialethik. Sie kann als erster Versuch einer konkreten Realisierung der katholischen Soziallehre nach Erscheinen der päpstlichen Enzyklika „Quadragesimo Anno" aufgefaßt werden.

❖

Günther Saltin: „Durchkreuztes Leben – Alfred Delp: Weg – Kampf – Opfer".
Das reich bebilderte Buch ist auch für junge Menschen gut lesbar. Bernhardus-Buchhandlung, C3, 8; 68159 Mannheim, Tel.: 0621/2 67 29.

❖

Worte der Hoffnung – Eine Auswahl von Texten Alfred Delps, hrsg. von Alice Scherer, Neuausgabe, Freiburg: Herder 1991.
Die hier ausgewählten Texte – gleichsam die Summe geistlicher Erfahrungen Alfred Delp's – sind von bleibender Gültigkeit und deshalb auch für den heutigen Menschen, der in seinem Glauben nach Sinn und Erfüllung sucht, wahre Worte der Hoffnung. Ein Buch, das in Lebens- und Glaubenskrisen Bestärkung und Ermutigung schenkt.

❖

Michael Pope: P. Alfred Delp im Kreisauer Kreis. Die Rechts- und sozialphilosophischen Grundlagen in seinen Konzeptionen für eine Neuordnung Deutschlands, Paderborn: Schöningh 1994.
Wesentlichen Anteil an der Arbeit des Kreisauer Widerstandskreises hatte Alfred Delp, dessen Konzeptionen für den Neuaufbau von Staat und Gesellschaft nach dem Sturz Hitlers den Gegenstand der hier vorgelegten Untersuchung bilden.

❖

Christian Feldmann: Alfred Delp. Leben gegen den Strom, Freiburg: Herder 2005.
„Solange der Mensch menschenwürdig und unmenschlich leben muß, solange wird der Durchschnitt den Verhältnissen erliegen und weder beten noch denken. Er braucht die gründliche Änderung der Zustände des Lebens."
Mit diesen Worten verteidigt sich Delp vor dem Nazigericht, das ihn des Hochverrats beschuldigt – umsonst. In seiner Todeszelle lernt er Verlassenheit und Angst kennen, aber er entdeckt auch einen ganz nahen, den gekreuzigten Gott. Delps Aufzeichnungen sind ein faszinierendes Zeugnis für seinen kritischen Geist und für die Kraft des

Glaubens in Zeiten der Bedrängnis. Das spannende Bild eines „Lebens gegen den Strom" – mit Texten von Alfred Delp und Fotografien aus seinem Leben.

◆

Alfred Delp – Reden und Ansprachen zum Gedenken an P. Alfred Delp SJ. Bd. 1 bis 4, bearbeitet von Pfarrer Peter Hammerich, Lampertheim.

◆

Alfred Delp – Wie die Hoffnung wächst – Botschaften aus dem Kerker. Redaktion und Fotos Wolfgang Poeplau, Edition Eine neue Erde, Wuppertal: Peter Hammer Verlag.

◆

Andreas Weider: Alfred Delp SJ – Christ und Widerstandskämpfer. Handlungsanweisung statt Denkmalspose. Unterrichtsentwurf für den Religionsunterricht an Gymnasien (10. Schuljahr), Bildungsarbeit und Firmkatechese mit 8 Folien. – Herausgeber: Alfred-Delp-Kolleg, Brilon 1995.

Aus dem Inhalt:
- Die Person Alfred Delps auf dem Hintergrund der politischen Zeitgeschichte;
- Delps Idee einer sozial gerechteren Gesellschaft;
- Delps Interpretation des Begriffs „Widerstand"; – „Im Angesicht des Todes".

Der Untertitel „Handlungsanweisung statt Denkmalspose" macht das Anliegen dieses Werkheftes deutlich: Es geht nicht nur um die Vermittlung geschichtlicher Ereignisse, sondern um eine Aktualisierung dessen, was Alfred Delp gewollt hat, wofür er sich mit seinem Leben eingesetzt hat. Das Erbe und Vermächtnis von Alfred Dep wird hier zum bleibenden Auftrag für die heutige Generation. – Eine wichtige Unterrichtshilfe für alle, die in der Gemeinde, in der Bildungsarbeit oder in der Schule Alfred Delp (nicht nur) jungen Menschen nahe bringen wollen.

◆

Adoro et Suscipe – Das Alfred Delp-Denkmal in Brilon
Text: F. B. Schulte, Fotos: G. Tilgner.
Herausgeber: Alfred-Delp-Kolleg e.V., Brilon.

Das Alfred Delp-Denkmal auf der Briloner Stadtmauer wurde 1987 von dem Bildhauer Jürgen Suberg geschaffen. Das Bildheft mit 40 S. bringt Meditationen zu den einzelnen Bildern des Denkmales.

◆

Veni, Sancte Spiritus – Worte von Alfred Delp aus den Meditationen zur Pfingstsequenz.
Kartenbox mit 21 Karten.
Herausgeber: Alfred-Delp-Kolleg e.V., Brilon.

Delps Meditationen sind geläutert im Angesicht des nahen Todes am Galgen. Sie geben Zeugnis von seiner innersten Beziehung mit Gott. Deshalb ist sein Wort glaubwürdig und kraftvoll genug, um Menschen Ermutigung und Hoffnung zum Leben aus der Kraft des Heiligen Geistes zu geben. Es ist tragfähig – besonders in dunklen und schweren Tagen. – Delps Worte können uns begleiten: in Ratlosigkeit oder Trauer, beim täglichen Schaffen oder in der Krankheit, in Stille und Meditation, wo immer wir unterwegs sind. Sein Wort kann zu einem „Kraftfeld des Haltes, der Freude, der Zuversicht" werden.

„Beten und glauben – Ausgewählte Worte von P. Alfred Delp – Bilder eines Zeugen"
Gebundene Ausgabe (26,5 x 21,5 cm) mit 24 Fotos; 115 Seiten; 24,- €
(bei Abnahme von 5 Stck. 10% Rabatt)
Herausgeber: Alfred-Delp-Kolleg e.V., Brilon
Redaktion: Franz B. Schulte.

In diesem Geschenk-Bildband sind künstlerische Aussagen über Delp von 12 Künstlern aufgenommen: Porträtköpfe, Gemälde, Gedenkstätten.

„Gott ist gut und seine Welt ist schön"
Taschenbuch (11 x 18 cm) 120 Seiten; 5,- €
(bei Abnahme von 10 Stck. 10% Rabatt).
Herausgeber: Alfred-Delp-Kolleg e. V., Brilon.
Redaktion: F. B. Schulte;

Die „Ausgewählten Worte Alfred Delps" sind nicht gedacht für die Enge zwischen zwei Buchdeckeln im Bücherregal. Deshalb gibt es sie nun auch als kleines Taschenbuch mit dem Titel „Gott ist gut und seine Welt ist schön" für den Gebrauch im Alltag, in der Gruppen- oder Gemeindearbeit.

Rita Haub / Friedrich Schreiber, Alfred Delp – Held gegen Hitler, Würzburg: Echter 2005.

Das Buch spürt der Frage nach, was uns Delp heute bedeuten kann, uns heute sagen will, und gibt einen Überblick über sein Leben und sein politisches Denken.

Kontaktadresse:

Alfred-Delp-Kolleg e.V.
59929 Brilon, Grimmestr. 10
Telefon 0 29 61 - 37 07
Internet: www.alfred-delp-kolleg.de

Die vom Alfred-Delp-Kolleg herausgegebenen Schriften sind nur bei uns zu erhalten.

Das **Alfred-Delp-Kolleg** ist ein eingetragener, gemeinnütziger Verein, eine kleine Gemeinschaft, die sich u.a. zum Ziel gesetzt hat, das Vermächtnis Alfred Delps „Adoro et suscipe" in unserer Zeit zu aktualisieren.

Alfred Delp ist uns nicht nur Name – er ist Programm und Orientierung und prophetische Weisung und eine außerordentliche Ermutigung zum Christsein in heutiger Zeit.